ABHANDLUNGEN
DER AKADEMIE DER WISSENSCHAFTEN DER DDR
Abteilung Veröffentlichung der Wissenschaftlichen Räte Jahrgang 1987

Tagung des Wissenschaftlichen Rates für die wirtschaftswissenschaftliche Forschung bei der Akademie der Wissenschaften der DDR gemeinsam mit seinem Hauptgebietsrat für Fragen der Ökonomie und Organisation der Arbeit und dem VEB Mansfeld Kombinat Wilhelm Pieck vom 26./27. Februar 1987 in Lutherstadt Eisleben

Theoretische und praktische Probleme der Nutzung des gesellschaftlichen Arbeitsvermögens bei der umfassenden Intensivierung in Kombinaten und Betrieben unter besonderer Berücksichtigung der Erfahrungen des VEB Mansfeld Kombinat Wilhelm Pieck

Akademie-Verlag Berlin 1987

Herausgegeben im Auftrag des Präsidenten
der Akademie der Wissenschaften der DDR
von Vizepräsident Prof. Dr. Heinz Stiller

Verantwortlich für dieses Heft:
Akademiemitglied Prof. Dr. sc. oec. Dr. h. c. Helmut Koziolek
Vorsitzender des Wissenschaftlichen Rates
für die wirtschaftswissenschaftliche Forschung
bei der Akademie der Wissenschaften der DDR

ISBN 3-05-000537-8
ISSN 0138-421 X

Redaktionsschluß: 30. April 1987
Erschienen im Akademie-Verlag Berlin, Leipziger Str. 3–4
DDR - Berlin, 1086

Lizenznummer: 202 · 100/177/87 – 4550
Printed in the German Democratic Republic
Gesamtherstellung: TASTOMAT, Landhausstraße, Eggersdorf, 1275
LSV 0325
Bestellnummer: 754 888 2 (2001/87/6/W)
01800

INHALTSVERZEICHNIS

4. SCHLUSSWORT

*schriftlich eingereichte Beiträge

1. DISKUSSIONSORIENTIERUNGEN

Zu ausgewählten theoretischen und praktischen Problemen und Aufgaben der Nutzung des gesellschaftlichen Arbeitsvermögens in Kombinaten und Betrieben unter den Bedingungen der umfassenden Intensivierung

1. Die rationelle Nutzung des gesellschaftlichen Arbeitsvermögens ist von wachsender Bedeutung für eine hohe ökonomische und soziale Effektivität des Reproduktionsprozesses in den Kombinaten und Betrieben.

Mit den Beschlüssen des XI. Parteitages der SED zur weiteren Gestaltung der entwickelten sozialistischen Gesellschaft in der DDR „setzen wir die Einheit von Wirtschafts- und Sozialpolitik, die das Hauptkampffeld unserer Partei bildet, kontinuierlich fort. Die ökonomische Strategie mit dem Blick auf das Jahr 2000 gibt dafür die entscheidende Orientierung."[1] Dreh- und Angelpunkt der ökonomischen Strategie ist der wissenschaftlich-technische Fortschritt. Die zielstrebige Nutzung der Errungenschaften der wissenschaftlich-technischen Revolution ist entscheidend dafür, die Steigerung der Arbeitsproduktivität für das ökonomische Wachstum weiter zu beschleunigen und auf Dauer zu sichern. Die qualitativ neue Etappen der Entwicklung der modernen Produktivkräfte – besonders mit den Schlüsseltechnologien wie Mikroelektronik, Robotertechnik, rechnergestützte Vorbereitung und Steuerung der Produktion, flexible automatisierte Fertigungen u. a. – ist mit weiterer Vervollkommnung der sozialistischen Produktionsverhältnisse so zu gestalten, daß von ihnen die notwendigen fördernden Wirkungen ausgehen. Im System der Produktivkräfte ist die Arbeit des Menschen die bewegende Kraft. Wie die Technik auch gestaltet sein mag, sie wird von Menschen entwickelt und von Menschen genutzt. Mit der fortschreitenden Technisierung und Automatisierung der Produktion, mit ihren ständig sich vergrößernden Maßstäben und denen an eingesetzten Fonds, wächst die Rolle des Menschen im Reproduktionsprozeß, erlangen die Nutzung seiner Fähigkeiten und Fertigkeiten, des Schöpfertums und der Leistungsbereitschaft, das Verantwortungsbewußtsein, Ordnung, Sicherheit und Disziplin zunehmende Bedeutung.

Die Meisterung der neuen Etappe der wissenschaftlich-technischen Revolution braucht schöpferische Fähigkeiten in einem bisher nicht gekannten Ausmaß und bringt sie hervor. Eine besonders wichtige Rolle spielt der *subjektive Faktor* in vornehmlich kreativen Prozessen in Forschung und Entwicklung, in der Leitung, Planung u. ä. Wie die Klassiker des Marxismus-Leninismus begründet haben, werden durch die Arbeit nicht nur die Existenzmittel für das menschliche Leben geschaffen; die Arbeit des Menschen prägt auch in hohem Maße seine eigene Entwicklung. Die Einstellung der Werktätigen zum wissenschaftlich-technischen Fortschritt, die Nutzung der vorhandenen Qualifikation und die weitere zielgerichtete Qualifizierung, aber auch Eignung, Zuverlässigkeit u. a. spielen eine immer wichtigere Rolle.

Für die gegenwärtige Etappe unserer sozialökonomischen Entwicklung ergeben sich für die rationelle Nutzung des gesellschaftlichen Arbeitsvermögens in den Kombinaten zwei eng miteinander verbundene Aufgaben:

- Die Weiterentwicklung der *Produktivkräfte*, die in eine qualitativ neue Etappe eingetreten ist, beinhaltet tiefgreifende Veränderungen der Wirkungsbedingungen der Hauptproduktivkraft, des arbeitenden Menschen. Er hört „mehr und mehr auf, ein unmittelbar ausführendes Kettenglied des Produktionsprozesses zu sein. Er wird zum Schöpfer, Beherrscher und Steuermann."[2] Der Wirkungsgrad der menschlichen Arbeit erreicht eine prinzipiell neue Stufe, das Gewicht der Werktätigen als Hauptproduktivkraft erhöht sich.[3] Das stellt an die vorausschauende Leitung und Planung dieser Prozesse, an ihre politische Führung und die Arbeit mit dem Menschen erhöhte Anforderungen.
- Für die weitere Vervollkommnung der *sozialistischen Produktionsverhältnisse* erlangen die mit der Arbeit verbundenen Fragen erstrangige Bedeutung. Rationelle Arbeitsorganisation, Gewinnung von Arbeitskräften für neue Aufgaben, Gestaltung der Beziehungen in und zwischen den Arbeitskollektiven, Ausprägung des sozialistischen Charakters der Arbeit und konsequente Anwendung des Leistungsprinzips – diese und andere Seiten der Arbeitsverhältnisse sind als Bestandteil der Produktionsverhältnisse von zunehmendem politischem, ökonomischem und sozialem Gewicht.

Die wirksame Verbindung der Vorzüge des Sozialismus mit den Errungenschaften der wissenschaftlich-technischen Revolution gewährleistet, „unter bewußter und planmäßiger Gestaltung des Prozesses der Vergesellschaftung der Arbeit ... jene Bedingungen zu schaffen, die der objektiven Dynamik und Komplexität in der Anwendung der Schlüsseltechnologien entsprechen"[4]. Zugleich gewährleisten die sozialistischen Produktionsverhältnisse die Übereinstimmung von wissenschaftlich-technischem, ökonomischem und sozialem Fortschritt. Vollbeschäftigung, soziale Sicherheit und Geborgenheit sind Errungenschaften unserer Republik, die das unterstreichen. Mit der weiteren Ausprägung des sozialistischen Charakters der Arbeit in der neuen Etappe der wissenschaftlich-technischen Revolution müssen neue Schritte getan werden, die Arbeit immer mehr in ein erstrangiges Lebensbedürfnis zu verwandeln.

Gänzlich anders sieht das in der kapitalistischen Klassengesellschaft aus. Der Kapitalismus ist nicht imstande, die Errungenschaften der wissenschaftlich-technischen Revolution widerspruchsfrei zum Wohle der Gesellschaft zu nutzen. Kapitalistische Anwendung des wissenschaftlich-technischen Fortschritts führt zur Massenarbeitslosigkeit, die besonders für die Jugend verheerende Auswirkungen zeitigt. Auch die Gestaltung der Arbeitsbedingungen wird letztlich durch das Profitstreben geregelt. Der Mißbrauch des wissenschaftlich-technischen Fortschritts durch den Kapitalismus zeigt sich besonders im menschenverachtenden Rüstungswahnsinn, der zu einer Profitquelle riesigen Ausmaßes geworden ist.

2. Als grundlegende Aufgabe der ökonomischen Strategie ist das Entwicklungstempo der Arbeitsproduktivität weiter zu beschleunigen.

Das Tempo der Steigerung der Arbeitsproduktivität 1986–1990 wird wesentlich davon bestimmt, wie die *Schlüsseltechnologien* mit hoher Effektivität eingeführt und neue wissenschaftliche Erkenntnisse rasch in die Produktion umgesetzt werden. Im Vordergrund stehen die Anwendung der Mikroelektronik, der Robotertechnik, der Rechen- und Informationstechnik, die Gestaltung flexibler automatisierter Fertigungssysteme sowie die Automatisierung geschlossener technologischer Prozesse und Fertigungsabschnitte. Insbesondere mit der verstärkten Nutzung der rechnergestützten Konstruktion und Produktion werden Voraussetzungen für eine beträchtliche Erhöhung der Arbeitsproduktivität geschaffen. „Mit der raschen Entwicklung und breiten Nutzung der Schlüsseltechnologien entsprechen wir dem Gesetz der Ökonomie der Zeit. Infolge der möglichen Verringerung des Aufwandes an lebendiger Arbeit in der materiellen Produktion kann Zeit gewonnen und für andere gesellschaftlich nützliche und notwendige Tätigkeiten eingesetzt werden.“[5]

Es ist ein Grundanliegen, daß die Werktätigen dabei Tätigkeiten übertragen bekommen, die eine optimale und miteinander abgestimmte geistige und körperliche Beanspruchung gewährleisten. Darauf zielt die Gestaltung der produktivitäts- und persönlichkeitsfördernden Arbeitsbedingungen. Sie trägt zur vollen Nutzung des Arbeitsvermögens, zur Produktivität und Effektivität der Arbeit sowie zum Wohlbefinden und zur ständigen Leistungsfähigkeit der Werktätigen bei. Die Erreichung der Produktivitätsziele wird folglich davon mitbestimmt,

- wie für die Gestaltung und den ökonomisch wirksamen Einsatz der neuen Technik die vorhandenen Fähigkeiten und Fertigkeiten genutzt werden und
- wie mit neuer Technik das Wohlbefinden und die Leistungsfähigkeit der Werktätigen auf Dauer gewährleistet sind.

Das schließt Aufgaben der Sicherheitstechnik und des Arbeits- und Gesundheitsschutzes ein. So sind prophylaktisch Bedingungen zu schaffen, die Unfälle, neue Berufskrankheiten und andere gesundheitliche Schäden ausschließen. Die Lärm- und Schadstoffbekämpfung sowie insgesamt der Abbau von Arbeitserschwernissen an Arbeitsplätzen für 450000 Werktätige bis 1990 sind wichtige Aufgaben, die zur vollen Nutzung des Arbeitsvermögens, zur Produktivität und Effektivität der Arbeit beitragen.

Die weitere Beschleunigung des Entwicklungstempos der Produktivitätssteigerung steht in allen Kombinaten und Betrieben als vorrangige Aufgabe. Die *Einführung der neuen Technik erfolgt differenziert.* Das hängt nicht nur von den Umsetzungsbedingungen wissenschaftlicher Erkenntnisse, sondern auch von volkswirtschaftlichen Prioritäten ab, z. B. bei Investitionen. Es sind aber besonders auch dort wesentliche Leistungs- und Produktivitätsreserven zu erschließen, wo gegenwärtig noch nicht neueste Technik und Technologien zum Einsatz kommen können. Aus dem Nebeneinanderbestehen von traditionellen und modernen Fertigungsprozessen ergeben sich für die Nutzung des Arbeitsvermögens und für die Gestaltung der Arbeitsbedingungen insofern wichtige Aufgaben, als durch eine prozeßbezogene Rationalisierung, Modernisierung und Rekonstruktion der Produktionsprozesse in Verbindung mit der Wissenschaftlichen Arbeitsorganisation (WAO) der Aufwand an lebendiger und vergegenständlichter Arbeit zielstrebig gesenkt werden kann. Solche Maßnahmen tragen dazu bei, die bis 1990 durchschnittlich je Jahr festgelegte Einsparung von 550 Mio Stunden Arbeitszeit zu erreichen. Die umfassende Intensivierung erfordert deshalb langfristige Strategien für die Leitung und Planung in den Kombinaten und Betrieben. Intensivierungs- und Rationalisierungsstrategien müssen die Maßnahmen zur Nutzung des Arbeitsvermögens, Aufgaben zur Entwicklung, Strukturierung und zum Einsatz des Gesamtarbeiters des Kombinates und die Vervollkommnung der Arbeitsorganisation für geschlossene Prozesse einschließen.

Die Entwicklung der Volkswirtschaft ist mit weiteren strukturellen Veränderungen in der Industrie und anderen Bereichen der Volkswirtschaft verbunden. Zur Beschleunigung des Tempos der Steigerung der Arbeitsproduktivität erweist sich die *Schwedter Initiative* „Weniger produzieren mehr“ als der grundsätzliche sozialistische Weg, um die komplexe Rationalisierung in aller Breite zu fördern. Die Erfahrungen vieler Betriebe lehren, daß sich die Erhöhung der Effektivität des eingesetzten Arbeitsvermögens am vorteilhaftesten durch einen ganzen Komplex abgestimmter Maßnahmen erreichen läßt. Darauf müssen die Werktätigen vorbereitet und für die Mitarbeit zur Einsparung von Arbeitsplätzen gewonnen werden. Bewährte Vorgehensweisen schließen Analysen über die Wirksamkeit von Produktivitätsfaktoren, langfristige Planung der Organisation der Prozesse, die Gewinnung der Arbeitskräfte für neue Aufgaben und ihre Qualifizierung sowie Anwendung des Leistungsprinzips und Gewährleistung der Arbeitssicherheit ein.

3. Der qualitative Wandel in den Arbeitsanforderungen und -bedingungen erfordert verstärkt die Nutzung arbeitswissenschaftlicher Erkenntnisse bei der Entwicklung neuer Erzeugnisse und Verfahren und die Anwendung der WAO bei der komplexen Rationalisierung geschlossener Prozesse.

Mit der umfassenden Intensivierung, der zunehmenden Erneuerung der Arbeitsmittel, besonders mit dem Einsatz der Schlüsseltechnologien reifen qualitative Veränderungen für die Organisation der Arbeit in den Kombinaten und Betrieben heran. Während in den vergangenen Jahren das Anwendungsfeld der WAO vorrangig auf Arbeitsplätze gerichtet war, erfordert die künftige Entwicklung der Produktion eine immer mehr *prozeßbezogene Anwendung der WAO* in relativ geschlossenen Reproduktionsprozessen. Damit erhöht sie ihren Einfluß auf die Veränderungen der Reproduktionsbedingungen des betrieblichen Gesamtarbeiters.

In wesentlich breiterem Umfang nimmt der Anteil geistig-schöpferischer Elemente der Arbeit zu. Der Mensch tritt z. B. bei der Automatisierung und Einführung von CAD/CAM-Arbeitsstationen immer mehr aus dem unmittelbaren Fertigungsprozeß heraus. Durch die informationsverarbeitende Technik werden körperliche und geistige Arbeit in zunehmendem Umfang technisierbar. Der Mensch übernimmt produktionsvorbereitende, steuernde, instandhaltende und kontrollierende Arbeitsfunktionen. Routinearbeit kann verstärkt an die Technik übertragen werden. Damit ist die Aufgabe gestellt, das Arbeitsvermögen so rationell einzusetzen, daß die Neuerungsprozesse ökonomisch voll wirksam und gleichzeitig sozialismusadäquate Arbeitsbedingungen geschaffen werden. Es ist ein objektives Erfordernis, daß für die Gestaltung der Arbeitsprozesse und zusammenhängenden Arbeitsplätze die WAO bereits in der Phase der Vorbereitung der künftigen Produktion, bei der Forschung und Entwicklung neuer Erzeugnisse und Verfahren verwirklicht wird.

Da die Differenziertheit der Produktions- und Arbeitsbedingungen auch in nächster Zukunft nur schrittweise zu verringern ist, d. h. von Aufgaben der Gestaltung traditioneller Arbeitsplätze bis zur durchgängigen Organisation von Arbeitsprozessen bei flexibler Automatisierungstechnik reicht, erwachsen den Kombinaten und Betrieben Aufgaben, die noch vorhandenen Niveauunterschiede weiter abzubauen. Entsprechend der Direktive zum Fünfjahrplan 1986–1990 sind mit Maßnahmen der WAO 1,3 Mio Arbeitsplätze zur Verbesserung der Leistungsbedingungen der Werktätigen planmäßig neu- bzw. umzugestalten.

Arbeitswissenschaftliche Lösungen für die Arbeit in *CAD/CAM-Stationen* sind besonders vordringlich. Es gilt, rationelle Arbeitsabläufe für die bis 1990 zu schaffenden 90000 Stationen zu entwickeln, die eine hohe Auslastung dieser neuen Technik sichern. Dafür ist die Gestaltung der Arbeitsaufgaben für die mit dieser Technik arbeitenden Werktätigen ein vorrangiger Schwerpunkt. Es sind solche organisatorischen Lösungen zu finden, mit denen das vorhandene Qualifikationsniveau rationell genutzt und eine Weiterqualifizierung der Werktätigen planmäßig vorbereitet und durchgeführt werden kann. In den Kombinaten und Betrieben sind in diesem Zusammenhang zur Einbeziehung der WAO und des Arbeitsschutzes drei Hauptrichtungen zu beachten:

- Aufbereitung von Erkenntnissen für ihre Anwendung bei der rechnergestützten Produktionsvorbereitung (Konstruktion, Projektierung, Technologie);
- Erarbeitung arbeitsorganisatorischer Lösungen für die Entwicklung und Einführung von CAD/CAM-Arbeitsstationen;
- Gestaltung der materiellen Arbeitsbedingungen bei der rechnergestützten Arbeitsweise.

Der Wandel in den *Arbeitsanforderungen und Arbeitsbedingungen* stellt den Kombinaten und Betrieben neuartige Aufgaben zur Gestaltung anspruchsvoller Arbeitsinhalte, besonders zur Funktionsteilung Mensch–Maschine, Mensch–Rechner zur Aufgabenerweiterung und -bereicherung, die eine kollektive und auf Endergebnisse orientierte Arbeitsweise fördern müssen.

Weil die zunehmende Anreicherung der Arbeit mit geistig-schöpferischen Elementen ein optimales Maß an körperlicher Beanspruchung erfordert, ergeben sich neue Probleme und Aufgaben für die Forschung und ihre praktische Umsetzung, damit der Mensch nicht einseitigen oder erhöhten psychischen Beanspruchungen im Arbeitsprozeß unterliegt. Anforderungen aus den natürlichen konstitutionellen Bedingungen des Menschen und seine körperliche Beanspruchung erhalten zunehmend Gewicht, die bis zur Gestaltung arbeitsfreier Zeit führen können. Das ist als eine wichtige sozialökonomische Aufgabe anzusehen, weil sich Unterschiede im technisch-organisatorischen Niveau einzelner Abschnitte des Reproduktionsprozesses mit den sich daraus ergebenden Unterschieden in den Arbeitsanforderungen und -bedingungen zeitweilig verstärken und auch im gleichen Kombinat bzw. Betrieb nebeneinander bestehen werden.

Besondere Bedeutung erlangt die verstärkte Orientierung auf den *Einsatz der Robotertechnik*. Sie leitet sich aus der Produktion von 80000 Industrierobotern bis 1990 ab. Zur Einsparung und rationellen Nutzung des Arbeitsvermögens müssen sich die Betriebe auf folgende typische Prozesse konzentrieren:

- arbeitsaufwandintensive Prozesse, die vorwiegend manuelle, körperlich schwere Arbeit aufweisen und in denen Überschreitungen arbeitshygienischer und anderer Normative vorliegen;
- Prozesse, in denen Bewegungsabläufe kurzzyklisch manuell mit hoher Gleichförmigkeit und Exaktheit ausgeführt werden müssen;
- Prozesse mit einfachen, anforderungsarmen Arbeitsaufgaben, die ständig ausgeführt werden müssen und als deren Folge negative psychische Auswirkungen für die Menschen zu erwarten sind;
- Prozesse, in denen Tätigkeiten unter technologisch bedingt hoher Intensität bzw. Zeitdauer des Einwirkens ungünstiger Umweltbedingungen oder noch unter Gefährdung ausgeführt werden müssen.

Das muß folglich gleichermaßen Aufgabenstellungen

für den Arbeits- und Gesundheitsschutz und arbeitsorganisatorische Lösungen zur zeitlichen Auslastung der Robotertechnik sowie zur Rationalisierung der vor- und nachgelagerten Prozesse einschließen. Diese Aufgaben erfordern eine *komplexe Arbeitsweise* und Zusammenarbeit von Technikern, Ökonomen, Arbeitsingenieuren, Arbeitsmedizinern, Psychologen und Soziologen. Diese Zusammenarbeit ist darauf zu richten, daß die abzustimmenden Maßnahmen zu einem qualifikationsgerechten Einsatz der Arbeitskräfte und zu günstiger Arbeitskräftestruktur führen. Es wird als dringliche Aufgabe angesehen, daß die technologische Forschung, Projektierung und Vorbereitung von Investitionen die Fragen des Arbeitsvermögens von vornherein mit einschließen müssen. Dabei müssen arbeitswissenschaftliche Erkenntnisse in Form von Richtlinien, Qualifikationsmerkmalen, Normativen, Standards und TGL für die Arbeitsorganisation praxiswirksam werden.

Die Arbeitsorganisation schließt als Maß der Arbeit beeinflußbare Leistungskennziffern und Normen ein, die in Verbindung mit weiteren Kriterien der Leistungsbewertung der Werktätigen Grundlage für ihre materielle Stimulierung bilden. Die Orientierung der Arbeitskollektive auf volle Ausnutzung der Technik und hohe Endergebnisse im jeweiligen Fertigungsabschnitt muß verstärkt auf die Erfüllung von solchen Leistungskennziffern gerichtet sein, die die Kontinuität und hohe Qualität der Arbeit im Gesamtprozeß gewährleisten.

4. Die Veränderung der Produktions- und Arbeitsprozesse berührt unmittelbar die Interessen der Werktätigen. Ihre Beteiligung am sozialistischen Wettbewerb, ihre Initiative und schöpferischer Beitrag zur Gestaltung ihrer eigenen Arbeitsbedingungen, die als Leistungsbedingungen eine rationelle Arbeit, qualifikationsgerechten Einsatz, Freude und Wohlbefinden am Arbeitsplatz gewährleisten, kennzeichnen lebendige sozialistische Demokratie.

Mit der Organisierung einer breiten Masseninitiative in den Kombinaten und Betrieben zur Erfüllung hoher Planziele leisten die Gewerkschaften unter Führung der Parteiorganisationen und in Zusammenarbeit mit den staatlichen Leitern einen herausragenden Beitrag zur Durchsetzung der ökonomischen Strategie und Festigung der sozialistischen Demokratie bis zu jedem Arbeitsplatz. Die aus technisch-ökonomischen Zielstellungen ableitbaren Initiativleistungen geben dem sozialistischen Wettbewerb einen qualitativ neuen Inhalt. Er zeigt sich darin, daß die Aktivitäten und die Verantwortung des einzelnen oder eines Kollektivs zur Einführung von Schlüsseltechnologien über das eigene, abgegrenzte Aufgabengebiet hinausgehen. Sie sind zunehmend auf das Erreichen ökonomischer Ergebnisse in zusammenhängenden Prozessen gerichtet. Gleichzeitig sind die vielseitigen Formen und Ziele des Wettbewerbs, die Neuerer und Erfindertätigkeit in inhaltliche und zeitliche Übereinstimmung zu bringen.

Es erwachsen höhere Anforderungen an die *Führung und Organisation des Wettbewerbs*. Schöpfertum und Wetteifern sind auf ein günstiges Aufwand-Ergebnis-Verhältnis, auf plan- und termingerechte Erfüllung des Endproduktes und andere beeinflußbare Planteile durch kollektive Arbeitsweisen zu richten. Die Formen des Wettbewerbs werden von komplexen Aufgaben und Verpflichtungen bestimmt, die über technisch-technologisch begründete räumliche Trennungen hinausgehen. Sie vertiefen die kameradschaftliche Zusammenarbeit und gegenseitige Hilfe und geben dem Leistungsvergleich neue Impulse. Mit den Aufgaben zur umfassenden Intensivierung entstehen erweiterte und neuartige Betätigungsfelder für die Mitwirkung der Werktätigen. Das erfordert von jedem einzelnen höhere Verantwortungsbereitschaft, schnelle Umsetzung seines Wissens und Könnens, Lernbereitschaft und Disziplin.

Die politische Führung des sozialistischen Wettbewerbs bestimmt entscheidend mit, wie das Arbeitsvermögen für das Erreichen ökonomischer und sozialer Zielstellungen genutzt und wie das ökonomische Denken und Handeln der Werktätigen im Leitungs- und Planungsprozeß verwirklicht werden. Von Gewicht ist der weitere Übergang zur Schichtarbeit, besonders im Maschinenbau, um die wachsenden Grundfonds auszulasten.

„Gerade um Werktätige für die Schichtarbeit zu gewinnen gilt es, die Schwedter Initiative noch nachhaltiger zu fördern.“[6] Die Schichtarbeit stellt an Arbeiter und Leiter soziale und organisatorische Anforderungen, deren Realisierung auch im Territorium zu koordinieren ist. An wichtigen Abschnitten der Produktion ist der Übergang zur rollenden Woche mit möglichst bedienarmer Fertigung zu sichern.

WAO-Kollektive sind bewährte Beratungs- und Arbeitsgremien, die einen wesentlichen Beitrag leisten, den sozialistischen Wettbewerb mit der Rationalisierung der Prozesse zu verbinden. Sie stellen sich komplexen Schwerpunktaufgaben zur Veränderung in einem ganzen Betriebs- oder Produktionsbereich. Erfahrungen bestätigen, daß die Ziele – insbesondere zur Verbesserung der Arbeitsorganisation, zur Beherrschung der neuen Technik, zur Neu- und Umgestaltung sowie zur Einsparung von Arbeitsplätzen und Gewinnung der Werktätigen für andere Aufgaben – dem Wettbewerb einen konkreten Inhalt geben. Das Mitarbeiten und Mitplanen, die Vermittlung von Arbeits- und Berufserfahrungen, neue Überlegungen und Vorschläge der Werktätigen werden um so wirkungsvoller motiviert, je schneller ihre Initiativen zu Veränderungen führen, die zum erlebbaren Wirtschaftswachstum beitragen.

5. Das gesellschaftliche Arbeitsvermögen ist eine quantitativ begrenzte Ressource – immer mehr Kombinate haben steigende Leistungen mit gleicher oder geringerer Arbeitskräftezahl zu erbringen. Dafür sind die qualitativen Faktoren des gesellschaftlichen Arbeitsvermögens bestmöglich zu nutzen.

Im Vergleich zu den zurückliegenden Jahrzehnten verändern sich die Bedingungen der *quantitativen Reproduktion des Arbeitsvermögens* grundlegend. Im Fünfjahrplan 1986–1990 ist nur ein Drittel des Zuwachses an Berufstätigen des Zeitraumes von 1981 bis 1985 zu erwarten. 1989–1990 stehen nur etwa 60% der Schulabgänger des Jahres 1980 für eine Berufsausbildung zur Verfügung. Mit den bereits erreichten hohen Beschäftigtengraden bestehen praktisch keine nennenswerten quantitativen Reserven an potentiellem Arbeitsvermögen. In den 90er Jahren ist mit einer Verminderung der Anzahl der Berufstätigen zu rechnen. Auf diese objektiven Bedingungen müssen sich die Kombinate und Betriebe bereits jetzt einstellen.

Die planmäßige Verteilung des Arbeitsvermögens auf die Bereiche der Volkswirtschaft, wie sie sich mit der weiteren Durchsetzung der Einheit von Wirtschafts- und Sozialpolitik erforderlich macht, kann nicht allein durch entsprechende Lenkung des Nachwuchses abgesichert werden. Diese Ziele sind durch Einsparung von Arbeitsplätzen und Ausweitung des Umfangs der Gewinnung von Arbeitskräften für andere Aufgaben zu erreichen. Die bisherige Tendenz der Schaffung von mehr Arbeitsplätzen durch Investitionen, als durch Intensivierung eingespart wurden, ist umzukehren. Besondere Beachtung verdienen die territorial stark differenzierte Aufkommensentwicklung des Arbeitsvermögens und die daraus resultierenden Probleme bei der Bereitstellung von Arbeitskräften für volkswirtschaftlich notwendige Erweiterungsvorhaben. Neben der territorialen Differenziertheit spielen auch demografische Probleme, wie die Überalterung in bestimmten Bereichen, z. B. Landwirtschaft, Versorgungs- und Dienstleistungsbereich, eine Rolle. Neu entstehender Arbeitskräftebedarf ist nur durch vorangegangene Beseitigung von Arbeitsplätzen und Gewinnung von Arbeitskräften im eigenen Bereich abzudecken. Ein solcher Arbeitskräftebedarf entsteht z. B. für die Produktionsvorbereitung, speziell für Forschung und Entwicklung, sowie für die Erarbeitung von Software, für die Sicherstellung der Serviceleistung durch die Anwender der Rechentechnik, für die Produktion mikroelektronischer Produkte, speziell der Informationsverarbeitung, für die Biotechnologie u. a.

Ein besonderes Gewicht erhält die bessere Erschließung des Effektivitätspotentials, das sich im *hohen Qualifikationsniveau* des Arbeitsvermögens verkörpert. Im Vordergrund steht dabei der qualifikationsgerechte Einsatz der Werktätigen, insbesondere durch anspruchsvolle Gestaltung der Arbeitsinhalte und Verbesserung der Arbeitsbedingungen. Im Sinne des Marxschen Gesetzes vom Wechsel der Arbeit entstehen mit dem wissenschaftlich-technischen Fortschritt gleichzeitig neue, erweiterte Anforderungen an die Bereitschaft der Werktätigen zur Beweglichkeit (Mobilität) und an eine breitere Verfügbarkeit über Wissen und Können (Disponibilität). Diese Eigenschaften und Fähigkeiten sind durch die Prozesse der Berufsausbildung sowie Hoch- und Fachschulkaderausbildung ebenso wie im Arbeitsprozeß selbst stärker zu entwickeln.

6. Schwerpunkte der Verbesserung der Leitung und Planung des gesellschaftlichen Arbeitsvermögens sind die Verstärkung der Komplexität, der Langfristigkeit und Bilanziertheit sowie die weitere Vervollkommnung des demokratischen Zentralismus

Die dynamische und differenzierte Entwicklung der Volkswirtschaft stellt wachsende Anforderungen an die *Leitung des Arbeitskräfteeinsatzes*. Bei allen Leitungsentscheidungen ist verstärkt von den Erfordernissen der Nutzung und Entwicklung des Arbeitsvermögens auszugehen. Langfristige und komplexe Planungsgrundlagen sind dafür objektiv notwendig. Die bereits vorhandenen *Arbeitskräftekonzeptionen* sind inhaltlich zu qualifizieren und auf allen Ebenen als Leitungsinstrument zu nutzen. Das bezieht sich insbesondere auf die Verteilung des Arbeitsvermögens, seine quantitative und qualitative Struktur sowie seine Mobilität und Disponibilität mit dem Ziel, effektive Arbeitskräftestrukturen herauszubilden. Schwerpunkte werden dabei die Gewinnung von Arbeitskräften für neue Aufgaben durch Anwendung der Schwedter Initiative und eine zukunftsorientierte Ausbildung sowie ständige gezielte Weiterbildung sein. Neben diesen ökonomischen Erfordernissen sind noch stärker als bisher die sozialen Bedingungen und Voraussetzungen für einen effektiven Arbeitskräfteeinsatz zum Gegenstand der Konzeptionen zu machen. Jede Veränderung der Produktionsstruktur, der Technologie und Organisation hat Auswirkungen auf Arbeitsanforderungen und -bedingungen. Sie erfordern eine entsprechende Motivation und Qualifikation der Werktätigen und ihre rechtzeitige Vorbereitung und Mitwirkung.

Wachsende Bedeutung gewinnt das *Zusammenwirken von Kombinaten, Betrieben und territorialen Staatsorganen.* Durch komplexe Abstimmung und Bilanzierung der gesellschaftlichen Erfordernisse mit den verfügbaren Arbeitskräfteressourcen muß die Übereinstimmung von Zweig- und Territorialplanung weiter vervollkommnet werden. Bei Entscheidungen über die Entwicklung der Produktion und die Standortverteilung der Produktivkräfte müssen die zentralen Staatsorgane sowie die Kombinate und Betriebe die territorialen Reproduktionsbedingungen zugrunde legen. Im Prozeß der Abstimmung ist zu sichern, daß staatliche Planauflagen und Bilanzentscheide übereinstimmen. Grundsatz bleibt, das Arbeitsvermögen dort einzusetzen, wo es heranwächst. Deshalb ist dort verstärkt zu rationalisieren, wo infolge der demografischen Entwicklung das Arbeitsvermögen quantitativ zurückgeht. Auszuschöpfen sind alle Möglichkeiten der territorialen Rationalisierung unter Nutzung der Staßfurter Erfahrungen. Durch stärkere Einbeziehung und rechtzeitige Information der Werktätigen über sie berührende Veränderungen sind bessere Voraussetzungen für die Ausschöpfung vorhandener Reserven bei der Nutzung des Arbeitsvermögens zu schaffen.

Es bestehen zur Zeit häufig noch spürbare Rückstände hinsichtlich einer der Bedeutung dieser Fragen entsprechenden Einbeziehung in die Leitungsarbeit der Kombinate. Ausdruck dafür ist, daß die Arbeitskräftepläne „Tote Seelen“ sowie Reserven an Arbeitsvermögen beinhalten. Folgen davon sind u. a. ein Anwachsen der Fluktuation, Mängel in der Ausnutzung der Arbeitszeit und der Qualifikation sowie negative Auswirkungen auf die Erfüllung von Leistungszielen. Es kommt deshalb darauf an, die Realität der Pläne zu erhöhen.
Wege dazu sind:

- Der Arbeitskräftebedarf ist exakter auf der Grundlage von Richtwerten und Normativen zu bestimmen.
- Die Reproduktionsrechnungen sind so zu qualifizieren, daß sie als Leitungsinstrument für die planmäßige Erschließung betrieblicher Reserven zur Dekkung des Arbeitskräftebedarfs dienen können.
- Der Grad der Bilanziertheit der Arbeitskräftepläne ist zu erhöhen.
- Auf veränderte Bedingungen ist sowohl im Prozeß der Planung als auch der Realisierung der Pläne flexibel zu reagieren.

Die Realität der Pläne wird entscheidend davon bestimmt, wie es gelingt, die langfristig komplexe und abgestimmte Erarbeitung der Zielsetzungen und Aufgaben für die Nutzung und Entwicklung des Arbeitsvermögens zu sichern. Das bedeutet nichts anderes, als die Planung des Arbeitsvermögens in den Kombinaten und Betrieben nicht einseitig von der Produktionsentwicklung abhängig zu machen, sie nur als abgeleitete Größe zu betrachten. *Das verfügbare gesellschaftliche Arbeitsvermögen muß vielmehr ein bestimmender Ausgangspunkt der Planung sein.*

Anmerkungen

[1] Erich Honecker, Mit Initiative, Schöpfertum und Tatkraft verwirklichen wir die Beschlüsse unseres XI. Parteitages, Berlin 1986, S. 88f.

[2] Otto Reinhold, Produktivkräfte und Produktionsverhältnisse bei der weiteren Gestaltung des entwickelten Sozialismus in unserer Republik, in: Einheit 10/1986, S. 887.

[3] Vgl. ebenda.

[4] Günter Mittag, Leitung, Planung und wirtschaftliche Rechnungsführung in der Volkswirtschaft der DDR, in: Einheit 10/1986, S. 880.

[5] Helmut Koziolek, Unser sozialistischer Weg zur Meisterung der wissenschaftlich-technischen Revolution, in: Einheit 10/1986, S. 892.

[6] Erich Honecker, Bericht des ZK der SED an den XI. Parteitag der SED, Berlin 1986, S. 53.

2. REFERATE

Heinz Hanspach

Theoretische und praktische Probleme der Nutzung des gesellschaftlichen Arbeitsvermögens bei der umfassenden Intensivierung in Kombinaten und Betrieben unter besonderer Berücksichtigung der Erfahrungen des VEB Mansfeld Kombinat Wilhelm Pieck

I. Zur rationellen Nutzung des Arbeitsvermögens als Aufgabe der ökonomischen Strategie

Mit den Beschlüssen des XI. Parteitages der SED wird ein qualitativ neuer Abschnitt der weiteren Gestaltung der entwickelten sozialistischen Gesellschaft eingeleitet. Im Mittelpunkt steht dabei die konsequente Fortführung der Hauptaufgabe in ihrer Einheit von Wirtschafts- und Sozialpolitik. Die ökonomische Strategie mit dem Blick auf das Jahr 2000 zeigt den Weg für das Erreichen hoher Ziele.

Es geht vor allem um die beschleunigte Steigerung der Arbeitsproduktivität durch umfassende Intensivierung. Ausschlaggebend dafür ist die Bewältigung der wissenschaftlich-technischen Revolution mit ihrem Kernstück der Entwicklung und Einführung von Schlüsseltechnologien. Mikroelektronik, moderne Rechentechnik, rechnergestützte Konstruktion, Projektierung und Steuerung der Produktion und andere Schlüsseltechnologien werden zunehmend zum volkswirtschaftlichen Sturkturwandel beitragen. Sie sind entscheidend für die weitere Steigerung der Arbeitsproduktivität. Von ihrer breiten Anwendung wird maßgeblich abhängen, wie die wachsenden Bedürfnisse der Bevölkerung immer besser befriedigt werden können, die Akkumulationskraft unseres Landes entwickelt wird und welche Rolle die DDR in der internationalen Arena spielt.

Die Weiterentwicklung der Produktivkräfte durch breite Anwendung der Schlüsseltechnologien ist mit der weiteren Vervollkommnung unserer sozialistischen Produktionsverhältnisse verbunden. Der qualitativ neue Abschnitt der Gestaltung der entwickelten sozialistischen Gesellschaft wird vor allem dadurch charakterisiert, daß wir mit der sozialistischen Planwirtschaft, mit der Entwicklung der sozialistischen Produktionsverhältnisse überhaupt, den neuen Bedingungen der Produktivkraftentwicklung gerecht werden und sie fördern.

Eine entscheidende Rolle bei der Vervollkommnung der sozialistischen Produktionsverhältnisse spielt die Entwicklung und die Arbeit der Kombinate. Sie sind die hauptsächlichen Träger des volkswirtschaftlichen Leistungswachstums, das Rückgrat unserer sozialistischen Planwirtschaft. Wenn wir heute die Aufgaben und Probleme der rationellen Nutzung des gesellschaftlichen Arbeitsvermögens bei der umfassenden Intensivierung beraten, dann sind wir sehr froh darüber, daß das im VEB Mansfeld Kombinat Wilhelm Pieck Eisleben geschieht. Aus unserer langjährigen Zusammenarbeit mit dem Kombinat schätzen wir die Bereitschaft und Konsequenz, stets die neuen Aufgaben schnell anzupacken. Besonders hervorheben möchte ich die langfristige konzeptionelle Arbeit bei der Leitung und Planung des Arbeitsvermögens, der wissenschaftlichen Arbeitsorganisation und zur Verbesserung der Arbeitsbedingungen. Wir sind sicher, daß die Erfahrungen des Kombinates unsere Beratung sehr bereichern werden.

Den Teilnehmern der Tagung ist ein gemeinsam mit dem Kombinat ausgearbeitetes Material bereits übergeben worden.

Die rationelle Nutzung des gesellschaftlichen Arbeitsvermögens nimmt bei der Verwirklichung der ökonomischen Strategie einen herausragenden Platz ein. In unserer sozialistischen Gesellschaft steht der Mensch mit seinen Interessen und Bedürfnissen immer im Mittelpunkt der wissenschaftlich-technischen Revolution. Er darf nie zum „Anhängsel" der neuen Technik werden. Der Mensch ist und bleibt die Hauptproduktivkraft, zu dessen Nutzen die Intensivierung durchgeführt und dessen Arbeit dadurch erleichtert wird, heißt es im Programm der SED.[1]

Hinsichtlich der wachsenden Rolle der Arbeit in der jetzigen Entwicklungsetappe sind drei Aspekte hervorzuheben:

Erstens: Die Arbeit wird mit wachsender Produktivität, Effektivität und Qualität zur *immer ergiebigeren Quelle für die Verbesserung des Lebensniveaus und dauerhafter sozialer Sicherheit,* das schließt Ausprägung der sozialistischen Lebensweise ein. In diesem Zusammenhang ist an die Marxsche Feststellung zu erinnern, daß erst durch die Arbeitsorganisation die gesellschaftliche Produktion möglich ist, denn das Niveau der Arbeitsorganisation bestimmt, wie der Mensch seinen Stoffwechsel mit der Natur durch seine eigene Tat vermittelt, regelt und kontrolliert. Die Arbeitsorganisation ist also eine Bedingung jeder Produktion und ein wesentlicher Produktivitätsfaktor.

„Welches immer die gesellschaftlichen Formen der Produktion", so Marx im Kapital, „Arbeiter und Produktionsmittel, bleiben stets ihre Faktoren... Damit überhaupt produziert werde, müssen sie sich verbinden. Die besondre Art und Weise, worin diese Verbindung bewerkstelligt wird, unterscheidet die verschiedenen ökonomischen Epochen der Gesellschaftsstruktur."[2] Damit enthüllte Marx den Gesellschaftsbezug der Arbeitsorganisation und ihr sozialökonomisches Wesen im Zusammenhang mit der Weiterentwicklung der Produktivkräfte und Produktionsverhältnisse.

Bereits hier sei die Bemerkung gestattet, daß Entwicklung von Schlüsseltechnologien, der Einsatz und die Nutzung des Arbeitsvermögens und wissenschaftliche Arbeitsorganisation stets eine Einheit bilden müssen. Eines ohne das Andere verursacht Verluste.

Zweitens: Die Arbeit nimmt einen wachsenden Rang für die *allseitige Entfaltung sozialistischer Persönlichkeiten* ein. Nicht nur die Resultate der Arbeit sind Mittel der Bedürfnisbefriedigung, sondern auch die Arbeit selbst. Sie muß in wachsendem Maße zum Bedürfnis werden. Das erfordert, die Errungenschaften von Wissenschaft und Technik so auszuschöpfen und anzuwenden, daß die allgemeinen Wesenszüge der sozialistischen Arbeit durch die konkreten Arbeitsinhalte und Arbeitsbedingungen für die Werktätigen erlebbar werden. Ein steigender Wirkungsgrad der lebendigen Arbeit muß daher immer auf der Gestaltung entsprechender Arbeitsaufgaben und Arbeitsbedingungen beruhen. Arbeitsbedingungen sind Leistungsbedingungen.

Wir haben Grund, diese Zusammenhänge deutlich zu betonen, denn Erfahrungen zeigen uns, daß neue technische Lösungen auch unter sozialistischen Produktionsverhältnissen nicht automatisch zu inhaltsreichen Arbeitsaufgaben und optimalen Arbeitsbedingungen führen. Nur durch die Anwendung arbeitswissenschaftlicher Erkenntnisse im Rahmen der WAO, begonnen in der Forschung und Entwicklung, kann die Verbindung der Vorzüge des Sozialismus mit den Errungenschaften der wissenschaftlich-technischen Revolution voll wirksam gemacht werden.

Drittens: Die Arbeit wird in zunehmendem Maße zu einer entscheidenden Sphäre der Nutzung der Vorzüge des Sozialismus und zu einem Feld der internationalen Klassenauseinandersetzung. Unsere sozialistischen Produktionsverhältnisse ermöglichen, ständig die Übereinstimmung von wissenschaftlich-technischem, ökonomischem und sozialem Fortschritt zu gewährleisten. Vollbeschäftigung, soziale Sicherheit und Geborgenheit sind Errungenschaften unserer Republik, sind grundlegende Vorzüge des realen Sozialismus. Demgegenüber wird in den kapitalistischen Länder in großem Umfang gesellschaftliche Arbeitsvermögen durch Arbeitslosigkeit und Kurzarbeit verschwendet und das Millionenheer der Arbeitslosen und Kurzarbeiter wächst weiter. Während das Interesse der Arbeiterklasse in diesen Ländern an der Erhaltung und Sicherung der Arbeitsplätze vorrangig ist, kämpfen unsere Werktätigen um höhere Produktivität und Effektivität der Arbeit im Interesse der ganzen Bevölkerung. Wir konnten beim Besuch gewerkschaftlicher Studiendelegationen aus der BRD, Frankreich und anderen kapitalistischen Ländern immer wieder erleben, welches Interesse für unsere sozialistische Rationalisierungspolitik als Einheit von Steigerung der Produktivität und Verbesserung der Arbeitsbedingungen an den Tag gelegt wurde.

Die rationelle Nutzung des gesellschaftlichen Arbeitsvermögens unter den Bedingungen der umfassenden Intensivierung ist eine wissenschaftliche Aufgabenstellung, die weit über die Verantwortung der im Rat für Ökonomie und Organisation der Arbeit wirkenden Einrichtungen hinausgeht, die Wirtschaftswissenschaftler und andere Gesellschaftswissenschaftler angeht und ein engeres Zusammenwirken mit Natur- und Technikwissenschaften erfordert.

Im folgenden werden vornehmlich solche Fragen behandelt, die im Zentrum der gegenwärtigen und künftigen Arbeit des Rates für Ökonomie und Organisation der Arbeit stehen.

Bei der rationellen Nutzung des gesellschaftlichen Arbeitsvermögens unter den Bedingungen der umfassenden Intensivierung geht es vor allem darum, die qualitativen Potenzen des Arbeitsvermögens, wie Bildung und Berufserfahrung, Schöpfertum und Leistungsbereitschaft, bestmöglich zu nutzen und gezielt zu entwikkeln. Während das Arbeitsvermögen in quantitativer Hinsicht eine begrenzte Ressource ist, sind seine qualitativen Potenzen unerschöpflich. Von den mit der umfassenden Intensivierung verbundenen Veränderungen der Reproduktionsbedingungen des Arbeitsvermögens sollen einige hervorgehoben werden:

1. *Es werden neue Anforderungen an die Erhöhung der Wirksamkeit des Arbeitsvermögens gestellt.* Die mit dem wissenschaftlich-technischen Fortschritt verbundenen Veränderungen in der Produktion und in der Arbeit sind untrennbar mit Veränderungen im Einsatz des Arbeitsvermögens verbunden. Der Schwerpunkt der Verausgabung von Arbeit verlagert sich zunehmend auf geistige Anforderungen und damit zugleich auf höhere Ansprüche an die Verantwortung, die Leistungsbereitschaft und den Leistungswillen der Werktätigen. Die schöpferische Arbeit der Menschen im Arbeitsprozeß wird zunehmend zum Hauptfaktor bei der Anwendung wissenschaftlicher Erkenntnisse und moderner Technologien sowie bei der Einsparung von Arbeitszeit, Material und Energie. Eine flexibel gestaltete Technologie und Organisation der Produktion, die Anwendung flexibler Automatisierungslösungen und ein dementsprechender Einsatz des Arbeitsvermögens, der in disponiblem Wissen und Können, in Mehrfachqualifikation und gegenseitiger Ersetzbarkeit seinen Ausdruck findet, werden zu immer wichtigeren Faktoren der Intensivierung.

2. *Mit den Aufgaben zur schnellen Erneuerung des Erzeugnissortiments, das qualitativ höchsten internationalen Ansprüchen und dem wachsenden Bedarf unserer Bevölkerung entspricht, müssen in den Kombinaten und Betrieben entsprechende Voraussetzungen geschaffen werden, um schnell und flexibel auf Bedarfsveränderungen reagieren zu können.* Mehr denn je entscheidet der Zeitfaktor, insbesondere der Zeitpunkt, zu dem neue Erzeugnisse in ausreichenden Stückzahlen zur Verfügung stehen, über das ökonomische Ergebnis. Die Zeiträume für die Erneuerung der Produktion werden kürzer, Schlüsseltechnologien nehmen an Breite und Tempo zu. Das erfordert größere Beweglichkeit und Verfügbarkeit im Einsatz des Arbeitsvermögens. Es wachsen die Anforderungen an Disponibilität, Mobilität und dementsprechende Bereitschaft der Werktätigen für Qualifizierung und Weiterbildung.

3. *Die Veränderungen in der Technik und Technologie führen auch zu veränderten Strukturen des Arbeitsvermögens.* Das gilt sowohl für die Berufs- und Qualifikationsstruktur als auch für Größenordnungen der einzelnen Struktureinheiten innerhalb der Betriebe und Kombinate, d.h. nach Tätigkeitsgruppen und Arbeitsbereichen. In der unmittelbaren Produktion werden Arbeitskräfte frei. Wachsender Bedarf entsteht in den produktionsvorbereitenden Bereichen, im Rationalisierungsmittelbau und in der Instandhaltung. Die heute noch üblichen Bezeichnungen von Produktionsgrund- und -hilfsprozessen entsprechen immer weniger der Realität.

Sehr entscheidend für die Nutzung und Entwicklung der qualitativen Potenzen des Arbeitsvermögens ist, das vorhandene Qualifikationspotential richtig einzusetzen und durch Qualifizierungs- und Weiterbildungsmaßnahmen vorausschauend den Erfordernissen der umfassenden Intensivierung zu entsprechen.

Die DDR verfügt über ein hohes Qualifikationsniveau ihrer Werktätigen. Von 1960 bis zur Gegenwart erhöhte sich der Anteil an

Hochschulkadern	von	2,6 %	auf	7,7 %
Fachschulkadern		3,0 %		13,6 %
Meistern		2,1 %		4,0 %
Facharbeitern		31,5 %		60,5 %

Die Erhöhung des Anteils der Werktätigen mit einer abgeschlossenen Berufsausbildung in diesem Zeitraum von rd. 30 auf 86 % ist Ausdruck und Verdienst der Leistungsfähigkeit unseres einheitlichen sozialistischen Bildungssystems.

Mit der Gestaltung anspruchsvoller Arbeitsaufgaben nutzen wir immer besser das Qualifikationspotential. Hier verfügen wir noch über Reserven.

Umfassende Intensivierung, vor allem Entwicklung und Anwendung von Schlüsseltechnologien, erhöht das Gewicht der Weiterbildung entscheidend. Sie muß rechtzeitig organisiert werden, nicht erst, wenn die neue Technologie kurz vor der Anwendung steht. Das ist nicht nur eine Frage der Ökonomie, sondern auch der Mitwirkung der Werktätigen bei der Gestaltung der Arbeitsorganisation und Arbeitsbedingungen.

Die Kombinate, die für die Weiterbildung verantwortlich sind, stützen sich hierbei vor allem auf die sozialistische Ingenieurorganisation. Es wurde vor kurzem im Büro des Präsidiums der Kammer der Technik eingeschätzt, wie der Beschluß des VIII. Kongresses zur Weiterbildung realisiert wurde:

Weiterbildungsmaßnahmen zur rechnergestützten Arbeit, Mikroelektronik, Rationalisierungsmittelbau, Industrierobotertechnik, Material- und Energieökonomie hatten 1984/85 168000 Teilnehmer, im I. Halbjahr 1986 fanden auf diesen Gebieten 1900 Kurse mit 60000 Teilnehmern statt. Gemessen an den Zielstellungen des Fünfjahrplanes für die Anwendung von Schlüsseltechnologien sind weitere Anstrengungen in der Bildungsarbeit erforderlich.

Die immer stärker werdende Verbindung von Wissenschaft und Produktion ist vor allem ein hoher Anspruch an die Jugend. Über die Mitarbeit in Neuererkollektiven, Jugendforscherkollektiven und bei der MMM wird sie zu einem wichtigen Träger des Lernens und der Umsetzung in höhere Produktivität. Anforderungen zur erhöhten Disponibilität und Mobilität, die Bereitschaft neue Aufgaben zu übernehmen und sich weiter zu qualifizieren, müssen künftig noch stärker von Anfang an im Ausbildungs- und Erziehungsprozeß vermittelt, bewußtgemacht und ausgeprägt werden.

Zu den qualitativen Veränderungen der Reproduktionsbedingungen des gesellschaftlichen Arbeitsvermögens kommen Veränderungen in der Quantität. Der Zuwachs an Arbeitskräften nimmt in diesem Fünfjahrplanzeitraum ab. Mit Beginn der 90er Jahre wird die Zahl der Berufstätigen absolut zurückgehen. In Industrie und Bauwesen wird es daher immer mehr Kombinate geben, die mit abnehmender Beschäftigtenzahl den erforderlichen Leistungsanstieg sichern müssen. Langfristige Konzeptionen zum Einsatz und zur effektiven Nutzung des gesellschaftlichen Arbeitsvermögens werden in den Kombinaten immer stärker Bestandteil der Führungstätigkeit. Sie fußen auf dem Beschluß des Ministerrates von 1983 zur „Vervollkommnung der Leitung und Planung des gesellschaftlichen Arbeitsvermögens".

Im Vorfeld des XI. Parteitages der SED wurde damit ein Instrument geschaffen, um die langfristige Entwicklung und Nutzung des Arbeitsvermögens mit den Zielen der umfassenden Intensivierung in Übereinstimmung zu bringen. Arbeitswissenschaftler haben an der Vorbereitung des Beschlusses im Auftrage des Staatssekretariats für Arbeit und Löhne mitgewirkt und analysieren kontinuierlich seine Realisierung. Dabei zeigt sich mit aller Deutlichkeit:

Entscheidend für die Nutzung des Arbeitsvermögens und die Gewinnung von Arbeitskräften für neue Aufgaben ist die kontinuierliche Zusammenarbeit zwischen Betrieben, Kombinaten und territorialen Organen. Da wir es mit unterschiedlichen Ausgangs- und Entwicklungsbedingungen der Kombinate und Betriebe und mit differenzierten Reproduktionsbedingungen in den Territorien zu tun haben, muß sich eine wirklichkeitsnahe Planung und Nutzung des Arbeitsvermögens in den Kombinaten vor allem konzentrieren auf

- hohe Steigerungsraten der Arbeitsproduktivität und die Sicherung der volkswirtschaftlich erforderlichen Leistungsentwicklung mit den vorhandenen bzw. weniger Arbeitskräften;
- die Gewinnung von Arbeitskräften, um volkswirtschaftliche Schwerpunktaufgaben im Betrieb und im Territorium zu lösen und effektive Arbeitskräftestrukturen zu entwickeln.

Der o. g. Beschluß verlangt, daß bei Entscheidungen zur Struktur der Volkswirtschaft, zur Entwicklung des wissenschaftlich-technischen Fortschritts und zum Einsatz der Investitionen die damit verbundenen Anforderungen an Umfang und Struktur des gesellschaftlichen Arbeitsvermögens berücksichtigt werden.

Unsere Kombinate sind die wichtigsten Produktionseinheiten für das Funktionieren des gesamten volkswirtschaftlichen Reproduktionsprozesses. Sie sind damit zugleich ein wesentliches Element der Realisierung und auch der Leitung des Reproduktionsprozesses im Territorium. Aus diesem Zusammenhang folgt die Verantwortung der Leitungen der Kombinate und territorialen Organe für eine langfristige, bedarfsgerechte Planung und Abstimmung aller Maßnahmen zur rationellen Nutzung des gesellschaftlichen Arbeitsvermögens.

Im engen Zusammenhang mit der Herausbildung hocheffektiver Strukturen des Gesamtarbeiters in den Kombinaten und Betrieben stehen strukturelle Veränderungen in den Erzeugnis- und Herstellungsstrukturen in der Industrie und anderen Bereichen der Volkswirtschaft. Das ist immer verbunden mit der zentralen Aufgabe zur Beschleunigung des Wachstumstempos der Arbeitsproduktivität in allen Bereichen.

Die Schwedter Initiative „Weniger produzieren

mehr" hat sich dabei als der grundsätzlich sozialistische Weg erwiesen, um die komplexe sozialistische Rationalisierung im wachsenden Maße zu fördern. Sie ist der Weg, um dem bereits von Marx begründeten Gesetz des Wechsels der Arbeit auf sozialistische Art und Weise zu entsprechen.[3]

Dem Gesetz des Wechsels der Arbeit muß mit der umfassenden Intensivierung verstärkte Aufmerksamkeit geschenkt werden. Das zeigt sich z. B. gegenwärtig besonders an der Notwendigkeit und den Anstrengungen, den Rationalisierungsmittelbau zu stärken, die Schichtarbeit zu erweitern oder die Konsumgüterproduktion zu entwickeln. Die Anwendung von Schlüsseltechnologien ist stets mit der Notwendigkeit verbunden, Werktätige für die Lösung neuer Aufgaben zu gewinnen.

Die Erfahrungen vieler Betriebe lehren, daß sich die Erhöhung der Effektivität des eingesetzten Arbeitsvermögens am vorteilhaftesten durch einen ganzen Komplex abgestimmter Maßnahmen erreichen läßt. Darauf müssen die Werktätigen vorbereitet und für die Mitarbeit zur Einsparung von Arbeitsplätzen gewonnen werden. Bewährte Vorgehensweisen schließen Analysen über die Wirksamkeit von Produktivitätsfaktoren, langfristige Planung der Organisation der Prozesse, die Gewinnung der Arbeitskräfte für neue Aufgaben und ihre Qualifizierung sowie die konsequente Anwendung des Leistungsprinzips und Gewährleistung der Arbeitssicherheit ein.

Im Fünfjahrplanzeitraum 1981–1985 konnten wesentliche Fortschritte bei der Gewinnung von Arbeitskräften für andere Aufgaben im eigenen Betrieb erzielt werden. 1986 waren das 86000 Werktätige. Für den Zeitraum bis 1990 sind die bisherigen Anstrengungen und Ergebnisse weiter zu erhöhen. Die volkswirtschaftliche Orientierung von 3% ist in der Mehrzahl der Betriebe und Kombinate zu realisieren.

Um die erforderlichen Ergebnisse im volkswirtschaftlichen Maßstab in einem kürzeren Zeitraum zu erreichen, ist es erforderlich,

- die langfristigen, konzeptionellen Arbeiten zur Entwicklung und Nutzung des Arbeitsvermögens weiter zu qualifizieren und sie stärker in Übereinstimmung mit Konzeptionen der wissenschaftlich-technischen Entwicklung zu bringen;
- die ideologische Einstellung und das fachliche Wissen der Leitungs- und Fachkader konsequenter auf diese Rationalisierungsstrategie zu konzentrieren;
- die Werktätigen von Anfang an, von der konzeptionellen Arbeit bis zur Überführung der Maßnahmen in die Produktion einzubeziehen und
- die wissenschaftliche Arbeitsorganisation in den Betrieben und Kombinaten im gesamten Verantwortungsbereich durchzusetzen.

Ein wichtiger Grundsatz, den die Arbeitswissenschaftler im Auftrag unserer Partei immer zu verwirklichen haben, besteht in der Einheit von Steigerung der Arbeitsproduktivität und Verbesserung der Arbeitsbedingungen.

Arbeitsbedingungen sind Leistungsbedingungen und ihre Beschaffenheit entscheidet mit, wie auch der „subjektive Faktor" unmittelbar „vor Ort" entwickelt und entfaltet werden kann. Deshalb müssen bei der umfassenden Intensivierung die Arbeitsbedingungen zwei besondere wichtige Seiten beinhalten:

- die Übereinstimmung von qualifikationsgerechtem Einsatz der Werktätigen mit anspruchsvollen Arbeitsaufgaben und
- die optimale Beanspruchung geistiger und körperlicher Fähigkeiten und Fertigkeiten.

Arbeitsbedingungen motivieren Leistungsbereitschaft, fördern Initiative, schöpferische Fähigkeiten, Mitverantwortung und Wetteifer um höhere Leistungen. Sie müssen einen hohen Stand der Sicherheitstechnik, des Arbeits- und Gesundheitsschutzes gewährleisten, dann fördern sie die Leistungsfähigkeit und Gesunderhaltung der Menschen.

Produktivitäts- und persönlichkeitsfördernde Arbeitsbedingungen zielstrebig und planmäßig mit den Werktätigen zu gestalten und sie unter den Bedingungen der umfassenden Intensivierung ständig zu vervollkommnen, heißt auch, Vorzüge des Sozialismus für die Werktätigen spürbarer und erlebbarer zu machen. Mit zunehmendem Tempo bei der Neu- und Umgestaltung von Arbeitsprozessen müssen auch in der Zukunft die Arbeitserschwernisse in größerer Breite reduziert werden. Dabei ist von der Marx'schen Erkenntnis auszugehen, daß die Arbeit eine herausragende sozialökonomische Bedeutung hat. Nur durch ihre sorgfältige Beachtung ist die allseitige Reproduktion der Arbeitskraft zu gewährleisten. Das ist zugleich Reproduktion der vollen Leistungsfähigkeit mit Freude und Wohlbefinden im Arbeitsprozeß als wichtiger und untrennbarer Bestandteil der sozialistischen Lebensweise.

Dieser Aufgabe dient die wissenschaftliche Arbeitsorganisation, die in der neuen Etappe der wissenschaftlich-technischen Revolution ein wachsendes Anwendungsfeld erhält.

II. Zu den Aufgaben und Ergebnissen der wissenschaftlichen Arbeitsorganisation bei der Vorbereitung und Einführung von Schlüsseltechnologien und der Rationalisierung des Reproduktionsprozesses

Mehrfach wurde betont und in der praktischen Arbeit bestätigt, daß stabiles Produktivitätswachstum und die Entwicklung von Arbeitsbedingungen, wie sie unserer sozialistischen Gesellschaft adäquat sind, hohe Wirksamkeit des gesellschaftlichen Arbeitsvermögens und eine umfassende Anwendung und Vervollkommnung der wissenschaftlichen Arbeitsorganisation einschließen.

Wovon ist bei der Lösung dieser Aufgaben auszugehen? Die WAO hat sich bei der Erhöhung der Effektivität und Qualität der gesellschaftlichen Arbeit immer mehr bewährt. Innere, im Arbeitsvermögen liegende Quellen für den wirtschaftlichen Leistungsanstieg wurden erschlossen und für die Werktätigen sind die Ergebnisse der Leistungsentwicklung und verbesserten Arbeitsbedingungen bis zum Arbeitsplatz erlebbar geworden. Die Breite der sozialistischen Rationalisierung wurde vor allem durch die Arbeit der Werktätigen getragen, die in WAO-Kollektiven der Betriebe und Kombinate beispielgebende Aktivitäten im sozialistischen Wettbewerb entwickelten.

So wurden in den Jahren 1981 bis 1985 in der Industrie, im Bau- und Verkehrswesen 1163000 Arbeitsplätze durch wissenschaftlich-technische Maßnahmen entsprechend den Prinzipien der WAO neu- oder umgestaltet und 2,7 Milliarden Stunden Arbeitszeit eingespart. Die Verbesserung der Arbeitsbedingungen für 348000 Werktätige war damit verbunden. Bei 142000 Werktätigen wurde gesundheitsgefährdende und körperlich schwere Arbeit vollständig beseitigt. Die Unfallquote ist in der DDR im Zeitraum 1980 bis 1985 um mehr als 16% auf 24,11/1000 Beschäftigte und Jahr gesunken.

Diese Entwicklung wurde im Jahre 1986 fortgesetzt. Auch im Mansfeld-Kombinat wird nachgewiesen, daß die Einheit von Maßnahmen zur Steigerung der Arbeitsproduktivität und Verbesserung der Arbeits- und sozialen Bedingungen ein unumstößlicher Grundsatz sozialistischer Rationalisierung ist. So wird im Gesetz über den Fünfjahrplan 1986 bis 1990 die Aufgabe gestellt, daß in der neuen Etappe der intensiv erweiterten Reproduktion der Volkswirtschaft durch die Verbindung wissenschaftlich-technischer Neuerungsprozesse mit der breiten Anwendung der WAO die Effektivität und Qualität der gesellschaftlichen Arbeit in hohem Tempo zu entwickeln ist.

Daraus ergeben sich neue Ansprüche an unsere Arbeit. Die Schlüsseltechnologien wirken wie ein Katalysator für die Gestaltung des Reproduktionsprozesses nicht nur in den Kombinaten der Industrie, sondern auch in anderen gesellschaftlichen Bereichen.

Tempo und Breite ihrer Anwendung wird ständig zunehmen. Das stellt höhere Anforderungen an Inhalt, Qualität und Tempo der arbeitswissenschaftlichen Forschung.

Mit dem Einsatz der Mikroelektronik, der Robotertechnik sowie von modernen Schlüsseltechnologien vollziehen sich grundlegende Wandlungen in den Arbeitsmitteln, den Rohstoffen und den Herstellungsverfahren. Diese Veränderungen in den Produktivkräften sind von neuen Formen der Arbeitsteilung, Kooperation und Konzentration der Produktion begleitet. Daraus ergeben sich Konsequenzen für die Struktur der Arbeitsplätze, für die Arbeitsanforderungen und die Nutzung und Entwicklung der Qualifikation der Werktätigen. Die Verwirklichung von Ergebnissen der arbeitswissenschaftlichen Forschung bei der Projektierung und Produktionseinführung neuer Erzeugnisse und Technologien muß deshalb dazu beitragen, den Werktätigen interessante und schöpferische Arbeitsaufgaben zu übertragen, die geistiges Leistungsvermögen fordern und fördern und ihre Arbeitsbedingungen immer günstiger gestalten.

Wir haben uns in der letzten Zeit – besonders in Vorbereitung des XI. Parteitages und bei der Realisierung seiner Beschlüsse – mit flexiblen, gegenstandsspezialisierten Fertigungsabschnitten und mit der flexiblen Automatisierung im Maschinenbau als einer Basisinnovation der Zukunft befaßt. Wir gingen davon aus, daß sie mit erheblichen Veränderungen der Struktur des Arbeitsvermögens in quantitativer und qualitativer Hinsicht mit Konsequenzen für die wissenschaftliche Arbeitsorganisation sowie den Gesundheits-, Arbeits- und Brandschutz verbunden ist. Unter den in der metallverarbeitenden Industrie vorherrschenden Bedingungen der Serienfertigung ist die flexible Automatisierung in Verbindung mit CAD/CAM-Technologien die entscheidende strategische Entwicklungsrichtung. Sie ist ein erster Schritt zum automatisierten Betrieb, der Ende der 90er Jahre auf der Tagesordnung stehen wird.

Arbeitswissenschaftler, Mitglieder unseres Rates verfügen über erste Ergebnisse, die in die Praxis überführt werden. So haben Wissenschaftler des ZFA Dresden bei der Gehäusefertigung im VEB Getriebewerk Kirschau des Kombinates Fortschritt Landmaschinen mitgewirkt. Es wurde nachgewiesen, daß bei gezielter arbeitswissenschaftlicher Einflußnahme unter den Bedingungen der flexiblen Automatisierung keine unattraktiven Arbeitsaufgaben entstehen müssen, wie das von Technikentwicklern zum Teil noch behauptet wird. Einfache und komplizierte Arbeit sind unter diesen Bedingungen durchaus sinnvoll miteinander verknüpfbar.

Mit diesen Ergebnissen werden arbeitswissenschaftliche Gestaltungslösungen für den CAM-Bereich flexibler automatisierter Fertigungssysteme bereitgestellt. Auf dieser Grundlage können Simulationsprogramme zur Bestimmung von Arbeitsaufgaben, von Arbeitskräfteanzahl und Organisationslösungen ausgewertet werden. Die Einbeziehung der Ergebnisse in die rechnergesteuerte Projektierung derartiger Systeme wird möglich. Die Strukturierung der Arbeitsaufgaben in einem frühen Projektierungsstadium ermöglicht eine rechtzeitige Einflußnahme auf die Nutzung und Entwicklung des Arbeitsvermögens und sichert eine hohe ökonomische Effektivität und soziale Wirksamkeit. Ergebnisse dieser Arbeit wurden in der Ausstellung zu dieser Beratung vorgestellt.

Seit Anfang der 80er Jahre wurde sich verstärkt mit der Vorbereitung und dem Einsatz der Industrierobotertechnik beschäftigt. Gemeinsam ausgearbeitete Empfehlungen zur Einsatzvorbereitung und die Verallgemeinerung guter Beispiele haben den Betrieben und Kombinaten in der Arbeit geholfen. In Arbeitsprozessen mit hohen Anteilen monotoner und manueller sowie körperlich schwerer Arbeit ist das besonders sichtbar geworden

Der Einsatz weiterer 80000 Industrieroboter bis zum Jahre 1990 eröffnet neue Möglichkeiten, die Arbeitsproduktivität zu erhöhen und zugleich körperlich schwere und gesundheitsgefährdende sowie monotone und unattraktive Tätigkeiten zu beseitigen. Zur besseren Nutzung des Arbeitsvermögens ist es notwendig, den Robotereinsatz künftig vor allem auf folgende Prozesse zu konzentrieren:

Arbeitsaufwandsintensive Prozesse, die vorwiegend manuelle, körperlich schwere Arbeit aufweisen und in denen Überschreitungen arbeitshygienischer Normen und Normative vorliegen; Prozesse, in denen Bewegungsabläufe kurzzyklisch manuell mit hoher Gleichförmigkeit und Exaktheit ausgeführt werden müssen; Prozesse mit einfachen, anforderungsarmen Arbeitsaufgaben, die ständig ausgeführt werden müssen, als deren Folge negative psychische Auswirkungen für die Menschen zu erwarten sind; Prozesse, in denen Tätigkeiten unter technologisch bedingt hoher Intensität bzw. Zeitdauer des Einwirkens ungünstiger Umweltbedingungen oder noch unter Gefährdungen ausgeführt werden müssen. Mit dem Robotereinsatz wird hier die Erschwernisfreiheit gesichert.

Ein effektiver Robotereinsatz ist ohne zielgerichtete Anwendung der Methoden der wissenschaftlichen Arbeitsorganisation nicht möglich. Das beginnt bei der Ausarbeitung der Einsatzkonzeption, der Gestaltung des automatisierten Prozesses sowie des Roboters selbst, betrifft die Arbeitsorganisation in vor- und nachgelagerten Bereichen, die Ausarbeitung und Einführung prozeßbezogener Kennziffern der Arbeitsleistung, die Gestaltung der Arbeitsaufgaben der Werktätigen und leistungsfördernder Formen der Entlohnung.

Was die Leistungsbewertung und Entlohnung anbelangt, so ergeben sich aus der Prozeßautomatisierung und der damit verbundenen Vervollkommnung der wissenschaftlichen Arbeitsorganisation neue Anforderungen an die Normativ- und Kennzahlenarbeit.

Es ist eine solche Leistungsbewertung zu entwickeln, die alle in einem Maschinensystem tätigen Werktätigen auf einheitlicher Grundlage einbezieht und auf das Endergebnis gerichtet ist. Produktionsarbeiter, Systembediener, Werkzeugvoreinsteller, Konstrukteure, Instandhalter, Schichtleiter, Technologen, Meister und Ökonomen sind eingeschlossen.

Besonders für die Kennziffern- und Lohnformgestaltung müssen neue Bedingungen berücksichtigt werden, wie:

- die hohen Anteile der Bearbeitungs- und Durchlaufzeiten, die durch das System bestimmt sind und von den Werktätigen nicht beeinflußbar sind;
- quantitative und qualitative Arbeitsergebnisse, die nicht mehr einem Werktätigen zuzuordnen und damit nicht Maßstab seiner individuellen Leistung sein können;
- Arbeitsergebnisse, die nur als Kollektivleistung am Endergebnis meßbar sind. Notwendig sind in diesem Zusammenhang neue Kriterien zur Bewertung des individuellen Anteils am kollektiven Ergebnis;
- Zuverlässigkeit und Disziplin, die für Stabilität und Kontinuität des Prozeßablaufes immer entscheidender werden;
- hohe Disponibilität und gegenseitige Ersetzbarkeit.

Das erfordert neue Überlegungen zur produktivitätsfördernden Lohngestaltung und die Bindung an solche Kennziffern, die das Interesse der Werktätigen besonders an der Auslastung der Technik und einer hohen Erzeugnisqualität stimulieren. Mit der Entwicklung und Einführung der Prozeßautomatisierung rücken in das Zentrum zukunftsorientierter arbeitswissenschaftlicher Forschung solche arbeitsorganisatorische Lösungen, die für die rasche Entwicklung und effektive Anwendung der rechnergestützten Projektierung, Konstruktion, Produktionsvorbereitung und -durchführung (CAD/CAM) bedeutsam sind. Unter den Bedingungen der Anwendung der CAD/CAM-Technik können die Forderungen der wissenschaftlichen Arbeitsorganisation und des Gesundheits- und Arbeitsschutzes nur dann umfassend und rationell in der Produktionsvorbereitung und -durchführung berücksichtigt werden, wenn auch sie rechnergestützt aufbereitet sind. Das erfordert somit die Einbeziehung von Informationen, Vorschriften und Normativen in entsprechende Dateien und Programme. Ebenso wird die Erarbeitung eigenständiger Programme und Programmbausteine für ausgewählte Aufgaben notwendig, z. B. Rechenprogramme zur Rationalisierung manueller Arbeitsprozesse, zur Berechnung von Lärmbekämpfungsmaßnahmen u. a. Außerdem gilt es, arbeitsorganisatorische Lösungen für CAD/CAM-Arbeitsstationen auszuarbeiten und einzuführen. Dabei sind solche rationellen Arbeitsabläufe zu entwickeln, die eine hohe Auslastung der CAD/CAM-Technik ermöglichen.

Bei der rechnergestützten Arbeitsweise erlangt die Gestaltung der materiellen Arbeitsbedingungen immer größeres Gewicht, weil damit die Leistungsfähigkeit und Leistungsbereitschaft der Werktätigen für die Auslastung der modernen Technik zunehmend beeinflußt wird.

Schwerpunkte der weiteren Arbeit sind der Aufbau und die Pflege arbeitswissenschaftlicher Datenbanken und einer Programmbibliothek. Es wurden die bisherigen Ergebnisse dieser Arbeit in der Ausstellung vorgestellt und die vielfältigen Möglichkeiten gezeigt, wie die arbeitswissenschaftliche Forschung die ingenieurtechnischen Kader unterstützt. Auch hier sei angemerkt, daß sich die gemeinsame Arbeit mit dem Mansfeld Kombinat auszahlt.

Besonderes Gewicht für die Überführung arbeitswissenschaftlicher Erkenntnisse in die Praxis und die Wirksamkeit des Arbeitsvermögens haben die Vorbereitung und Durchführung von Investitionen. Mit ihrer komplexen Anwendung können die Investitionen kurzfristig und mit hohem Effekt realisiert und solche Leistungsbedingungen für die Werktätigen geschaffen werden, die zum rationellen Einsatz des Arbeitsvermögens führen und verbesserte Arbeitsbedingungen sowie die volle Einhaltung des Gesundheits- und Arbeitsschutzes sichern. Alle Aufgaben der Modernisierung und Rekonstruktion müssen mit dem vorhandenen Arbeitskräftepotential realisiert werden.

Das ist vor allem mit zwei Fragen verbunden:

- Die für die Modernisierung und Rekonstruktion erforderlichen Arbeitskräfte müssen aus bestehenden Prozessen gewonnen werden.
- Die Investitionen selbst müssen so projektiert werden, daß sie mit einem minimalen Aufwand an Arbeitskräften realisiert werden können.

Wie wichtig es ist, die Methoden und Verfahren der WAO bereits in die Vorbereitung von Projekten einzubeziehen, von Anfang an auf eine Minimierung des erforderlichen Arbeitskräfteeinsatzes und die Gestaltung sozialistischer Arbeitsbedingungen zu orientieren, zeigt die Vorbereitung der Besteckproduktion im VEB Rohrkombinat Riesa. Der im ursprünglichen Projekt vorgesehene Arbeitskräftebedarf konnte durch die WAO um ca. 30 % verringert werden.

Die gewonnenen Erfahrungen wurden in einer Methodik zur Analyse und Gestaltung zu automatisierender technologischer Prozesse und zur Einsatzvorbereitung der Industrierobotertechnik zusammengefaßt. Sie ist entsprechend einer Festlegung des Ministeriums für Erzbergbau, Metallurgie und Kali für alle Kombinate und Betriebe dieses Bereichs verbindlich.

Zur Nutzung arbeitswissenschaftlicher Erkenntnisse

bei der Entwicklung und beim Bau von Rationalisierungsmitteln ist der Praxis eine Instruktion übergeben worden.

Einige Bemerkungen zur Weiterentwicklung und Anwendung der wissenschaftlichen Arbeitsorganisation im Reproduktionsprozeß der Betriebe und Kombinate.

Mit der qualitativ neuen Etappe der Entwicklung der Produktivkräfte verstärkt sich die Differenziertheit in den materiell-technischen Bedingungen der Produktion und der Arbeit. Über bestimmte Zeiträume werden herkömmliche Technik in Form traditioneller Werkzeugmaschinen, NC- und CNC-Technik sowie teil- bzw. vollautomatisierte Produktionsabschnitte nebeneinander existieren und sich auch unterschiedlich entwickeln. Das verlangt unterschiedliche Formen der Organisation der Arbeit an den Arbeitsplätzen, in Produktionsabteilungen und Betriebsbereichen, die letztlich im Zusammenhang mit der Organisation der Arbeit des Gesamtprozesses funktionieren müssen. Es geht um eine hohe Leistungsfähigkeit des Gesamtprozesses, die Verkürzung des Zyklus Forschung, Entwicklung, Produktion, Absatz und die schrittweise Einschränkung von Niveauunterschieden in den Arbeitsbedingungen. Letztlich besteht das Ziel der auf ganze Prozesse gerichteten Organisation der Arbeit darin, die in den letzten Jahren entstandenen Einzellösungen von Modernisierungs- und Automatisierungsvorhaben in den verschiedensten Einsatzgebieten der Betriebe mit dem Blick auf die automatisierte Fabrik zu verketten. Das verlangt ein neues Herangehen bei der Vervollkommnung der Organisation der Arbeit. Ausgehend vom Endprodukt, dem Aufwand an lebendiger und vergegenständlichter Arbeit, vom Gebrauchswert und vom Zeitpunkt sowie den Bedingungen des Einsatzes auf den Innen- und Außenmärkten, muß der Prozeß gestaltet werden. Ökonomische und soziale Ziele werden dabei nur dann dauerhaft gesichert, wenn zielgerichtet die wissenschaftliche Arbeitsorganisation im Gesamtprozeß verwirklicht wird.

Die Erfahrungen des Mansfeld Kombinates beim Einsatz der Robotertechnik, der Rationalisierung und Automatisierung der Felgen- und Elektrodenproduktion bestätigen dies nachdrücklich.

Mit der Anwendung der WAO muß auch zur besseren Nutzung des Qualifikationsniveaus durch Gestaltung inhaltsreicher Arbeitsaufgaben bei der Rationalisierung bestehender Prozesse ein größerer Beitrag geleistet werden.

Analysen machen darauf aufmerksam, daß sich die Struktur des Produktionspersonals in unserer Industrie seit 1970 nur unwesentlich verändert hat. Seit 1970, d. h. innerhalb von 15 Jahren haben wir das überwiegend manuell tätige Produktionspersonal um 10% gesenkt. Aber gerade in den Bereichen, in denen noch in hohem Maße manuelle Arbeit zu verrichten ist, liegen Hauptreserven zur besseren Nutzung des gesellschaftlichen Arbeitsvermögens.

Reserven zur Erhöhung der Wirksamkeit des Arbeitsvermögens sind vor allem:

- *Prozesse, in denen vorwiegend manuell gearbeitet wird.*
  Noch ca. 40% der Werktätigen in der Industrie sind überwiegend manuell tätig. Durch Anwendung moderner Handhabetechnik, die Gestaltung komplexer Arbeitsaufgaben und die breite Anwendung der WAO zur Gestaltung manueller Arbeitsprozesse sind Produktivitätssteigerung von 20% und mehr möglich.
- *Bedienprozesse an Maschinen und Anlagen.*
  Durch Entwicklung bedienarmer Technologien und Produktionsabschnitte, die weitere Vervollkommnung der Mehrmaschinenbedienung, besonders in der metallverarbeitenden Industrie, kann das eingesetzte Arbeitsvermögen reduziert werden.
- *Hilfsprozesse, insbesondere des Transport- und Lagerwesens sowie die Instandhaltung.*
  Der Anteil der Werktätigen, die in Hilfsprozessen tätig sind, betrug 1985 22%. Die Entwicklung von Typentechnologien für die Instandhaltung der Maschinen und Anlagen, die instandhaltungsgerechte Konstruktion sollte vor allem im Maschinenbau forciert werden und zur Senkung des Arbeitsaufwandes, zur Reduzierung und zum Abbau von Arbeitserschwernissen sowie zur Gestaltung anspruchsvoller Arbeitsaufgaben beitragen.
- *Verwaltungsprozesse.*
  Die Anwendung der WAO ist vor allem auf die Analyse und Gestaltung der Informationsflüsse und Arbeitsabläufe und die Arbeitsaufgaben und -bedingungen zu richten mit dem Ziel, den Aufwand in der Verwaltung weiter zu senken.

Mit den Ausführungen sollte eine Sicht vermittelt werden, welche Aufgaben und Probleme bei der rationellen Nutzung des gesellschaftlichen Arbeitsvermögens in Realisierung der Beschlüsse des XI. Parteitages der SED vor den Kombinaten und Betrieben stehen und die mit Hilfe arbeitswissenschaftlicher Forschung zu lösen sind.

Zusammenfassend soll hervorgehoben werden:

1. *Zur Verwirklichung der ökonomischen Strategie wird ein ständig wachsender Beitrag für die Beschleunigung der Entwicklung der Arbeitsproduktivität erforderlich.*

Dies wird von einer Vielzahl von Faktoren bestimmt. Alle kuliminieren letztlich, wie der Vorsitzende unseres Rates, Prof. Dr. Dr. Koziolek, feststellte, in der Wirksamkeit der lebendigen Arbeit, die den Neuwert schafft. Ihre hohe Wirksamkeit ist bei allen Maßnahmen zur Entwicklung der materiell-technischen Basis zu gewährleisten und für das ständig wachsende geistige Potential zu nutzen. Das gehört in das Wirkungsfeld der umfassenden Anwendung der wissenschaftlichen Arbeitsorganisation. Sie ständig zu vervollkommnen, wird dazu beitragen, das Gesetz der Ökonomie der Zeit immer besser zu beherrschen.

2. *Für die Entwicklung, Einführung und hocheffektive Anwendung der Schlüsseltechnologien rückt die Nutzung und Weiterentwicklung der Qualifikation der Werktätigen noch stärker in das Zentrum ingenieurtechnischer Arbeit.*

Leistungsvoraussetzungen und Leistungsbedingungen entscheiden zunehmend über das Ergebnis der Arbeit. Dazu ist besonders für automatisierte Prozesse erforderlich, den theoretischen Vorlauf hinsichtlich Lösungen für

- persönlichkeitsfördernde, motivierende, beanspruchungsgünstige und einen effektiven Systembetrieb gewährleistende Arbeitsaufgaben,

- die Entwicklung integrierender Organisationslösungen für Haupt- und Hilfsprozesse auf der Grundlage kollektiver Arbeitsformen,
- die Entwicklung prozeßbezogener Arbeitskräftelösungen nach Anzahl, Struktur, Qualifikation und Einsatz,
- die Bestimmung der Arbeitsanforderungen und Arbeitsfunktionen als Grundlage einer prozeßorientierten Weiterbildung (dialogorientierte Arbeitsweise, Beherrschung rechnergestützter Steuerungsprozesse, Störungsdiagnose und -beherrschung, Prophylaxe, Organisationsverhalten),
- systementsprechende Leistungskennziffern und Lohnformen, Weiterentwicklung der Arbeitsklassifizierung

zu erhöhen.

3. Es sollte deutlich werden, daß *die wissenschaftliche Organisation und Gestaltung der Arbeit in allen Prozessen und bei allen wissenschaftlich-technischen Aufgaben – eine entscheidende Seite der Nutzung und Entwicklung des Arbeitsvermögens – fester Bestandteil der Projektierung wissenschaftlich-technischer Aufgaben ist.* Dazu sind durch die Wirtschaftswissenschaftler solche Lösungen und Instrumente zu entwickeln, die der Konstrukteur, Technologe und Projektant bei der Nutzung der Rechentechnik anwenden kann.

Das erfordert gleichzeitig, die eigenen Methoden und Instrumente zur Analyse und Gestaltung der Arbeitsprozesse so aufzubereiten, daß die moderne Rechentechnik effektiv genutzt werden kann.

4. *Die enge Verbindung von Wissenschaft und Produktion erfordert die umfassende und effektive Entwicklung und Nutzung der interdisziplinären Zusammenarbeit.*

Zur Erfüllung der anspruchsvollen Aufgaben im Zentralen Plan der marxistisch-leninistischen gesellschaftswissenschaftlichen Forschung der DDR 1986 bis 1990 ist die inhaltliche Koordinierung und Kooperation weiter zu verstärken und die Zusammenarbeit mit Kombinaten und Betrieben weiter zu entwickeln. Als Beispiel wird ein Forschungsprogramm mit einem Betrieb des Maschinenbaues ausgearbeitet und damit Voraussetzungen geschaffen, schrittweise die CIM-Technik durchzusetzen.

Anmerkungen

1 Vgl. Programm der Sozialistischen Einheitspartei Deutschlands, Berlin 1976, S. 27.

2 Karl Marx, Das Kapital, Zweiter Band, in: Marx/Engels, Werke, Bd. 24, S. 42.

3 Vgl. Karl Marx, Das Kapital, Erster Band, in: Marx/Engels, Werke, Bd. 23, S. 511.

Karlheinz Jentsch

Erfahrungen des Einsatzes und der rationellen Nutzung des gesellschaftlichen Arbeitsvermögens sowie der komplexen sozialistischen Rationalisierung unter Anwendung der wissenschaftlichen Arbeitsorganisation im VEB Mansfeld Kombinat Wilhelm Pieck

Am Beginn meiner Ausführungen eine kurze Vorstellung unseres Kombinates, seiner Ziele und Aufgaben. Der VEB Mansfeld Kombinat Wilhelm Pieck mit seinen rund 48000 Werktätigen, von denen 18 000 im Stammbetrieb arbeiten, stellt das buntmetallurgische Zentrum der DDR dar. Der Stammbetrieb und 13 selbständige Kombinatsbetriebe, die in 10 Bezirken und mehr als 25 Kreisen angesiedelt sind, tragen die Verantwortung für die Versorgung der Volkswirtschaft mit Halbzeug aus Kupfer, Aluminium und deren Legierungen, mit pulvermetallurgischen Erzeugnissen, leichten und schweren Blechpackungen sowie Schweißgeräten für Lichtbogen- und Plastschweißtechnik und anderem mehr. Zum Erzeugnisprofil gehören weiterhin Spezialleistungen des Schachtbaus und des Industrieanlagenbaus.

Zur Vorbereitung und Realisierung von Intensivierungs- und Rationalisierungsvorhaben haben wir über einen längen Zeitraum ein Werk für Anlagen- und Gerätebau aufgebaut, das Rationalisierungsmittel herstellt und sich zugleich zu einem Zentrum für die Durchsetzung der Schlüsseltechnologien in unserem Kombinat entwickelt hat.

Die Produktion von Konsumgütern und Zulieferungen für die Konsumgüterproduktion umfaßt mehr als 10% der industriellen Warenproduktion. Das sind emaillierte Behälter und Haushaltsgeschirr, Handbohrmaschinen, Stahlmöbel, Fahrradfelgen und viele andere Erzeugnisse.

Die Kollektive in den Werken des Stammbetriebes und in den Betrieben des Kombinates haben seit Jahren gute Ergebnisse bei der allseitigen Erfüllung der Pläne und Wettbewerbsziele erreicht. Sie schaffen jeder Zeit die Grundlagen dafür, daß das Mansfeld Kombinat ein zuverlässiger Partner unserer Volkswirtschaft ist. Mit Hilfe der umfassenden schöpferischen Initiativen der Werktätigen, unter verstärkter Nutzung von Wissenschaft und Technik und der effektiven Nutzung des gesellschaftlichen Arbeitsvermögens ist es uns gelungen. die Arbeitsproduktivität schneller zu steigern als die Nettoproduktion. Unseren Exportverpflichtungen sind wir stets gerecht geworden.

Auch im ersten Monat des Planjahres 1987 haben wir trotz der aufgetretenen Schwierigkeiten unseren Plan allseitig erfüllt. Grundlage dafür waren der gut organisierte Planlauf, der von der Gewerkschaft organisierte Planstartwettbewerb und die Bereitschaft der Kollektive, Nachholeschichten durchzuführen.

Der sozialistische Wettbewerb 1987 ist voll und ganz auf die 10 Schwerpunkte der ökonomischen Strategie ausgerichtet, wie sie vom XI. Parteitag der SED beschlossen wurden. Zur Zeit überarbeiten wir in Auswertung der Rede Erich Honeckers vor den ersten Sekretären der Kreisleitungen der SED die konzipierten Maßnahmen für die Entwicklung von Wissenschaft und Technik. Für die noch schnellere, bessere und wirksamere Nutzung des wissenschaftlich-technischen Fortschritts stecken wir neue Ziele ab. Im sozialistischen Wettbewerb wollen wir den 11. FDGB-Kongreß und den 70. Jahrestag der Großen Sozialistischen Oktoberrevolution zu Höhepunkten gestalten und mit unseren Leistungen zum Ausdruck bringen, daß wir unseren Arbeitsplatz zum Kampfplatz für den Frieden gemacht haben.

Die Entwicklung des Kombinates ist das Ergebnis der Wirtschaftsstrategie der Partei der Arbeiterklasse. Bereits in den 60er Jahre bildete sich mit dem Mansfeld Kombinat eine leistungsfähige Wirtschaftseinheit heraus. Diese war später als künftiger Stammbetrieb in der Lage, den Ausbau zu einem sozialistischen Großbetrieb wirtschafts- und leitungsorganisatorisch effektiv zu gestalten. Mit der weiteren Konzentration der NE-Metallindustrie durch den Zusammenschluß des VEB Mansfeld Kombinat Wilhelm Pieck und des VEB NE-Metallkombinat Hettstedt sowie Anschluß weiterer Betriebe der Metallgewinnung und -verarbeitung wurden die Voraussetzungen geschaffen, durchgängige Produktionslinien für Kupfer und Aluminium zu gestalten. Sie beginnen bei der Gewinnung einheimischer Rohstoffe bzw. der Verarbeitung von Importrohstoffen und reichen bis zum veredelten, einbaufähigen NE-Halbzeug. Unsere Erzeugnisse liefern wir insbesondere in die Industriezweige Elektrotechnik und Elektronik, Konsumgüter und Maschinenbau. Wir werden damit unserer Rolle als buntmetallurgisches Zentrum der DDR gerecht.

Durch die Konzentration und zentrale Wahrnehmung wirtschaftsleitender Aufgaben der Forschung und Entwicklung, Investitionen, Bilanzierung, Außenwirtschaftstätigkeit u.a. wurde der Reproduktionsprozeß des Kombinates immer umfassender und geschlossener gestaltet und neue Profillinien entwickelt. Die Leitung des Kombinates über den Stammbetrieb wird konsequent durchgesetzt.

Die Forderungen nach weiterer Steigerung der Konsumgüterproduktion haben uns 1985 veranlaßt, bestehende Kapazitäten der Handbohrmaschinenfertigung und der Stahlmöbelproduktion zu einem Werk Konsumgüter im Stammbetrieb zu vereinigen, daß zugleich die Funktion des Erzeugnisgruppenleitbetriebes für die

Konsumgüterproduktion im gesamten Kombinat übernehmen wird.

Alle Strukturveränderungen wurden unter breiter Einbeziehung der Werktätigen vorgenommen, mit ihnen beraten und in Übereinstimmung von Produktionsstruktur und gesellschaftlicher Leitung durchgesetzt. Die soziale Entwicklung wurde dabei jederzeit beachtet und gesichert. Das ist Ausdruck gewachsener sozialistischer Demokratie und war zugleich Grundlage dafür, daß die wachsenden volkswirtschaftlichen Aufgaben des Kombinates mit gleichen Arbeitskräften und einem um 13,5% verringerten personellen Leitungs- und Verwaltungsaufwand erfüllt werden konnten.

Seit mehr als 20 Jahren schenke ich der Entwicklung des gesellschaftlichen Arbeitsvermögens in meiner Führungs- und Leitungstätigkeit große Aufmerksamkeit. Ab 1970 arbeiten wir mit Konzeptionen und konkreten Maßnahmeplänen der wissenschaftlichen Arbeitsorganisation zur Freisetzung und Gewinnung von Arbeitskräften. In diesem Zeitraum wurden mehr als 12000 Arbeitskräfte für andere volkswirtschaftlich wichtige Aufgaben gewonnen. So z.B. zum Aufbau des Leichtmetallwerkes Nachterstedt, der Kupfer-Draht-Gieß-Walzanlage in der Kupfer-Silber-Hütte „Fritz Beyling", des Werkes Konsumgüter, eines leistungsfähigen Rationalisierungsmittelbaubetriebes und verschiedener anderer mehr. Ab 1976 betrachten wir die Probleme der effektiven Nutzung des Arbeitsvermögens komplexer. Mit der Erarbeitung einer Grundrichtung zur rationellen Nutzung des gesellschaftlichen Arbeitsvermögens und eines Maßnahmeplanes schufen wir uns ein solides Fundament zur Lösung der anstehenden Aufgaben und Probleme des GAV der letzten 10 Jahre im Mansfeld Kombinat.

Die planmäßige und zielstrebige Rationalisierungsarbeit führte bei uns zu einem systematischen Zuwachs der erreichten Ergebnisse. Sie war gleichzeitig die Grundlage dafür, daß die Hauptaufgaben der GAV-Grundrichtung voll und ganz erfüllt und zum Teil erheblich übererfüllt wurden. Ausgehend von den erreichten guten Ergebnissen im vergangenen Fünfjahrplanzeitraum wurde in Auswertung der Beschlüsse des XI. Parteitages der SED erneut eine langfristige Konzeption zum Einsatz und zur effektiven Nutzung des GAV für den Zeitraum 1986–1990 erarbeitet.

Die Konzeption enthält als wesentlichste Zielstellungen:

1. Die Gewinnung von 6425 Arbeitskräften für neue Aufgaben, davon
   49% mit Hilfe der WAO und mehr als
   35% durch Einsatz und Anwendung von Schlüsseltechnologien.
2. Arbeitszeiteinsparung in Höhe von 36,3 Mio Std.
3. Umgestaltung von 15100 Arbeitsplätzen in der Produktion.
4. Abbau von Arbeitserschwernissen in 6350 Fällen.
5. Änderung der Beschäftigtenstruktur zugunsten des Produktions- und produktionsvorbereitenden Personals.
6. Erhöhung des produktiven Arbeitszeitfonds durch Senkung der beeinflußbaren Ausfallzeiten um 8,5%.
7. Entwicklung der Berufs- und Qualifikationsstruktur durch
   - Erhöhung des Facharbeiteranteils,
   - des Anteils der Hoch- und Fachschulkader und
   - Reduzierung des Anteils der An- und Ungelernten.
8. Erhöhung der Wirksamkeit der leistungsorientierten Lohnpolitik durch schrittweise Einführung der Produktivlöhne.

Seit 1974 werden alle Maßnahmen der WAO als unmittelbarer Bestandteil im PWT geplant und abgerechnet. Dabei erfolgt die Planung grundsätzlich für Fünfjahrplanzeiträume als strategische Konzeption mit entsprechenden Präzisierungen in den Jahresplänen.

Das GAV und damit die WAO sind dadurch integrierender Bestandteil der Leitungs- und Führungstätigkeit. Die Zielgrößen werden in den GAV-Konzeptionen den Betrieben und Werken in den Jahresschreiben vorgegeben. Die Abrechnung und Kontrolle der Erfüllung der WAO-Pläne wird quartalsweise durch das Ingenieurbüro für Rationalisierung vorgenommen.

Seit 1975 wurden insgesamt 10380 WAO-Maßnahmen realisiert, das sind jährlich durchschnittlich etwa 900 Maßnahmen. Im Zeitraum 1981–1986 konnten über 5500 Arbeitskräfte für andere Aufgaben gewonnen und 17,75 Mioh Arbeitszeit eingespart werden. Diese guten Leistungen wurden im überbetrieblichen Leistungsvergleich der WAO-Bereiche der Kombinate des Ministeriums für EMK mehrfach mit 1. Plätzen ausgezeichnet.

Der Verbesserung der materiellen Arbeitsbedingungen und der Erhöhung der Arbeits- und Produktionssicherheit messen wir eine große Bedeutung bei. Ein Schwerpunkt ist die Neu- bzw. Umgestaltung von Arbeitsplätzen durch die Nutzung neuer wissenschaftlicher Erkenntnisse. Insgesamt wurden 1981 bis 1986 über 18400 Arbeitsplätze in den Betrieben und Werken des Mansfeld Kombinates neu- bzw. umgestaltet. Damit verbunden wurden im gleichen Zeitraum für unsere Werktätigen in ca. 7400 Fällen Arbeitserschwernisse abgebaut. In den Jahren 1986 bis 1990 gilt es, im Mansfeld Kombinat 15100 Arbeitsplätze neu- bzw. umzugestalten. Dabei sind für 6350 Werktätige bestehende Arbeitserschwernisse abzubauen. Schwerpunkte bilden Arbeitsplätze mit hohem Anteil körperlich schwerer, manueller und monotoner Arbeit. Den Problemen der Erhöhung der Arbeitssicherheit ist verstärkte Aufmerksamkeit zu widmen mit dem Ziel, die Unfallhäufigkeit zu senken.

Durch die Erhöhung der Qualität und Effektivität der medizinischen Betreuung durch das einheitliche Betriebsgesundheitswesen wird eine wichtige Voraussetzung für die rationelle Nutzung des gesellschaftlichen Arbeitsvermögens geschaffen. Dabei kommt den Maßnahmen zur Senkung des Krankenstandes eine besondere Bedeutung zu.

Auf dem Gebiet der Transport-, Umschlag- und Lagerprozesse konzentrieren wir uns vorrangig auf die Verringerung der bestehenden Niveauunterschiede zwischen den Produktions- und den TUL-Prozessen.

Die weitere Entwicklung bei der Nutzung des gesellschaftlichen Arbeitsvermögens in den TUL-Bereichen des Mansfeld Kombinates wird durch folgende Schwerpunkte charakterisiert:

1. Organisatorische Veränderungen zur Einsparung von Arbeitskräften, Erhöhung des Qualifikationsni-

veaus der TUL-Arbeitskräfte und Senkung der TUL-bedingten Schäden und Verluste.

2. Technisch-technologische Veränderungen zur Verbesserung der Arbeits- und Lebensbedingungen, Beseitigung schwerer körperlicher Arbeit und Senkung der Zahl der Arbeitsunfälle.
3. Verstärkter Einsatz der PC-Technik und EDV zur rechnergestützten Planung, Überwachung und Abrechnung der TUL-Prozesse.
4. Entwicklung und Realisierung rechnergestützter integrierter Produktions-Transport-Ketten.

Ich stimme den Feststellungen im Hauptreferat von Professor Hanspach voll zu, daß neue Leistungsfaktoren in den Vordergrund treten und der Einfluß der Werktätigen auf hohe Endergebnisse der Prozesse komplexer wird.

Solche Faktoren, wie die bestmögliche Ausnutzung der Grundfonds, Senkung des Produktionsverbrauchs und die Erhöhung der Kontinuität der Produktion gehören zur Grundlage unserer sozialistischen Produktion. Wir haben es im Leitungskollektiv zur Maxime unseres Handelns gemacht, Entscheidungen und Maßnahmen grundsätzlich auf der Basis eines ausreichenden Kenntnisstandes über die wichtigsten Elemente der Produktionsprozesse und ihres komplexen Zusammenwirkens zu treffen. Nur dadurch ist es ausreichend möglich, Produktionsreserven zu erschließen.

Wir führen im Kombinat seit rund 20 Jahren komplexe WAO-Untersuchungen bzw. Prozeßanalysen erfolgreich durch. Die Methodik wurde stets weiterentwickelt und ausgebaut. So wurde dem Prozeßcharakter der Untersuchungen stärker Rechnung getragen und die Komplexität erheblich erweitert. Es werden ganze Erzeugnislinien und -gruppen in komplexe Rationalisierungsuntersuchungen einbezogen, um Möglichkeiten der Konzentration und Spezialisierung oder der Entflechtung unrationeller Kooperationsbeziehungen in die Betrachtung einzubinden. Deshalb gehen wir bei diesen Untersuchungen weit über das Aufgabengebiet der eigentlichen WAO hinaus und beziehen möglichst viele Aspekte des wissenschaftlich-technischen Fortschritts in das Betrachtungsfeld ein. Jede Untersuchung schließt mit einer wissenschaftlich begründeten Aussage zur Weiterentwicklung der Technik und Technologie unter dem Gesichtspunkt einer rationellen Nutzung des gesellschaftlichen Arbeitsvermögens ab. Dazu gehören auch Schlußfolgerungen zum Einsatz der Schlüsseltechnologien und Verbesserung des gesamten Informations- und Organisationssystems. Was wir in der Methodik und Vorgehensweise nicht geändert haben, ist

- die Verantwortlichkeit – sie liegt grundsätzlich bei den zuständigen betrieblichen Fachkadern, mit dem jeweiligen Betriebsdirektor an der Spitze,
- der konzentrierte Einsatz des Ingenieurbüros mit seinen WAO-Fachkadern zur Unterstützung bzw. fachgerechten Durchführung der Untersuchungen und Studien sowie
- die breite Einbeziehung der Werktätigen und von Fachkadern aus den entsprechenden Direktionsbereichen.

In diesem Zusammenhang einige Bemerkungen zum Ingenieurbüro des Mansfeld Kombinates.

Die im Ingenieurbüro für Rationalisierung erfolgte Kräftekonzentration zur Durchsetzung der umfangreichen Rationalisierungsaufgaben, insbesondere zur Durchsetzung einer wissenschaftlichen Organisation der Arbeit, hat sich bewährt. Die Hauptaufgabe des Ingenieurbüros liegt in der Durchführung von Komplexuntersuchungen bzw. Prozeßanalysen, um Rationalisierungsmöglichkeiten an Schwerpunkten des Kombinates zu erschließen. Die Durchführung dieser Untersuchungen erfolgt im Auftrag des Generaldirektors auf der Grundlage eines Jahresarbeitsplanes. Darüber hinaus zählt zu den Aufgaben des Ingenieurbüros

- die Erarbeitung und Durchsetzung langfristiger strategischer Konzeptionen, insbesondere zur rationellen Nutzung und Entwicklung des GAV,
- die Planung und Kontrolle der WAO-Arbeit, der arbeitshygienischen Bedingungen sowie des Einsatzes der elektronischen Rechentechnik,
- die fachspezifische Anleitung der Kombinatsbetriebe durch die Tätigkeit von Arbeitskreisen und
- die Organisierung von Erfahrungsaustauschen.

Um die Produktivkraft „Organisation" hochgradig zur Wirksamkeit zu bringen, arbeiten im Ingenieurbüro spezielle Struktureinheiten auf den Gebieten Arbeitsorganisation, Arbeitshygiene, Industriesoziologie, Gebrauchswertkostenanalyse und Transportrationalisierung. Weitere Struktureinheiten sind verantwortlich für die Gestaltung der Betriebs- und Leitungsorganisation und die Durchsetzung der EDV-Anwendung in allen Phasen des Reproduktionsprozesses. Damit verfügt das Mansfeld Kombinat mit dem Ingenieurbüro über ein konzentriertes Potential von Fachkadern zur komplexen Durchsetzung der WAO.

Die bei uns im Kombinat geschaffene Basis ermöglicht es, jährlich 3–4 komplexe Untersuchungen durchzuführen. Über Methodik und Durchführung gibt die den Teilnehmern der Tagung vorliegende Broschüre Auskunft. Die intensive Durchdringung des betrieblichen Reproduktionsprozesses läßt sehr genau erkennen, welche Produktionskapazitäten vorhanden sind, und wie sie genutzt werden.

Der Realisierung der Untersuchungsergebnisse kommt eine besondere Bedeutung zu. Auch bei uns vollzieht sich nichts im Selbstlauf. So erfolgt z.B. die Verteidigung der Ergebnisse der WAO Komplexuntersuchungen und des erarbeiteten Maßnahmeplanes unter meiner Leitung. Kontrollen erfolgen kontinuierlich über Kontrollberatungen und Kontrolluntersuchungen sowie im Rahmen der Plankonsultationen.

Ich muß hier feststellen, daß es dabei erheblich von der Leitung des Betriebes abhängt, wie schnell und gründlich die Ergebnisse und Maßnahmen realisiert und planwirksam werden. Ich verrate sicher kein Geheimnis, daß dies nicht immer reibungslos abläuft und Konsequenzen und parteiliche Positionen meinerseits und der von mir beauftragten Leiter erfordert.

Als bemerkenswerte Untersuchungen zur Erhöhung der Wirksamkeit des gesellschaftlichen Arbeitsvermögens, der Leistungsfähigkeit der Maschinen und Anlagen, der Qualität der Erzeugnisse sowie zur Reduzierung der Investitionen sind herauszustellen:

1. Komplexuntersuchung zur perspektivischen Entwicklung des Werkes Kupferbergbau;

2. Untersuchungen zur Rationalisierung der metallurgischen Roh- und Feinhüttenprozesse;
3. Untersuchung des Rationalisierungsmittelbaus;
4. Untersuchungen
   - der Draht- und Lackdrahtfertigung,
   - der Schwermetallbandfertigung,
   - der Erzeugnisgruppen Leicht- und Schwermetall Rohre/Stangen und Profile,
   - der Erzeugnislinie Aluminiumflach,
   - der Erzeugnisgruppen leichte und schwere Pakkungen,
   - des Behälter- und Apparatebaus für die chemische Industrie,
   - der Elektrodenfertigung;
5. Prozeßanalyse in einer Aluminiumband-Gießerei;
6. Komplexuntersuchung der Leitungs- und Verwaltungsprozesse und
7. Komplexuntersuchung zur Wirksamkeit des Qualitätssicherungssystems.

Wir haben auch Untersuchungen durchgeführt, die von der Projektüberprüfung, der Konkretisierung der Grundsatzentscheidung, der Überleitungsphase bis hin zur vollen Produktionsaufnahme führten. So z.B. im Leichtmetallwerk Nachterstedt, in unserer Kupfer-DGW-Anlage der Kupfer-Silber-Hütte „Fritz Beyling", des neuen Feindrahtzuges im Walzwerk Hettstedt und als letztes im Handbohrmaschinenbetrieb des Werkes Konsumgüter.

Auf einige Untersuchungen soll hier etwas näher eingegangen werden:

- Die Untersuchung der Erzeugnisgruppe leichte Blechpackung nach Anschluß der Betriebe an das Kombinat. Sie bewirkte die schnelle Einordnung in das Leitungssystem des Kombinates, die Präzisierung des Produktionsprofils entsprechend der Leistungsfähigkeit der einzelnen Anlagen sowie die Einsparung von ca. 80 Arbeitskräften absolut durch höhere Auslastung der leistungsfähigsten Grundfonds und Aussonderung veralteter Betriebsteile und Anlagen.
- Die Untersuchung der Erzeugnisgruppe schwere Blechpackung zur Absicherung des Bedarfs an neuen und erweiterten Sortimenten für die chemische Industrie ohne zusätzliche Arbeitskräfte. Dabei ging es um die Erhöhung der produktiven Auslastung der Aggregate auch über Mehrschichtarbeit, eine Veränderung des Produktionsprofils und eine Vielzahl von Maßnahmen der komplexen Grundfondsreproduktion sowie um die Vorbereitung umfangreicher Investitionsmaßnahmen.
- Die Untersuchung der Schweißelektrodenproduktion ist als beispielgebende Untersuchung zu kennzeichnen, weil vor allem die Realisierung mit großer Konsequenz abläuft. Mit dem Plan 1987 sind die nachgewiesenen Leistungssteigerungen von mehr als 15% voll eingeordnet worden. In der genannten Broschüre und im Diskussionsbeitrag des Genossen Döhr werden dazu differenzierte Aussagen vorgenommen, so daß ich mir hier Einzelheiten ersparen kann. Erwähnenswert und beispielgebend halte ich jedoch die leitungsseitige Herangehensweise. Der Betriebsleiter des Betriebes wertet mit Hilfe der PC-Technik die tägliche Leistung sowie Umfang und Ursachen von Störzeiten aus und führt einen Vergleich mit der aus der WAO-Untersuchung erarbeiteten Kapazitätsbilanz durch. An verschiedenen Anlagen sind Registriergeräte angebracht, die Auskunft über die produktive Laufzeit sowie den Umfang und die Verteilung der Stillstände geben. Der Betrieb nutzt diese Informationsgrundlagen in vorbildlicher Weise, um maximale produktive Laufzeiten der Anlagen zu erreichen, die mehrfach im Durchschnitt bei 90% der Schichtzeit liegen.
- Die Untersuchung im Rationalisierungsmittelbau des Kombinates hatte zum Inhalt, die Leistungsfähigkeit sowohl des zentralen Rationalisierungsmittelbaus entsprechend der vorhandenen Bedingungen und Voraussetzungen und den betriebsspezifischen Rationalisierungsmittelbau zu erweitern durch Schaffung von Rationalisierungszellen in den einzelnen Betriebsbereichen, so daß im Fünfjahrplanzeitraum 1981 bis 1985 eine Verdopplung der Leistung abgesichert werden konnte.
  Mit dieser Untersuchung wurde gleichzeitig die Erzeugnisgruppenarbeit „Rationalisierungsmittelbau" im Kombinat organisiert.
- Das Ziel der Untersuchung der Handbohrmaschinenfertigung bestand darin, in kürzester Zeit hohe Leistungen bei bester Qualität zu erreichen und eine gute Produktions- und Arbeitsorganisation zu sichern. Ich gebe zu, wir mußten alle lernen, mit dieser vom Produktionsprofil des Mansfeld Kombinates abweichenden Produktion fertig zu werden. Wir haben sie gemeistert und tragen heute dazu bei, den Bedarf unserer Bevölkerung an hochwertigen Konsumgütern zunehmend besser zu befriedigen. Gegenwärtig werden die Grundlagen zur breiten Anwendung der PC-Technik geschaffen. Damit gelingt es uns, moderne Technik und moderne Informationsverarbeitung in Einklang zu bringen, um das GAV optimal zu nutzen. Für diesen Betrieb wurden im Ergebnis der Untersuchungen Grundlagen geschaffen, um erschwerte Arbeitsbedingungen völlig abzubauen.

Unter Zugrundelegung der Ergebnisse der WAO-Untersuchungen war und ist es möglich, exakte, von den Werktätigen beeinflußbare Intensivierungskriterien zum Bestandteil der materiellen Stimulierung zu machen. So waren die genannten Untersuchungen zugleich Grundlage für die Einführung der Produktivlöhne.

Im Interesse einer rationellen Nutzung des gesellschaftlichen Arbeitsvermögens stellten wir uns im Zeitraum 1981–1985 das Ziel, im verstärkten Maße in Leitung und Verwaltung zu rationalisieren. Dazu führten wir bereits 1981 eine WAO-Komplexuntersuchung in den Leitungs- und Verwaltungsbereichen unseres Stammbetriebes durch.

Sie galt sowohl als Beispielstudie im Mansfeld Kombinat als auch innerhalb unseres Ministeriums. Wir haben hierbei die Prinzipien der WAO und ihrer Untersuchungsmethodik voll im Bereich der Leitung und Verwaltung angewandt. Durch Arbeitsplatzstudien, Selbstaufschreibungen, Funktions- und Informationsanalysen und eine Vielzahl von eingesetzten WAO-Kollektiven und Arbeitsgruppen schafften wir die Grundlagen, systematisch den Leitungs- und Verwaltungsaufwand abzubauen. So war es uns möglich, im genannten Zeitraum die Beschäftigten in Leitung und Verwaltung insgesamt um 1160 VbE absolut zu reduzieren und sie für andere Aufgaben freizusetzen. In diesen Prozeß wurde die elektronische Rechentechnik systematisch einbezogen. Zu Beginn des Fünfjahrplanzeitraumes installierten wir in vier Betrieben des Kombinates einheitliche Gerätetechnik in Form der sowjetischen EDVA EC 1035. Diese Anlagen übernahmen in kollektiver Rechnernutzung die Massendatenverarbeitung für alle Kombinatsbetriebe. Eine einheitliche Organisation vieler Arbeiten wurde dabei auf der Grundlage von Projekten durchgesetzt, welche arbeitsteilig zur einheitlichen Anwendung im Rahmen unseres Industriebereiches Erzbergbau, Metallurgie und Kali entwickelt wurden. Dadurch war es möglich, Effekte zu erzielen, die u. a. zu einer Einsparung von 234 VbE in Leitung und Verwaltung führten.

Neben diesen als Beispiel genannten komplexen WAO-Untersuchungen gab es natürlich noch eine Vielzahl von Untersuchungen, die eigenständig durch unsere Werke des Stammbetriebes und Kombinatsbetriebe durchgeführt wurden. Wir haben mit einer solchen Vorgehensweise erreicht, daß im Mansfeld Kombinat nicht mehr Arbeitsplätze geschaffen als eingespart wurden; wir haben insgesamt mehr eingespart als neue besetzt bzw. konnten neue erst nach Einsparung vorhandener besetzen.

Die Beschlüsse des XI. Parteitages der SED sind uns Veranlassung, den beschrittenen Weg der Rationalisierung in Leitung und Verwaltung konsequent fortzusetzen. Dabei geht es nicht nur um die rationellere Nutzung des gesellschaftlichen Arbeitsvermögens, sondern gleichzeitig um die Gestaltung einer flexiblen Leitung und Planung, welche den höheren Ansprüchen an die Dynamik der Volkswirtschaft gerecht werden.

Zur breiten Durchsetzung der Rationalisierung der Ingenieurarbeit und der Tätigkeit in Leitung und Verwaltung trägt maßgeblich dazu bei, daß unser eigener Rationalisierungsmittelbau in Verbindung mit zahlreichen Kooperationspartnern den Mansfeld-Prozeß-Controler – einen Personalcomputer – fertigt. Wir verfügen damit über die materiellen Voraussetzungen, im Zeitraum 1986–1990 insgesamt 1000 CAD/CAM-Stationen im Kombinat zu realisieren. Beim Einsatz der CAD/CAM- bzw. PC-Technik verfolgen wir 2 Zielrichtungen:

1. Durch Einsatz für wissenschaftlich-technische Aufgaben, d. h. in Forschung, Projektierung, Konstruktion, Technologie und Qualitätssicherung wollen wir die Produktivität der produktionsvorbereitenden Bereiche maßgeblich steigern. Weiterhin wird es damit möglich sein, Entwicklungszeiten zu verkürzen und materialökonomische Effekte zu erreichen.
2. Durch Einsatz von Personalcomputern in Leitung, Planung, Bilanzierung, Produktionsorganisation und Verwaltung wollen wir die Entscheidungsvorbereitung qualifizieren, den Verwaltungsablauf beschleunigen und gleichzeitig gesellschaftliches Arbeitsvermögen einsparen. In diesem Bereich ist es unser Ziel, mit jedem eingesetzten Personalcomputer mindestens eine Arbeitskraft einzusparen.

Wir orientieren auf die Durchsetzung komplexer Lösungen bei der Anwendung von CAD/CAM-Stationen, da sie sich als besonders effektiv erweisen.

Als komplexe Lösungen müssen erstens Einsätze von Personalcomputern angesehen werden, mit denen durchgängige Informations- und Leitungslinien vom Produktionsbereich bis zum Ministerium gestaltet werden. Solche Leitungs-Informationssysteme entstehen gegenwärtig für

- die komplexe Planung,
- die volkswirtschaftliche Bilanzierung und den Absatz metallurgischer Erzeugnisse,
- für alle Teile des Planes Wissenschaft und Technik,
- für Transport, Energie, Qualität und Kader.

Eine zweite Form komplexer Einsatzlösungen besteht darin, daß wir für Verwaltungsprozesse dezentral Personalcomputer einsetzen, die zur Zeit im Diskettenaustausch mit dem zentral auf ESER-EDVA laufenden Projekten der Abrechnung, Analyse und Planung gekoppelt sind.

Eine dritte Form der komplexen Nutzung von CAD/CAM-Stationen erfolgt im Inselbetrieb. Dafür werden multivalent nutzbare Softwarepakete zur Verfügung gestellt. Das gilt z. B. für die Bearbeitung arbeitshygienischer Aufgabenstellungen und für Teilaufgaben der Produktionslenkung.

Eine wesentliche Voraussetzung für die effektive Nutzung der CAD/CAM-Technologie ist die umfassende Qualifizierung der Werktätigen. Die Inbetriebnahme von 1000 CAD/CAM-Stationen erfordert, daß hierfür 5000–6000 Werktätige qualifiziert werden. Von diesen müssen ca. 1200–1500 befähigt werden, selbständig Anwendersoftware zu entwickeln. Eine dementsprechende Qualifizierungskonzeption wurde 1985 für alle Betriebsakademien der Kombinatsbetriebe entwickelt und durchgesetzt.

Neben der Anwendung der Schlüsseltechnologie Mikroelektronik in Form von CAD/CAM-Lösungen gewinnt der Einsatz von Industrierobotertechnik weiter zunehmende Bedeutung. Wir konnten im vergangenen Fünfjahrplan je Einsatzfall 2,63 VbE einsparen. In diesem Fünfjahrplanzeitraum streben wir verstärkt komplexe Automatisierungslösungen mit dem konzentrierten Einsatz der Industrierobotertechnik an. Je Robotereinsatzfall wollen wir die gleiche Effektivitätsrate erreichen. Damit wird es uns möglich, insgesamt durch die Schlüsseltechnologie Mikroelektronik unmittelbar zur effektiven Nutzung des gesellschaftlichen Arbeitsvermögens beizutragen.

In der Führung der Prozesse bei der Entwicklung der arbeitshygienischen Bedingungen stützt sich das Mansfeld Kombinat auf eine Reihe bewährter Leitungsmethoden und Erfahrungen, wie

1. die Konzeption „Grundrichtung zur Entwicklung der arbeitshygienischen Bedingungen im VEB Mansfeld Kombinat Wilhelm Pieck bis 1990";
2. Sanierungsprogramme der Kombinatsbetriebe und Werke des Stammbetriebes;
3. den „Maßnahmeplan zu Verbesserung des Gesundheitsschutzes der Werktätigen und zur Senkung des Krankenstandes" und
4. die Generaldirektoranweisung zur „Planmäßigen Gestaltung arbeitshygienisch-erschwernisfreier und technisch sicherer Arbeitsbedingungen".

Die Einheit von sozialistischer Rationalisierung, Intensivierung des Reproduktionsprozesses und Verbesserung der Arbeits- und Lebensbedingungen wird in komplexer Durchsetzung dieser Dokumente langfristig gewährleistet.

So wurde im Ergebnis einer von mir angewiesenen WAO-Komplexstudie der vollständige Abbau von Arbeitserschwernissen eines Betriebes erreicht. Der VEB Aluminiumfolie Merseburg wurde zum ersten arbeitshygienisch-erschwernisfreien Betrieb des Kombinates umgestaltet. Von dieser Beispiellösung geht eine Vorbildwirkung auf weitere Betriebe des Kombinates und auf unseren gesamten Industriebereich aus.

Mit der Durchführung von „Arbeitshygienischen Komplexuntersuchungen" wurde ein weiterer Qualitätssprung bei der planmäßigen Verbesserung der Arbeitsbedingungen vollzogen und die Voraussetzungen geschaffen, in Betrieben Arbeitsplätze, Abteilungen und Produktionsbereiche ohne arbeitshygienisches Belastungsrisiko zu gestalten. Diese Strategie wird auch in den kommenden Jahren fortgesetzt.

Durch die guten materiellen Voraussetzungen in der Abteilung Arbeitshygiene des Ingenieurbüros und in fast allen Betrieben sind wir heute in der Lage, alle erforderlichen Messungen der Hauptbelastungsfaktoren selbst durchzuführen. Mit jährlich ca. 20 verschiedenen Studien außerhalb unseres Kombinates unterstützen wir gleichzeitig Klein- und Mittelbetriebe sowie die Organe des Territoriums.

Als ein wichtiges Instrument zur Charakterisierung des arbeitshygienischen Niveaus und zur Kontrolle der Entwicklung der Arbeitsbedingungen erweist sich der mikrorechnergestützte Arbeitsplatzkatalog. Dieser Katalog dient

- der Erarbeitung von Gestaltungslösungen zum Abbau von Arbeitserschwernissen an Schwerpunktarbeitsplätzen,
- der fundierten Einarbeitung von Aufgaben und Maßnahmen in die betrieblichen Pläne, insbesondere in den Plan Wissenschaft und Technik,
- der Aufgliederung der staatlichen Auflagen zum Abbau von Arbeitserschwernissen,
- als Grundlage für die arbeitsmedizinischen Tauglichkeits- und Überwachungsuntersuchungen der Werktätigen durch das Betriebsgesundheitswesen,
- als Ausgangsmaterial für den zielgerichteten Abbau von Berufskrankheiten und
- als Datenbestand für die Erarbeitung des arbeitshygienischen Jahresberichtes.

Neben den genannten sehr guten Ergebnissen, die wir bei der Um- und Neugestaltung von Arbeitsplätzen sowie bei der Reduzierung der arbeitshygienischen Belastungsfälle im Kombinat erreichten, gelang es uns, durch die zielgerichtete Arbeit auf arbeitshygienischem Gebiet in enger Zusammenarbeit mit dem einheitlichen Betriebsgesundheitswesen und den Arbeitshygieneinspektionen der Kreise und des Bezirkes den jährlichen Neuzugang an Fällen für anerkannte Berufskrankheiten gegenüber 1976 um mehr als 80 % zu senken.

Bei der Lösung der Probleme des gesellschaftlichen Arbeitsvermögens gewinnt die Zusammenarbeit mit den territorialen Organen, insbesondere mit den Wirtschaftsräten und den Ämtern für Arbeit zunehmende Bedeutung. Das betrifft nicht nur die Bilanzierung und Bereitstellung von Arbeitskräften, sondern umfaßt alle Maßnahmen zur Schaffung solcher Reproduktionsbedingungen des Arbeitsvermögens im Territorium. Gute Berufschancen, ärztliche und soziale Betreuung, ein optimaler Berufsverkehr sowie Wohn- und Umweltbedingungen beeinflussen entscheidend das Arbeitsklima und wirken Verlusten an Arbeitszeit und der Fluktuation entgegen.

Unsere Erfahrungen zeigen, daß territoriale Gemeinschaftsarbeit auf klare Ziele und Aufgaben gerichtet sein muß. Besonders wichtig ist die Kontinuität und Planmäßigkeit dieser Arbeit auf der Basis konkreter Kommunalverträge. Diesem Anliegen dient die Bildung des Koordinierungsrates „Mansfelder Land", dessen Leitung ich übernommen habe. Dahinter steht eine für die nächsten fünf Jahre abgeschlossene Vereinbarung zwischen dem Mansfeld Kombinat Wilhelm Pieck, dem Rat des Bezirkes Halle sowie den Räten der Kreise Eisleben, Hettstedt und Sangerhausen.

Spezielle Arbeitsgruppen sind für die Aufgabengebiete

- Territoriale Rationalisierung,
- Wohnungspolitik/Wohnungswirtschaft,
- Gesundheits- und Sozialwesen,
- Geistig-kulturelles Leben,
- Reparaturen und Dienstleistungen und
- Gesellschaftliches Arbeitsvermögen

gebildet worden.

In einem breiten Gedankenaustausch mit den Vorsitzenden der Räte der Kreise, mit Abgeordneten und gesellschaftlichen Kräften aus den Betrieben des Mansfeld Kombinates und des Territoriums wurden Grundlagen für den Abschluß von Kommunalverträgen geschaffen. Die Vielfalt der auf gemeinsame Schwerpunkte gerichteten Maßnahmen war noch nie so groß wie zum gegenwärtigen Zeitraum. Erstmalig wurde erreicht, daß die abgestimmten Maßnahmen in den Prozeß der Planausarbeitung des Kombinates und des Territoriums unmittelbar einfließen können.

Wir widmen den Arbeitsgruppen territoriale Rationalisierung und Wohnungspolitik/Wohnungswirtschaft besondere Aufmerksamkeit, da ihre Arbeit unmittelbar der Sicherung des Arbeitsvermögens im Territorium dienen. Das Kombinat gibt vielfältige Hilfe bei der Anwendung der Schlüsseltechnologien in den Klein- und Mittelbetrieben und bei der Erweiterung des Rationalisierungsmittelbaus. Das Wohnungsbauprogramm der Kreise wird durch Rekonstruktion von Wohnungseinheiten durch das Kombinat unterstützt. Gleichzeitig konnten erste Ergebnisse der Arbeitsgruppe Gesundheits- und Sozialwesen erreicht werden, die sich vor allem im Abbau ideologischer Vorbehalte in der Zusammenarbeit betrieblicher und kommunaler Gesundheits- und Sozialeinrichtungen ausdrücken.

Die Erneuerung der Produktion, die breitenwirksame Einführung moderner Technologien verlangt zwingend das breite schöpferische Zusammenwirken von Wissenschaftlern, Forschern, Ingenieuren mit den Facharbeitern in der unmittelbaren Produktion. Wir verfügen im Kombinat über die erforderlichen Kapazitäten eigener Forschung und Entwicklung, über konzentrierte Ingenieurkapazitäten der Projektierung und Konstruktion sowie mit dem Ingenieurbüro für Rationalisierung auch auf den Gebieten der Arbeits- und Organisationswissenschaften. Wir besitzen damit gute Voraussetzungen für eine wissenschaftliche Vorbereitung der Produktion und die Durchführung des Reproduktionsprozesses. Zu einer weiteren Verbesserung trägt in den letzten Jahren verstärkt die sich immer besser entwickelnde Kooperation zwischen dem Kombinat und wissenschaftlichen Einrichtungen bei. Koordinierungsvereinbarungen und langjährige sehr enge und fruchtbare Arbeitsbeziehungen bestehen zum Zentralinstitut für sozialistische Wirtschaftsführung beim ZK der SED, zur Akademie für Gesellschaftswissenschaften beim ZK der SED, zum Staatssekretariat für Arbeit und Löhne, zum Zentralen Forschungsinstitut für Arbeit, zum Institut für Arbeits- und Gesundheitsschutz und vielen anderen. Der VEB Mansfeld Kombinat Wilhelm Pieck hat zum gegenwärtigen Zeitpunkt Koordinierungsverträge mit der Akademie der Wissenschaften der DDR und der Bergakademie Freiberg und weiteren Hoch- und Fachschulen abgeschlossen. Für wissenschaftlich-technische Aufgaben bestehen 53 Leistungsverträge und Vereinbarungen.

Ich möchte an dieser Stelle allen hier anwesenden Arbeitspartnern für die Zusammenarbeit und die für unsere Arbeit so wertvollen Konsultationen und gemeinsamen Arbeitsergebnisse meinen herzlichsten Dank sagen.

Mit meinen Ausführungen habe ich aus der Sicht des Mansfeld Kombinates Wilhelm Pieck auf die großen und komplizierten Aufgaben der Reproduktion des gesellschaftlichen Arbeitsvermögens hinweisen und unsere Erfahrungen vermitteln wollen. Ich habe auch versucht, die großen Möglichkeiten aufzuzeigen, die zur Erhöhung der Wirksamkeit des GAV auf der Grundlage der Beschlüsse des XI. Parteitages und der Beratung Erich Honeckers mit den 1. Sekretären der Kreisleitungen der SED durch noch bessere Nutzung der Schlüsseltechnologien und breitere Anwendung der wissenschaftlichen Organisation der Arbeit beitragen.

Die Zielstellungen des Perspektivzeitraumes zur Sicherung eines hohen Leistungswachstums und der schnelleren Steigerung der Arbeitsproduktivität gegenüber der Nettoproduktion stellen an alle Beschäftigten, an alle Kollektive unseres Kombinates große Anforderungen im Perspektivplanzeitraum zur besseren Nutzung des vorhandenen Arbeitsvermögens. Ihnen stellen wir uns unter Führung unserer Kreisparteiorganisation, in enger Zusammenarbeit mit dem Kreisvorstand unserer Industriegewerkschaft und unter Einbeziehung der Initiativen und der Schöpferkraft unserer Werktätigen. Für uns besteht Klarheit darüber, daß wir nur mit der verstärkten Gewinnung und dem effektiven Wiedereinsatz von Arbeitskräften die vor uns stehenden Aufgaben lösen können.

3. DISKUSSION

Horst Heintze

Zu Fragen des wissenschaftlich-technischen Fortschritts, der Entwicklung der sozialistischen Masseninitiative und der effektiven Nutzung des gesellschaftlichen Arbeitsvermögens

Das Thema der heutigen Beratung zu Problemen der Nutzung des gesellschaftlichen Arbeitsvermögens unter den Bedingungen der umfassenden Intensivierung ist in vielfältiger Weise mit der Tätigkeit der Gewerkschaften verbunden.

Bei der Verwirklichung der Beschlüsse des XI. Parteitages der SED messen die Gewerkschaften diesen Fragen eine außerordentliche Bedeutung bei. Alles, was mit dem Arbeitsvermögen zusammenhängt, berührt den arbeitenden Menschen und seine Interessen. Unser Grundsatz, daß in der sozialistischen DDR der Mensch das Maß aller Dinge und das Wohl des Volkes oberster Grundsatz unserer Politik ist, findet insbesondere bei der rationellen Nutzung des gesellschaftlichen Arbeitsvermögens seinen deutlichen Ausdruck.

In den einleitenden Referaten wurde mit vollem Recht hervorgehoben, daß bei der Verwirklichung der ökonomischen Strategie mit dem Blick auf das Jahr 2000, bei der Meisterung der Aufgaben in der neuen Etappe der wissenschaftlich-technischen Revolution die rationelle Nutzung des gesellschaftlichen Arbeitsvermögens von wachsender Bedeutung für unseren ökonomischen und sozialen Fortschritt ist.

Die Gewerkschaften werden sich auf ihrem Wirkungsfeld den anspruchsvollen Aufgaben stellen und ihren Beitrag leisten, damit auf der Grundlage gewachsender Leistungskraft der Volkswirtschaft das materielle und kulturelle Lebensniveau des Volkes planmäßig verbessert sowie soziale Sicherheit und Geborgenheit für immer gewährleistet sind.

Im folgenden möchte ich zu einigen Fragen des heutigen Themas unsere Erfahrungen darstellen bzw. unseren gewerkschaftlichen Standpunkt äußern:

1. Für die Gewerkschaften ist die politisch-ideologische Arbeit das Kernstück ihrer Tätigkeit zur Organisierung der breiten Mitwirkung der Werktätigen am Kampf um den wissenschaftlich-technischen Fortschritt und die Nutzung des gesellschaftlichen Arbeitsvermögens.

Alle bisherigen Erfahrungen unterstreichen, daß zunächst Klarheit über die zu lösenden Aufgaben, über die ökonomischen und wissenschaftlich-technischen Ziele, die Wirkungen auf die Arbeits- und Lebensbedingungen, die materielle Stimulierung, das soziale Umfeld usw. bestehen muß, wenn alle schöpferischen Initiativen freigesetzt werden sollen.

Wenn heute im Mansfeld Kombinat Wilhelm Pieck, im Elektromotorenwerk Dessau, in der Werkzeugmaschinenfabrik Meuselwitz und in anderen Betrieben die Werktätigen mit Begeisterung von den Schlüsseltechnologien, den automatisierten Fertigungsabschnitten sprechen, dann doch vor allem deshalb, weil sie die Tragweite dieser Aufgabe verstanden haben.

Das ist der fruchtbare Boden für schöpferische Mitarbeit. Von Beginn an dabei zu sein, eigene Ideen und Vorschläge einzubringen, mitzuwirken an deren Verwirklichung – das alles ist für optimale Lösungen genauso unerläßlich wie hohes Wissen und die Kenntnis des Welthöchststandes.

Das ist eine wichtige Seite unserer bewährten, durch nichts zu ersetzenden sozialistischen Demokratie, von der Erich Honecker vor den 1. Sekretären der Kreisleitungen der SED so nachdrücklich sprach. Das alles kommt natürlich nicht von selbst.

Es gehört bekanntlich zu den wichtigsten Erfahrungen des Petrolchemischen Kombinates Schwedt, daß eine rechtzeitige und qualifizierte Information und Überzeugung der Werktätigen über die erforderliche Leistungsentwicklung und den Einsatz an den neuen Anlagen die Grundvoraussetzung für ihre aktive Mitwirkung ist.

Jeder muß wissen und bewußt erkennen, warum und konkret was in seinem Betrieb und Arbeitsbereich rationalisiert wird. Jeder muß wissen, wo er im Betrieb oder Territorium gebraucht wird, damit er sich frühzeitig mit dem neuen Arbeitsplatz vertraut machen und dafür qualifizieren kann.

Sich für die Rationalisierung, für die Einsparung des eigenen Arbeitsplatzes einzusetzen, um in einem anderen Kollektiv eine neue, wichtige Aufgabe zu übernehmen – das ist schließlich ein hoher Anspruch an das Bewußtsein der Werktätigen.

Die besten Ergebnisse wurden in den Kombinaten und Betrieben erzielt, in denen ständig – so wie im Mansfeld Kombinat, in den EAW Treptow oder Gummiwerken Thüringen – alle Möglichkeiten wie Gewerkschaftsgruppenversammlungen, Schulen der sozialistischen Arbeit, Vertrauensleutevollversammlungen zum Wettbewerbsabschluß, Intensivierungskonferenzen und anderes genutzt werden, um den Werktätigen immer wieder zu erläutern, daß die effektive Nutzung des gesellschaftlichen Arbeitsvermögens zu den Hauptquellen für den ökonomischen und sozialen Fortschritt gehört und daß sich davon auch neue Anforderungen für sie persönlich ergeben.

Neue Qualifikationsanforderungen, ein qualifikationsgerechter Einsatz, oftmals an einem neuen Arbeitsplatz, Übergang zur Schichtarbeit und vieles andere mehr – alles das sind Fragen, die den einzelnen und seine Familie betreffen.

Darauf ist jeder vorzubereiten, damit er sich aus innerer Überzeugung an der Lösung dieser Fragen beteiligen kann. So wie im VEB Sachsenring Automobilwerk Zwickau erarbeiten viele Gewerkschaftsleitungen eigene Maßnahmepläne zur Organisierung der Initiative der Werktätigen bei der Einführung von Schlüsseltechnologien, die bis hin zur Verbesserung der Arbeits- und Lebensbedingungen alle Fragen dazu enthalten.

2. Im sozialistischen Wettbewerb nehmen die Werktätigen am umfassendsten am Kampf um den wissenschaftlich-technischen Fortschritt und der Gestaltung ihrer eigenen Arbeits- und Lebensbedingungen teil.

Deshalb ist für die Gewerkschaften die Organisierung des sozialistischen Wettbewerbs das Hauptbetätigungsfeld bei der weiteren Durchsetzung der Einheit von Wirtschafts- und Sozialpolitik.

Durch die Organisierung einer breiten Masseninitiative in den Kombinaten und Betrieben beeinflussen die Gewerkschaften das politische und moralische Klima in den Arbeitskollektiven, um alle qualitativen Faktoren für das Leistungswachstum noch besser zur Wirkung zu bringen und das raschen Wachstum der Produktivität und Effektivität mit der Verbesserung der Arbeits- und Lebensbedingungen der Werktätigen zu verbinden.

Mit anspruchsvollen Zielen im sozialistischen Wettbewerb geht es den Betriebskollektiven vor allem darum, durch die breite Anwendung von Schlüsseltechnologien den Wettlauf mit der Zeit zu bestehen, an wichtigen Punkten Vorsprung zu erzielen und dadurch hohe ökonomische und soziale Ergebnisse zu realisieren.

Betriebe, wie das Kombinat VEB „Carl Zeiss“ JENA, der VEB Kombinat Elektroapparatewerke „Friedrich Ebert“ Berlin oder VEB Planeta Radebeul, setzen Maßstäbe, indem ihre Wettbewerbsverpflichtungen in allen Punkten von wissenschaftlich-technischen Maßnahmen durchdrungen sind mit dem Ziel, lebendige und vergegenständlichte Arbeit einzusparen.

In diesem Zusammenhang kann festgestellt werden, daß Verpflichtungen zur rationellen Nutzung des gesellschaftlichen Arbeitsvermögens zunehmend an Qualität gewinnen. Obwohl es noch erhebliche Niveauunterschiede gibt, bewährt sich in immer breiterem Maße die Schwedter Initiative.

So sollen z. B. im Kombinat „Carl Zeiss“ JENA durch wissenschaftlich-technische Maßnahmen und die breite Anwendung der Schwedter Initiative 2000 Arbeitskräfte für andere Aufgaben wie die Anwendung moderner Schlüsseltechnologien und die Stärkung des eigenen Rationalisierungsmittelbaus gewonnen werden. Durch WAO-Maßnahmen sollen hier im Jahr 1987 5060 Arbeitsplätze um- und neugestaltet und für 279 Werktätige Arbeitserschwernisse abgebaut werden.

Ich möchte noch einmal unseren Standpunkt bekräftigen, daß so komplexe Rationalisierungsstrategien, wie sie den Kern der Schwedter Initiative ausmachen, nur durch ihre enge Verbindung zum sozialistischen Wettbewerb, durch die schöpferische Mitwirkung aller verwirklichen lassen. Dafür sind überall Verständnis und die erforderlichen Bedingungen durch die staatlichen Leiter zu schaffen. Die Weiterentwicklung des sozialistischen Wettbewerbs unter den Bedingungen einer hohen Dynamik der Produktivkräfte wirft heute die Frage auf, wie man bei der breiten Anwendung der Schlüsseltechnologien, insbesondere bei der Automatisierung der Produktion, die Leninschen Prinzipien der Wettbewerbsführung wirksamer durchsetzen kann. Das ist eine aktuelle Frage, deren Lösung ein schöpferisches Herangehen und die gründliche Beachtung der bisherigen Erfahrungen der Werktätigen erforderlich macht.

Der Inhalt der Verpflichtungen im sozialistischen Wettbewerb wird immer mehr von solchen Kriterien bestimmt, wie

- Beherrschen und bestmögliche Ausnutzung der hochproduktiven Maschinen und Anlagen (Erhöhung der produktiven Laufzeit der Anlage),
- Sicherung und Erhaltung der Verfügbarkeit der Anlage,
- Einhaltung und Überbietung vorgegebener Qualitätsparameter.

Es zeigt sich ebenfalls, daß die Wettbewerbsverpflichtungen und -initiativen zunehmend über das eigene begrenzte Aufgabengebiet hinausgehen und auf das Erreichen ökonomischer Ergebnisse in zusammenhängenden Prozessen gerichtet sind.

Nur wenn alle an der Herstellung eines Erzeugnisses Beteiligten ihre Vorhaben abstimmen, ständig ihre Leistungen vergleichen und Erfahrungen austauschen, werden am Ende kostengünstige Qualitätserzeugnisse in den erforderlichen Stückzahlen zur Verfügung stehen. Dabei ist zu sichern, daß der sozialistische Wettbewerb für jeden einzelnen konkret, für jeden verständlich und überschaubar und öffentlich geführt wird.

Bei der Organisierung des sozialistischen Wettbewerbs gilt es, die Einschätzung Erich Honeckers zu beachten, daß noch nicht in allen Betrieben und Bereichen sofort die modernste Technik, die Schlüsseltechnologien zum Einsatz kommen. Gerade dort, wo nach wie vor mit herkömmlicher Technik produziert wird, gilt es alle Möglichkeiten, die die WAO bietet, für die sozialistische Rationalisierung voll auszuschöpfen. Mit dem sozialistischen Wettbewerb dazu die erforderliche Massenbasis zu schaffen, ist ein wichtiges gewerkschaftliches Anliegen.

Wenn z. B. gegenwärtig mehr als 562000 Werktätige im sozialistischen Wettbewerb „Notizen zum Plan“ schreiben, um Ursachen von Zeitverlusten auf die Spur zu kommen und mitzuwirken, diese zu beseitigen, ist das ein deutlicher Beweis dafür.

Durch die öffentliche Führung und Auswertung des Wettbewerbs, die Durchführung von Erfahrungsaustauschen und Leistungsvergleichen werden wichtige Impulse für die Durchsetzung der WAO und zur Nutzung des gesellschaftlichen Arbeitvermögens gegeben. Wir unterstützen zugleich die mehr als 25000 WAO-Kollektive bei ihrer schöpferischen Arbeit. Ein Beispiel dafür ist der Leistungsvergleich der ehrenamtlichen WAO-Kollektive, der von den Industriegewerkschaften Metall und Bergbau-Energie und dem Ministerium für Erzbergbau, Metallurgie und Kali organisiert und zwischen den Betrieben geführt wird.

Zur Meisterung anspruchsvoller Aufgaben der komplexen sozialistischen Rationalisierung messen wir der Entfaltung schöpferischer Initiativen der Neuerer im sozialistischen Wettbewerb und der Entwicklung der sozialistischen Gemeinschaftsarbeit in der Neuererbewegung große Bedeutung bei.

Die Wettbewerbsbeschlüsse der Kombinate und Betriebe widerspiegeln eindeutig das Bestreben, die Neuerer noch gezielter in die wissenschaftlich-technische Arbeit bei der sozialistischen Rationalisierung einzubeziehen. Vor allem über die vereinbarte kollektive Neuerertätigkeit werden den Kollektiven thematische Aufgaben in Verbindung mit der Einführung von Schlüsseltechnologien und der Verbesserung der Arbeits- und Lebensbedingungen übergeben.

In der Neuerertätigkeit gehen wir von dem Grundsatz aus, daß jede technisch-technologische Veränderung neue Reserven in sich birgt, die erschlossen werden können und müssen. Dabei werden in der Praxis immer nachhaltiger solche Auffassungen widerlegt, daß mit dem Einsatz der Mikroelektronik und der flexiblen Automatisierung die Möglichkeiten für die Betätigung der Neuerer eingeengt würden. Das Gegenteil ist der Fall. Das Aufgabenfeld wird breiter und anspruchsvoller. Unter diesem Aspekt lassen wir einen Rückgang in der Beteiligung an der Neuererbewegung und eine Senkung ihres Nutzens nicht zu.

3. Bei der Meisterung des wissenschaftlich-technischen Fortschritts ist der Kampf um hohes Wachstum der Arbeitsproduktivität und Effektivität stets aufs engste mit der Verbesserung der Arbeits- und Lebensbedingungen zu verbinden.

Die tiefgreifenden Veränderungen, die sich mit dem Einsatz moderner Technik und Technologien in der Produktion vollziehen, sind nicht nur für hohe ökonomische Ergebnisse von großem Gewicht. Erich Honecker hat vor den 1. Sekretären der Kreisleitungen der SED besonders hervorgehoben, daß damit die Verbesserung der Arbeits- und Lebensbedingungen der Werktätigen, insbesondere die Erleichterung der körperlich schweren Arbeit, verbunden sein muß. Das gehört zum realen, für jeden erlebbaren Sozialismus und stellt an unsere Arbeit hohe Ansprüche.

Jeder weiß, daß mit dem Einsatz der neuen Technik nicht automatisch die gewünschten Effekte in den Arbeitsbedingungen eintreten.

Wir verfügen über gute Beispiele, wo es gelungen ist, hohe ökonomische Ergebnisse und verbesserte Arbeitsbedingungen zu erreichen. Manchmal wird diese Einheit noch verletzt, oft in der Annahme, daß die vorhandenen Mittel und Möglichkeiten nicht ausreichen würden, um „auch noch" die Arbeitsbedingungen zu verbessern. Für uns sind Arbeitsbedingungen zugleich Leistungsbedingungen und deshalb sind solche Auffassungen am Ende ein Schnitt ins eigene Fleisch.

So wurden z. B. im Automatisierungsvorhaben im Elektromotorenwerk Dessau die Belüftungs- und Beleuchtungsprobleme ungenügend berücksichtigt und die Folge waren unzureichende Arbeitsbedingungen. Die erforderliche Nachbesserung verursacht zusätzliche Kosten.

Deshalb drängen die Gewerkschaften darauf, daß bereits bei der Vorbereitung neuer Erzeugnisse, Verfahren und Technologien diese Fragen nicht ausgeklammert werden. Gewerkschaftsleitungen verstärken ihren Einfluß, damit bei der Ausarbeitung der Pflichtenhefte arbeitsmedizinische, arbeitsökonomische, arbeitspsychologische und arbeitshygienische Erfordernisse berücksichtigt werden.

Dazu gibt es von Kollektiven aus den Bereichen Forschung, Entwicklung und Technologie im sozialistischen Wettbewerb gute Erfahrungen und Ergebnisse.

Ein besonderes Wort noch zu Fragen des Arbeitsschutzes und der Arbeitssicherheit. Ohne Kompromiß treten die Gewerkschaften für die planmäßige Erhöhung der Arbeitssicherheit, die strikte Einhaltung der Sicherheitsbestimmungen und die Ausprägung arbeitsschutzgerechter Verhaltenweisen ein. Verpflichtungen zum Arbeits-, Gesundheits- und Brandschutz sind, so wie im Zementwerk Karsdorf, in vielen Betrieben fest in die sozialistische Wettbewerbsführung eingeordnet.

Die Gewährleistung des Gesundheits- und Arbeitsschutzes ist in diesen Betrieben zu einem wesentlichen Bestandteil der Rationalisierungsmaßnahmen und bei der Um- und Neugestaltung von Arbeitsplätzen geworden. Das hat dazu beigetragen, daß im Zementwerk Karsdorf die Arbeitsunfälle innerhalb von zehn Jahren von 30 Arbeitsunfällen je 1000 Beschäftigten auf zwei im Jahr 1986 gesenkt werden konnten. Aber jeder Arbeitsunfall ist ein Unfall zuviel, weil er persönliches Leid bringt und Arbeitsvermögen vergeudet. Wir machen deshalb unseren gewerkschaftlichen Einfluß darauf geltend, daß bereits bei der Forschung und Entwicklung und der Konstruktion von Arbeitsmitteln Schutzgüte mit hohem Niveau konzipiert wird, die den gegenwärtigen und künftigen Erfordernissen des Gesundheits- und Arbeitsschutzes entspricht.

Bei der Verbesserung der Arbeits- und Lebensbedingungen leisten die Betriebskollektivverträge gute Dienste. Hier vereinbaren Betriebsleiter und BGL auf der Grundlage des Planes und abgestimmt mit den Wettbewerbszielen alle erforderlichen Maßnahmen. Deshalb halten wir es für erforderlich, während der Plandiskussion und in Vorbereitung der BKV noch gründlicher solche Fragen zu diskutieren, wie:

- An welchen Arbeitsplätzen ist vorrangig die schwere körperliche Arbeit durch Einsatz der Technik zu beseitigen?
- Wo sind vorhandene Monotonieerscheinungen durch arbeitswissenschaftliche Maßnahmen abzubauen?
- Welche exponierten Arbeitsplätze sind im Rahmen der sozialistischen Rationalisierung vordringlich um- und neuzugestalten usw.?

4. Ein wichtiges Feld gewerkschaftlicher Einflußnahme ist die vorausschauende Bildung und Qualifizierung der Werktätigen entsprechend den Erfordernissen modernster Technik und Technologien und ihren qualifikationsgerechten Einsatz.

In seiner Rede vor den 1. Kreissekretären hat Erich Honecker der Aus- und Weiterbildung der Werktätigen einen breiten Raum gewidmet, da – wie er ausführte – der Bildungsvorlauf ein wichtiger Intensivierungsfaktor ist. Es gehört zur gewerkschaftlichen Interessenvertretung, bei den Werktätigen bereits beginnend in der Berufsausbildung die Überzeugung zu vertiefen, daß der Einsatz von Schlüsseltechnologien und die Automatisierung der Produktion künftig mehr als bisher mit einem Wechsel der Tätigkeit verbunden ist und eine ständige Qualifizierung erforderlich macht.

Neben der Fähigkeit, die technisch-technologischen Prozesse zu beherrschen, werden vor allem Verantwortungsbewußtsein und sozialistische Arbeitsdisziplin maßgebend dafür sein, wie ein junger Facharbeiter an der modernen Technik seinen Mann steht. Solche Verhaltensweisen und Gewohnheiten auszuprägen, Bewußtheit, Aktivität und Schöpfertum zu fördern, ist beispielsweise ein Anliegen, das im Zentrum des Kampfes um den Titel „Kollektiv der sozialistischen Arbeit" steht.

Einen hohen Stellenwert hat der qualifikationsgerechte Einsatz der Werktätigen. Des öfteren müssen wir aber feststellen, daß das bereits erworbene Wissen noch nicht voll genutzt wird. Qualifizierte Fachkräfte sind teilweise für Tätigkeiten eingesetzt, die ihrer Qualifikation nicht entsprechen. Abgesehen davon, daß das für die betreffenden Werktätigen unbefriedigend ist, kommt es einer Vergeudung von Volksvermögen gleich. Die Erfahrungen zeigen, daß Werktätige, die ihrer Qualifikation entsprechend eingesetzt sind, eine größere Bereitschaft entwickeln, sich für die Übernahme neuer, komplizierter Arbeitsaufgaben zu qualifizieren.

Die Kehrseite des Problems sehen wir darin, daß ausgehend von den vorhandenen guten Beispielen die Anstrengungen zu verstärken sind, bei der sozialistischen Rationalisierung die Arbeitsaufgaben überall so zu gestalten, daß sie inhaltsreicher und anspruchsvoller werden. Das hat vor allem großen Einfluß auf die Herausbildung sozialistischer Persönlichkeiten.

5. Die effektive Nutzung des gesellschaftlichen Arbeitsvermögens durch Ausdehnung der Schichtarbeit und die volle Ausnutzung der Arbeitszeit durchdringt viele Seiten gewerkschaftlicher Arbeit. Diese Aufgabe erhält im Interesse der produktiveren Nutzung der Grundfonds ständig höheres Gewicht. Niemals darf die Schichtarbeit als Selbstzweck betrachtet und ausschließlich nach der Anzahl der Schichtarbeiter beurteilt werden, wie das leider manchmal noch geschieht. Schichtarbeit hat der höheren Effektivität der Produktion zu dienen, wobei die Belange und Interessen der Schichtarbeiter immerr zu berücksichtigen sind. Es hat sich bewährt, daß von den staatlichen Leitern in voller Übereinstimmung mit den Gewerkschaftsleitungen klare Konzeptionen zur Ausdehnung der Schichtarbeit erarbeitet werden. Diese Konzeptionen müssen Antwort geben auf die Fragen:

- Wo die Ausdehnung der Schichtarbeit erforderlich ist, wann begonnen wird und in welchen Etappen vorgegangen werden soll?
- Wie durch Rationalisierungsmaßnahmen die erforderlichen Arbeitskräfte gewonnen werden?
- Wie wird eine hohe Kontinuität in allen Schichten gesichert?
- Wo und wie bedienarme Abschnitte und Schichten geschaffen werden?
- Wie und durch wen die sozialen Fragen gelöst werden?

Eine solch gründliche Vorbereitung erspart manchen Ärger und viele Effektivitätsverluste. Die Werktätigen haben z.B. kein Verständnis dafür, die Schichtarbeit auszudehnen, wenn in den einzelnen Schichten durch Unkontinuität der Produktion und andere Gründe, wie zum Beispiel durch fehlendes Material, Warte- und Stillstandszeiten entstehen, die durch Überstunden ausgeglichen werden müssen.

Besondere Aufmerksamkeit verdienen bei der Schichtarbeit die Arbeits- und Lebensbedingungen. Das gilt für die Arbeiterversorgung, den Berufsverkehr, aber in besonderem Maße natürlich für die materiellen Arbeitsbedingungen. Vorrangig sind deshalb solche Arbeitsplätze um- bzw. neuzugestalten, an denen noch unter erschwerten bzw. gesundheitsbeeinträchtigenden Bedingungen gearbeitet wird, weil wir nicht zulassen können, daß sich die Anzahl der Werktätigen, die unter erschwerten Bedingungen arbeiten, um das Zwei- bzw. Dreifache erhöht, wenn sie zur Schichtarbeit übergehen.

Von der Leistung abhängige Lohnzuschläge und die Berücksichtigung der Schichtarbeit bei der Festsetzung der Jahresendprämie haben sich als bewährte Formen erwiesen, hohe Leistungen in der Schichtarbeit moralisch und materiell zu stimulieren.

Die produktive Nutzung der gesetzlichen Arbeitszeit ist ein wichtiger Gesichtspunkt in der Entwicklung der sozialistischen Masseninitiative. Es ist der überwiegenden Zahl der Arbeitskollektive bereits zur Selbstverständlichkeit geworden, die Arbeitszeit voll zu nutzen und Arbeitszeitreserven zu erschließen. Das zeigen die Wettbewerbsbeschlüsse der Betriebe und der Arbeitskollektive, die in der Mehrzahl anspruchsvolle Verpflichtungen zum Beispiel zur Senkung der beeinflußbaren Ausfallzeiten enthalten. Vor allem wird in diesen Kollektiven darauf gedrungen, die Ursachen, die zu Ausfallzeiten führen, zu beseitigen, die Arbeitsorganisation zu verbessern und eine kontinuierliche Produktion zu sichern.

Wir können aber auch die Augen nicht davor verschließen, daß es einige gibt, die es mit der Arbeitsdisziplin nicht so ernst nehmen. Das darf keinen Leiter und keinen Gewerkschaftsfunktionär gleichgültig lassen. Die Auseinandersetzung ist vor allem in den Arbeitskollektiven zu führen. Dabei helfen jedoch keine allgemeinen Erklärungen und Appelle. Vielmehr müssen die Ursachen, die meist ideologischer Natur sind, genau analysiert und beseitigt werden. Die arbeitsrechtlichen Bestimmungen sind dabei wirkungsvoller anzuwenden.

An dieser Stelle möchte ich noch einmal nachdrücklich betonen, daß jegliche Arbeitszeitregelung auf gesetzlicher Grundlage erfolgen muß. Ihre Wirksamkeit ist an die gewerkschaftliche Zustimmung gebunden und erfordert, daß die Werktätigen rechtzeitig informiert werden.

Die rationelle Nutzung des gesellschaftlichen Arbeitsvermögens ist ein breites Feld unserer gewerkschaftlichen Interessenvertretung. Der zunehmend disponible Einsatz der Arbeitskräfte gehört dazu ebenso wie die Bildung von Stammbelegschaften und die Reproduktion der Arbeitskraft. Bei unserer gewerkschaftlichen Mitwirkung gehen wir immer davon aus, daß auch im Zeitalter der Computer der Mensch das Maß aller Dinge, die Hauptproduktivkraft ist und bleibt.

Wolfgang Beyreuther

Aufgaben zur Erhöhung der Effektivität des gesellschaftlichen Arbeitsvermögens

Unsere Partei, die Sozialistische Einheitspartei Deutschlands, lehrt uns ständig, daß es sich bei allen Entscheidungen zum Arbeitsvermögen, zur lebendigen Arbeit, immer um Fragen handelt, die die unmittelbaren Interessen und die ganz persönlichen Vorstellungen, Wünsche und Neigungen der Werktätigen berühren. Hier geht es um die Arbeit des einzelnen, um seinen Beruf, um geistige Anforderungen und handwerkliche Fertigkeiten, um die Entlohnung, um Arbeitsbedingungen, um das Arbeitsklima usw. Das alles sind Dinge, die in unserem Leben einen äußerst hohen Stellenwert einnehmen und die nur in Übereinstimmung mit den Werktätigen und gemeinsam mit ihnen geregelt werden können.

Das in der DDR verfügbare gesellschaftliche Arbeitsvermögen – das sind heute etwa 8,5 Millionen Berufstätige, von denen 86% eine abgeschlossene Berufsausbildung besitzen, davon fast 25% mit Hoch- bzw. Fachschulbildung. Mit diesem Niveau der Bildung ihrer Bürger nimmt die DDR international eine führende Position ein.

Der volkswirtschaftlich effektive Einsatz dieses Potentials hat selbstverständlich eine Schlüsselstellung bei der Erhöhung der Wirksamkeit der qualitativen Faktoren des Wirtschaftswachstums in der neuen Etappe der ökonomischen Strategie.

Entsprechend der Orientierung des XI. Parteitages der SED wurde im Gesetz über den Fünfjahrplan für die Entwicklung der Volkswirtschaft der DDR 1986 bis 1990 festgelegt, durch die Verbindung der wissenschaftlich-technischen Neuerungsprozesse mit der breiten Anwendung der WAO die Qualität und Effektivität der gesellschaftlichen Arbeit in hohem Tempo zu entwickeln und den Aufwand an lebendiger Arbeit zu senken. Die Gewinnung von Arbeitskräften zur Lösung volkswirtschaftlicher Schwerpunktaufgaben durch Einsparung von Arbeitsplätzen auf dem Wege der breiten Anwendung der Schwedter Initiative wurde als eine grundlegende Aufgabe herausgearbeitet.[1]

Ich möchte in meinem Diskussionsbeitrag auf zwei Teilfragen dieser Aufgabenstellung näher eingehen:

1. Zur Durchsetzung der Schwedter Initiative

Vorauszustellen ist, daß der ökonomische Fortschritt vom Produktivitätsfortschritt bestimmt wird. Mit geringerem Aufwand an lebendiger und vergegenständlichter Arbeit mehr Gebrauchswerte zu erzeugen, das ist ein Gebot, das sich aus dem Gesetz der Ökonomie der Zeit ableitet. Dieses Gebot des ökonomischen Fortschritts wird gegenwärtig in der DDR durch die Arbeitskräftesituation noch weiter verstärkt.

Erstmalig ist im Jahre 1986 in der Industrie der DDR ein absoluter Arbeitskräfterückgang eingetreten, und der seit 1984 vorhandene Rückgang von Arbeitskräften im Bauwesen hielt weiter an. Im Widerspruch zu dieser Entwicklung, die sich in den nächsten Jahren weiter fortsetzen wird, stehen jedoch die gegenwärtig noch weit verbreiteten Forderungen nach zusätzlichen Arbeitskräften.

Offensichtlich ist noch nicht allen Kombinaten und Betrieben die reale Arbeitskräftesituation bewußt. Es wird noch nicht überall zur Kenntnis genommen, daß zusätzliche Arbeitskräfte nicht zur Verfügung stehen. Zur Sicherung der geplanten Leistungsentwicklung ist es notwendig, das Tempo der Rationalisierung zu beschleunigen. Diesen objektiven Anforderungen kann man nicht durch Forderungen nach zusätzlichen Arbeitskräften ausweichen. Es gibt nur einen Weg, der auch seit Jahren im Mansfeldkombinat Wilhelm Pieck erfolgreich beschritten wird. Er besteht darin, das Tempo der Produktivitätssteigerung zu erhöhen. Das zwingt zur Rationalisierung und läßt keinen Raum für unrealistische Forderungen nach zusätzlichen Arbeitskräften.

Daraus ergibt sich die Schlußfolgerung: Wenn es in den Kombinaten und Betrieben darum geht, neue Kapazitäten in Betrieb zu nehmen, den Rationalisierungsmittelbau zu stärken, die Schichtarbeit zu erweitern und die Konsumgüterproduktion zu erhöhen, dann müssen die Arbeitskräfte dafür aus den eigenen Reihen gewonnen werden. Das ist der Grund, warum die Entfaltung der Schwedter Initiative von unserer Parteiführung immer wieder als aktuelle Aufgabe gestellt wird.

Die Schwedter Initiative hat sich als die wichtigste Leitungs- und Wettbewerbsmethode zur Erhöhung des gesellschaftlichen Arbeitsvermögens erwiesen, und es ist unbestritten, daß mit ihrer Anwendung und Verbreitung in der Volkswirtschaft der DDR bedeutende Ergebnisse erzielt wurden. So wurden im Zeitraum des letzten Fünfjahrplanes mehr als 370000 Werktätige für neue Aufgaben gewonnen. „Die 1986 in der Volkswirtschaft erreichte Steigerung der Arbeitsproduktivität entspricht dem Arbeitsvermögen von über 300000 Beschäftigten.“[2]

Diese Ergebnisse können jedoch nicht darüber hinweg täuschen, daß sich die Lage in den einzelnen Bereichen und Kombinaten sehr differenziert darstellt, und daß wir insgesamt den mit dem XI. Parteitag der SED gesetzten Maßstäben des Rationalisierungs- und Produktivitätsfortschritts noch nicht gerecht werden. Gemessen an der volkswirtschaftlichen Orientierung, etwa 3% der Beschäftigten durch Rationalisierungsmaßnahmen für neue Aufgaben zu gewinnen, wurden 1986 im Bereich der Industrie durchschnittlich nur 2,1 % erreicht.

Zwischen den Ministerien und zwischen den Kombinaten gibt es erhebliche ungerechtfertigte Niveauunterschiede, die auf bedeutende Reserven hinweisen. Vorbildlich erfüllten 1986 z. B. die Kombinate WEMA „Fritz Heckert" mit 4,4 %, WEMA „7. Oktober" mit 3,9 % und Kombinat Robotron mit 3,7 % ihre Aufgaben mit überdurchschnittlich hohen Gewinnungsquoten von Arbeitskräften. Andere Kombinate lagen dagegen noch unter dem Durchschnitt der Industrie.

Objektive Ursachen gibt es für solche Unterschiede nicht. Ein Haupthindernis für die weitere Entfaltung der Schwedter Initiative ist offensichtlich ideologischer Natur. Allen Leitern die richtigen Einsichten und ideologischen Haltungen zu vermitteln, ist ein Kampf, der ständig geführt werden muß.

Noch machen sich manche staatliche Leiter über die Anwendung der Schwedter Initiative erst dann Gedanken, wenn kurzfristig Lösungen gefunden werden müssen, weil aus dem Territorium beim besten Willen keine Arbeitskräfte mehr bereitgestellt werden können.

Ich ziehe daraus die Schlußfolgerung, daß wir der Durchsetzung der Schwedter Initiative in der Leitungstätigkeit eine viel größere Bedeutung beimessen müssen, denn unter den Bedingungen der umfassenden Intensivierung ist die Gewinnung von Arbeitskräften durch die Einsparung von Arbeitsplätzen der Hauptweg zur Deckung des Arbeitskräftebedarfs in der Volkswirtschaft.

Bei der Gewinnung von Arbeitskräften durch die Schwedter Initiative können wir auf eine Reihe guter, bewährter Erfahrungen aufbauen. Jedes Kombinat und jeder größere Betrieb verfügt über Intensivierungskonzeptionen oder vergleichbare strategische Dokumente. Der einfache aber wirksame Gedanke, der in Schwedt und in vielen anderen Kombinaten verwirklicht wurde, besteht darin, daß diese Konzeptionen insgesamt auf die Gewinnung von Arbeitskräften gerichtet sind. Das gilt für die Entwicklung von Schlüsseltechnologien und ihren Einsatz genauso, wie für die Erzeugnisentwicklung.

Die Gewinnung von Arbeitskräften für andere Aufgaben darf somit nicht nur das Ergebnis der Rationalisierung der Arbeitsplätze und -prozesse, sondern sie muß vor allem das Ziel aller Maßnahmen des wissenschaftlich-technischen Fortschritts sein.

Mit anderen Worten: Alle Aufgaben zur Intensivierung müssen immer gleichzeitig auch Aufgaben zum rationellen Einsatz des Arbeitsvermögens sein. Dieser Gedanke muß überall und an jeden Arbeitsplatz Beachtung finden, jeder Werktätige muß angesprochen werden und an der Lösung dieser Aufgabenstellung mitwirken.

Die aktive Teilnahme der Werktätigen an der Schwedter Initiative erhält bedeutende Impulse durch die WAO-Arbeit. Darum muß die umfassende Anwendung der WAO als eine wesentliche Voraussetzung für die Entfaltung der Schwedter Initiative überall gewährleistet werden. Diese Erfahrung resultiert aus der Rationalisierungsstrategie, dem Leitungsstil und der Führung des sozialistischen Wettbewerbs im Mansfeld Kombinat, mit dem uns eine enge Zusammenarbeit verbindet. Dieses Kombinat verfügt über ein leistungsstarkes, für viele Kombinate vorbildliches Arbeitswissenschaftliches Zentrum als Bestandteil des Ingenieurbüros für Rationalisierung. Jede Rationalisierungsaufgabe geht von einer gründlichen Analyse der Arbeits- und Produktionsprozesse aus, wobei hier das ganze Instrumentarium des Arbeitsstudiums genutzt wird.

Die Rationalisierungsstrategie des Mansfeld Kombinates ist darauf gerichtet, mit weniger Arbeitskräften mehr zu produzieren, die Steigerung der Arbeitsproduktivität zielstrebig mit der Verbesserung der Arbeitsbedingungen zu verbinden und dazu die Werktätigen durch WAO- und andere ehrenamtliche Rationalisierungskollektive in diese Arbeit einzubeziehen. Das betrifft sowohl kurzfristige Zielsetzungen zur Rationalisierung als auch die strategische Arbeit. Es ist in diesem Kombinat selbstverständlich, daß die Fachbereiche für WAO einen wesentlichen Anteil an der Ausarbeitung und Begründung der langfristigen wissenschaftlich-technischen und Arbeitskräftekonzeptionen haben.

Wenn die heutige Tagung des Wissenschaftlichen Rates für die wirtschaftswissenschaftliche Forschung im Mansfeld Kombinat durchgeführt wird, dann auch deshalb, um die bewährten Erfahrungen bekannt zu machen und breitenwirksam zu verallgemeinern.

2. Zur effektiven Nutzung des Qualifikationspotentials

Je mehr die Aufgaben und Anforderungen bei der Verwirklichung der ökonomischen Strategie wachsen, um so mehr ist es notwendig, Produktivitäts- und Wirtschaftswachstum durch immer bessere Nutzung des in der DDR vorhandenen großen Qualifikationspotentials zu erzielen. Diese qualitative Seite des Arbeitsvermögens ist eine Reserve, die sich bei entsprechender Sorge durch die Gesellschaft nie erschöpft. Um so mehr müssen wir in den Kombinaten und Betrieben unser Hauptaugenmerk auf den richtigen Einsatz der Werktätigen entsprechend ihrer Ausbildung und Qualifikation richten.

Untersuchungen zeigen, daß in der Industrie der qualifikationsgerechte Einsatz der Arbeiter und Angestellten noch nicht überall voll gewährleistet ist. Außerdem gibt es eine relativ große Zahl von Werktätigen, die nach erfolgreicher Facharbeiter- und sogar Hoch- und Fachschulausbildung ihren Beruf verläßt und eine Arbeit in einem anderen, völlig artfremden Beruf aufnimmt. Ich meine hier nicht solche Werktätige, die im Ergebnis der Rationalisierungsmaßnahmen für neue Aufgaben gewonnen werden und sich neue bzw. weitergehende Kenntnisse und Fertigkeiten dafür aneignen, sondern es geht um Arbeitskräfte, die in ihrem Beruf dringend benötigt werden und statt dessen an anderer Stelle berufsfremde Arbeitsaufgaben ausführen. Jeder dieser nicht qualifikations- und ausbildungsgerecht tätige Werktätige bedeutet für die Gesellschaft einen Verlust an Bildung und Effektivität.

Eine weitere Reserve für die bessere Nutzung des qualitativen Arbeitsvermögens besteht schließlich darin, daß noch zu viele Werktätige mit Arbeitsaufgaben betraut sind, die keine Facharbeiterqualifikation erfordern. Das betrifft besonders Betriebe der Leicht- und Lebensmittelindustrie sowie der Elektrotechnik/Elektronik, wo noch zu viele anforderungsarme, einseitige, monotone und uninteressante Arbeiten vorkommen. Diese Arbeitsplätze müssen abgeschafft oder so umgestaltet werden, daß inhaltsreichere, schöpferische und interessante Arbeitsaufgaben entstehen. Im Interesse höherer Produktivität und der Entwicklung sozialistischer Persönlichkeiten müssen wir dem größere Beachtung schenken.

Auf einem Erfahrungsaustausch über die WAO-Arbeit im Bereich der Leichtindustrie wurde dazu z. B. die Aufgabe gestellt, komplexe und variable Arbeitsaufgaben zu schaffen, die den Einsatz qualifizierter und disponibler Produktionsarbeiter ermöglichen. Diese Orientierung ist richtig.

Die Erfahrungen bestätigen, daß es im Zusammenhang mit Rationalisierungsmaßnahmen nicht nur möglich, sondern auch erforderlich ist, neue anspruchsvolle Arbeitsaufgaben zu schaffen, die einen Produktivitätsgewinn mit sich bringen. Das bestätigen die flexiblen automatisierten Fertigungsabschnitte, bei denen von vornherein Arbeitsaufgaben festgelegt wurden, die dem komplexen Charakter der Technik entsprechen.

In Verbindung mit der Gestaltung effektiver Formen der Arbeitsorganisation wird so gesichert, daß das potentielle Arbeitsvermögen hoher Qualifikation im Interesse einer hohen Ökonomie erschlossen wird. Ein solches Herangehen muß prinzipiell bei allen wissenschaftlich-technischen Neuerungsprozessen, wie bei der Einführung der Mikroelektronik, dem Einsatz von Industrierobotern bis hin zu den CAD/CAM-Arbeitsstationen erfolgen. Nur planmäßige und exakte WAO-Arbeit sichert, daß die Aufgaben für den weiteren Produktivitätsfortschritt mit der neuen Technik bis zur Ausarbeitung und Einführung qualitativ neuer Kennziffern der Arbeitsleistung und Lohnformen geführt werden.

Die Ergebnisse und Erfahrungen bei der Leitung und Planung des gesellschaftlichen Arbeitsvermögens bestätigen, daß der effektive Einsatz des Arbeitsvermögens und die Verwirklichung des Rechts auf Arbeit in der DDR eine untrennbare Einheit bilden. Die kontinuierliche Steigerung der Arbeitsproduktivität vollzieht sich in unserer Republik bei gesicherter Vollbeschäftigung. Es gibt keinen Zweifel, daß in der DDR auch in Zukunft keine Abstriche von diesen grundlegenden Vorzügen und Errungenschaften der sozialistischen Gesellschaftsordnung vorgenommen werden.

Ein wichtiger Vorzug des Sozialismus ist die Planmäßigkeit und Langfristigkeit in der Arbeit. Alle sich mit dem wissenschaftlich-technischen Fortschritt ergebenden Änderungen in den Arbeitsanforderungen und Einsatzbedingungen der Werktätigen können rechtzeitig erkannt und gemeinsam mit den Werktätigen ohne negative soziale Folgen und Konflikte gelöst werden. Das gilt für die Gewinnung Werktätigen für neue Aufgaben genauso wie für die Wandlungen, die im Inhalt der Arbeit bzw. in den Arbeitsbedingungen eintreten.

Um alle diese Aufgaben langfristig und mit hoher Wirksamkeit realisieren zu können, bedarf es klarer strategischer Orientieren. Deshalb ist allen Ministerien, Kombinaten und Betrieben wie auch den Räten der Bezirke und Kreise die Aufgabe gestellt, langfristige Konzeptionen zum Einsatz und zur effektiven Nutzung des gesellschaftlichen Arbeitsvermögens auszuarbeiten.[3]

Die Erfahrungen der Kreise Staßfurt, Mühlhausen, Meißen und Leipzig-Stadt zeigen, daß auf ihrer Grundlage unter Leitung des Rates eine abgestimmte Arbeit aller Betriebe des Territoriums gewährleistet werden kann. Den Nutzen haben wir alle: höhere Produktivität und bessere Arbeits- und Lebensbedingungen für die Werktätigen.

Anmerkungen

1 Vgl. Gesetz über den Fünfjahrplan für die Entwicklung der Volkswirtschaft der DDR 1986 bis 1990, Abschnitt II/1, in: Neues Deutschland vom 28. 11. 1986, S. 11.

2 Erich Honecker, Die Aufgaben der Parteiorganisationen bei der weiteren Verwirklichung der Beschlüsse des XI. Parteitages der SED, Berlin 1987, S. 23.

3 Vgl. Anordnung über die Ausarbeitung langfristiger Konzeptionen zum Einsatz und zur effektiven Nutzung des gesellschaftlichen Arbeitsvermögens vom 28. 3. 1984, in: GBl. Sdr. Nr. 1020/1 n vom 25. 4. 1984.

Bodo Weidemann

Zum Beitrag der Berufsbildung zur planmäßigen Entwicklung und Nutzung des gesellschaftlichen Arbeitsvermögens in den Kombinaten und Betrieben

Der XI. Parteitag der SED hat auf der Grundlage des Programms unserer Partei die weiteren Aufgaben bei der Gestaltung der entwickelten sozialistischen Gesellschaft abgesteckt. Damit sind auch qualitativ neue Maßstäbe für die weitere Vervollkommnung der Berufsbildung gesetzt.

Die Erfordernisse der umfassenden Intensivierung und vor allem der breiten Durchsetzung der Schlüsseltechnologien lassen sich nur dann erfolgreich meistern, wenn die Reproduktion des gesellschaftlichen Arbeitsvermögens in den Kombinaten und Betrieben auf allen Qualifikationsstufen mit dem erforderlichen Vorlauf auf ständig höherem Niveau durch abgestimmte Maßnahmen von Aus- und Weiterbildung planmäßig gesichert wird.

Zu den entscheidenden Phasen des Kreislaufes der intensiv erweiterten Reproduktion gehören die qualifizierte Berufsausbildung der Lehrlinge sowie die berufliche Weiterbildung der Werktätigen.

Höhere Ansprüche an das Bildungssystem und speziell an die berufliche Aus- und Weiterbildung der Facharbeiter und Meister resultieren vor allem aus der Tatsache, daß die Berufsbildung auch weiterhin die Hauptquelle der Entwicklung des gesellschaftlichen Arbeitsvermögens ist und bleibt. Ein Wachstum des gesellschaftlichen Arbeitsvermögens ist angesichts der demographischen Entwicklung unseres Landes nur über seine erweiterte qualitative Ausgestaltung zu sichern.

Der XI. Parteitag der SED hat die Aufgabe gestellt, die Berufsbildung mit hohem Tempo auf die neuen Anforderungen auszurichten, die Qualifikationsstruktur in den erforderlichen Proportionen zu entwickeln und damit den erforderlichen Bildungsvorlauf für die Steigerung der Arbeitsproduktivität auf der Grundlage des umfassenden Einsatzes von Wissenschaft und Technik zu sichern.

Durch die Berufsbildung wird auch im gegenwärtigen Fünfjahrplanzeitraum ein bedeutendes geistiges Potential entwickelt und damit zugleich die Struktur und Weiterentwicklung des gesellschaftlichen Arbeitsvermögens maßgeblich mitbestimmt. Bekanntlich ist der Berufsausbildung die Aufgabe gestellt, im Zeitraum 1986 bis 1990 918000 Schulabgänger in allen volkswirtschaftlich erforderlichen Berufen und Proportionen zu qualifizierten, sozialistische Facharbeiter auszubilden und zu erziehen. Davon sind 153000 Schulabgänger über den Weg Berufsausbildung mit Abitur für ein Hochschulstudium vorzubereiten. Der Anteil der Facharbeiter und Meister an den Beschäftigten ist durch die Berufsausbildung der Lehrlinge sowie die Qualifizierung der Werktätigen von 63 % auf 67 % zu erhöhen. Mit der Ausbildung und dem Einsatz der jungen Facharbeiter werden gegenwärtig jährlich ca. 4 % des gesellschaftlichen Arbeitsvermögens, bezogen auf den Anteil der Facharbeiter in der Volkswirtschaft, reproduziert. Das bedeutet, daß in diesem Fünfjahrplanzeitraum ein Fünftel dieser Qualifikationsgruppe mit einer an den neuen Anforderungen orientierten Grundqualifikation in das Arbeitsleben eintritt.

Darüber hinaus vervollkommnet jährlich jeder vierte Werktätige in der Weiterbildung sein Wissen und Können.

Worauf richten wir in Verwirklichung dieser Aufgabenstellungen unsere Aufmerksamkeit?

1. Im Zentrum der Anstrengungen steht die Aufgabe, die Berufsbildung in Übereinstimmung mit den anderen Bereichen des Bildungswesens konsequent auf die Erfordernisse und Maßstäbe der neuen Etappe der Gestaltung der entwickelten sozialistischen Gesellschaft einzustellen.

Ziel ist, den erforderlichen Bildungsvorlauf für die Beherrschung der neuen Anforderungen zu sichern und umzusetzen, die sich insbesondere aus dem Einsatz der neuen Technik und Technologien, den sich verändernden Produktionsstrukturen sowie der internationalen Arbeitsteilung ergeben.

Das geschieht durch

- die weitere inhaltliche Ausgestaltung und Neubestimmung der Berufsprofile der Facharbeiterberufe,
- die weitere Erhöhung des Niveaus und der erzieherischen Wirksamkeit des Unterrichts,
- eine der Dynamik des wissenschaftlich-technischen Fortschritts entsprechend zunehmend differenziert gestaltete berufliche Weiterbildung sowie
- die weitere Vervollkommnung der Leitung und Planung der Berufsbildung als Bestandteil des einheitlichen Reproduktionsprozesses der Kombinate und Betriebe.

Bei der Einstellung der Berufsbildung auf die neuen Erfordernisse wird berücksichtigt, daß der Einfluß des wissenschaftlich-technischen Fortschritts auf den Inhalt der Arbeit differenziert ist und die Arbeitsplätze in Umfang und Zeit davon unterschiedlich betroffen werden. Das verlangt, sowohl gegenwärtigen als auch künftigen Anforderungen in Einheit gerecht zu werden.

2. Um die Berufsbildung weitsichtig auf diese Erfordernisse einzustellen, wurden die Berufsinhalte aller 300 Facharbeiterberufe sowie die Lehrpläne gründlich analysiert und weiterentwickelt. Als Ergebnis zeigt sich, daß sich unser vor über 15 Jahren geschaffenes Berufsensemble bewährt hat und sich als stabil erweist. Es entstanden 15 neue Berufe und 70 breitprofilierte Berufe konnten zu Grundberufen ausgestaltet werden. Die Zahl der Spezialisierungsrichtungen verringerte sich von 591 auf 392 als Ausdruck zunehmender Breite des Berufsfeldes und wachsender Integration von Arbeitstätigkeiten. Insgesamt umfaßt damit das Ensemble der Facharbeiterberufe 649 differenzierte Ausbildungsmöglichkeiten. Das entspricht den volkswirtschaftlichen Bedürfnissen. Zusätzlich gibt es in der DDR 47 seltene Handwerksberufe, in denen entsprechend den Erfordernissen ausgebildet wird.

Wissenschaftlich und praktisch nicht bewahrheitet haben sich Vorstellungen, daß mit neuen Technologien immer zugleich zahlreiche neue Berufe entstehen. Vielmehr geht es darum, daß das Neue in die bewährten Berufe Eingang findet. Hier liegt zugleich ein wesentlicher Vorzug unserer sozialistischen Gesellschaft. Das unter Führung unserer Partei geschaffene stabile Ensemble von 300 Facharbeiterberufen in der DDR bietet der Jugend und allen Werktätigen soziale Sicherheit und ist damit auch sichere Grundlage für eine langfristig orientierte Berufsberatung sowie für die Planung des Facharbeiternachwuchses mit dem erforderlichen Vorlauf von 5 Jahren, der in allen Betrieben und Kombinaten durchzusetzen ist.

3. Schwerpunkt der langfristig wirkenden inhaltlichen Vervollkommnung ist die schrittweise Einführung neuer Lehrpläne für alle Facharbeiterberufe. Mit dem neuen Lehrplanwerk – dessen Einführung bis 1990 abgeschlossen sein wird – wird die Berufsausbildung mit hohem Tempo auf die neuen Erfordernisse eingestellt. Bereits im gegenwärtigen Lehr- und Ausbildungsjahr erfolgt in 78 Facharbeiterberufen die Ausbildung auf Grundlage neuer Lehrpläne. Ab 1.9.1987 kommen weitere 99 Facharbeiterberufe hinzu, so daß dann bereits vier Fünftel aller Lehrlinge auf der Grundlage moderner Inhalte herangebildet werden.

Damit werden durch die Berufsausbildung die dem neuen Abschnitt der Produktivkraftentwicklung entsprechenden Bildungsvoraussetzungen geschaffen, und mit den gewachsenen Voraussetzungen zugleich auch eine neue Qualität der beruflichen Weiterbildung eingeleitet.

4. In Durchsetzung bewährter bildungspolitischer Positionen wird für den Facharbeiternachwuchs aller Berufe auch weiterhin eine solide breite Grundlagenbildung gewährleistet. Dabei wird davon ausgegangen, daß die modernen Technologien und Produktionserfordernisse, vor allem aber die modernen Hoch- und Schlüsseltechnologien mit ihren differenzierten Bildungskonsequenzen gründliche theoretische Einsichten und solides berufliches Können verlangen; das getragen ist von einer aktiven und schöpferischen Einstellung zur Anwendung von Wissenschaft und Technik im Arbeitsbereich. Auch in Zukunft bleiben umfassende berufspraktische Fähigkeiten und Fertigkeiten Bestandteil der Ausbildung im Beruf. Sie sind eine Voraussetzung für die Meisterung der modernen Technik wie auch für die Beherrschung der für längere Zeit noch vorhandenen differenzierten materiell-technischen Bedingungen in den Betrieben. Beides ist Grundlage für berufliche Disponibilität und Mobilität sowie flexibles Reagieren auf objektive Erfordernisse der Gesellschaftsentwicklung und des wissenschaftlich-technischen Fortschritts.

5. Von entscheidender Bedeutung bei der Vorbereitung der künftigen Facharbeiter auf die neuen Anforderungen von Wissenschaft und Technik ist die Aufnahme des Faches „Grundlagen der Automatisierung" in die Grundlagenbildung aller Berufe sowie die Erprobung und schrittweise Einführung der Informatikausbildung für alle Lehrlinge als Bestandteil dieses Faches. Hier werden die Grundlagen für das Verständnis komplexer Automatisierungslösungen und ihre konkreten betrieblichen Anwendungen gelegt.

Dazu werden in den Berufsschulen Computerkabinette eingerichtet. 1989 wird das Netz der Computerkabinette alle Berufsschulen umfassen. Schrittweise wird darüber hinaus in diesem Zeitraum auch der Aufbau von Trainingskabinetten für die berufspraktische Ausbildung von Lehrlingen ausgewählter Berufe begonnen. Vorgesehen ist, die Ausbildung der Lehrlinge im letzten Abschnitt ihrer Lehre an der speziellen informationsverarbeitenden Technik des Betriebes durchzuführen.

Beispielgebend ist hierfür auch das Herangehen im Mansfeld Kombinat, wo die in den Betrieben eingesetzte CAD/CAM- und Rechentechnik auch für die kurzfristige Qualifizierung von Lehrlingen und Werktätigen genutzt wird.

6. Die planmäßige Entwicklung des gesellschaftlichen Arbeitsvermögens über die Berufsausbildung schließt die zielstrebige Förderung naturwissenschaftlich-technisch begabter Lehrlinge sowie ihre Vorbereitung auf die Übernahme verantwortungsvoller Aufgaben im Rationalisierungsmittelbau oder anderen Schwerpunktbereichen bzw. auf ein Studium ein.

Als spezieller Weg der Begabungsförderung wird die hochschulvorbereitende Funktion der Berufsausbildung mit Abitur durch die Sicherung einer guten Übereinstimmung von Beruf und Studienrichtung sowie die Präzisierung der Ausbildungsinhalte verstärkt. In den neu eingeführten Ausbildungsunterlagen wurden vor allem solche Inhalte zeitverstärkt, die für das künftige Studium von Bedeutung sind. Neueingeführt wurde der Lehrgang „Wissenschaftlich-produktive Tätigkeit". Hier sollen die Lehrlinge solche wissenschaftlich-produktiven Aufgaben lösen, die ihre Studienwahl motivieren und festigen sowie ihnen Grundlagen geben zur Mitarbeit in Jugendforscherkollektiven bzw. für die Lösung wissenschaftlicher Aufgaben in der MMM- und Neuererbewegung.

7. Zunehmende Bedeutung für die planmäßige Sicherung des gesellschaftlichen Arbeitsvermögens entsprechend den differenzierten Erfordernissen der ökonomischen Strategie mit dem Blick auf das Jahr 2000 erhält die vorausschauende Gestaltung der beruflichen Weiterbildung.

In einer 2jährigen Berufsausbildung, die die solide Grundqualifikation für ein nahezu 40jähriges Berufsleben zu vermitteln hat, kann nur in bestimmtem Umfang den sich ständig verändernden beruflichen Anforderungen entsprochen werden. Die Werktätigen im Vorlauf auf neue Anforderungen vorzubereiten, verlangt deshalb, die Weiterbildung weiter auszugestalten und als eine der Berufsausbildung gleichrangige Säule zu entwickeln. Dafür bewährt sich die in der Berufsbildung vermittelte breite Grundlagenbildung und berufliche Spezialisierung als solides Fundament für die darauf aufbauende berufliche Weiterbildung. Vor allem auf diesem Wege können in jedem Betrieb die Werktätigen flexibel, differenziert und mit ausreichendem Vorlauf auf neue oder veränderte Arbeitsaufgaben vorbereitet werden.

Aus bildungspolitischer Sicht orientieren wir dabei auf folgende Schwerpunkte:

Erstens sind Facharbeiter und Meister unter Einbeziehung des erforderlichen Grundlagenwissens und -könnens auf die modernen Technologien und Verfahrensweisen durch den Erwerb spezieller, tätigkeitserforderlicher Kenntnisse vorzubereiten. Erfahrungen zeigen, daß sich auch für die Weiterbildung die Lehrpläne der Berufsausbildung gut bewähren. *Zweitens* gilt es, erforderliche Maßnahmen einzuleiten, um Facharbeiter und Meister aufgaben- und objektbezogen auf spezifische Anforderungen im Gefolge neuer Technik und Technologien sowie neuer Werkstoffe und Produkte vorzubereiten. Die Bildungskonsequenzen sind als untrennbarer Bestandteil dieser Neuerungsprozesse abzuleiten und in spezifische Weiterbildungsprogramme umzusetzen. Besondere Unterstützung ist im Zusammenhang mit den sozialpolitischen Maßnahmen werktätigen Frauen und Mädchen zu geben, um sie effektiv auf die Arbeit mit der neuen Technik bzw. auf neue Technologien vorzubereiten. Im Interesse einer effektiven und einheitlichen Gestaltung bereichsübergreifender Weiterbildungsmaßnahmen, wie zum Beispiel für die Arbeit an Büro- und Personalcomputern, die rationelle Energieanwendung u. a. werden hierfür durch das Staatssekretariat für Berufsbildung Rahmenprogramme herausgegeben. *Drittens* ist zur Durchsetzung von Ordnung und Disziplin im Arbeitsregime sowie zur Gewährleistung der Produktionssicherheit und eines kontinuierlichen Produktionsablaufes die obligatorische Weiterbildung für bestimmte Beschäftigungsgruppen zu verstärken. Dazu ist durchzusetzen, daß vor allem in automatisierten Fertigungsabschnitten und für kontinuierliche Produktionsprozesse, für hochproduktive und energieintensive Anlagen diese Weiterbildung straff organisiert auf der Grundlage von Festlegungen der Minister und Generaldirektoren der Kombinate erfolgt. Das betrifft auch den Erwerb notwendiger Befähigungsnachweise und Berechtigungen. Zu verstärken sind das Antihavarie- und Verhaltenstraining. *Viertens* ist als Bestandteil der Neuerungsprozesse in den Produktions- und Arbeitsbereichen die Weiterbildung im Prozeß der Arbeit zielstrebig zu vervollkommnen. Dafür tragen die Leiter der Produktionsabschnitte, vor allem die Meister, die Verantwortung, für die sie noch besser zu befähigen sind. *Fünftens* ist auch über die berufliche Erwachsenenbildung durch Ausbildungsmaßnahmen ein Beitrag zur vorgesehenen Erhöhung des Anteils der Werktätigen mit Facharbeiter-Qualifikation zu leisten. Damit sind zugleich ungerechtfertigte Niveauunterschiede zu überwinden. Es ist erforderlich,

- daß die Kombinate und Betriebe sich in der Facharbeiterausbildung zuerst auf jene Werktätigen konzentrieren, die auf Facharbeiterplätzen eingesetzt sind, und die über keinen Facharbeiterabschluß verfügen,
- daß weiterhin vorrangig Werktätige für die Qualifizierung gewonnen werden, die an solchen Arbeitsplätzen arbeiten, die sich in Zukunft wesentlich verändern und bei deren Umgestaltung höhere bzw. wesentlich neue Qualifikationsanforderungen auftreten;
- daß Werktätige, die aus gesellschaftlichen Gründen ihren Arbeitsplatz wechseln müssen, durch Qualifizierungsmaßnahmen auf ihre neue oder veränderte Facharbeitertätigkeit vorbereitet werden und wieder einen Facharbeiterabschluß erhalten.

Sechstens sind in Realisierung aller dieser Aufgaben die traditionsreichen Betriebsakademien als Zentren der Qualifizierung der Arbeiterklasse in den Betrieben und Kombinaten planmäßig weiter auszugestalten. Das betrifft insbesondere ihre verstärkte Mitwirkung bei der Ableitung und Umsetzung der Bildungsanforderungen aus dem wissenschaftlich-technischen Fortschritt, die Durchsetzung betriebs- und prozeßbezogener differenzierter Qualifizierungsmaßnahmen sowie die Erhöhung des pädagogisch-methodischen Niveaus der Weiterbildungsmaßnahmen. Insgesamt geht es darum, die Inhalte sowie die personellen, materiell-technischen und finanziellen Bedingungen ihrer Arbeit so zu vervollkommnen, daß die anspruchsvollen Aufgabenstellungen des XI. Parteitages auf dem Gebiet der Erwachsenenbildung erfüllt werden können.

Ich möchte abschließen mit dem Gedanken, daß die wirksame Verbindung der Vorzüge des Sozialismus mit den Errungenschaften der wissenschaftlich-technischen Revolution einschließt, das durch das sozialistische Bildungssystem geschaffene umfangreiche Qualifikationspotential als wichtige volkswirtschaftliche Leistungsreserve voll zum Tragen zu bringen und mit höchstem Effekt einzusetzen.

Das verlangt, durch die Gestaltung produktivitäts- und persönlichkeitsfördernder Arbeitsbedingungen, den planmäßigen und ökonomisch wirksamen Einsatz der neuen Technik sowie den berufs- und qualifikationsgerechten Einsatz, die vorhandenen Fähigkeiten und Fertigkeiten der Facharbeiter und Meister voll zu nutzen. Das erfordert gemeinsame Anstrengungen von Konstrukteuren, Technologen, Arbeitswissenschaftlern, Ökonomen und Berufspädagogen. Dabei muß es vor allem darum gehen, durch zielstrebige Maßnahmen der Leitungstätigkeit, der Rationalisierung sowie der wissenschaftlichen Arbeitsorganisation die erforderlichen Bedingungen zu schaffen, um die Wirksamkeit der lebendigen und vergegenständlichten Arbeit zu erhöhen und das vorhandene Bildungspotential so einzusetzen, daß daraus für die weitere Ausgestaltung unserer sozialistischen Gesellschaft optimale Effekte erwachsen. Solche Effekte treten jedoch nur in dem Maße ein, in dem hohes Arbeitsvermögen auch tagtäglich im Marxschen Sinne als komplizierte Arbeit eingesetzt wird und die Werktätigen auf Grundlage ihrer hohen Qualifikation in der Tat auch einen höheren Gebrauchs- und Neuwertzuwachs erzielen.

Alle unsere Erfahrungen bestätigen dabei, daß für die Lösung der vor uns stehenden Aufgaben mit der Einordnung der Berufsbildung in den geschlossenen Reproduktionszyklus der Kombinate günstige Bedingungen geschaffen wurden.

Hierin liegt die Gewähr, daß die Berufsbildung auch künftig ihren Anforderungen bei der planmäßigen Entwicklung des gesellschaftlichen Arbeitsvermögens gerecht werden wird.

Joachim Wehage

Zur führenden Rolle der SED bei der langfristigen dynamischen Entwicklung und Gestaltung der ökonomischen und sozialen Prozesse im VEB Mansfeld Kombinat Wilhelm Pieck

Unsere Industriekreisleitung hat die direkte politische Verantwortung für den Stammbetrieb mit 18000 Belegschaftsangehörigen, davon sind 6000 Kommunisten.

Unsere wichtigste Erfahrung bei der politischen Führung ökonomischer und sozialer Prozesse ist die enge Verbindung der strategischen Arbeit, deren Bedeutung wir immmer wieder gegenüber den Betriebsparteiorganisationen unterstreichen, mit der Organisierung einer umfassenden Masseninitiative unserer Werktätigen.

Dieses Herangehen prägte auch die kämpferische wie schöpferische Atmosphäre in den Grundorganisationen, in unserer Kreisparteiaktivtagung und Kreisleitungssitzung, in den Seminaren und unsere Arbeit im Rat der Parteisekretäre zur Auswertung der bedeutsamen Rede unseres Generalsekretärs, Erich Honecker, vor den 1. Sekretären der Kreisleitungen am 6. 2. 1987.

Durch einen konsequent von den Beschlüssen des XI. Parteitages der SED ausgehenden massenverbundenen und risikobereiten Arbeitsstil haben wir jene Ergebnisse der Arbeit bei der Erfüllung der hochgesteckten Ziele im laufenden Fünfjahrplan erreicht, wie sie der Generaldirektor unseres Kombinates bereits erläutert hat. Der XI. Parteitag der SED stellte uns zur beschleunigten Anwendung von Schlüsseltechnologien und in bezug auf die Rohstoffgewinnung und -veredlung qualitativ und quantitativ neue Aufgaben.

Der Prozeß der Arbeit am Fünfjahrplan warf viele neue Fragen auf und erforderte eine flexible Reaktion auf höhere Leistungsanforderungen unter den Bedingungen der umfassenden Intensivierung.

Wir haben deshalb im Sekretariat der Kreisleitung sehr sorgfältig beraten, wie wir die Leistungsbereitschaft unserer Werktätigen, die Risikofreudigkeit unserer Leiter auf diese Ansprüche einstellen können. Dabei sind wir gemeinsam zu dem Schluß gekommen, daß die Verwirklichung der Sozialpolitik entsprechende Ergebnisse in der Leistungsentwicklung der Kombinate und Betriebe erforderlich macht.

Dabei zahlte sich aus, daß unter Führung der Kreisparteiorganisation die Diskussion der Direktive des Fünfjahrplanes 1986–1990 und des Planes 1987 unmittelbar nach dem XI. Parteitag nach einer gemeinsamen Konzeption der Kreisleitung der SED, des Generaldirektors und des Kreisvorstandes der IG Bergbau/Energie durchgeführt und stabsmäßig geleitet wurde.

Die regelmäßigen Beratungen über die Verwirklichung des Fünfjahrplans und des Volkswirtschaftsplanes 1987 im Sekretariat der Kreisleitung, die zweimalige gemeinsame Diskussion aller damit verbundenen Aufgaben zu Beginn der Plandiskussion und vor Abgabe des Planes mit den Parteisekretären, Betriebsdirektoren, BGL-Vorsitzenden und FDJ-Sekretären der Kombinatsbetriebe und die anschließende Vertiefung im Rat der Parteisekretäre, im Kollektiv der BGL-Vorsitzenden und im Rat der FDJ-Sekretäre sowie in Dienstberatungen des Generaldirektors hat sich ebenso ausgezahlt, wie die durch den Generaldirektor persönlich in den Werken und Betrieben vor Ort durchgeführten Plankonsultationen.

Es hat sich als notwendig und zugleich als sehr vorteilhaft erwiesen, daß die Planverteidigung beim Minister in guter Qualität durchgeführt wurde und daß klare Arbeitsaufträge zur Lösung offener Fragen erteilt wurden.

Eine wirksame Hilfe erfuhr unsere Arbeit durch die Berichterstattung der Kreisleitung vor dem Sekretariat der Bezirksleitung Halle der SED am 3. September 1986, wo wir über unsere Erfahrungen und Ergebnisse der umfassenden Intensivierung mit Hilfe des Komplexprogrammes zur technischen Erneuerung der Grundfonds und des Einsatzes von Schlüsseltechnologien berichteten.

Die Herausarbeitung und die Verwirklichung dieser hohen ökonomischen Ziele erforderte zugleich eine qualifizierte strategisch konzeptionelle Arbeit in allen gesellschaftlichen Bereichen des Kombinates. So haben wir im Sekretariat unserer Kreisleitung langfristige Führungsdokumente für alle wichtigen ökonomischen, sozialen, geistig-kulturellen und militärischen Aufgaben bis 1990 nach dem XI. Parteitag der SED behandelt und sie gründlich mit den Arbeitskollektiven beraten. Als Beispiele möchte ich nennen:

- die Entwicklung der Wissenschaftskooperation des Kombinates mit der Akademie der Wissenschaften, Hoch- und Fachschulen und anderen wissenschaftlichen Einrichtungen,
- die langfristige Konzeption des Generaldirektors und des Kreisvorstandes der IG Bergbau/Energie zur Verbesserung der Arbeits- und Lebensbedingungen und des Umweltschutzes im Stammbetrieb,
- den Maßnahmeplan zur Einführung der Produktivlöhne,
- die Konzeption zur Entwicklung des geistig-kulturellen Lebens im Stammbetrieb,
- das Intensivierungsprogramm des einheitlichen Betriebsgesundheitswesens,
- die Weiterentwicklung von Körperkultur und Sport im Stammbetrieb,
- die Arbeit zum Kooperationsrat „Mansfelder Land".

Von besonderer Bedeutung ist hierbei die Kontrolle des territorialen Programms zur Sicherung des gesellschaftlichen Arbeitsvermögens. Daraus ist zu entnehmen, daß kein gesellschaftlicher Bereich von der politischen Führung ausgeklammert ist und durch ein langfristiges Kaderprogramm die entsprechenden kadermäßigen Voraussetzungen in allen wichtigen Abschnitten festgelegt wurden.

Ich möchte mich nun einigen Erfahrungen zuwenden, die wir mit dem Programm der komplexen technologischen Erneuerung der Bergbau- und Hüttenprozesse gesammelt haben. Dieses Programm hat stark motivierend auf die Leistungsbereitschaft und das Engagement unserer Kollektive sowie ihrer Leiter bei der Durchsetzung der umfassenden Intensivierung gewirkt. Es reicht weit über das Jahr 2000 und bietet dem Bergmann und dem Hüttenmann eine sichere Perpektive im angestammten Territorium. Ihre Reproduktion und die Erhaltung und Nutzung ihrer Arbeitserfahrungen über Generationen ist von unschätzbarem Wert.

In der ersten Phase dieser Arbeit ging es darum, mit Hilfe von Wissenschaft und Technik und durch die Steigerung der Arbeitsproduktivität der sinkenden Tendenz der Gewinnung von Kupfererz entgegenzuwirken, sie aufzuhalten und eine effektivere Veredlung des Erzes und aller Wertstoffe des Bergbaues und der Hüttenprozesse zu sichern.

Voraussetzung für die politische Führung des Prozesses war die schöpferische Umsetzung der zentralen Parteibeschlüsse durch Maßnahmen der eigenen Kreisparteiorganisation, in zielstrebige Leitungstätigkeit des Generaldirektors und seines Führungsstabes zur Schaffung des inhaltlichen Vorlaufes in Form eines Programmes mit der Ausrichtung der Masseninitiativen auf die Hauptstoßrichtungen der Intensivierung, um die Arbeitsproduktivität bei sinkendem Aufwand stetig zu steigern.

Der XI. Parteitag der SED hat der Parteiorganisation nicht zuletzt auf der Grundlage der erreichten Arbeitsergebnisse unseres Kombinates die qualitativ neue Aufgabe gestellt, eine gleichbleibende Kupferproduktion aus einheimischen Rohstoffen zu sichern, und die 3. Tagung des ZK der SED hat diese Aufgabe auf die Silbergewinnung ausgedehnt.

Die enge Verbindung und Wechselwirkung von Wissenschaft und Produktion sowie die konsequente und breitenwirksame Anwendung von Schlüsseltechnologien hat inzwischen zu einer neuen Qualität der Arbeit des Kombinates geführt. Ausdruck dafür sind solche qualitativen Zielstellungen für den Zeitraum bis 1990:

- Anwendung der vollzyklischen Gewinnungsmethode und modernster Technologien für die Erschließung neuer Feldesteile im Bergbau,
- rechnergestützte Steuerung der Bergbau-, Aufbereitungs- und Rohhüttenprozesse,
- Automatisierung der Drahtgießwalzenanlage,
- Rekonstruktion der Kupferelektrolyse,
- Rekonstruktion der Stranggußanlage

sowie die Forschungsziele, die wir gemeinsam mit der Akademie der Wissenschaften und mit Hoch- und Fachschulen in Angriff nehmen.

Eine wichtige Voraussetzung für die Lösung der Aufgaben ist die im Fünfjahrplan erneut vorgesehene Verdopplung der Leistung unseres Rationalisierungsmittelbaus, der 1990 die 300-Mio-Mark-Grenze überschreitet, sowie seine qualitative Weiterentwicklung.

Die Stellung unseres Kombinates im volkswirtschaftlichen Reproduktionsprozeß erfordert von uns die Versorgung der Volkswirtschaft und des Exports mit Nichteisenmetallen und Halbzeugen, die zunehmend hoch veredelt sind, die Innovationen in der Elektrotechnik, in der Mikroelektronik sowie bei modernen Maschinen und Ausrüstungen und bei hochwertigen Konsumgütern sichern müssen und die sich auf dem Weltmarkt durchsetzen.

Stellvertretend seien hier angeführt: Hochreine Targetwerkstoffe, Bonddraht aus Gold, Aluminiumsilizium und Nichtedelmetalle, Mikromotorenlager, hochreine Tonerde u. a.

Gleichzeitig ist es erforderlich, die Produktion von mikroelektronischen Bauelementen, von Steuereinrichtungen und spezifischer Rechentechnik im Kombinat zu sichern. Bei deren Anwendung im eigenen Kombinat entstehen zugleich völlig neue Bedingungen, die für seine Entwicklung in zwei Richtungen bedeutsam sind: Erstens beschleunigen wir mit dieser Arbeit die Intensivierung der Bergbau- und Hüttenproduktion und verbessern die Arbeitsbedingungen und zweitens sind sie Voraussetzung für eine durchgreifende Rationalisierung der Leitung und Verwaltung im Kombinat und für ein durchgängiges rechnergestütztes Leitungs- und Informationssystem bis zum Ministerium und der Staatlichen Plankommission.

Die Mobilisierung der Werktätigen im sozialistischen Wettbewerb ist seit jeher eine der revolutionären Traditionen der Kommunisten und Werktätigen des Mansfeld Kombinates, darauf sind sie zu Recht stolz. Das ist bisher gut gelungen, wie die Ergebnisse auf dem Hauptkampffeld sowie die über 600 persönlichen und kollektiven Stellungnahmen und Verpflichtungen in Auswertung der Rede Erich Honeckers vor den 1. Sekretären der Kreisleitungen beweisen. Dabei leisten die Gewerkschaften eine hervorragende Arbeit. Wir gestalten die politische Massenarbeit zunehmend differenzierter und konzentrieren uns in den Kampfprogrammen der Grundorganisationen auf die politische Führung von Neuerungsprozessen. Darauf sind auch die Führungsbeispiele und die vom Sekretariat der Kreisleitung für wichtige Betriebsparteiorganisationen erteilten Aufgaben in den Leistungspässen orientiert.

Besondere Aufmerksamkeit widmet die Kreisleitung in ihrer Führungstätigkeit der Entwicklung von Wissenschaft und Technik.

Sie stellt dabei vor allen Dingen die qualitativen Seiten in den Mittelpunkt, um den politisch-ideologischen Vorlauf zu sichern. Es wird davon ausgegangen, daß durch Wissenschaft und Technik mindestens 90 % des Leistungswachstums erreicht werden.

Wir konzentrieren uns deshalb insbesondere auf den Direktionsbereich Wissenschaft und Technik, auf den Anlagen- und Gerätebau, das Ingenieurbüro für Rationalisierung und neuerdings auf die Nahtstellen in der Forschungskooperation mit den Instituten.

Wichtige Hilfsmittel für die Schaffung eines ideologischen Vorlaufes und handfeste Hinweise für Intensivierungsreserven liefern uns soziologische Untersuchungen, die von unserem Ingenieurbüro gemeinsam mit der Akademie für Gesellschaftswissenschaften beim ZK der SED und mit anderen Instituten durchgeführt werden. Eine solche soziologische Untersuchung bestätigte, daß Leistungsreserven nach Ansicht der Hoch- und Fachschulkader vor allen Dingen gesehen werden:

- in der materiellen Ausstattung der Forschungseinrichtungen,

- in einer stärkeren Konzentration und richtigen Bestimmung der Rang- und Reihenfolge der zu lösenden Aufgaben,
- in der Beseitigung von für das Ergebnis der Arbeit nicht erforderlichen Verwaltungsaufwendungen,
- in besserer Ausnutzung der vorhandenen Qualifikation,
- in Beseitigung von Mängeln in der interdisziplinären Zusammenarbeit und
- in der schnellen Überleitung von Ergebnissen.

Diese Fakten ergeben in Verbindung mit der Qualifikation jene Potenzen, die erforderlich sind, um mit der vorhandenen Anzahl von Arbeitskräften die dynamische wirtschaftliche Entwicklung auf lange Sicht in diesem Abschnitt des Reproduktionsprozesses zu sichern.

Von Wissenschaftlern wurde auf einer Gesamtmitgliederversammlung unserer BPO Direktion Wissenschaft und Technik am 17.2.1987 auf den hohen Berichtsaufwand hingewiesen. Bezüglich der Verordnung über den Erneuerungspaß und das Pflichtenheft von 1986 wurde neben Wertschätzung auch kritisch hervorgehoben, daß der Verwaltungs- und formelle Aufwand ansteigt und so Nutzen und Ergebnis in keinem entsprechenden Verhältnis stehen.

Sichtbar wurde für uns auch in der Parteiarbeit, daß die Leistungsbereitschaft von erfahrenden Leistungsträgern und auch Jugendlichen noch größer ist als das Vermögen, diese zu nutzen.

Einen entscheidenden Durchbruch werden wir 1987 in der Übertragung von anspruchsvollen Aufgaben an junge Hoch- und Fachschulkader erreichen. Mit der Kreisdelegiertenkonferenz der FDJ haben wir einen ersten Schritt dazu getan.

Sehr intensiv haben wir uns in letzter Zeit mit jenen Bereichen befaßt, die mit der Produktion von mikroelektronischen Bausteinen und Ausrüstungen und deren Anwendung beschäftigt sind. Dabei brauchen wir unsere Leistungen nicht zu verschweigen, wie das im Referat unseres Generaldirektors bereits deutlich gemacht wurde. Wir wissen aber auch, daß die Potenzen des Stammbetriebes bei der Produktion von solchen Ausrüstungen größer sind, als sie für den Stammbetrieb in der Anwendung genutzt werden können. Daraus ergeben sich weitere Aufgaben.

Wir haben daraus den Schluß zu ziehen, daß wir durch die politisch-ideologische Arbeit gerade in diesen Abschnitten und im Interesse der Anwendung der Bürocomputertechnik und der Einführung des Schichtbetriebes noch sehr viel zu tun haben. Dabei ist auch zu beachten, daß bei den Produktionsarbeitern die Mobilität und Flexibilität für die Qualifizierung und den Einsatz auf anderen Arbeitsgebieten im Zusammenhang mit Rationalisierungsmaßnahmen stärker ausgeprägt ist, als in den Verwaltungsbereichen. Daraus ergeben sich höhere Ansprüche an die Leitungstätigkeit der staatlichen Leiter in bezug auf die Konkretheit der Organisation und die Kaderauswahl für die zu lösenden Aufgaben, aber auch in sozialpolitischer Hinsicht. Es werden solche Fragen aufgeworfen, wie z.B. zeitlich begrenzter Einsatz am Bürocomputer während der Schicht und Arbeitsplatzwechsel, Nutzung von Vorteilen bei gleitender Arbeitszeit usw.

In unserer Arbeit suchen wir gemeinsam mit den Werktätigen auf der Grundlage einer klaren Strategie des Generaldirektors nach Lösungen, um mit Hilfe von BC- und CAD/CAM-Technik eine rasche Steigerung der Arbeitsproduktivität bei Freisetzung von Arbeitskräften und Gewinnung für andere wichtige Aufgaben zu erreichen. Dabei wird eine qualitative Entwicklung der Arbeitsinhalte für alle Werktätigen angestrebt, was für sie neue Möglichkeiten für ihre Persönlichkeitsentwicklung und für höhere finanzielle Vergütung bedeutet.

Durchgeführte WAO-Untersuchungen im Bereich des Rationalisierungsmittelbaues, die gegenwärtig zur Präzisierung der Ergebnisse der Perspektivberatung des Generaldirektors im April 1987 beitragen, weisen aber auch aus, daß hochproduktive Maschinen zur spanabhebenden Bearbeitung das Qualitätsniveau des Ratiomittelbaues und seiner Produktivität spürbar steigern könnten und daß das Niveau von Werkzeugmaschinen nach Generalreparatur mit mikroelektronischer Nachrüstung weiter erhöht werden muß. Daraus ergeben sich zugleich neue Anforderungen an die Berufsbildung, wo heute noch neben modernster Technik, wie Bürocomputer- und Industrierobotertechnik, eine spanabhebende Bearbeitung demonstriert wird, die technologisch veraltet ist.

Ich spreche dieses Problem hier deshalb an, weil es für die effektive Nutzung des gesellschaftlichen Arbeitsvermögens ebenso von prinzipieller Bedeutung ist, wie die Bereitstellung von Gabelstaplern und modernen Fahrzeugen zur Sicherung und Rationalisierung der TUL-Prozesse.

Die guten Ergebnisse des Kombinates bei der Erfüllung der Beschlüsse des XI. Parteitages der SED und die noch zu lösenden Probleme liegen dicht beieinander, sie dulden auch kein Ausweichen.

Die abstrichlose Realisierung des Programms der komplexen technologischen Erneuerung der Bergbau- und Hüttenprozesse und die beschleunigte Durchsetzung von Schlüsseltechnologien verlangt die Weiterentwicklung der sozialistischen Demokratie. Das schließt auch ein, dem Neuererwesen und den dafür verantwortlichen Leitern unter den qualitativ neuen Bedingungen den nötigen Platz und Spielraum einzuräumen, damit die schöpferische Aktivität der Werktätigen sich voll entfalten kann.

Die Ausführungen sollten deutlich machen, wie sich die Verwirklichung der ökonomischen Strategie unserer Partei als revolutionärer Kampf in unserer Kreisparteiorganisation gemeinsam mit den Werktätigen und zu ihrem Wohle vollzieht. Wir werden die Ergebnisse und Erfahrungen aus dieser Ratstagung für die langfristige dynamische Entwicklung und Gestaltung der ökonomischen und sozialen Prozesse im VEB Mansfeld Kombinat Wilhelm Pieck nutzen.

Karl Hartmann

Schlüsseltechnologien – ein hoher Anspruch an das Schöpfertum der Werktätigen

Auf der Grundlage einer sorgfältigen Analyse der Dialektik zwischen den inneren und äußeren Entwicklungsbedingungen und Erfordernissen des Sozialismus hat die SED rechtzeitig – beginnend mit den Beschlüssen des VIII. Parteitages – die Umstellung der Wirtschaft der DDR auf die Intensivierung in Angriff genommen. In schöpferischer Anwendung der marxistisch-leninistischen Reproduktionstheorie auf die konkreten Bedingungen der DDR läßt sich die SED davon leiten, daß die Durchsetzung der intensiv erweiterten Reproduktion für die Gestaltung der entwickelten sozialistischen Gesellschaft keine Ermessensfrage, sondern eine Gesetzmäßigkeit ist. Das hängt aufs engste damit zusammen, daß dieser Entwicklungsabschnitt der sozialistischen Gesellschaft durch die harmonische Entfaltung aller Seiten des Sozialismus und deren intensivere sowie unmittelbarere gegenseitige Durchdringung gekennzeichnet ist. Die Ausprägung aller Seiten des Sozialismus erfordert eine höhere Qualität des ökonomischen Wachstums. Zugleich wird dieses Wachstum immer deutlicher und intensiver von den Wechselbeziehungen der Wirtschaft zu allen anderen gesellschaftlichen Bereichen beeinflußt. Die Durchsetzung des ökonomischen Grundgesetzes des Sozialismus erfordert unter diesen Bedingungen einen höheren Reifegrad der Verflechtung von ökonomischer und sozialer Entwicklung. Sie kommt im Kurs der Einheit von Wirtschafts- und Sozialpolitik zum Ausdruck, der seit dem VIII. Parteitag mit großer Konsequenz und Kontinuität verwirklicht wird und das Handeln aller Werktätigen bestimmt. „Wie es dem Sinn des Sozialismus entspricht, kommen die steigenden ökonomischen Leistungen dem Volke zugute. Wirtschafts- und Sozialpolitik sind für uns eine Einheit, und beides befruchtet einander. Das wird auch in Zukunft so sein."[1] Eben weil die Einheit von Wirtschafts- und Sozialpolitik Ausdruck der Verwirklichung des ökonomischen Grundgesetzes des Sozialismus ist, ist dieser Kurs das Hauptkampffeld der Partei[2], kann es zu ihm keine akzeptable Alternative geben. Anders ausgedrückt bedeutet das: Den Sinn des Sozialismus heute und in Zukunft zu verwirklichen, schließt ein Niveau der Bedürfnisbefriedigung – im Umfang, vor allem aber in der Qualität – ein, das eine neue Qualität des ökonomischen Wachstums voraussetzt. Diese wird mit der intensiv erweiterten Reproduktion erreicht, die demzufolge – als Erfordernis der immer besseren Bedürfnisbefriedigung aller Mitglieder der Gesellschaft – zugleich die massenverbundene Politik der Partei zum Ausdruck bringt.

Auf der Basis des von der Intensivierung getragenen Kurses der Einheit von Wirtschafts- und Sozialpolitik hat sich die DDR als politisch stabiler und leistungsfähiger Staat in der Welt entwickelt. Ihre außenpolitische Wirksamkeit, insbesondere zur Friedenssicherung, wird in hohem Maße von den Ergebnissen dieses Kurses bestimmt. Sie sind unser entscheidender Beitrag zur Friedenspolitik der sozialistischen Staatengemeinschaft. Zugleich dient diese Politik der Befriedigung eines erstrangigen und elementaren Bedürfnisses der Menschen. Das um so mehr, als die Friedenssicherung heute zu einer Existenzfrage der gesamten Menschheit geworden ist. Die auf der intensiv erweiterten Reproduktion beruhende Wirtschaftspolitik ist das sicherste Fundament, um den ständigen, massiven und sehr vielgestaltigen Versuchen der aggressivsten imperialistischen Kreise zu begegnen, die politische Stabilität und ökonomische Leistungsfähigkeit des Sozialismus ins Wanken zu bringen. Sie spekulieren dabei auf militärische Überlegenheit gegenüber dem Sozialismus, die mit der Hoffnung verknüpft wird, den Sozialismus totzurüsten, zur Aufgabe der Einheit von Wirtschafts- und Sozialpolitik zu zwingen, ihn dadurch von innen heraus zu erodieren und die sozialistischen Länder ökonomisch und politisch erpreßbar zu machen. Mit der weiteren erfolgreichen Verwirklichung der durch umfassende Intensivierung charakterisierten Einheit von Wirtschafts- und Sozialpolitik sorgen wir dafür, daß diese Absichten Spekulationen bleiben. Die Ergebnisse der umfassenden Intensivierung entscheiden also maßgeblich über Lebensfragen des Sozialismus.

Es gehört zur schöpferischen Anwendung der marxistisch-leninistischen Reproduktionstheorie durch die SED, rechtzeitig erkannt zu haben, daß der intensive Reproduktionstyp aufs engste mit der wissenschaftlich-technischen Revolution verbunden ist. Deshalb steht an der Spitze der ökonomischen Strategie unserer Partei die Aufgabe, „die Vorzüge des Sozialismus noch wirksamer mit den Errungenschaften der wissenschaftlich-technischen Revolution zu verbinden, die selbst in eine neue Etappe eingetreten ist"[3]. Diese neue Etappe ist vor allem durch die breite, rasche und komplexe Anwendung der Schlüsseltechnologien gekennzeichnet. Auf ihrer Grundlage vollziehen sich revolutionäre Veränderungen in allen Elementen der Produktivkräfte. Die Schlüsseltechnologien bestimmen dauerhaft die Entwicklung der Produktivkräfte und bringen in der Endkonsequenz die Produktivkräfte des Kommunismus hervor.

1. Schlüsseltechnologien – Schlüssel zu intensivem Wirtschaftswachstum und verbesserten Arbeitsbedingungen

Die Schlüsseltechnologien entsprechen mit ihren Möglichkeiten zur überdurchschnittlichen Effektivitätssteigerung bei gleichzeitiger Verbesserung der Arbeits- und Lebensbedingungen der Werktätigen voll und ganz dem gesellschaftlichen Erfordernis nach ständiger Vertiefung und Dauerhaftigkeit der umfassenden Intensivierung.

Der Beitrag der Schlüsseltechnologien zur umfassenden Intensivierung ist insbesondere zu messen:

1. Am hohen Produktionswachstum bei Einsparung aller Produktionsressourcen – lebendiger und vergegenständlichter Arbeit in allen Aufwandsarten – d. h. es geht um die komplexe Nutzungswirkung der Schlüsseltechnologien;

2. an zunehmenden Dimensionen der Ressourcenersparnis im Vergleich zum Produktionswachstum, d. h. am Beitrag zur Durchsetzung solcher Wachstumsrelationen, wie

- Steigerung der Arbeitsproduktivität > Steigerung der Produktion,
- Steigerung der Arbeitsproduktivität > Steigerung der Grundfondsausstattung je Beschäftigten,
- Steigerung der Produktion > Rohstoff- und Materialeinsatz.

Diese Erfordernisse der intensiv erweiterten Reproduktion gilt es stabil und in großer Breite in allen Kombinaten kontinuierlich durchzusetzen.

Dazu bedarf es einer Entwicklung und Anwendung der Schlüsseltechnologien, die hinsichtlich Tempo und Breite den internationalen Maßstäben entsprechen müssen. „Diese globalen Dimensionen muß man im Auge haben, wenn man den Nachdruck, mit dem der XI. Parteitag der SED auf die Meisterung von Schlüsseltechnologien orientiert, richtig verstehen und einordnen will. Es handelt sich hier um alles andere als um abstrakte oder subjektivistisch gesetzte Ziele; in der Sache geht es darum, objektive Gesetzmäßigkeiten zu erkennen und unser Handeln entsprechend einzurichten.“[4]

Worauf beruht nun die hohe ökonomische und soziale Wirksamkeit der Schlüsseltechnologien?

Erstens: Die Schlüsseltechnologien führen zu qualitativen Veränderungen in den Arbeitsmitteln. Sie kommen in solchen Tendenzen zum Ausdruck, wie in der Anwendung automatisierter Maschinensysteme; in einer zunehmenden Breite, Komplexität und Flexibilität der Automatisierung der Produktion – einschließlich der produktionsvorbereitenden Bereiche sowie der Produktionslenkung, der Leitung, Planung und Abrechnung der Produktion – auf der Basis der teilweise erstmaligen Technisierung bestimmter geistiger Tätigkeiten des Menschen, wodurch die Software als völlig neues Arbeitsmittel entsteht; in der verstärkten Erschließung ganz neuer technologischer, insbesondere nichtmechanischer Wirkprinzipien für die Produktion, wodurch zum Beispiel durch die moderne Biotechnologie lebende Organismen als neues Element der Arbeitsmittel zur breiten Anwendung kommen.

Durch die Schlüsseltechnologien werden vielfältige Effektivitätsquellen mobilisiert, die im Endeffekt vor allem in der Verbesserung der Grundfondsökonomie sowie in der Erhöhung der Produktivkräfte der lebendigen Arbeit wirksam werden. So konnten beispielsweise mit den im Zeitraum von 1983 bis 1986 in der metallverarbeitenden Industrie der DDR realisierten 12 Vorhaben der flexiblen automatisierten Fertigung – im Komplex mit anderen wichtigen Effekten – eine wesentlich über dem Durchschnitt der Volkswirtschaft liegende Investitionseffektivität sowie im Durchschnitt zwei- bis achtfache Steigerungsraten der Arbeitsproduktivität bei einer gleichzeitigen Reduzierung des Arbeitskräftebedarfs um durchschnittlich 50 bis 70 % erreicht werden.

Zweitens: Die Schlüsseltechnologien ermöglichen eine neue Qualität der Nutzung der natürlichen Produktionsressourcen. Sie drückt sich insbesondere in der Erweiterung der produktiv nutzbaren Eigenschaften der Werkstoffe, vor allem ihrer molekularen, atomaren und subatomaren Eigenschaften, sowie in der damit zusammenhängenden Verbreiterung der Einsatzgebiete von – vor allem traditionellen – Roh- und Werkstoffen aus. Insbesondere die Nutzung der molekularen, atomaren und subatomaren Eigenschaften der Roh- und Werkstoffe fördert die Tendenz zur Herausbildung geschlossener Stoffkreisläufe.

Die ökonomische und soziale Wirkung dieser neuen Qualität der Nutzung natürlicher Produktionsressourcen widerspiegelt sich insbesondere in der intensiveren Nutzung unserer einheimischen Rohstoffbasis; in der höheren Veredlung der Rohstoffe und Materialien; in der schrittweisen Herausbildung einer umweltfreundlichen und umweltgestaltenden Produktion sowie vor allem in einer solchen Einsparung von Rohstoffen und Energieträgern, daß die Senkung des Produktionsverbrauchs mehr und mehr zur dauerhaften Hauptquelle für das Wachstum des Nationaleinkommens werden kann. So basieren z. B. die im Jahre 1986 in Industrie, Bauwesen und Verkehr erreichten Materialeinsparungen zu 80 % auf dem Einsatz von Schlüsseltechnologien. Die Anwendung der rechnergestützten Konstruktion von Erzeugnissen bringt im Durchschnitt eine Gewichtsabnahme dieser Erzeugnisse von 25 bis 30 %.[5]

Drittens: Die Schlüsseltechnologien sind mit der wachsenden Rolle des Menschen als Hauptproduktivkraft verbunden. Die durch keine noch so perfekte technische Entwicklung zu erschütternde Auffassung von der Rolle des Menschen als der Hauptproduktivkraft beinhaltet, daß die Arbeit des Menschen die alles bewegende, die ingangsetzende und inganghaltende Kraft im Gesamtsystem der Produktivkräfte ist. Die revolutionäre Klasse selbst als die größte Produktivkraft[6] „kann nicht eliminiert werden durch noch so moderne technische Systeme, denn diese leben nicht in einem Vakuum, nicht losgelöst von der Gesellschaft, vom Menschen. Die Entwicklung der Produktivkraft hängt wesentlich von den gesellschaftlichen und personellen Faktoren ab.“[7]

Auf der Basis der zunehmend breiteren Anwendung der Schlüsseltechnologien ist die weitere Ausprägung der Rolle des Menschen als Hauptproduktivkraft mit tiefgreifenden Wandlungen der Stellung des Menschen im Produktionsprozeß verbunden. Sie werden insbesondere durch die Übertragung einer Reihe geistiger Arbeitsfunktionen vom Menschen an die Technik hervorgerufen, die auf der zunehmenden Nutzung der Informationstechnik sowie auf deren Integration mit der Prozeßtechnik beruht. Die Beziehungen zwischen Mensch und Arbeitsmittel erhalten dadurch neue Züge, denn der Mensch kann zunehmend aus dem unmittelbaren Fertigungsprozeß heraustreten und in der Grundtendenz in stärkerem Maße schöpferische Arbeitsfunktionen, insbesondere in der Produktionsvorbereitung, in der Instandhaltung und Wartung der Technik, bei der Planung, Steuerung und Optimierung der Produktion übernehmen. Tätigkeiten mit anspruchsvollen, insbesondere handwerklichen Anforderungen beispielsweise im Rationalisierungsmittel- und Musterbau erwarten die Menschen. Die für den Menschen typischen Eigenschaften wie das Treffen von Entscheidungen, hohe Organisiertheit und bewußte Disziplin, hohes Verantwortungsbewußtsein, sozialistisches Verhalten zum gesellschaftlichen Eigentum sowie Engagement, schöpferisches Verhalten und große Einsatzbereitschaft erhalten wachsende Bedeutung als Faktoren, die den Produktionsprozeß überhaupt erst möglich machen und sein Ergebnis wesentlich beeinflussen. Das sind Eigenschaften, die durch keine Technik zu ersetzen sind und die recht deutlich die wachsende Rolle des Menschen als Hauptproduktivkraft zum Ausdruck bringen. Indem der Mensch mit Hilfe der Schlüsseltechnologien tiefer in die Bewegungsgesetze der Materie, insbesondere in ihre Mikrostruktur – z. B. bei der Mikroelektronik in den Mikrometer- und Nanosekundenbereich – vordringt, wird er in immer stärkerem Maße vom Nachahmer der Natur zu deren Konstrukteur im Rahmen der Naturgesetze. Gewiß handelt es sich dabei um Entwicklungen mit Tendenzcharakter, die sich nicht immer geradlinig, sondern teilweise über Zwischenstufen durchsetzen und die zeitweise für den Menschen nicht nur vorteilhafte Arbeitsbedingungen entstehen lassen. Die Perspektiven menschlicher Tätigkeit sind auch bei Nutzung der Schlüsseltechnologien bereits heute klar und deutlich umrissen: Mit der neuen Technik tritt unter sozialistischen Produktionsbedingungen eine Vervielfachung, insbesondere der geistigen Leistungsfähigkeit des Menschen ein. Niemals jedoch wird er durch die Technik überflüssig. Der sich daraus ergebende Beitrag zur Produktivitätssteigerung der lebendigen Arbeit kommt zusammengefaßt im wachsenden Einsatz höherqualifizierter, komplizierterer lebendiger Arbeit zum Ausdruck – lebendiger Arbeit, die sich eben in hocheffektiven Technologien, den ihnen entsprechenden Arbeitsmitteln sowie hochveredelten Erzeugnissen vergegenständlich – und die als potenzierte einfache Arbeit den Anteil des Neuwertes am gesellschaftlichen Gesamtprodukt und dabei insbesondere den Wertanteil des Mehrprodukts erhöht.

2. Die breite und rasche Anwendung der Schlüsseltechnologien – hoher Anspruch an die Führungstätigkeit der Parteiorganisationen

„Die Schlüsseltechnologien in der Volkswirtschaft umfassend zu nutzen, alle Voraussetzungen dafür zu schaffen, erhält für die weitere ökonomische Entwicklung der DDR eine solche Bedeutung, daß diesem Fragenkomplex in der Führungstätigkeit der Partei und in der Leitungsarbeit der Staats- und Wirtschaftsorgane noch wesentlich mehr Gewicht beizumessen ist.“[8]

Die insbesondere bei der Realisierung der Vorhaben der flexiblen Automatisierung in der metallverarbeitenden Industrie gesammelten Erfahrungen verweisen auf eine Reihe inhaltlicher Fragen, die in den Mittelpunkt der Führungstätigkeit der Parteiorganisationen rücken.

Als eine ständige Aufgabe erweist sich die massenhafte Ausprägung positiver Haltungen und engagierter Verhaltensweisen zu den Schlüsseltechnologien bei allen Werktätigen, beginnend bei den Kommunisten und bei den Leitern. Wie die praktischen Erfahrungen zeigen, können wir uns bereits auf eine gut ausgeprägte Aufgeschlossenheit vieler Werktätiger gegenüber den Schlüsseltechnologien sowie auf ihre große Bereitschaft zum schöpferischen Mitwirken bei deren Anwendung stützen. Gerade weil das so ist und weil das nicht zuletzt auch ein Ergebnis wirksamer politisch-ideologischer Arbeit ist, gilt es diesen Vorzug des Sozialismus auf wachsendem Niveau und noch weiter zunehmender Breite durch die politische Arbeit immer wieder neu wirksam zu machen. Es ist dies ein Prozeß, der nie abgeschlossen sein kann und wird. Das zielt insbesondere darauf ab, bei der Entwicklung und Anwendung der Schlüsseltechnologien in breiterem Maße Spitzenleistungen zu erzielen und dem Zeitfaktor gerecht zu werden. Zur massenhaften Ausprägung solcher Haltungen hat sich bewährt, volle Klarheit über die hohe ökonomische, soziale und politische Wirksamkeit der Schlüsseltechnologien zu schaffen, insbesondere bezüglich ihrer Bedeutung für den Sieg des Sozialismus in der technologischen Schlacht mit dem Imperialismus. Die Schaffung dieser Klarheit gelingt dann am besten, wenn – beginnend bei den Parteifunktionären – dazu eine breite Bildungsarbeit geleistet wird und wenn verstärkt vor allem die politischen Motivationen für eine rasche und breite Einführung der Schlüsseltechnologien weiter ausgeprägt werden. Viel hängt dabei davon ab, wie bei der Einführung von Schlüsseltechnologien deren Zusammenhang zur Einheit von Wirtschafts- und Sozialpolitik für die Werktätigen persönlich erlebbar wird, wie das, was in den Beschlüssen unserer Partei fixiert ist, zur persönlichen Erfahrung jedes Werktätigen wird. Eine besonders große Rolle spielt dabei die Verbesserung der Arbeitsbedingungen durch die Schlüsseltechnologien, insbesondere die Gestaltung schöpferischer Arbeitsinhalte. Zunehmendes Gewicht erhält in der ideologischen Arbeit die Klärung der mit den Schlüsseltechnologien zusammenhängenden weltanschaulichen Fragen. So gehört die klare, von marxistisch-leninistischen Positionen ausgehende Bestimmung der Wechselbeziehungen zwischen den materiell-gegenständlichen Elementen der Produktivkräfte, insbesondere den Arbeitsmitteln, und dem Menschen – seiner Rolle im Produktionsprozeß – zu den weltanschaulichen Grundfragen, die insbesondere in Zeiten stürmischer Entwicklungen in den Produktivkräften, wie sie sich gegenwärtig mit den Schlüsseltechnologien zeigen, immer wieder neu und prinzipiell zu klären sind. Das ist von außerordentlicher Bedeutung für die offensive Auseinandersetzung mit bürgerlichen Auffassungen, die die revolutionären Entwicklungen in den Arbeitsmitteln als eine Herabsetzung oder gar Negierung der Rolle des Menschen im Produktionsprozeß interpretieren. Das ist aber auch nicht weniger wichtig für die Beantwortung der bei unseren Werktätigen ganz natürlich auftretenden, z. T. besorgten Fragen, ob denn der Mensch angesichts der rasanten wissenschaftlich-technischen Entwicklung überhaupt noch eine Chance im Produktionsprozeß hat und wenn ja, wie die Perspektiven seiner Arbeit aussehen, wie er sich selbst auf diese einstellen muß.

Es geht aber auch um die Frage nach dem Sinn und der Notwendigkeit der Schlüsseltechnologien, also um den Zusammenhang von Effektivität und Humanität bei der Anwendung der Schlüsseltechnologien, was insbesondere angesichts ihres Mißbrauchs durch die aggressivsten imperialistischen Kreise viele Menschen bewegt.

Mit der politischen Arbeit gilt es, die Werktätigen mit zeitlichem Vorlauf auf die höheren Anforderungen vorzubereiten, die mit der Anwendung der Schlüsseltechnologien, vor allem durch veränderte Arbeitsbedingungen, auf sie zukommen. Es handelt sich dabei um Prozesse, die im Arbeitsleben des einzelnen teilweise tiefgreifende Veränderungen hervorrufen, wie z. B. die Qualifizierung für neue Arbeitsinhalte, die Übernahme einer neuen Tätigkeit, das Verlassen des gewohnten Arbeitskollektivs, der Übergang zur Schichtarbeit u. a. Das sind für den Werktätigen nicht immer leicht zu bewältigende Entscheidungen. Um so mehr bedürfen sie einer sorgfältigen politischen Vorbereitung, zumal der Kreis von Werktätigen weiter wachsen wird, die solche Entscheidungen zu treffen haben.

Von ausschlaggebender Bedeutung ist die Schaffung eines solchen politischen Klimas, in dem die schöpferischen Initiativen der Werktätigen bei der Vorbereitung und Realisierung von Vorhaben der Schlüsseltechnologien gut gedeihen können. Auch bei der breiten Anwendung der Schlüsseltechnologien gilt der Grundsatz: mit den Menschen für die Menschen. Wie die Erfahrungen fortgeschrittener Kombinate besagen, engt die Kompliziertheit, die Größe und Komplexität solcher Vorhaben die Möglichkeiten für die massenhafte Entfaltung der schöpferischen Initiativen keineswegs ein, sondern fordert sie vielmehr heraus, insbesondere in der Vorbereitungsphase. Das setzt jedoch die Qualifizierung der Leitungstätigkeit zur Entfaltung dieser Initiativen voraus. Ins Auge gefaßt sind hierbei insbesondere die längerfristige Vorbereitung solcher Vorhaben, in die das Mitwirken der Werktätigen fest angeordnet werden muß; die objektkonkrete Planung des Mitwirkens sowie die Vervollkommung bewährter Formen des massenhaften wissenschaftlich-technischen Schöpfertums der Werktätigen, wie z. B. der Neuererbewegung und der MMM-Bewegung. Daran zeigt sich, daß die Anwendung der Schlüsseltechnologien das Feld für die Wahrnehmung sozialistischer Demokratie im Produktionsprozeß sowohl quantitativ, insbesondere aber qualitativ erweitert. Zugleich entstehen mit den Schlüsseltechnologien neue Möglichkeiten einer qualifizierteren Teilnahme der Werktätigen an der Leitung und Planung der Produktion. Zu denken ist hierbei z. B. an den Einsatz der Rechentechnik, um den Reproduktionsprozeß eines Betriebes für die Werktätigen durchschaubarer zu machen, um Produktionsergebnisse exakter und unter Echtzeitbedingungen auszuweisen, was beispielsweise für eine lebendige Führung des sozialistischen Wettbewerbs und damit für eine qualifiziertere Einflußnahme der Werktätigen auf das Reproduktionsgeschehen von Bedeutung sein kann.

Die Bewältigung dieser und anderer inhaltlicher Schwerpunkte der Führungstätigkeit der Parteiorganisationen bei der Einführung von Schlüsseltechnologien macht zugleich auf bewährte Erfahrungen im Arbeitsstil der Parteiorganisationen aufmerksam, die sinngemäß auch für die Tätigkeit der Leiter gelten. So erweist sich die Verstärkung der langfristig-konzeptionellen Arbeit zur Lösung aller sozialen Fragen als ein immer notwendigeres Erfordernis. Bewährt hat sich dazu die Ausarbeitung von Arbeitskräftekonzeptionen, die auf der vorausschauenden Analyse der sozialen Wirkungen des Einsatzes von Schlüsseltechnologien beruhen und entsprechende Maßnahmen zur Beherrschung dieser sozialen Wirkungen enthalten. Die Parteiorganisationen sollten aber auch verstärkt auf die vorausschauende Projektierung sozialismusadäquater Arbeitsbedingungen orientieren, denn zunehmend fallen Entscheidungen über das Niveau der künftigen Arbeitsbedingungen bereits im Stadium der Konzipierung des Einsatzes der Schlüsseltechnologien. Beispielsweise trifft das beim Einsatz der Rechentechnik in hohem Maße auf die Softwareerarbeitung zu. In gewissem Sinne sind die Erarbeiter der Anwendersoftware auch Gestalter der Arbeitsbedingungen jener Werktätigen, die diese Software nutzen.

Für die Führungstätigkeit der Parteiorganisationen geht es in der langfristigen Arbeit vor allem um die Schaffung von Vorlauf bei der Herausarbeitung jener politisch-ideologischen Grundfragen, die zur Ausprägung der notwendigen Denk- und Verhaltensweisen bei Einführung der Schlüsseltechnologien zu klären sind. Es geht auch um rechtzeitige klare Vorstellungen zur Verteilung der Parteikräfte und zur Sicherung des Parteieinflusses, insbesondere wenn der Einsatz von Schlüsseltechnologien mit der Um- oder Neubildung von Kollektiven verbunden ist, sowie um das rechtzeitige Einstellen der politischen Arbeit auf die bei der Einführung von Schlüsseltechnologien mit den Werktätigen gemeinsam zu lösenden sozialen Fragen.

Es zeigt sich, daß mit der breiten Einführung von Schlüsseltechnologien die ständige individuelle politische Arbeit an Bedeutung zunimmt, denn mehr denn je kommt es bei der Vorbereitung und Realisierung solcher Vorhaben auf das Engagement jedes Werktätigen an. Außerdem zeigen sich die sozialen Wirkungen für jeden einzelnen Werktätigen sehr vielfältig und differenziert. Mit dem massenhaften Einsatz der Schlüsseltechnologien werden zunehmend breite Kreise der

Werktätigen mit unterschiedlichen Voraussetzungen für das Einstellen auf die höheren Anforderungen, insbesondere bezüglich des Bildungs- und Qualifikationsniveaus sowie der Fähigkeit zum Weiterlernen, erfaßt. Hier ist besondere Sorgfalt bei der Vorbereitung auf die neuen Anforderungen notwendig. All das bedingt, sich in der politischen Arbeit stärker denn je dem Menschen zuzuwenden, genau zu ergründen, was der einzelne denkt, welche Motive ihn bewegen und welche persönlichen Belange zu klären sind.

Mit der Vorbereitung und Einführung von Schlüsseltechnologien sind höhere Anforderungen an die Komplexität der politischen Führungs- und Leitungstätigkeit gestellt. Solche Vorhaben erfordern in der Regel Leistungen aus allen Bereichen des Reproduktionsprozesses der Betriebe, Kombinate und darüber hinaus. Das macht eine stark objektbezogene Leitung notwendig, die die Grenzen der Arbeitsteilung zwischen Fachbereichen überschreitet, ohne diese etwa aufzuheben, die keinen Ressortgeist duldet, sondern Kooperationsbereitschaft und -fähigkeit zur Voraussetzung hat. Das macht die Ausprägung entsprechender Denk- und Verhaltensweisen durch die politische Arbeit notwendig. Das Wirkungsfeld der politischen Führungstätigkeit erweitert sich. Außerdem muß die einheitliche politische Führung aller Aktivitäten zur Vorbereitung und Realisierung solcher Vorhaben gewährleistet werden. Dazu hat sich die Arbeit mit vorhabenbezogenen zeitweiligen Parteistäben oder Parteiaktivs bewährt. Zugleich umfaßt der Einsatz der Schlüsseltechnologien einen Komplex ökonomischer, sozialer und wissenschaftlich-technischer Aufgaben, die in ihrer Verflechtung zu beherrschen sind und auf die die Führungstätigkeit der Parteiorganisationen ausgerichtet sein muß.

Anmerkungen

1 Erich Honecker, Die Aufgaben der Parteiorganisationen bei der weiteren Verwirklichung der Beschlüsse des XI. Parteitages der SED. Berlin 1987, S. 24.

2 Vgl. Bericht des Zentralkomitees der Sozialistischen Einheitspartei Deutschlands an den XI. Parteitag der SED. Berichterstatter: Genosse Erich Honecker. Berlin 1986, S. 26.

3 Ebenda, S. 49.

4 Kurt Hager, Marxismus und Gegenwart. Berlin 1986, S. 28.

5 Vgl. Erich Honecker, Die Aufgaben der Parteiorganisationen..., a. a. O. S. 42.

6 Vgl. Karl Marx, Das Elend der Philosophie, in: Marx/Engels, Werke, Bd. 4, S. 181.

7 Erich Honecker, Die Aufgaben der Parteiorganisationen..., a. a. O. S. 21.

8 Ebenda, S. 31.

Horst Bley

Theoretische und praktische Probleme der Veränderungen der Arbeitsprozesse und der Arbeit

Mit der wissenschaftlich-technischen Revolution, der Veränderung des Systems der Produktivkräfte hat ein Prozeß der Revolutionierung der menschlichen Arbeitswelt eingesetzt, dessen Ausmaß, Inhalte und Formen gegenwärtig nur in den Anfängen erkannt und eingeschätzt werden können. Bei allen technischen Entwicklungen gehören die Veränderungen der menschlichen Arbeit zweifelsohne zu den bermerkenswertesten Umgestaltungen und tiefgreifendsten Wirkungen, die unsere Epoche der wissenschaftlich-technischen Revolution hervorbringt. Es zeichnet sich auch ab, daß dieser Vorgang auf dem Gebiet der Arbeit noch längere Zeit anhält und von geschichtsbildender Dimension ist.

Die Veränderungen durchdringen und berühren – wenn auch sehr differenziert – alle Bedingungen und Aufgaben der menschlichen Arbeitstätigkeiten. Das ist auch für die Zukunft sehr bedeutsam. Bei Sicherung friedlicher Weiterentwicklung – und das ist unser aller Ziel – werden im internationalen Maßstab die Anwendung und Entwicklung der Technik sich immer mehr annähern und im wesentlichen angleichen.

Demgegenüber werden sich die Unterschiede zwischen Sozialismus und Kapitalismus zunehmend auf den Gebieten des menschlichen Lebens, der Arbeit und im sozialen Bereich herausbilden und abzeichnen. Hinsichtlich der Bewältigung der sich aus dem wissenschaftlich-technischen Fortschritt ergebenden Konsequenzen und Folgen, aber auch der Nutzung der sich bietenden Möglichkeiten werden die Vorzüge des Sozialismus künftig noch stärker in Erscheinung treten und deutlich sichtbar.

Zu den Veränderungen 3 Feststellungen:

1. Das volle Verständnis der Veränderungen und eingeleiteten Entwicklungen auf dem Gebiet der Arbeit ist nur bei einer komplexen, ganzheitlichen Betrachtung möglich. Es genügt nicht – wie das vielfach der Fall ist –, nur einzelne Wirkungsseiten isoliert zu sehen und aus ihnen gültige Folgerungen und Einschätzungen abzuleiten. Erst die Gesamtheit der Veränderungen führt zu der Erkenntnis, daß es sich dabei um eine neue Qualität handelt; nur sie läßt das volle Ausmaß deutlich hervortreten. So werden von diesem weitreichenden Vorgang der Einflußnahme und Veränderung u.a. folgende Komplexe der menschlichen Arbeit erfaßt und berührt:

- der Arbeitsprozeß,
- die Stellung der Arbeitskraft im Verband der Elemente des Arbeits- und Produktionsprozesses,
- die Arbeitsteilung und Kombination, Arten und Inhalt,
- Inhalte und Niveau der Arbeitsfunktionen des Menschen,
- die Arbeitsaufgaben, ihre Struktur und Prozeßbezogenheit,
- die Arbeitsplätze und Standorte der Arbeitsausführung in räumlichem und zeitlichem Bezug zum automatisierten Bearbeitungsprozeß.
- die Tätigkeitsfelder des Menschen, ihre Art sowie Qualität und Quantität,
- die Arbeitskräftestrukturen und ihre Dynamik,
- der gesamte Komplex der Arbeitsbedingungen, einschließlich der Reduzierung bestimmter bisheriger und Herausbildung völlig neuer Bedingungen,
- die Arbeitskollektive, ihre Struktur und Wirkungsweise,
- die notwendigen Fähigkeiten der Menschen, einschließlich bestimmter neuer Verhaltensweisen,
- die Mobilität des Arbeitsvermögens, insbesondere Disponibilität und Wechsel der Arbeit,
- Erfordernisse der Reproduktion der Arbeitskraft, insbesondere das Verhältnis von Arbeitszeit und Freizeit.

Diese Veränderungen und Wirkungen vollziehen sich keinesfalls nebeneinander und isoliert, sondern sie treten in vielfachen Formen verbunden auf. Das erfordert auch, auf dem Gebiet der Ökonomie und Organisation der Arbeit solche Verflechtungen zur Grundlage aller Überlegungen und Maßnahmen zu machen. Die Einflußfaktoren erstrecken sich dabei oft vom Arbeitsplatz und dem Betrieb über das Territorium bis zur Volkswirtschaft. In der Forschungsarbeit können praktikable Lösungen nur gewonnen werden, wenn sie das berücksichtigen.

2. In Verbindung mit dem Wirksamwerden des Menschen und seinen Aufgaben bei dem immer höheren Niveau der Automatisierung und der Herausbildung ganzer Systeme bis hin zum rechnerintegrierten automatisierten Betrieb wird die Veränderung in der Stellung der Elemente des Arbeits- und Produktionsprozesses sehr deutlich. Es bildet sich gegenüber allen Vorstufen der historischen Entwicklung eine neue Stellung der Arbeitskraft heraus, und es wird sichtbar, daß sich die Stellung des Menschen im Verlauf der historischen Entwicklung weiter spürbar wandelt.

Am Anfang der menschlichen Arbeit eignete sich der Mensch die notwendigen Mittel der Natur mit Hilfe seiner eigenen Organe und Kräfte (Hände) an. Er lernte allmählich den Gebrauch einfacher Mittel (Werkzeuge), um sich wirksamer mit der Natur auseinandersetzen zu können. Die Arbeitsmittel schaltete er zwischen sich und den Arbeitsgegenstand. Diese Arbeitsmittel entwickelte er ständig weiter bis hin zu Maschinen mit energetischem Antrieb; ein Prozeß der bewußten und zielgerichteten Entwicklung der Arbeitsmittel (Entstehung ganzer Industriezweige) setzte ein.

Schließlich erreichte dieser Prozeß ein Niveau, das es ermöglichte, daß die Arbeitsmittel mit wachsendem Anteil die Bearbeitungsfunktion relativ selbständig ausführen. Der Mensch kann sich von bisherigen notwendigen Verrichtungen befreien. Er tritt aus dem unmittelbaren Prozeß heraus (Marx), stellt sich über ihn, lenkt, leitet und wartet ihn. Das war ein erster Wechsel der Stellung der Arbeitskraft und der funktionellen Beziehungen der Elemente untereinander.

Mit Hilfe der Mikroelektronik, der rechnergestützten Produktion und des Einsatzes moderner Automatisierungstechnik und Technologien tritt eine zweite Veränderung der Stellen der Arbeitskraft ein. Der bisherige Arbeitsprozeß (Ferigung und Bearbeitung) gliedert sich auf. Er vollzieht sich nicht mehr wie bisher in einer Ebene, sondern es bildet sich ein Zweiebenen- oder ein mehrstufiger Arbeitsprozeß heraus. In der ersten Ebene entwickelt sich eine relativ selbständige Stufe des Arbeitsprozesses, in der der Mensch mit Hilfe neuer Arbeitsmittel (Rechner, Bildschirm, Information etc.) die Software als Produkt herstellt. Die Software stellt in Form der Programme das inkarnierte Wissen und Können in fixierter Befehlsform dar. Vorweggenommen wird geistig der gesamte Prozeßablauf durchgearbeitet, und alle Funktionsverrichtungen und Bearbeitungsgänge werden in Programmsprache später in der zweiten Stufe als Zusatzarbeitsmittel dem automatisierten technischen Mittel beigegeben. In diesem Prozeß arbeiten nach der vom Mensch gegebenen Zielsetzung die flexiblen automatisierten Systeme selbständig den festgelegten Willen des Menschen ab. Der Mensch muß dabei nicht im engen Sinne direkt anwesend sein.

In einem eigenen Aufgabenfeld werden Erfordernisse der Wartung, Instandhaltung und Reparatur in Form eines speziellen Arbeitsprozesses vom Menschen ausgeführt. Das beruht darauf, daß der stoffbe- und stoffverarbeitende Abschnitt des Arbeitsprozesses infolge der Nutzung und Anwendung der wissenschaftlich-technischen Kenntnisse und Fähigkeiten des Menschen in der Produktion in Zukunft immer weniger der direkten, unmittelbaren Teilnahme und Mitwirkung des Menschen bedarf. Besonders in der Phase der Bearbeitung wird zur Entlastung des Menschen sein bisheriger Arbeitsvollzug teilweise oder ganz im Arbeitsprozeß durch die entwickelte Technik und durch Technologien in Form technischer Operationen oder biologisch-naturwissenschaftlicher Prozesse wahrgenommen.

Damit verändern sich die innere Struktur der Arbeitsprozesse, die Perioden, die zeitliche Verweildauer des Arbeitsgegenstandes bzw. unfertigen Produktes sowie Umfang und Verhältnis von Arbeitszeit und Produktionszeit. Die verstärkte Anwendung moderner Technik hilft, die Arbeitsperiode bei zusammenhängenden Produktionsakten zu verkürzen.[1] Aber auch die gesamte Produktionsperiode, die bekanntlich größer ist als die Arbeitsperiode, wird durch Anwendung moderner Wissenschaft und Technik – insbesondere durch Nutzung naturwissenschaftlicher, z.B. biologischer Prozesse – beeinflußt. „Soweit die über die Arbeitszeit überschüssige Produktionszeit nicht durch ein für allemal gegebene Naturgesetze bestimmt ist, wie beim Reifen des Korns, dem Wuchs der Eichen usw. (und das ist offensichtlich der Fall, d. Verf.), kann die Umschlagperiode oft mehr oder minder verkürzt werden durch künstliche Abkürzung der Produktionszeit."[2]

Eine neue Stufe des Arbeitsprozesses bildet sich in Form der Softwareherstellung mit dem Kernstück der Erarbeitung des Programms heraus. Es verkörpert die konzentrierte, vorweggenommene fixierte Form des beabsichtigten Wollens und der dazu erforderlichen Funktionsverrichtungen, Entscheide und aller weiteren geistig-logischen Erfordernisse der menschlichen Handlung im Arbeitsprozeß. Dieser Vorgang entwickelt sich als unerläßlicher Bestandteil des Gesamtarbeitsprozesses sogar zu einem relativ selbständigen Teil, der zeitlich und räumlich in unbegrenztem Maße getrennt vom eigentlichen Bearbeitungs- und Fertigungsprozeß stattfinden kann. Insofern erfährt das vom Gesamtarbeitsprozeß umspannte Feld sogar eine beträchtliche Ausdehnung.

Das macht den Menschen frei für qualitativ neue Tätigkeiten und höhere Formen seiner menschlichen Arbeitsfunktionen. Die historische Entwicklung des Arbeitsprozesses ist ein permanenter Prozeß der Umwandlung bisheriger Arbeitsfunktionen in technisch-naturwissenschaftliche Operationen. Das ermöglicht dem Menschen – durch die eintretende Entlastung –, zu ständig höheren Formen der Verwirklichung seiner Fähigkeiten und damit zu einem höheren Niveau seiner bleibenden Rolle und zu neuen Aufgaben auf anderen Tätigkeitsfeldern überzugehen.

3. Zur Übernahme menschlicher Arbeitsfunktionen von der Technik

Wo liegt das Problem?

Weltweit wird die Frage diskutiert, wohin das Verhältnis Mensch–Technik führt und ob eine Verdrängung des Menschen erfolgt bzw. was dem Menschen noch verbleibt.

Wir haben bekanntlich dazu eine Grundposition, die sich in unserer marxistisch-leninistischen Weltanschauung und in zahlreichen Dokumenten ausdrückt. Und dennoch sollten wir sie in Theorie und Praxis sorgsam hüten und darüber wachen, daß keine Entstellungen und verzerrten Darstellungen stattfinden, die zu unnötigen Fragen provozieren.

Es lassen sich bekanntlich vier grundlegende Arbeitsfunktionen (Basisfunktionen) des Menschen unterscheiden, nämlich

- die energetische Funktion,
- die Ausführungsfunktion,
- die Kontrollfunktion und
- die logische Funktion.

Diese Grundfunktionen der menschlichen Arbeit treten auf, seit es menschliche Arbeit gibt, und sie werden auch in Zukunft immer notwendig sein. Die menschliche Arbeit ist objektiv an diese Funktionen gebunden, sie veräußert und verwirklicht sich mit ihnen und durch sie. Deshalb können sie auch als solche grundlegend nicht abgegeben werden.

Die Arbeit als Vorgang (Prozeß) stellt die Funktion der Arbeitskraft dar; sie ist Umsetzung von physischen und psychischen Fähigkeiten des Menschen in bestimmter funktioneller Form. Das geschieht durch diese vier Grundfunktionen, die als solche nicht von der Arbeit des Menschen entnommen und übertragen werden können. Bei der Arbeit des Menschen verbleiben immer diese vier Grundfunktionen; sie ist daran gebunden und ohne sie nicht möglich. Die Realität besteht darin, wie auch der historisch-dialektische Prozeß der Entwicklung des Menschen und seiner Arbeit eindeutig beweist, daß es sich einerseits um eine Umwandlung menschlicher Funktionsverrichtungen in technische bzw. naturwissenschaftliche Operationen handelt, wozu der Mensch infolge des erreichten hohen Niveaus von Wissenschaft und Technik und der immer besseren Beherrschung und Nutzung bestimmter Naturprozesse in der Lage ist. Es geht nicht um die Entnahme menschlicher Funktionen und ihre Einverleibung in die Technik. Hier muß das Wesen der menschlichen Arbeit, nämlich bewußte Tätigkeit zu sein, grundsätzlich beachtet werden. Die Übergabe menschlicher Funktionen an die Technik, die eine Entäußerung der Arbeitskraft sind und bleiben, würden der Technik letztlich die Fähigkeit, „Arbeit zu leisten", zuschreiben. Das berührt die Grundpositionen hinsichtlich Wertschöpfung und der Entstehung von Mehrwert zutiefst.

Andererseits ist offensichtlich, daß es innerhalb der Funktionen des Menschen eine ständige Höherentwicklung und qualitative Bereicherung gibt. Die Arbeitsfunktionen selbst weisen jeweils in Inhalt und Form verschiedene Arten und Niveaustufen auf. Der sogenannte Vorgang der Übertragung oder Übernahme von Funktionen nimmt in Wahrheit nicht die menschliche Funktion weg, sondern ist eine Entwicklung von den niedrigeren Stufen zu höheren Stufen innerhalb einer Funktion.

Die Entwicklung weist nach, daß z.B. die energetische Funktion der menschlichen Arbeit sich von der Verausgabung und Anwendung energetischer Grundformen immer mehr hin zur geistig-nervalen Energie entwickelt. Die notwendige Antriebs- und Bewegungsenergie für die Arbeitsmittel mußte der Mensch lange Zeit selbst erbringen. Davon konnte sich der Mensch durch die Entwicklung von Wissenschaft und Technik immer mehr befreien. Mit der industriellen Revolution wurde bereits ein Sprung zu den höheren Stufen der energetischen Funktion erreicht. Mit der wissenschaftlich-technischen Revolution unserer Epoche wird abermals eine qualitativ neue Stufe in der energetischen Funktionsausübung des Menschen betreten.

Auch in der Funktion der Ausführung und Bedienung erfolgt innerhalb eine Ablösung und Verschiebung von bisherigen, vorwiegend handmuskulären Ausführungs- und Bedienverrichtungen oder Operationen hin zu den Tätigkeiten der Entwicklung, des Entwurfs, der Prozeßprogrammierung, Herstellung von Software usw. auf anderen Tätigkeitsfeldern.

Eine ausführende Funktion verbleibt dem Menschen immer. Sie hat jedoch bei der Erarbeitung von Software völlig anderen Inhalt und andere Elemente sowie Formen als bei der Bedienung einer Werkzeugmaschine. Aber bei der Arbeit mit dem Computer, dem Bildschirm, dem Rechner usw. ist wiederum die Ausführungsfunktion erforderlich, treten neue Formen in den Vordergrund. Dieser Vorgang der weitreichenden Übernahme bisheriger Verrichtungen des Menschen durch die Automatisierungstechnik entspricht zugleich einer objektiven Entwicklungsnotwendigkeit, weil in Art und Form bisheriger Ausführungs- und Bedienverrichtungen offensichtlich immer mehr die natürlich-biologischen Grenzen menschlicher Organ- und Sinnesleistung erreicht und überschritten werden.

Wir haben es also auch hier nicht mit dem allmählichen Verschwinden oder einer Einengung der Funktion des Menschen zu tun, sondern mit einer Höherentwicklung und der Herausbildung neuer Operationen innerhalb der Funktion. Damit entstehen zugleich größere Räume und Möglichkeiten für die kreative Betätigung des Menschen, für schöpferische Operationen. Deshalb läßt sich dieser Substitutionsprozeß bisheriger lebendiger Arbeit durch die vergegenständlichte Arbeit immer weniger gut mit der Kennzeichnung „Ersatz" charakterisieren als vielmehr mit „Freiwerden" für höhere Tätigkeiten.

Ebenso wie mit der energetischen und der ausführenden Funktion verhält es sich mit der Kontroll- und logischen Funktion. Sie weisen gleichfalls verschiedene qualitative Stufen auf, von denen bestimmte nunmehr mit Hilfe der vielseitigen Anwendung der Mikroelektronik und Informatik ausgeführt werden können und der Mensch sich in seiner logischen und Kontrollfunktion höheren, vor allem Systemaufgaben widmen kann. Die Arbeit aber ist nie ohne logische und ohne Kontrolltätigkeit möglich. Diese menschliche logische Funktion wird grundlegend auch dadurch bestimmt, daß der Mensch der einzige Bewußtsein besitzende Faktor in der Produktion ist und bleibt. Er bewirkt die neue Entwicklung und fordert sich dabei zugleich selbst in einem weit höheren Maße als bisher.

Charaktristisch dafür ist, daß die Verantwortung über ganze Prozesse, für die Stabilität und Kontinuität flexibler automatisierter Systeme im Verhältnis zu einzelnen Fachkenntnissen überproportional wächst. Gefordert werden solche Fähigkeiten und Eigenschaften wie große Selbständigkeit, Fähigkeit der Problemerkenntnis und des Entscheidens, richtige Einstellung zur interdisziplinären Zusammenarbeit und Befähigung dazu, Interesse am Neuen, Entwicklungsdrang, Kreativität, aber auch Zuverlässigkeit und Disziplin gegenüber sich selbst wie auch hinsichtlich des technologischen Regimes. Solche und andere Eigenschaften und Verhaltensweisen gewinnen in Verbindung mit den neuen Arbeitsaufgaben und der wachsenden Qualifikation ein weit größeres Gewicht; sie stellen elementare Bestandteile künftiger Qualifikationen dar.

In diesem gesamten Prozeß der Veränderungen vollziehen sich spürbare Einflüsse auf die gesamten Arbeitsbedingungen. Davon werden u.a. Art, Intensität und Dauerhaftigkeit bestimmter Anforderungen an das physische und psychische Leistungsvermögen des Menschen berührt. Bestimmte bisherige Belastungen reduzieren sich oder entfallen ganz, neue kommen hinzu, in vielen Fällen mindert sich auffällig der bisherige Umfang körperlicher Bewegungen, dagegen wachsen Konzentrations- und Aufmerksamkeitsanforderungen. Es vollzieht sich also eine Strukturverschiebung der Anforderungen sowie Belastungen, und bisher gewohnte Zeitabläufe und zeitliche Rhythmen erfahren eine andere Gestaltung. Dabei gilt es auch, eine in Theorie und Praxis anzutreffende Einseitigkeit der neuen Anforderungen abzubauen und zu überwinden. Die qualitativ neuen, höheren Anforderungen werden beim Arbeitsvermögen allzu schnell nur auf die Wissensseite, die Qualifikation, die Kenntnisse und Bildung begrenzt. Zum Arbeitsvermögen gehören die physischen und psychischen Fähigkeiten des Menschen. Die Qualität des Arbeitsvermögens wird folglich auch vom Niveau sowohl der geistigen als auch der körperlichen Fähigkeiten bestimmt. Die gesamten Fragen der Kondition, Konstitution, der Leistungsfähigkeit, des Gesundheitszustandes werden von den neuen Anforderungen in den künftigen Jahrzehnten voraussichtlich mehr berührt als uns lieb ist bzw. als wir voraussehen können. Ihnen gebührt bei den neuen Anforderungen qualitativer Art durch den wissenschaftlich-technischen Fortschritt der ihnen entsprechende Platz. Es ergeben sich auch für die gesamte rationelle Nutzung des Arbeitsvermögens neue Aufgabengebiete. Neben der Weiterführung der Anstrengungen zur vollen Nutzung des vorhandenen Arbeitszeitfonds, der Erschließung von Zeitreserven etc. liegen neue Aufgaben in der effektivsten Wiederverwendung bzw. dem effektivsten Wiedereinsatz der durch Rationalisierung gewonnenen Arbeitszeit bzw. Arbeitskräfte. Dieses sichert gegenüber der einmaligen Einsparung einen Dauereffekt, der dann am höchsten ist, wenn das gewonnene Arbeitsvermögen auf den die Produktivität maßgeblich bestimmenden Feldern eingesetzt wird. Dazu zählt die Gewinnung von qualifizierten Arbeitskräften für die Verstärkung und den zielgerichteten Ausbau der gesamten Softwareherstellung. Darüber hinaus hat die Proportionierung von materiellen und nichtmateriellen Bereichen der Volkswirtschaft zunehmend Effektivitätseinfluß. Die Beherrschung der insgesamt damit verbundenen Mobilitätsprobleme wird eine entscheidende Reserve- und Effektivitätsquelle. Die langfristige Sicherung der mit dem wissenschaftlich-technischen Fortschritt notwendigen Mobilität und Disponibilität des Arbeitsvermögens bestimmt immer stärker das gesamte Niveau der rationellen Nutzung des Arbeitsvermögens. Für Wissenschaft und Praxis besteht dabei eine der Aufgaben darin, die sich verändernden Bedingungen ständig zu analysieren und durch rechtzeitige Einleitung bewährter Maßnahmen der Leitung, Planung, Organisation und Gestaltung beizutragen, die Arbeitsbedingungen durch Mitwirkung der Werktätigen selbst immer im Sinne sozialistischer Ziel- und Aufgabenstellung zu gestalten.

Dabei ist auch in Theorie und Praxis arbeitswissenschaftlicher Tätigkeit eine neue Qualität gefordert. Die für unsere ökonomischen, technischen und sozialen Prozesse immer bedeutenderen Charakteristika wie Komplexität, Prozeßbezogenheit und Systemcharakter verlangen eine ihnen adäquate Behandlung in Analyse und Lösung. Aufgaben- und disziplinbezogene Maßnahmen und Lösungen führen immer weniger zu wirklich effektiven Veränderungen. Unter diesem Aspekt ist auch eine wirksamere Koordinierung arbeitswissenschaftlicher Tätigkeit im und mit dem System der sozialistischen Betriebswirtschaft unerläßlich und anzustreben.

Anmerkungen

[1] Vgl. K. Marx, Das Kapital. Zweiter Band, in: MEW, Band 24, S. 237.
[2] Ebenda, S. 242.

Lothar Hummel

Zur wirksamen Nutzung des geistigen Potentials

Eine grundlegende Aufgabe der Arbeitswissenschaften ist die Erhöhung der Produktivität der Arbeit und der Effektivität des vorhandenen Arbeitskräftepotentials. Wissenschaftlich-technische Revolution, die Entwicklung und der Einsatz von Schlüsseltechnologien ebenso wie die durchgängige Rationalisierung stellen dabei erhöhte Anforderungen an das geistige Potential. „Es ist dem Sozialismus wesenseigen, daß er alle schöpferischen Fähigkeiten und Begabungen entfaltet, daß er massenhaft allseitig gebildete, talentierte Persönlichkeiten braucht und hervorbringt. Immer tieferen Einfluß auf alle gesellschaftlichen Prozesse gewinnt das wachsende geistige Potential, dessen Hauptquelle in dem hochentwickelten einheitlichen sozialistischen Bildungssystem liegt."[1]

In meinem Beitrag möchte ich einige Aspekte ansprechen, die die Leitungstätigkeit in den Kombinaten und Betrieben gleichermaßen wie arbeitswissenschaftliche Aufgaben bei der noch wirksameren Nutzung des geistigen Potentials betreffen.

1. Eine unmittelbare Aufgabe sozialistischer Leitungstätigkeit besteht in der vollen Nutzung der Vorzüge der Kombinate in ihrem hohen Vergesellschaftungsgrad für Einsatz und Entwicklung des geistigen Potentials. Die Kennzeichnung der Kombinate als Hauptkraft zur Durchsetzung der wissenschaftlich-technischen Revolution erfordert auch die volle Ausschöpfung ihrer Vorzüge in der Entwicklung und Nutzung des geistigen Potentials. Ich sehe die Möglichkeiten der Kombinate im Vergleich zu den einzelnen Betrieben vor allem in folgenden Richtungen:

a) Größe und Struktur des geistigen Potentials sind wichtige Bedingungen für Reaktionsfähigkeit und Flexibilität der Kombinate. Das gilt sowohl für die Berufs- und Tätigkeitsstruktur als auch für die potentiellen Möglichkeiten, Kader auf Entwicklungsschwerpunkte zu konzentrieren. Immer mehr gehen Kombinate dazu über, zur Verkürzung von Entwicklungszeiten Kader aus ihren Betrieben gemeinsam mit Kadern zentralisierter Forschungseinrichtungen auf Schwerpunkte zu konzentrieren. Das ist oft mit einer inhaltlichen Umprofilierung verbunden.

Im Kombinat LEW „Hans Beimler" Hennigsdorf wurden z. B. für einen Zeitraum von 2 Jahren bis zu 100 Entwicklungskräfte für die Schienenfahrzeugentwicklung eingesetzt. Dabei handelt es sich um Kader aus den Bereichen Elektroisolierstoffe, Widerstandsschweißung, elektrische Oberflächenbehandlung und Industrieofenbau. Es gelang, durch individuelle Arbeit, gründliche Analyse und Bilanzierung der Qualifikations- und Anforderungsstruktur und eine wohlbegründete Zusammensetzung der Kollektive Arbeits- und Lernprozesse eng zu verbinden und bedeutende Entwicklungen in kürzester Zeit durchzusetzen. All das war mit erheblichen Organisationsaufgaben und Veränderungen in den verbleibenden Kollektiven verbunden, um die Aufgaben dieser Bereiche fortzuführen.

b) Nur das Kombinat ist durch die unmittelbare Konfrontation mit dem Weltmarkt zur Organisierung von Spitzenleistungen in der Lage. Seine Kapazität an Forschungspotential schafft günstige Bedingungen für eine fruchtbare Kooperation von Produktion und Wissenschaft. Gegenwärtig sind etwa 50 % des wissenschaftlichen Potentials der AdW und 60 % des Potentials der Bauakademie durch Leistungsverträge mit den Kombinaten verbunden.

c) Aus der vorhandenen Masse an talentierten jungen wie erprobten Kadern lassen sich in größerer Zahl besonders Befähigte zur Lösung von komplizierten Aufgaben auswählen bzw. vorbereiten.

Vor einiger Zeit analysierte das Zentralinstitut für sozialistische Wirtschaftsführung gemeinsam mit dem Zentralrat der FDJ die Arbeit in einigen Kombinaten zur Förderung junger wissenschaftlich-technischer Nachwuchskader. Trotz Unterschiedlichkeiten wurden folgende gemeinsamen Effekte nachgewiesen:

– Ein Großteil dieser Nomenklaturkader erwies sich als willkommenes Reservoir für die Vorbereitung und Nutzung der CAD/CAM-Arbeitsplätze.

– Die Aufnahme in die Nomenklatur und der Abschluß von Förderungsverträgen wirkte sich motivierend auf Lern- und Leistungsbereitschaft und zur Übernahme von Leitungsfunktionen aus. Diese Anerkennung erhöhte das Selbstbewußtsein und den Mut zur Kooperation mit älteren erfahrenen Kadern.

– Auf eine Reihe von ihnen konnte bei der Kooperation mit der Akademie der Wissenschaften und den Universitäten sowie Hoch- und Fachschulen zurückgegriffen werden.

d) Durch Erfahrungsaustausch und Nutzung vorhandener Kenntnisse können Lücken in der Berufs- und Qualifikationsstruktur mit Hilfe des eigenen Potentials rasch geschlossen werden.

Tausendfach wurden Kader für die Handhabung der Rechentechnik kurzfristig ausgebildet, weil sich viele Angehörige der EDV-Zentren für kombinatsspezifische Anwenderschulungen zur Verfügung stellten bis hin zur Grundlagenvorbereitung auf kurzfristige Spezialkurse.

e) Erzeugnis- und prozeßbezogene Formen der Organisation und Leitung ergänzen zunehmend die traditionelle Form der Arbeitsteilung in den Kombinaten auf funktionaler Grundlage.

Günter Mittag wies bereits 1985 darauf hin, daß es wesentlich günstiger ist, die Kader in Wissenschaft und Technik, Technologie und Produktion, Absatz und

Kundenservice direkt zusammenzuführen, um einen Auftrag in kürzester Frist zu bearbeiten.[2]

Das Mansfeld Kombinat demonstriert z. B. mit seinem Ingenieurbüro wesentliche Vorzüge der Kombinate durch Konzentration von Kadern in interdisziplinär zusammengesetzten Kollektiven zum Zwecke der Erhöhung der Leistungskraft seiner Betriebe. Es erschließt seit Jahren bedeutende Leistungsreserven durch zielgerichtete analytische Arbeit, das Ansammeln von Erfahrungen und deren Nutzanwendung über alle Bereiche und Betriebe des Kombinats hinweg.

In der Praxis hat sich heute auch unangefochten die Erkenntnis durchgesetzt, daß eine wesentliche Quelle der hohen Leistungen von Jugendforscherkollektiven nicht nur deren Engagement und Kaderstruktur ist, sondern auch ihre objektbezogene, oft interdisziplinäre und interstrukturelle Zusammensetzung.

2. Die Beherrschung des Gesamtkreislaufes des Reproduktionsprozesses erzwingt eine strukturgerechte Formierung des in den Kombinaten organisierten geistigen Potentials.

Diese Aufgabe tritt neben die kadermäßige Sicherung der Schwerpunkte. Ich verweise auf die Tatsache, daß eine Reihe von Möglichkeiten der CAD/CAM-Technologie nicht oder nur zu spät oder unvollkommen zum Tragen gebracht werden, wenn eine wissenschaftlich begründete Betriebs- und Arbeitsorganisation nicht durchgesetzt wird. Übrigens eine Forderung, die von Erich Honecker schon vor dem XI. Parteitag energisch erhoben wurde.

Auf dieses Problem sind wir in jüngster Zeit verstärkt bei Gesprächen mit Leitern zur Vorbereitung und zum Einsatz von CAD/CAM-Arbeitsplätzen gestoßen. (Es handelt sich zwar vorerst nur um Erfahrungen aus 33 Betrieben – aber der Verallgemeinerungswert sollte auch nicht unterschätzt werden.) In über 60 % der Fälle wurde die Notwendigkeit einer besseren Beherrschung der Neuorganisation der Arbeit, insbesondere der Kooperation mit den vor- und nachgelagerten Bereichen hervorgehoben.

In 13 % der Betriebe wurde eingeschätzt, diese Problematik zu beherrschen. Wichtig scheint auch die Gewichtung dieser Aufgabe. Im Rahmen einer vorgegebenen Werteskala zu Leitungserfordernissen nahm die Sicherung der Kooperation unmittelbar nach der Dialoggestaltung und dem Inhalt sowie der Organisation des Arbeitsplatzes einen vorrangigen Platz ein. Es ist darauf zu verweisen, daß bei der Schaffung von Beispielen der flexiblen Automatisierung mit dem vorhandenen Bestand an Kadern hervorragende Leistungen vollbracht wurden. Dafür spricht u. a. die Tatsache, daß in einer Reihe von Kombinaten – wie „Fritz Heckert“, „7. Oktober“, Polygraph und Textima – zur Einsatzvorbereitung von CAD/CAM zeitweilig über mehrere Monate hinweg bis zu 20 % der Kader aus dem laufenden Arbeitsprozeß herausgelöst werden mußten, und das, ohne Abstriche am Niveau wissenschaftlich-technischer Leistungen zuzulassen. Das wäre ohne Durchsetzung einer wissenschaftlichen Organisation der Arbeit nicht gemeistert worden.

3. Eine wichtige Aufgabe sehe ich in der Stimulierung und in der konsequenten Durchsetzung des Leistungsprinzips im Zuge des wissenschaftlich-technischen Fortschritts. Ansätze für ein engeres Zusammengehen von Arbeitswissenschaftlern und Leitungswissenschaftlern bietet die Erarbeitung und Durchsetzung von Leistungskennziffern, die Verwirklichung der Einheit von Leistungsbewertung und Kaderbeurteilung sowie die Anwendung progressiver Lohnformen in Verbindung mit dem sozialistischen Wettbewerb und dem Leistungsvergleich.

Der Durchsetzung von Leistungskennziffern geht die anspruchsvolle Vorgabe von Leistungsanforderungen voraus. Das ist vor allem eine Aufgabe der Leiter. Aber es ist keineswegs so, daß nur das fachliche Niveau und das Durchsetzungsvermögen eines Leiters hierfür bestimmend sind. Ihr Verhalten ist nicht weniger abhängig von den Möglichkeiten, die ihnen in die Hand gegeben wird.

Das beweisen eindeutig die Erfahrungen mit den aufgabengebundenen Leistungszuschlägen. Dieses Instrument förderte in hohem Maße die Auseinandersetzung mit Erscheinungsformen der Gleichmacherei, zwang zu einer stärkeren Auswahl und Differenziertheit der Leistungsbewertung. Es war und ist ein Instrument in Händen der Leiter, stellt aber zugleich höhere Anforderungen an die Leiter. Das beginnt bei der Aufgabenstellung, ihrer klaren Formulierung, der Höhe des Anspruchsniveaus, ihrer ökonomischen Zielsetzung, der wissenschaftlich begründeten Zeitvorgabe, der Terminsetzung, der Kenntnis der Leistungsbedingungen, der Abschätzung vorhandener Leistungsreserven, der Veränderung der Arbeitsorganisation und dem Einsatz des Kaderpotentials.

Es setzt sich fort über die Vorgabe von Leistungskennziffern unter Beachtung der subjektiven Beeinflußbarkeit des Ergebnisses. Es reicht über die Bewertung der Leistung bis zur kritischen Leistungseinschätzung des Kollektivs und jedes einzelnen. Es endet bei der Ausarbeitung von Leitungsschlußfolgerungen und deren systematischer Nutzanwendung beim Einsatz der Kader. Außerdem ist zu beachten, daß sich mit der Dynamik des wissenschaftlich-technischen Fortschritts natürlich auch alle subjektiven, materiell-technischen und organisatorischen Bedingungen der Wirksamkeit des geistigen Potentials verändern. Das heißt, die Frage nach den Leistungskennziffern wird immer wieder neu gestellt.

Bei unseren Untersuchungen zu den Leitungsaufgaben bei CAD/CAM-Arbeitsstationen wurde von den verantwortlichen Leitern der Kombinate und Betriebe einmütig hervorgehoben, daß die Verbesserung der Leistungsmotivation eine vorrangige Aufgabe zur Erschließung subjektiver Leistungsbedingungen ist. Dieser Faktor wird in einem Atemzuge mit einer richtigen Kaderstruktur, der Vermittlung von Wissensvorlauf und der Erziehung zur persönlichen Verantwortung für Weiterbildung und Information genannt.

4. Die Erschließung von Leistungsreserven und die volle Nutzung der Technik zwingt zum Nachdenken über den Kaderbesatz auf arbeitswissenschaftlichem Gebiet. Einmütig wird in den Kombinaten und ihren Betrieben unterstrichen, daß zwischen Erhöhung der Leistungsbereitschaft und einer rationellen Organisation der Arbeit, insbesondere der Entlastung von Verwaltungs- und Routineaufgaben, sowie einer aufgabengerechten Weiterbildung enge Wechselbeziehungen bestehen.

Im Widerspruch dazu steht jedoch die Tatsache, daß nur in zwei von 33 untersuchten Fällen arbeitswissenschaftliche Studien bei der Vorbereitung der Objekte eine Rolle spielten. Die meisten Lösungen wurden in den Betrieben aus dem Prozeß heraus erarbeitet. Bei 60% der Arbeitsstationen wurde eingeschätzt, daß die Dialoggestaltung beherrscht wird. Aber nur bei 50% wurde die mit der Einführung von CAD/CAM erforderliche Veränderung der Arbeitsaufgaben als zufriedenstellend bezeichnet.

Wesentliche Reserven werden also nicht erschlossen durch die Anwendung der durchaus in genügender Anzahl und Qualität vorliegenden analytischen Methoden und Instrumentarien wissenschaftlicher Arbeitsorganisation. Aber auch die Wissenschaft braucht für theoretische Verallgemeinerungen und die Herausarbeitung differenzierter Empfehlungen an die Praxis zur Gestaltung von Arbeitsteilung, Kooperation, Qualifizierung, Stimulierung und Information deren Anwendung. Darunter zählen z.B. Problem- und Organisationsanalysen, Arbeits- und Qualifikationsanforderungen, Arbeitsablaufpläne, Funktionsstrukturen, Funktionspläne und Eignungsanalysen sowie die Ermittlung des erforderlichen Arbeitsaufwandes in Beispielobjekten und deren Verarbeitung für Leistungsvorgaben – um nur einige zu nennen. Ohne eine solche gründliche Arbeit kommen wir auch nicht an Primärdaten heran, die Grundlage für Leistungsbemessung und Leistungsbewertung sind. Meines Erachtens ist diese Zielstellung aber nur erreichbar durch einen verstärkten Einsatz arbeitswissenschaftlicher Kader. Sicher brauchen wir auch ein höheres Engagement der Leiter für die Arbeitswissenschaften. Ohne Zweifel werden mehr arbeitswissenschaftliche Kenntnisse bei allen technischen und ökonomischen Kadern in Produktionsvorbereitung und Produktionsdurchführung benötigt. Vor allem aber brauchen wir einen gut ausgebildeten, erfahrenen, einsatzbereiten, kooperationsfähigen und stabilen Stamm „hauptberuflicher" arbeitswissenschaftlicher Kader. Sie sind auch erforderlich für die fachliche Anleitung der WAO-Kollektive.

Nach vorliegenden Einschätzungen gibt es z.Z. in den Kombinaten einen fehlenden Bedarf von ca. 20000 arbeitswissenschaftlichen Spezialisten. Dem Beispiel des Mansfeld Kombinats folgend sollte also in allen Kombinaten bei der Stärkung des Kaderpotentials in der Produktionsvorbereitung diesem Ziel eine große Aufmerksamkeit gewidmet werden.

5. Um die Wirksamkeit des geistigen Potentials zu erhöhen, müssen wir uns verstärkt sowohl der Wirkung des Gesamtarbeiters über alle Phasen des Reproduktionsprozesses zuwenden, als auch viel tiefer in die arbeitsteiligen Prozesse und die Wirksamkeit der einzelnen Fachkader und sozialen Gruppen eindringen. Im Zentrum der Untersuchungen steht natürlich das Potential der Forscher, Konstrukteure, Projektanten, Formgestalter und Technologen. Nicht minder wichtig sind Forschungen zum Potential der Leitungskader und deren Kreativität, zu ihren Überzeugungs- und Organisationsvermögen in enger Zusammenarbeit mit den Funktionären der Partei, der Gewerkschaft und der anderen demokratischen Massenorganisationen. Diese Gruppe von Kadern entscheidet wesentlich über die Wirksamkeit des wissenschaftlich-technischen Potentials. Notwendig ist, daß ein größeres Augenmerk der Wirksamkeit ökonomischer Kader und den Kadern der Fachrichtungen Ingenieurpsychologie, Sozialpsychologie, Soziologie sowie den Arbeitsingenieuren geschenkt werden muß, die wir unter dem Begriff Arbeitswissenschaften zusammenfassen.

In diesem Zusammenhang soll nur auf das Potential unserer Ökonomen hingewiesen werden. An unseren Hochschulen und Universitäten studieren über 17300 junge Menschen die Wirtschaftswissenschaften. Das sind mehr als alle anderen gesellschaftswissenschaftlichen Fachrichtungen zusammen – die Pädagogen ausgenommen. Die Zahl der Absolventen ökonomischer Fachrichtungen ist nahezu halb so groß wie die aller technischen Fachrichtungen zusammen und in den letzten 3 Jahren nahmen fast 40000 Hoch- und Fachschulökonomen eine Tätigkeit in den Kombinaten und Leitungsorganen der Wirtschaft auf.

Mit dem umfassenden Einsatz der Rechentechnik in der Betriebswirtschaft und der Durchsetzung der Beschlüsse zur Vervollkommnung des Systems der Leitung, Planung und wirtschaftlichen Rechnungsführung und mit der verstärkten Rationalisierung in Leitung und Verwaltung sind Wirksamkeitsanalysen dieser Kader erforderlich bzw. vorliegende Analysenergebnisse stärker in Maßnahmen umzusetzen, um neue Arbeitsinhalte und Organisationsformen zu gestalten. Umso erfreulicher sind die Anregungen und ersten Erfahrungen, die in der vorliegenden Broschüre zur WAO im Mansfeld Kombinat auch hierzu vermittelt werden.

Und schließlich richtet sich das Anliegen zur wirksameren Erschließung des geistigen Potentials auch an die bedeutenden Möglichkeiten, die bei den Meistern als unmittelbare Organisatoren der Produktion und der Leitung von primären Arbeitskollektiven sowie im Neuererwesen liegen, aber auch bei den Aktivisten der sozialistischen Arbeit, den Kollektiven der sozialistischen Arbeit, den langjährigen Stammarbeitern in den Betrieben, den Jugendbrigaden und Jugendforscherkollektiven sowie den WAO-Kollektiven, die sich alle als bedeutsame Quellen hoher Leistungsentwicklung im Rahmen der Ausgestaltung sozialistischer Produktionsverhältnisse in unseren Betrieben herausgebildet haben und deren Wirksamkeit weiter erhöht werden kann.

Allein im Bereich der Industrieministerien und des Bauwesens werden beispielsweise alljährlich über 1100 Verdiente Aktivisten und über 100000 Aktivisten der sozialistischen Arbeit für hervorragende Leistungen geehrt. Das ist eine bedeutende Kraft, wenn sie alle noch wirksamer auch für künftige Aufgaben zielgerichtet gewonnen werden und eine kontinuierliche Arbeit mit ihnen gewährleistet ist.

Anmerkungen

1 Erich Honecker, Die Aufgaben der Parteiorganisationen bei der weiteren Verwirklichung der Beschlüsse des XI. Parteitages der SED, Berlin 1987, S. 71.

2 Vgl. Günter Mittag, Mit höchsten Leistungen den XI. Parteitag vorbereiten, Berlin 1985, S. 71/72.

Rudi Weidig

Zur Entwicklung des Leistungsverhaltens und der Effektivität der Arbeit der wissenschaftlich-technischen Intelligenz

Die Hauptaussagen der vorliegenden Diskussionsorientierungen und der beiden Referate finden meine Unterstützung. Ich möchte diese Aussagen in einem – wie mir scheint – wichtigen Punkt ergänzen. In der wissenschaftlichen Literatur und auch in den „Orientierungen für die Diskussion" wird der soziale Träger des Arbeitsvermögens fast durchweg allgemein; als „der Mensch", „die arbeitenden Menschen", „die Werktätigen" usw. benannt. Im allgemeinen Sinne ist das sicherlich auch richtig, da es auch eine Reihe allgemeiner Prinzipien und Wege der Entfaltung und Nutzung des Arbeitsvermögens gibt. Aber sobald es um die vielfältigen konkreten qualitativen Bedingungen, Voraussetzungen, Reserven, Wege und Maßnahmen der Förderung und Nutzung des Arbeitsvermögens im Prozeß umfassender Intensivierung und der wissenschaftlich-technischen Revolution geht, kommen wir mit dieser allgemeinen Bestimmung des sozialen Trägers des Arbeitsvermögens allein nicht aus.

Jedem von uns ist bekannt, daß „die Werktätigen", „die arbeitenden Menschen", „der Gesamtarbeiter" des Kombinates und Betriebes im Gesamtprozeß entsprechend der Arbeitsteilung und der Stellung in der gesellschaftlichen Organisation der Arbeit eine bestimmte Struktur aufweisen; arbeitsfunktionell, nach Qualifikation, nach Arbeitsinhalten und -bedingungen, nach Arbeitsanforderungen und nach anderen Kriterien nicht homogen, sondern differenziert sind. Und entsprechend dieser Struktur und Differenziertheit in Stellung, Funktion und Position im Gesamtprozeß stehen viele Fragen der Entfaltung und Nutzung des Arbeitsvermögens (wie auch andere) gleich oder ähnlich, viele aber auch anders, modifiziert, mit anderem Inhalt und sind auf anderen Wegen, mit anderen Maßnahmen zu lösen.

So sind z. B. die weitere Ausprägung des sozialistischen Charakters der Arbeit, konsequente Anwendung des sozialistischen Leistungsprinzips, qualifikationsgerechter Einsatz, Achtung und Nutzung der mit der Arbeit verbundenen Interessen, Bedürfnisse und Einstellungen, soziale Reproduktion der Arbeitskräfte usw. durchaus wichtige allgemeine Bedingungen und Wege der besseren Nutzung des Arbeitsvermögens, überhaupt Inhalte der Einheit von Wirtschafts- und Sozialpolitik im Kombinat und Betrieb. Aber alle diese Bedingungen und Wege haben für die verschiedenen arbeitsfunktionellen und sozialen Gruppen im Reproduktionsprozeß der Kombinate jeweils einen anderen, modifizierten Inhalt, treten differenziert in Erscheinung und erfordern differenzierte, nicht selten auch andere Maßnahmen.

Keiner wird auf die Idee kommen, z. B. die Reduzierung körperlich schwerer Arbeit als eine typische Bedingung oder einen wesentlichen Weg der vollen Nutzung des Arbeitsvermögens der großen Gruppe der wissenschaftlich-technischen Intelligenz oder der noch größeren Gruppe der Angestellten z. B. in Information, Verwaltung, Leitung und Büro zu bezeichnen; für große Gruppen der Arbeiter in Produktionsprozessen und in technischen Hilfsprozessen ist das aber ein entscheidender Weg der Nutzung und Entfaltung ihres Arbeitsvermögens. Das heißt, es ist dringend nötig, daß wir entsprechend der realen arbeitsfunktionellen und sozialen Differenziertheit der Werktätigen und des Gesamtarbeiter auch differenziert an die Bezeichnung, Analyse und Nutzung der Wege und Reserven der Entfaltung des Arbeitsvermögens herangehen. In dieser Hinsicht hat die Soziologie, z. B. die soziologische Sozialstrukturforschung und die arbeitssoziologische Forschung vielfältige Erkenntnisse anzubieten, die noch besser beachtet und genutzt werden sollten.

Differenzierteres Herangehen an die Erfordernisse und Aufgaben der Entfaltung und Nutzung des gesellschaftlichen Arbeitsvermögens der Kombinate und Betriebe ist nicht nur wichtig, um den gegebenen Bedingungen der Arbeitsteilung beim heutigen Stand der Produktivkräfte genauer Rechnung zu tragen. Es ist vor allem auch eine Konsequenz umfassender Intensivierung und ökonomisch und sozial effektiver Meisterung der wissenschaftlich-technischen Revolution, die bekanntlich die rationelle Gestaltung des Gesamtzyklus Wissenschaft–Produktion–Absatz und damit das spezielle Arbeitsvermögen, die spezielle Verantwortung, den speziellen Beitrag aller in diesem Zyklus tätigen sozialen Gruppen erfordern. Das Arbeitsvermögen aller am Gesamtprozeß beteiligten sozialen Gruppen – von der Vorlaufforschung bis zur unmittelbaren Produktion und dem Absatz – muß stabil entwickelt und gefördert werden, um das erforderliche Resultat zu erreichen. Keine Gruppe darf als unerläßlicher und besonderer Teil des Ganzen außer Betracht bleiben, damit das Ganze funktioniert und effizient ist.

Daß dabei der weiteren Entfaltung und Nutzung des Arbeitsvermögens und speziell des Leistungsverhaltens der Intelligenz in allen diesen Teilen des Gesamtzyklus eine große Bedeutung zukommt, brauche ich hier in diesem Kreise nicht extra zu begründen. Verweisen möchte ich aber auf die Einschätzung Erich Honeckers in seinem Referat vor den 1. Sekretären der Kreisleitung am 6. Februar 1987, wo gesagt wird, daß es um eine neue Qualität des ökonomischen Wachstums geht, die charakterisiert ist „durch den hohen Stellenwert der Aufgabe, die Springquellen der Wissenschaft für unsere ökonomische Kraft, für den gesellschaftlichen Reichtum und den sozialen Fortschritt immer reicher fließen zu lassen"[1].

Davon ausgehend hat die Frage nach der Spezifik,

nach den Besonderheiten der Entfaltung des Arbeitsvermögens und des Leistungsvorhabens der Intelligenz – ich muß genauer sagen: der wissenschaftlich-technischen Intelligenz – größte Aktualität. Die Beachtung und Ausprägung von intelligenzspezifischen Faktoren zur noch besseren Verwirklichung der besonderen Funktion und Aufgaben der Intelligenz im Intensivierungsprozeß und wissenschaftlich-technischem Fortschritt stellt sich natürlich nicht so sehr als ein Problem der künstlerischen, der pädagogischen oder der medizinischen Intelligenz, sondern mehr als eines der wissenschaftlich-technischen Intelligenz. Dabei handelt es sich wiederum besonders um ein Problem der Entfaltung des Arbeitsvermögens und des Leistungsverhaltens der Leistungsspitze, der wissenschaftlich-technischen Spitzenkader, ohne die Spitzenleistungen nicht möglich und hohe Effektivität der Tätigkeit der Gesamtheit der wissenschaftlich-technischen Intelligenz kaum möglich sind.

Uns allen ist in diesem Zusammenhang bekannt, daß wir in der DDR in den vergangenen Jahren und bis zur jüngsten Gegenwart viel getan, wichtige materielle und geistige Bedingungen geschaffen haben, um das wissenschaftlich-technische Kaderpotential und dessen Arbeitsvermögen zu fördern. Im Anteil der Hoch- und Fachschulkader an der Gesamtheit der Berufstätigen und auch im Anteil der Hoch- und Fachschulkader, die in Bereichen der Forschung und Entwicklung tätig sind, hat die DDR internationale Spitzenpositionen erreicht. Aus dieser Breite formiert sich auch immer deutlicher eine erforderliche Gruppe von leistungsstarken Kadern, eine Leistungsspitze.

Bei allen dabei erreichten Fortschritten bleibt aber auch noch viel zu tun, um das Arbeitsvermögen und das Leistungsverhalten der wissenschaftlich-technischen Intelligenz der Intensivierungsstrategie unserer Partei gemäß zu fördern und zu nutzen. Unsere in der letzten Zeit durchgeführten soziologischen Untersuchungen in der Hochschul- und Industrieforschung, bei denen fast ein Drittel der einbezogenen Kader Hoch- und Fachschulkader des Mansfeld Kombinats waren, machen auf eine Reihe solcher Probleme und Aufgaben aufmerksam. Ich kann hier nur einige solcher Aufgaben der Förderung des Leistungsverhaltens wissenschaftlich-technischer Kader nennen, ohne empirische Daten aus der Analyse vorzutragen.

Erstens: Als eine generelle Aufgabe stellt sich, die notwendige Gruppe der Leistungsträger, der Spitzenkader in Wissenschaft und Technik in ihrer Zahl zu erweitern, sozial weiter zu profilieren und für Höchstleistungen auf entscheidenden Gebieten des wissenschaftlich-technischen Fortschritts noch besser zu befähigen. Ich meine hier natürlich nicht die Formierung einer von den werktätigen Klassen und der Mehrheit der wissenschaftlich-technischen Intelligenz separierten „Leistungselite“. Es geht vor allem darum, zielstrebig solche Bedingungen weiter herauszubilden, damit aus der gegebenen Breite wissenschaftlich-technischer Kader gezielt und immer wieder erneut Leistungsspitze hervorgehen kann, die für Spitzenleistungen und eine allgemeine Erhöhung der Effektivität wissenschaftlich-technischer Leistungen unerläßlich ist.

Gemessen am internationalen Niveau und an unseren eigenen Erfordernissen ist die Gruppe der wissenschaftlich-technischen Spitzenkader, die die Weltspitze auf entscheidenden Gebieten mitbestimmt, noch zu klein, und sie hebt sich hinsichtlich wichtiger Bedingungen ihres Leistungsverhaltens und in mehreren Merkmalen ihrer Arbeits- und Lebensbedingungen noch nicht so deutlich von denen der durchschnittlichen Leistungsgruppe der wissenschaftlich-technischen Intelligenz ab, wie es ihre zu erbringende Leistung entsprechend der Intensivierungsstrategie unserer Partei notwendig macht.

Als wichtige Wege zur Förderung von Spitzenkadern in den Kombinaten erweisen sich: Pflege progressiver Traditionen schöpferischer wissenschaftlich-technischer Arbeit, ein wirksames System der Talentefindung und -förderung, stärkere Motivierung des wissenschaftlich-technischen Nachwuchses für Höchstleistungen, konsequente Anwendung des sozialistischen Leistungsprinzips, um entsprechend der Leistungsdifferenzierung im wissenschaftlich-technischen Bereich eine angemessene Einkommensdifferenzierung zu erreichen, weitere Hebung des gesellschaftlichen Status dieser Leistungsgruppe.

Zweitens: Die Entfaltung des intelligenzspezifischen Arbeitsvermögens und Leistungsverhaltens ist besonders auch ein Problem junger Wissenschaftler und Ingenieure, der Förderung des wissenschaftlich-technischen Nachwuchses. Die entsprechenden Untersuchungen in der Industrieforschung ergeben z. B., daß von den unter 35jährigen Kadern erheblich weniger überdurchschnittliche Leistungen in Wissenschaft und Technik erbracht werden als von den über 50jährigen. Neben der Qualifizierung der Ausbildung bedarf es weiterer gesellschaftlicher Anstrengungen und auch mehr Mut in der Leitungstätigkeit, um die junge wissenschaftlich-technische Intelligenz rechtzeitig und fordernd an anspruchsvolle kreative Aufgaben und damit zu höheren fachlichen Leistungen zu führen.

Drittens: Die Entfaltung und Nutzung des Arbeitsvermögens und Leistungsverhaltens der wissenschaftlich-technischen Kader erfordert mehr Konsequenz in der Durchsetzung des sozialistischen Leistungsprinzips, um auf der Basis sozialer Sicherheit eine der Leistungsdifferenzierung gemäße Einkommensdifferenzierung und Differenzierung in den Lebensbedingungen zu erreichen. Die diesbezüglich in der DDR gegebenen gesetzlichen Regelungen und Möglichkeiten werden oft noch nicht entsprechend genutzt. Immer noch gibt es in dieser Hinsicht beträchtliche Nivellierungen. Die Ursachen für solche Erscheinungen liegen oft darin, daß aus Mängeln in der Leistungseinschätzung und aufgrund z. T. unzureichender exakter Kriterien der Leistungsbewertung wissenschaftlich-technischer Arbeit die auf differenzierte Stimulierung orientierenden gesetzlichen Regelungen noch mehr egalisierend als differenzierend angewendet werden.

Viertens: Bessere Nutzung des Arbeitsvermögens und von Leistungsreserven erfordert eine kontinuierlichere Gestaltung von Arbeitsprozessen in Forschung und Entwicklung, so daß der reale Zeitanteil für intelligenzspezifische Tätigkeit erhöht und der Anteil intelligenzuntypischer Tätigkeit weiter reduziert wird. Noch oft wird die eigentliche wissenschaftlich-technische Arbeit durch Erledigung von Verwaltungsarbeiten, technischen Hilfsarbeiten und wissenschaftsorganisatorischer Tätigkeit stark überlagert. Das bedeutet, daß durch Reduzierung von Verwaltungsarbeit, durch Verwaltungsrationalisierung, durch Reduzierung des Fremdeinsatzes von wissenschaftlich-technischen Kadern, durch weitere Technisierung von Forschungsprozessen und der Büroarbeit noch große Reserven für wissenschaftlich-technisches Schöpfertum erschlossen werden können.

Weitere wichtige Aufgaben zur besseren Nutzung des Arbeitsvermögens und Entfaltung des Leistungsverhaltens der wissenschaftlich-technischen Intelligenz sind entsprechend unseren Forschungsergebnissen: die Verbesserung der materiell-technischen Basis wissenschaftlich-technischer Arbeit, die Sicherung eines schnellen und effektiven Zugangs zur vorhandenen Forschungstechnik im betreffenden Kombinat bzw. Territorium, Sicherung des qualifikationsgerechten Einsatzes der Kader und die Gestaltung einer leistungsanregenden Information und Kommunikation der wissenschaftlich-technischen Kader.

Die hier knapp genannten Probleme und Aufgaben der Beachtung und Nutzung von Besonderheiten der Entfaltung des Arbeitsvermögens und Leistungsverhaltens der wissenschaftlich-technischen Intelligenz weisen auf zwei generelle Schlußfolgerungen für die theoretische Arbeit und die Leitungstätigkeit hin:

Einmal: Solche intelligenzspezifischen Besonderheiten der Entfaltung und Nutzung des Arbeitsvermögens sind im Sozialismus nicht nur objektiv gegeben und in diesem Sinne zu beachten, sondern sie sollten auch bewußt ausgeprägt und reproduziert werden, damit die wissenschaftlich-technische Intelligenz ihre spezifische Funktion, Aufgabe und Verantwortung im Prozeß umfassender Intensivierung und zur Meisterung der wissenschaftlich-technischen Revolution immer besser verwirklicht. Die Verwirklichung der ökonomischen Strategie der SED erfordert nicht weniger, sondern mehr an intelligenzspezifischer Leistung. Diese kann aber dauerhaft auf hohem Niveau nur erreicht und gesichert werden, wenn die für wissenschaftlich-technische Leistungen spezifischen Potentiale, Reserven, Arbeits- und Lebensbedingungen, Fähigkeiten und Interessen gesellschaftlich anerkannt, beachtet und im erforderlichen Maße ausgeprägt werden. Ein gewisses Problem besteht dabei auch in folgendem: Im Interesse umfassender Intensivierung und der Entfaltung der sozialistischen Lebensweise ist die Anerkennung und bewußte Entfaltung klassenspezifischer Eigenschaften, Fähigkeiten, Leistungsanerkennung, Arbeits- und Lebensbedingungen usw. der Klasse der Genossenschaftsbauern in der DDR schon seit längerer Zeit gesellschaftliche Realität. Dieser Weg hat sich für die erfolgreiche Entwicklung der Landwirtschaft, für die umfassende Intensivierung, die Steigerung der landwirtschaftlichen Produktion und für die Förderung der sozialistischen Lebensweise auf dem Lande als richtig und fruchtbar erwiesen. Aus gleichen objektiven Gründen muß die Anerkennung und bewußte Entfaltung gruppenspezifischer Merkmale, von besonderen Leistungsbedingungen und -reserven der wissenschaftlich-technischen Intelligenz noch mehr in das Zentrum des gesellschaftlichen Bewußtseins, der theoretischen Arbeit und der Leitungstätigkeit gerückt werden.

Zum anderen: Wir sollten uns noch konstruktiver dem Problem sozialer Differenzierung und Unterschiede im Sozialismus stellen und sie auf der Basis gewachsener Gemeinsamkeiten, der Stabilisierung sozialer Sicherheit für alle und der konsequenten Anwendung des sozialistischen Leistungsprinzips für den wissenschaftlich-technischen Fortschritt und ökonomisches Wachstum produktiv nutzen. Das erfordert auch ein solches Wertebewußtsein weiter zu fördern, das aus der Anwendung des sozialistischen Leistungsprinzips hervorgehende soziale Differenzierungen und Unterschiede als leistungsgerecht und sozial gerecht, als Triebkraft hoher Arbeitsleistungen und gesellschaftlichen Fortschritts anerkennt. Das erfordert aber auch, in unseren theoretischen Aussagen im Zusammenhang mit der weiteren Entfaltung des gesellschaftlichen Arbeitsvermögens und überhaupt der Vorzüge und Triebkräfte des Sozialismus noch präziser die Frage zu beantworten, welches Maß sozialer Besonderheiten und Unterschiede z.B. der wissenschaftlich-technischen Intelligenz, speziell der Gruppe der kreativsten, leistungsfähigsten Wissenschaftler und Ingenieure gegenüber anderen sozialen Gruppen der sozialistischen Gesellschaft angemessen, notwendig, sozial akzeptabel und ökonomisch vorteilhaft ist.

Anmerkungen

1 Erich Honecker, Die Aufgaben der Parteiorganisationen bei der weiteren Verwirklichung der Beschlüsse des XI. Parteitages der SED, Berlin 1987, S. 29.

Rudhard Stollberg

Die Einstellung zum wissenschaftlich-technischen Fortschritt und ihre Determinanten

Die Strategie der umfassenden Intensivierung und insbesondere die rasche Durchsetzung des wissenschaftlich-technischen Fortschritts erfordern von allen Gruppen von Werktätigen einerseits entsprechende Kenntnisse, Fähigkeiten und Fertigkeiten, andererseits die Bereitschaft, diese Strategie aktiv zu unterstützen. Unsere Forschungsgruppe, die sich seit langem mit der Entwicklung eines sozialistischen Verhältnisses der Werktätigen zur Arbeit in unserem Lande beschäftigt, hat vor allem zu eben dieser Bereitschaft Untersuchungen durchgeführt, darunter auch in mehreren Betrieben des Mansfeld Kombinates Wilhelm Pieck. Ich will hier über einen Aspekt dieses Themas berichten, nämlich über die Einstellung zum wissenschaftlich-technischen Fortschritt generell. Diese Einstellung ist die Grundlage für die Bereitschaft, konkrete Maßnahmen des wissenschaftlich-technischen Fortschritts zu unterstützen und damit mitunter auch tiefgreifende Veränderungen in der eigenen Arbeits- und Lebenssituation zu akzeptieren.

Ein Blick auf die Untersuchungsergebnisse zeigt zunächst, daß die Einstellung zum wissenschaftlich-technischen Fortschritt dominant positiv ist, und zwar sowohl bei der Gruppe derer, die bereits in entsprechende Prozesse einbezogen sind, als auch dort, wo dies noch nicht der Fall ist. Zwischen 80 und 95% der befragten Produktionsarbeiter (in unserer Untersuchung ging es nur um diese Gruppe) unterstrichen die ökonomischen Vorteile: Die Entwicklung der Arbeitsproduktivität, unsere Position auf dem Weltmarkt, die wachsende Erzeugnisqualität usw. Von etwa drei Viertel werden die positiven Wirkungen am Arbeitsplatz hervorgehoben: die Arbeit wird körperlich leichter, interessanter, Arbeitsbedingungen und Sicherheit am Arbeitsplatz verbessern sich. Von der gleichen Zahl wird wachsender Wohlstand und auch die Erhöhung des eigenen Einkommens mit dem wissenschaftlich-technischen Fortschritt in Verbindung gebracht. Gesellschaftlich negative Bewertungen des wissenschaftlich-technischen Fortschritts haben wir nicht angetroffen. Allerdings verweisen die in die Untersuchung einbezogenen Produktionsarbeiter auch auf Probleme. An der Spitze der Problemliste steht der z. T. erforderliche Kollektivwechsel – was im übrigen eine positive Bewertung erfahren muß, denn dieser Umstand belegt einen hohen Grad der Identifikation mit dem eigenen Kollektiv.

Diese Ergebnisse unterscheiden sich wesentlich von solchen aus kapitalistischen Ländern, wo die negativen Bewertungen des wissenschaftlich-technischen Fortschritts in letzter Zeit immer deutlicher überwiegen, was angesichts der wachsenden Arbeitslosigkeit und einen die Bedürfnisse der Werktätigen nur unzulänglich berücksichtigenden Einsatz moderner Technik verständlich wird.

Worin liegen nun die Wurzeln für die positiven Einschätzungen des wissenschaftlich-technischen Fortschritts in unserem Untersuchungsfeld. Sie sind in erster Linie durch die sozialen Erfahrungen derer geprägt, die schon an neuer Technik tätig waren und zu einem großen Teil auch an deren Einführung mitgewirkt haben. Diese sozialen Erfahrungen erstrecken sich auf folgende Faktoren:

1. die soziale Sicherheit im Sozialismus, die bei der Einführung neuer Technik jedem Werktätigen einen Arbeitsplatz sowie die Berücksichtigung seiner persönlichen Interessen garantiert;
2. die Umsetzung der Vorzüge des Sozialismus in entsprechende Leitungsmaßnahmen bei der Einführung neuer Technik, wie sie im Mansfeld Kombinat z. B. durch die sozialökonomischen Programme für die Gewinnung von Werktätigen für neue Aufgaben existieren (die Erfahrungen des Kombinates mit Umsetzungsprozessen aufgrund der Besonderheiten des Bergbaus spielen hier sicher auch eine Rolle);
3. die realen positiven Veränderungen bezüglich der Arbeitsinhalte und -bedingungen. Sie werden im allgemeinen an moderner Technik positiver eingeschätzt als an herkömmlicher Technik, was auch mit der Verbindung von Rationalisierungsmaßnahmen mit Maßnahmen der WAO zusammenhängt;
4. die weitgehende Einbeziehung der Betroffenen in die Umgestaltungsmaßnahmen bei der Einführung neuer Technik, so daß man eigentlich nicht von „Betroffenen" im Sinne von Menschen reden kann, über die etwas von außen hereinbricht, sondern von Werktätigen, die effektiv ihre Eigentümerfunktion wahrnehmen.

Damit ist auch die Vorgehensweise abgesteckt, die die weitere Ausprägung positiver Einstellungen zum wissenschaftlich-technischen Fortschritt fördert. Besonders den letzten Punkt halte ich für wichtig: die Einbeziehung der Werktätigen in Rationalisierungsmaßnahmen. Wir haben herausgefunden, daß die positiven Wirkungen auf die Arbeitsinhalte und auf die Mobilisierung der Werktätigen zu hohen Arbeitsleistungen nicht so sehr von der neuen Technik selbst ausgehen, wenn man sie als gegeben betrachtet, sondern vom Prozeß ihrer Einführung.

Wenn man auf die Differenzierungen in der Einstellung zum wissenschaftlich-technischen Fortschritt eingeht, stößt man auf weitere Einflußfaktoren, die wir kennen und in der Leitungstätigkeit bewußt nutzen müssen. Es sind dies die folgenden:

1. das Entwicklungsniveau der innerbetrieblichen sozialistischen Demokratie und damit der Ausprägungsgrad eines sozialistischen sozialen Klimas in den Kollektiven. Diejenigen Produktionsarbeiter, die dieses Ni-

veau als gut einschätzen, bewerten auch den wissenschaftlich-technischen Fortschritt positiver, und sie sind auch in höherem Maße bereit, entsprechende Maßnahmen zu unterstützen. Hier haben wir einen weiteren Beleg für die Wichtigkeit der Einbeziehung der Werktätigen in Umgestaltungsmaßnahmen und für die Wichtigkeit der sozialistischen Demokratie generell, die nach den Worten Erich Honeckers auf der Beratung mit den Ersten Kreissekretären unverzichtbarer Bestandteil unseres Lebens ist.

2. wird die Einstellung zum wissenschaftlich-technischen Fortschritt durch den Reifegrad des sozialistischen Verhältnisses zur Arbeit bei den einzelnen Werktätigen beeinflußt. Das Verhältnis zur Arbeit wurde dabei als eine synthetische Kennziffer für sämtliche arbeitsbezogenen Einstellungen und Verhaltensweise gemessen. Es zeigt sich: Werktätige, bei denen das sozialistische Verhältnis zur Arbeit stärker ausgeprägt ist, geben auch eine progressivere Bewertung des wissenschaftlich-technischen Fortschritts ab. Die Einstellung zum wissenschaftlich-technischen Fortschritt kann daher auch als eine besondere Seite der allgemeinen Arbeitseinstellung betrachtet werden.

Diese Feststellung ist m. E. insofern wichtig, da mitunter angenommen wird, spezifische Einstellungen haben immer spezifische Einflußfaktoren. Die Auffassung, Leistung hänge nur vom Stimulierungssystem ab, Qualifizierungsbereitschaft nur vom Qualifizierungssystem usw. ist einseitig. Spezifische Einstellungen, d. h. Einstellungen zu einer ganz bestimmten Verhaltensweise, sind Bestandteil der Gesamtpersönlichkeit des Menschen und von dieser nicht zu trennen. In unserem Zusammenhang heißt das:

Alles, was das Verhältnis zur Arbeit insgesamt positiv beeinflußt, also die Liebe zur Arbeit fördert, den Platz der Arbeit in den Wertorientierungen erhöht, eine sozialistische Arbeitsmotivation stärkt usw., all das prägt auch progressive Einstellungen zum wissenschaftlich-technischen Fortschritt.

Interessant ist in diesem Zusammenhang auch die Beziehung von Einstellung zum wissenschaftlich-technischen Fortschritt und Arbeitszufriedenheit. In der Literatur ist zum Teil die Feststellung zu finden, Arbeitszufriedenheit blockiere eine progressive Einstellung zum wissenschaftlich-technischen Fortschritt, denn wer mit seiner gegenwärtigen Arbeit zufrieden sei, wem seine jetzige Tätigkeit gefalle, der halte nichts von einer Veränderung. Unsere Untersuchungsergebnisse beweisen das Gegenteil. Zwar kann der oben genannte Fall hin und wieder eintreten (Unzufriedenheit mit der gegenwärtigen Tätigkeit kann auch ein Grund sein, an Rationalisierungsmaßnahmen mitzuwirken), aber generell gilt, daß Werktätige, die in ihrer Arbeit Befriedigung finden, dem wissenschaftlich-technischen Fortschritt positiver gegenüberstehen. Die Erklärung liegt m. E. darin, daß es vor allem die Menschen mit einem guten Verhältnis zur Arbeit sind, die von sich sagen, daß sie die Arbeit befriedige.

Wenn wir also Arbeitszufriedenheit nicht einengen auf ein spannungsfreies Verhältnis zwischen konkreten Tätigkeitsmerkmalen und dem Anspruchsniveau des einzelnen, sondern von „Befriedigung in der Arbeit“ als tief empfundenes Gefühl sprechen, dann fördert Arbeitszufriedenheit die Einstellung zum wissenschaftlich-technischen Fortschritt.

Ich möchte noch auf einige personbezogene Variable eingehen, die in unseren Untersuchungen mit der Einstellung zum wissenschaftlich-technischen Fortschritt korrelieren. Die verständlichste Korrelation besteht hier zum Qualifikationsniveau. Und zwar ist es vor allem die Einstellung zu den Qualifikationserfordernissen des wissenschaftlich-technischen Fortschritts, die mit dem bestehenden Qualifikationsniveau zusammenhängt. Diesen Qualifikationserfordernissen wollen stärker diejenigen Werktätigen entsprechen, die bereits eine höhere Qualifikation aufweisen. Es ist dies ein auch bei anderen Untersuchungen festgestelltes Verhaltensgesetz: je höher die Qualifikation (und Bildung), um so höher das Streben nach ihrer Erweiterung.

Was das Geschlecht angeht, so zeigt sich ein gleiches Niveau der allgemeinen Einstellung zum wissenschaftlich-technischen Fortschritt bei männlichen und weiblichen Produktionsarbeitern. Dieser Sachverhalt ist bemerkenswert. Er findet eine Parallele darin, daß sich auch hinsichtlich anderer Elemente der Arbeitseinstellung Frauen heute kaum noch von ihren männlichen Kollegen unterscheiden. Die Bildungspolitik unseres Staates, aber auch die wachsende Rolle der Frau in der sozialistischen Gesellschaft sind hierbei bedeutsam. Geht man allerdings ins Detail, dann treten – in unserem Untersuchungsfeld – Differenzierungen auf, und zwar einerseits hinsichtlich des Wissens um weitere Maßnahmen des wissenschaftlich-technischen Fortschritts im Arbeitsbereich und andererseits in bezug auf die Bereitschaft zur eigenen Weiterqualifizierung. Männer erreichen hier höhere Werte. Gewiß spielen dabei die familiären Aufgaben der Frauen eine Rolle.

Es ist in diesem Zusammenhang festzustellen, daß Männer weit stärker als Frauen an solchen Arbeitsplätzen tätig waren, wo es objektiv mehr Möglichkeiten gab, die Perspektiven des wissenschaftlich-technischen Fortschritts deutlicher zu erkennen und sich deshalb auch stärker zu engagieren. Wenn das soziale Leitungspotential der Frauen weiter erhöht und genutzt werden soll, dann sind weitere Analysen und auch Leitungsmaßnahmen erforderlich, die sich auf deren konkrete Arbeitssituation aus dieser Sicht beziehen.

Ein weiterer Faktor, der hier erwähnt werden soll, ist das Alter. Die hier nachweisbare Korrelation widerspricht ebenfalls einem Vorurteil, das hin und wieder gegenüber älteren Arbeitern anzutreffen ist. Eine progressivere Einstellung zum wissenschaftlich-technischen Fortschritt ist nach Untersuchungen bei den älteren Produktionsarbeitern ausgeprägter; andere mir bekannte Untersuchungen, die sich nicht nur auf Produktionsarbeiter beziehen, nennen die mittleren Altersgruppen als besonders aktiv. Parallel hierzu zeigen sich auch Einstellungen bei Werktätigen mit einem Betriebszugehörigkeitsalter von über 10 Jahren. Ältere Werktätige mögen vielleicht weniger spontane Begeisterung für das Neue aufbringen und zu radikalen Umstellungen bereit sein, aber sie identifizieren sich in der Regel stärker mit ihrem Betrieb und sind somit auch entsprechend an der erfolgreichen Lösung betrieblicher Probleme interessiert. Sie bringen große Berufserfahrungen in die Überlegungen zur Technikinnovation ein und haben meistens auch ein sicheres Urteil über die Verbesserungen am Arbeitsplatz, die mit dem wissenschaftlich-technischen Fortschritt unter sozialistischen Bedingungen einhergehen, einfach weil ihnen umfassendere Vergleichsmöglichkeiten zur Verfügung stehen. Ältere Werktätige stehen bei der Durchsetzung des wissenschaftlich-technischen Fortschritts keineswegs in der zweiten Reihe, oder anders herum: der wissenschaftlich-technische Fortschritt in seiner Gesamtheit ist eine Aufgabe aller Werktätigen, bei deren Bewältigung der Elan der Jugend voll zu nutzen ist.

Diese Feststellungen, das muß ich hier einfügen, beziehen sich besonders auf Untersuchungen im Mansfeld Kombinat, das heißt auf Produktionsprozesse in der Metallurgie. Bei der Büroautomatisierung ist die Problemlage – wie internationale Forschungen des Wiener Zentrums für Dokumentation und Information in den Sozialwissenschaften zeigen – eine etwas andere. Die Tätigkeiten von Angestellten verändern sich durch die moderne Bürotechnik z. T. so drastisch, daß völlig neue Bildungsinhalte entstehen, die älteren Angestellten Schwierigkeiten bereiten. Hier sind die Jüngeren im Vorteil.

Für den Beitrag habe ich das Thema relativ eng gezogen. Es ging um Einstellungen zum wissenschaftlich-technischen Fortschritt und damit um einige spezifische Aussagen zum subjektiven Innovationspotential in unserer Industrie, die helfen sollen, dieses Potential noch zielgerichteter zu nutzen.

Uwe Döhr

Motivierung der Leistungsbereitschaft zur Meisterung des wissenschaftlich-technischen Fortschritts

Ich möchte mich dafür bedanken, daß ich die Möglichkeit erhielt, hier an der Tagung des Wissenschaftlichen Rates für die wirtschaftliche Forschung bei der Akademie der Wissenschaften der DDR teilzunehmen.

Durch diese Tagung wird erneut bewiesen, welch große Bedeutung die Intensivierung, d.h. die Aufdekkung von Reserven und deren Nutzung für die Produktion hat. Auch in meinem Betrieb, dem VEB Schweißtechnik Finsterwalde, ist die Intensivierung von großer Bedeutung. Der VEB Schweißtechnik Finsterwalde ist in der DDR der einzige Produzent von Massenelektroden.

Wir produzieren jährlich mehr als 20000t Schweißelektroden für Schweißungen an unlegierten und niedriglegierten Stahlwerkstoffen. Der Bedarf der Wirtschaft unserer DDR an Schweißelektroden konnte von uns bisher nicht voll abgedeckt werden. Durch eine umfangreiche Marktforschung und Marktanalyse konnten auch die Exportleistungen auf dem NSW-Markt gesteigert werden. Das durfte jedoch zu keiner Minderung der Bedarfsdeckung im Inland führen. Unser Ziel bestand deshalb darin, schnellstmöglich eine Steigerung der Produktion zu erreichen, und zwar im 2. Halbjahr 1984 um 4 % und in den Planjahren 1985 bis 1987 um 13 %, so daß in 3½ Jahren eine Steigerung der Produktion um ca. 17 % erreicht wird.

Diese bedeutende Leistungssteigerung konnte allein durch eigene Kräfte nicht abgesichert werden. Aus diesem Grunde wandten sich die Parteileitung und der Betriebsdirektor mit der Bitte um Unterstützung an den Generaldirektor des Kombinates. Der Generaldirektor beauftragte das Ingenieurbüro für Rationalisierung, uns bei der Erschließung von Produktionsreserven zu unterstützen. Die Verantwortlichkeit zur Erschließung der Reserven blieb daher bei uns im VEB Schweißtechnik.

Für uns bestand also die gemeinsame Aufgabe, eine Intensivierung der Produktion zu erreichen, und zwar vorrangig durch einen besseren Arbeitskräfteeinsatz und eine Verbesserung der Organisation der Arbeit und der Produktion. Dadurch sollte eine Erhöhung der Schichtleistungen und eine Erhöhung des produktiven Zeitanteils in der Schicht erreicht werden. Ausgangssituation war die Fertigung unserer Elektroden auf 3 Fertigungslinien älterer Bauart und auf einer modernen Fertigungslinie, an der ich selbst in einer Jugendbrigade als 1. Pressenführer arbeitete.

Gemeinsam mit dem Ingenieurbüro wurden von uns und anderen Fachabteilungen Aufgaben vorbereitet und ein Arbeitsprogramm erarbeitet. Zur Realisierung der Aufgabe wurden 7 WAO-Arbeitsgruppen gebildet zu verschiedenen, in vorherigen Beratungen ausgearbeiteten Schwerpunkten bzw. Themen.

Einzelne Darlegungen möchte ich mir dazu ersparen, weil in der vorliegenden Broschüre zu Erfahrungen des Mansfeld Kombinates hinsichtlich der rationellen Nutzung des gesellschaftlichen Arbeitsvermögens durch umfassende Anwendung der WAO entsprechende Ausführungen enthalten sind.

Alle Arbeitsgruppen setzten sich aus Fachleuten und Produktionsarbeitern unseres Betriebes und aus Mitarbeitern des Ingenieurbüros zusammen. Die Anleitung und gegenseitige Abstimmung der Arbeitsgruppen erfolgte durch eine zentrale Arbeitsgruppe unter Leitung unseres Betriebsdirektors. Vor ihr haben die Leiter der Arbeitsgruppen in regelmäßigen Zeitabständen über den Stand und die Ergebnisse ihrer Arbeit berichtet.

In Auswertung der Untersuchungen wurden durch die gewissenhafte Arbeit aller Beteiligten große Reserven in der Produktion aufgedeckt, die bei der Planung des Maschineneinsatzes und der Arbeitskräfte berücksichtigt wurden.

Da wir vorher überzeugt waren, den Produktionsprozeß zu beherrschen und alles für die Realisierung bester Ergebnisse zu tun, überraschten uns die Werte der Arbeitsstudien:

- die tatsächliche Höhe der produktiven Auslastung z.B. an meiner Fertigungslinie betrug nur 61 %,
- der Umfang und die Ursachen der unproduktiven Zeiten waren z.B. 18 % Störungen, 8 % organisatorische Mängel, 5 % Rüstzeiten.

Nachdenklich stimmten uns die Vorschläge im Ergebnis der Studie, wie man durch Reduzierung der Stillstandszeiten zu Leistungssteigerungen in der Größenordnung kommen kann. Ein wesentlicher Gesichtspunkt dabei war die notwendige Verbesserung der Schichtübergabe bzw. das Zusammenspiel im eigenen Kollektiv und zwischen den Schichtkollektiven.

Jedes Kollektiv dachte bis zur gemeinsamen Untersuchung noch zu sehr an sich, es fehlte absolut die Arbeitsvorbereitung für die Folgeschicht. Das war früher auch in meinem Kollektiv so. Es gab keinen materiellen Anreiz dafür, die Verlustzeiten zu senken, da diese weitestgehend im Durchschnittslohn vergütet wurden.

Mit der Einführung der neuen Lohnformen nach den Prinzipien der Produktivlöhne wurde die Nutzung eines Teils bisheriger Verlustzeiten zur Produktion von Qualitätselektroden wirkungsvoll materiell angeregt.

Jede Erhöhung der produktiven Laufzeit unserer Anlagen wirkt sich heute steigernd auf unseren Lohn aus. Basis war die produktive Auslastung der Maschinen des Vorjahres einschließlich der seinerzeit ermittelten Warte- und Stillstandszeiten.

Auch die Instandhaltungskräfte wurden stärker an die Belange der Produktion herangeführt und materiell an einer hohen produktiven Auslastung der Maschinen interessiert.

Auf Mängel in der Qualitätsarbeit wurde mit mehr Konsequenz reagiert. Durch das neue Lohnsystem werden nur Gutproduktion bezahlt und Verstöße gegen die technologische Disziplin geahndet.

Insgesamt kann man aus heutiger Sicht einschätzen, daß in gemeinsamer Arbeit das Motto der uns seinerzeit vorgelegten Argumentation „Wer mehr leistet, soll auch mehr verdienen" in die Praxis umgesetzt wurde.

Am Anfang gelang es uns nur über Schrittmacherkollektive, die verbesserte Organisation in Verbindung mit den neuen Leistungsmaßstäben einzuführen. Gemeinsam mit den Kollektiven wurden die Leistungsmaßstäbe des Lohnsystems erarbeitet.

Im beiderseitigen Interesse wurden die Punkte

- produktive Anlagenlaufzeit,
- Qualität des Erzeugnisses,
- monatliche Gesamtleistung aller Schichtkollektive

festgelegt.

Nach einer in den einzelnen Kollektiven unterschiedlich langen Zeit erkannten wir alle die Bedeutung und auch die Vorteile der neuen Organisation und Lohnform. Es wurde begriffen, daß bei einer hohen Auslastung der Anlagen und bei durchgehender Qualität neben dem hohen Nutzen für die Volkswirtschaft auch ein persönlicher Nutzen, nämlich ein möglicher Mehrverdienst, eintritt.

Inzwischen wird das neue Lohnsystem in allen Bereichen unserer Produktion angewendet. Die Bilanz ist vielversprechend.

Wir haben Leistungsreserven in Höhe von 5 % bis zu 25 % an hochproduktiven Produktionsanlagen erschlossen. Es hat sich wieder einmal bewahrheitet, daß durch Überzeugung, Verbesserung der Arbeitsorganisation und durch den sinnvollen Einsatz ökonomischer Hebel ein großer Nutzen für die Gesellschaft und ein persönlicher Vorteil für jeden Werktätigen entsteht.

Die Durchsetzung dieser Lohnsysteme setzt eine sehr gute Produktionsvorbereitung in Form störungsfrei funktionierender Technologien, vorausschauender Produktionsplanung und Materialversorgung und einen richtigen Arbeitskräfteeinsatz voraus.

Auch aus diesem Grunde werden von unserer Technologie bereits jetzt mehr Forschungs- und Entwicklungsthemen bearbeitet, die technologische Veränderungen und eine Verbesserung der Fertigung zum Ziele haben.

Leistungssteigernd wirkte sich selbstverständlich auch der Einsatz von Bürocomputern und Industrierobotern aus. Als ein wichtiger Bestandteil der Rationalisierungsmaßnahmen sind auch Maßnahmen zur Gewährleistung des Gesundheits-, Arbeits- und Brandschutzes und der Verbesserung der Arbeits- und Lebensbedingungen zu nennen. In der WAO-Studie wurden deshalb auch die körperlichen Belastungen unserer Arbeitskräfte (überwiegend Frauen) an bestimmten Verpackungsanlagen ermittelt. Dabei wurde festgestellt, daß die Belastung viel zu hoch ist. Deshalb wurde der Einsatz einer automatischen Verpackungsanlage vorgesehen, die jetzt bereits in Betrieb ist und neben der Beseitigung der hohen Belastung auch ökonomisch gute Ergebnisse an Arbeitszeiteinsparung bringt.

Zusammenfassend kann festgestellt werden, daß

- eine Produktionssteigerung um die beabsichtigten 17 % ohne weitere Zuführung von Arbeitskräften zum Plan durchgeführt wird. Dadurch tritt eine Steigerung der Warenproduktion um mehr als 12 Mio M und eine Steigerung des Nettogewinns um mehr als 2 Mio M ein;
- durch technische Rationalisierungsmaßnahmen und Verbesserung der Arbeitsorganisation 45 Arbeitskräfte eingespart werden konnten;
- eine Einsparung von mehreren Mio M an Material durch Einführung neuer Sortimente, Materialaustausch und Verringerung der Verluste erfolgen wird;
- Importe in Höhe mehrerer Mio Mark für neue Fertigungsanlagen bisher nicht benötigt wurden und
- die Verbesserung der Arbeitsbedingungen durch Um- und Neugestaltung von 70 Arbeitsplätzen bis 1990 erfolgt.

Die vor uns liegenden Aufgaben erfordern eine sehr gute Zusammenarbeit der Techniker, Ökonomen, Arbeitsgestalter mit uns Produktionsarbeitern. Nur durch unsere gemeinsame Arbeit kann es gelingen, die noch verbleibenden langfristigen Maßnahmen der Studie gut umzusetzen und die uns vorgenommenen Kampfziele mit besten Ergebnissen zu realisieren.

In keinem Punkt aller Rationalisierungsmaßnahmen besteht die Gefahr, daß irgendein Kollege nicht mehr gebraucht wird. Im Gegenteil, durch sozialistische Rationalisierung wird die Arbeit interessanter und leichter, verlangt aber von uns allen, daß wir bereit sind, uns zu qalifizieren, um die neue Technik zu beherrschen und zu meistern.

Günter Schmunk

Sozialistischer Wettbewerb – Weg zur effektiven Nutzung des gesellschaftlichen Arbeitsvermögens

Die vorliegende Diskussionsorientierung halte ich für ein sehr anregendes Material, das vielfach Anlaß bietet, über arbeitsökonomische aber auch betriebswirtschaftliche Fragen der Nutzung des Arbeitsvermögens weiter nachzudenken. Mit Interesse habe ich das Material auch deshalb gelesen, weil es einige unserer Grundpositionen zum sozialistischen Wettbewerb bestätigt.

Die Situation ist doch so, daß die vollzogene Wende zur umfassenden Intensivierung, der gegenwärtige Stand und das hohe Tempo des wissenschaftlich-technischen Fortschritts sowie die Politik der Hauptaufgabe wachsende Anforderungen an die sozialistische Wirtschaftsführung, an die Kombinate und Betriebe sowie an alle Werktätigen stellen, mit vielfältigen Initiativen im sozialistischen Wettbewerb den wissenschaftlich-technischen, ökonomischen und sozialen Aufgaben gerecht zu werden. Die vom XI. Parteitag der SED bekräftigte und präzisierte ökonomische Strategie gibt mit ihren Schwerpunkten dem sozialistischen Wettbewerb auch weiterhin grundsätzlichen Inhalt und Orientierung für die schnelle Einführung und Meisterung von Schlüsseltechnologien. Die spürbare Zunahme der Wirksamkeit des sozialistischen Wettbewerbs für das Wirtschaftswachstum und die soziale Entwicklung in unserer Gesellschaft unterstreichen seine Bedeutung als gesetzmäßige Erscheinung der sozialistischen Produktionsweise und als sozialistisches Produktionsverhältnis. Seine weitere qualitative Entwicklung vollzieht sich im dialektischen Zusammenhang von Produktionsverhältnissen und Produktivkräften. In diesem Prozeß beweist er sich als Triebkraft für wirtschaftlichen Leistungsanstieg, wachsender Befriedigung materieller und kultureller Bedürfnisse sowie für Kollektiv- und Persönlichkeitsentwicklung.

Im Punkt 1. und 4. wird auf solche theoretischen Zusammenhänge und praktischen Konsequenzen für die inhaltliche und organisatorische Entwicklung des sozialistischen Wettbewerbs eingegangen. Das deckt sich weitgehend mit unseren Auffassungen.

Die Einheit von Wirtschafts- und Sozialpolitik als Hauptkampffeld erfordert mehr denn je, mit der Einführung moderner Schlüsseltechnologien den wissenschaftlich-technischen Fortschritt, das ökonomische Wachstum mit dem sozialen Fortschritt, mit der Verbesserung der Arbeits- und Lebensbedingungen zu verschmelzen.

Zweifellos ist das nach dem XI. Parteitag der SED mit neuen theoretischen und praktischen Fragen verbunden, die auch aus der weiteren Verwirklichung der ökonomischen Strategie resultieren. Das sind Fragen, die sich mit der stürmischen Entwicklung der Produktivkräfte, der weiteren Vergesellschaftung von Produktion und Arbeit sowie aus der weiteren Gestaltung des gesamten Kreislaufs der intensiv erweiterten Reproduktion ergeben. Sie sind zugleich aufs engste mit der Initiativ- und Wettbewerbsentwicklung verbunden, weil sie immer stärker ins Zentrum der Wettbewerbsführung rücken. Dadurch erhöht sich das Gewicht des sozialistischen Wettbewerbs erheblich. Worin äußert sich das?

Als Triebkraft des Sozialismus und als sozialistisches Produktionsverhältnis ist er Bewegungsform der Produktivkräfte, der in enger Verbindung und in Übereinstimmung mit einem reaktionsfähigen Plan den Spielraum schafft, der für die Entwicklung moderner Produktivkräfte in den Kombinaten und Betrieben unerläßlich ist. Die werktätigen Menschen als Hauptproduktivkraft sind Organisator und Träger des Wettbewerbs. Sie setzen durch ihre Arbeit die modernen Produktivkräfte als ihre Schöpfer in Bewegung, nutzen sie effektiv und entwickeln sie weiter. Sie nehmen damit und in diesem Arbeits- und Wettbewerbsprozeß vorausbedacht auf die Entwicklung und Vervollkommnung der Produktionsverhältnisse Einfluß. Damit beweist sich der Wettbewerb im sozialistischen Arbeitsprozeß als wesentliches Element der Dialektik von Produktivkräften und Produktionsverhältnissen. Er entspricht damit zugleich der Forderung des XI. Parteitages der SED, auch künftig die sozialistischen Produktionsverhältnisse so auszugestalten, daß sie die dynamische Entwicklung der Produktivkräfte im Interesse der Stärkung des Sozialismus fördern.

Das wachsende Gewicht des sozialistischen Wettbewerbs für die gesamtgesellschaftliche Entwicklung ist weiter gekennzeichnet durch das erfolgreiche Streben nach hohen wissenschaftlich-technischen Leistungen, die damit verbundene politische Aktivität und die persönlichkeits- und kollektivbildende Wirkung. Es wird vor allem deutlich, wenn man sich vor Augen hält, auf welche damit verbundenen Aufgaben die schöpferische Arbeit der Werktätigen im sozialistischen Wettbewerb konzentriert ist. Es geht um hohe wissenschaftlich-technische und ökonomische Leistungen, die eine große Herausforderung an das Schöpfertum und den Neuerergeist der Werktätigen darstellen.

Es geht darum, auf entscheidenden Gebieten Spitzenleistungen zu vollbringen, die den Weltstand bestimmen, Schlüsseltechnologien zu entwickeln und wirkungsvoll anzuwenden, hohe Neuerungsraten zu erreichen und das Wachstum der Produktion mit geringerem Aufwand an Arbeitszeit, mit einem absolut sinkenden Verbrauch an Rohstoffen, Material und Energie zu gewährleisten, mehr und bessere Konsumgüter zu produzieren; es geht um die Schwerpunkte der ökonomischen Strategie. Das ist eine große Herausforderung an das Schöpfertum und den Neuerergeist der Werktätigen im sozialistischen Wettbewerb.

Welche neuen Anforderungen an den sozialistischen Wettbewerb sind damit verbunden?

Der Verlauf des Wettbewerbs in den 80er Jahren zeigt, daß sich mit der umfassenden Intensivierung, mit der Orientierung des Wettbewerbs auf die Beschleunigung des wissenschaftlich-technischen Fortschritts qualitative Veränderungen und Entwicklungen im sozialistischen Wettbewerb vollziehen. Der Kurs auf qualitatives Wachstum aus Neuerungsprozessen, auf Wachstum der Effektivität, spiegelt sich wider in sich verändernden Inhalten, Kriterien und Organisationsformen des sozialistischen Wettbewerbs, die sich bereits deutlich abzeichnen und deren Herausbildung sich weiter verstärken wird.

Worin zeigt sich die Weiterentwicklung des sozialistischen Wettbewerbs, worin bestehen seine neuen Inhalte, Kriterien und Organisationsformen?

Zunächst zur Weiterentwicklung des Inhalts des sozialistischen Wettbewerbs. Sie liegt vor allem darin, daß sich die schöpferischen Initiativen zur Ausschöpfung von Effektivitätsreserven unter gegebenen technisch-technologischen Bedingungen immer stärker verbinden mit schöpferischen Initiativen zur Erschließung neuer Effektivitätsquellen aus Wissenschaft und Technik, aus neuen Technologien und neuen Erzeugnissen. Das ist verbunden mit der Verstärkung des Wettbewerbs in den effektivitätsbestimmenden Bereichen der wissenschaftlich-technischen Arbeit und der Anwendung und Realisierung ihrer Ergebnisse in der Produktion. Das Lösen anspruchsvoller wissenschaftlich-technischer Aufgaben und die Überführung neuer wissenschaftlich-technischer Lösungen in die Produktion ist bei allen Aufgaben, die wir in der Förderung des Wettbewerbs in der Forschungs- und Entwicklungsarbeit noch besser lösen müssen zu einem wichtigen und für unser ökonomisches Wachstum entscheidenden Wettbewerbsinhalt geworden. Ihre volle ökonomische Wirkung erreichen die Wettbewerbsinitiativen der produktionsvorbereitenden Kollektive aber nur in der organischen Verbindung mit den Wettbewerbsinitiativen der Produktionskollektive. Der ökonomische Nutzen aus der Einführung von Schlüsseltechnologien und Spitzenerzeugnissen ergibt sich erst durch ihre optimale Auslastung und qualifizierte Beherrschung im Produktionsprozeß. Der wachsende Trend zur flexiblen Automatisierung, zur Arbeit mit CAD/CAM-Systemen, im Prinzip aber jeder Schritt zur wissenschaftlich-technischen Rationalisierung zeigen, welche Bedeutung diese Fähigkeiten der Produktionskollektive für das Tempo und für die ökonomische Wirkung des wissenschaftlich-technischen Fortschritts haben. Die qualifizierte Beherrschung der Anlagen, gerichtet auf ihre maximale Verfügbarkeit und auf die Sicherung der Qualität der Erzeugnisse, werden immer stärker zum Wettbewerbsinhalt der Produktionskollektive. Das schließt auch technisches und arbeitsorganisatorisches Neuerertum zur Rationalisierung der Arbeit dieser Anlagen und der Arbeit mit ihnen ein. Kreativität ist also sowohl in Forschung, Entwicklung, Konstruktion und Leitung als auch in der unmittelbaren Produktion gefragt. So entwickelte sich der sozialistische Wettbewerb im untrennbaren Zusammenhang von Erneuerungs- und Optimierungsinitiativen immer stärker zum Wettbewerb der intensiv erweiterten Reproduktion.

Die Entwicklung der Wettbewerbsinhalte drückt sich aus in der Herausbildung neuer Kriterien der Wettbewerbsführung. Das vollzieht sich vor allem als konsequente Hinwendung zu den volks- und betriebswirtschaftlichen Effektivitätsgrößen der Produktion. Die ökonomische Wirkung des sozialistischen Wettbewerbs besteht immer mehr in seiner Wirkung auf den Zuwachs an Arbeitsproduktivität, verbunden mit der Erhöhung der Nettoproduktion, des Nettogewinns und der maximalen Bedarfsdeckung für die Volkswirtschaft, den Export und die Bevölkerung. Die Hauptkennziffern der Leistungsbewertung für die Kombinate und Betriebe werden immer konsequenter umgesetzt in konkrete, aufgabenbezogene Kriterien und Kennziffern der Wettbewerbsführung und besonders der Führung von Leistungsvergleichen im sozialistischen Wettbewerb. Die maximale produktive Auslastung der Anlagen und die Sicherung der Qualität, die Kostensenkung und die Gebrauchswerterhöhung, die Senkung des Produktionsverbrauchs und die Nutzung einheimischer Rohstoffe werden als qualitative Wachstumsfaktoren immer stärker zu herausragenden Wettbewerbskriterien, aus denen von den Kollektiven aufgaben- und prozeßspezifische Kennziffern der Wettbewerbsführung abgeleitet werden. Dabei gibt es in der Wettbewerbsführung die Erfahrung, daß es stets auch eine schöpferische Leistung der Kollektive und ihrer Leiter ist, jene Kriterien zu bestimmen, von denen die Effektivität der Lösung ihrer Arbeitsaufgabe abhängt und die sie in den Mittelpunkt ihres Wettbewerbs stellen. Die Tatsache, daß es sich bei der aufgabenbezogenen Bestimmung dieser Kriterien stets um eine schöpferische Leistung der Kollektive und ihrer Leitung handelt, zeigt, daß das Denken entsprechend den Erfordernissen der Intensivierung immer stärker zur Voraussetzung einer ökonomisch wirksamen Wettbewerbsführung wird. Deshalb besteht die wirksamste ideologische Arbeit für ein hohes Niveau der Wettbewerbsführung darin, in allen Kollektiven den wirtschaftswissenschaftlichen Inhalt der ökonomischen Strategie der SED begreiflich zu machen. Wie können wir unsere konkrete Produktions- und Arbeitsaufgabe am effektivsten, aber mit dem optimalen Verhältnis von Aufwand und Ergebnis lösen – das ist die ökonomische Grundfrage der Wettbewerbsführung in jedem Kollektiv.

Die Orientierung des Wettbewerbs auf Neuerungsprozesse und seine Führung auf der Grundlage von Effektivitätskriterien ist zwangsläufig mit einer Weiterentwicklung seiner Organisationsform verbunden. Das hängt mit der zunehmenden Herausbildung solcher betrieblichen und überbetrieblichen Organisationsformen der Arbeit zusammen, die eine enge Wechselwirkung zwischen geistiger und materieller Produktion gewährleisten. Auch die enger werdenden Zusammenhänge zwischen technologischer und organisatorischer Vorbereitung der Produktion, ihrer Durchführung und der Instandhaltung der Produktionsmittel wirken ein auf die Herausbildung neuer Organisationsformen des sozialistischen Wettbewerbs.

Der Wettbewerb wird zunehmend aufgaben- und prozeßbezogen organisiert und vereint damit Werktätige unterschiedlicher Bereiche zu einem Wettbewerbskollektiv. Dazu kommt, daß die Wirksamkeit von Wettbewerbsergebnissen eines jeden Kollektivs immer stärker von der Qualität der Wettbewerbsführung vor- und nachgelagerter Kollektive abhängt. Die Wettbewerbsführung muß also immer stärker im Zyklus Wissenschaft–Technik–Produktion–Arbeit koordiniert sein. All das drückt sich aus in der Entwicklung komplexer Organisationsformen des sozialistischen Wettbewerbs über Reproduktionsphasen und Organisationsstrukturen hinweg. Von ihrem Funktionieren wird zunehmend die Triebkraftwirkung des sozialistischen Wettbewerbs im intensiven Reproduktionsprozeß bestimmt. Grundlage dafür ist die mit dem wissenschaftlich-technischen Fortschritt verbundene wachsende Vergesellschaftung der Produktion und der Arbeit. Komplexe Formen des Wettbewerbs bewirken, daß sich dieser Vergesellschaftungsprozeß als Prozeß aktiver Gemeinschaftsarbeit zwischen Arbeiterklasse und Intelligenz in gemeinsamen und koordinierten Wettbewerbsinitiativen vollzieht. Auch damit spielt der Wettbewerb eine wichtige Rolle bei der Verbindung der Vorzüge des Sozialismus mit den Errungenschaften der wissenschaftlich-technischen Revolution.

Neue Erfordernisse und Erfahrungen werden in diesem Prozeß sichtbar. Welche sind es?

An erster Stelle möchte ich den Prozeß der weiteren Entfaltung der sozialistischen Demokratie in der Produktion auf der unabdingbaren Grundlage des demokratischen Zentralismus nennen. Durch die Dynamik der sozialistischen Volkswirtschaft auf der Basis moderner Schlüsseltechnologien, gekennzeichnet durch Reaktionsfähigkeit und Flexibilität sozialistischen Wirtschaftens, gestaltet sich die Demokratieentwicklung in der Produktion zu einem nicht einfachen und nicht unkompliziert beherrschbaren Prozeß. Zwei Komponenten, die sich in dialektischem Widerspruch befinden, sind stets aufs neue in Übereinstimmung zu bringen: die Herausbildung und Entwicklung sozialistischer Persönlichkeiten, die sich unter anderem durch verantwortungsbewußtes Handeln, schöpferisches selbständiges Denken und Mitwirken auszeichnen und die Einhaltung notwendiger Verhaltens- und Disziplinnormen, wie sie im modernen, arbeitsteiligen Produktionsprozeß sozialistischer Betriebe unerläßlich sind. Ersteres erfordert Handlungsspielraum und Entscheidungsfelder am Arbeitsplatz und im Kollektiv. Das zweite wirkt scheinbar gegenläufig und kann gegenläufig sein, wenn durch eine nicht zweckmäßige Organisation der Produktion und Arbeit bzw. durch einen stark reglementierenden Arbeitsstil oder nur durch „Spezialistenentscheidungen“ Einengung von Verantwortung und Mitwirkung gewissermaßen zwangsläufig eintritt. Entwicklung der sozialistischen Demokratie in der Produktion erfordert, die Fähigkeiten der Arbeiter für den wissenschaftlich-technischen Fortschritt voll zu nutzen. Positive Ergebnisse und Erfahrungen gibt es durch Werktätige in automatisierten Fertigungszellen und -systemen. Sie sind gekennzeichnet durch einen hohen Grad der Kollektivität in der Arbeit und der gegenseitigen Ersetzbarkeit an den einzelnen Arbeitsstationen. Das erfordert eine Zunahme der Qualifikation in Tiefe und Breite. Das führte z.B. im Roboterzentrum des VEB Magdeburger Armaturenwerke zu einer hohen zeitlichen Auslastung. Die CNC-Maschinen werden abwechselnd bedient und dadurch auch pausenbedingte Stillstandszeiten vermieden.

Nun ist der wechselseitige Zusammenhang zwischen Initiative und Schöpfertum einerseits und Qualifikationsniveau andererseits nicht neu. Die Einführung neuer Technik und Technologien – von CAD/CAM bis zu den jetzt vorhandenen differenzierten Stufen der Automatisierung, besonders ihrer flexiblen Formen – geben aber einigen Aufgaben neue Dimensionen und erweiterte Inhalte. Es sind nach unserer Ansicht 2 wesentliche Prozesse, die mit der Anwendung modernster Technik und Technologien auftreten und aus denen weiterreichende Anforderungen an Initiative und Qualifizierung entspringen.

Es ist *erstens* der Prozeß der Veränderung der Arbeitsinhalte. Diese Veränderung resultiert aus einer neuen Qualität der Arbeitsmittel und z. T. auch der Arbeitsgegenstände, aus einem sich wandelnden Verhältnis Mensch–Arbeitsmittel; und es ist *zweitens* der Prozeß der weiteren Vergesellschaftung von Produktion und Arbeit, der mit Änderungen der kooperativen Beziehungen der Werktätigen, wie verstärkte gegenseitige Abhängigkeit und Hilfe sowie Verflechtung ihrer Tätigkeiten durch tiefere Verflechtung aller Elemente der Produktion, einhergeht.

Ohne speziell bildungspolitische Fragen untersucht zu haben, können wir daraus eine u.E. bedeutsame Aussage für die objektbezogene Qualifizierung und Weiterbildung treffen: Die Verschmelzung von beruflich-fachlicher sowie politisch-ideologischer bzw. politisch-moralischer Qualifizierung muß konsequenter und schneller vorangebracht werden.

Es ist zu überlegen, ob es überhaupt auf die Dauer gut ist, sprachlich eine Trennung in beruflich-fachliche und politisch-ideologische Qualifizierung aufrechtzuerhalten.

Geht man von den Erfordernissen des intensiven Prozesses der Produktion und der Arbeit aus, dann wird die Durchdringung und Verschmelzung beider Seiten der Qualifizierung schon recht deutlich. Wahrnehmung von Verantwortung, Disziplin, Ordnung, hohe Arbeitsqualität, Fähigkeit zur Kooperation sind nicht nur allgemein Haltungsfragen, politisch-ideologische Einstellungen, sondern sie gehören untrennbar zum Tätigkeitsbild eines jeden Werktätigen und in besonders hohem Maße zu jenen, die in vorderster Reihe des wissenschaftlich-technischen Fortschritts stehen. Ihre Zahl wird sich in den nächsten Jahren progressiv entwickeln. Dieses Können und diese Kenntnisse müssen auch gelehrt, gelernt und geübt werden, sind Qualifizierungsaufgaben, die in zunehmendem Maße das qualitative Arbeitsvermögen beeinflussen. Man darf sagen:

- Qualifizierung kann keine Ermessensfrage des einzelnen sein, sie ist verbindlich, gegebenenfalls als Arbeitsaufgabe zu vereinbaren und als abrechnungspflichtige Planaufgabe zu behandeln;
- zur Sicherung eines gezielteren Bildungsvorlaufs sind anhand der längerfristigen Entwicklungskonzeptionen der Kombinate und Betriebe Kader- und Bildungsprojekte zu erarbeiten, die dann auch Grundlage der Kultur- und Bildungspläne der Gewerkschaften sind;
- aufbauend auf einer soliden Grundausbildung für eine Tätigkeit ist die Qualifizierung objektivbezogen sowohl theoretisch-schulisch als auch praktisch-betrieblich vorzunehmen.

Als Bestandteil der Arbeitsaufgabe wird somit Qualifizierung in zunehmendem Maße auch Initiativ- und Wettbewerbsgegenstand bzw. rücken Wettbewerbsverpflichtungen sowie Kultur- und Bildungspläne im Kampf um den Titel „Kollektiv der sozialistischen Arbeit" enger zusammen.

Nennen möchte ich als weiteres Erfordernis die wirkungsvoller werdenden Wechselbeziehungen zwischen der Leitung und Planung des relativ geschlossenen Reproduktionsprozesses der Kombinate sowie Betriebe und der Initiativentwicklung.

Alle bedeutenden Initiativen haben enge Beziehungen von Plan und Wettbewerb, von Arbeitsprozeß und Wettbewerb zur Grundlage.

Diese Initiativen sind darauf gerichtet, den Plan an jedem Tag, in jeder Dekade, zu jeder Zeit zu erfüllen und zu überbieten. Das entspricht ganz der Orientierung für qualitativ neue Schritte im sozialistischen Wettbewerb, Tempogewinn für einen weiteren Leistungszuwachs zu erreichen und dafür an jedem Arbeitsplatz, an jedem Tag das Beste in Menge und Qualität zu leisten und kontinuierlich zu produzieren.

Dafür stehen solche Erfahrungen und Beispiele, wie das tägliche Abrechnen der Planerfüllung und der Fehlerquote im Robotron-Elektronik Dresden, die öffentliche Auswertung des Anteils des einzelnen an den Hauptleistungen des Kollektivs und der Ausschluß- und Nacharbeitskosten im Industriewerk Karl-Marx-Stadt, die volle Ausnutzung der Arbeitszeit und ihre intensivere Nutzung im BMHW, Berlin, keine Pausenzeiten mehr für hochproduktive CNC-Maschinen im SKET und MAW, Magdeburg. Immer mehr Betriebe besinnen sich wieder bei der kurzfristigen Abrechnung der Wettbewerbsergebnisse auf die Rechentechnik bzw. werden durch rechnergestützte Arbeitsweisen dazu in die Lage versetzt, Wettbewerbsvorgaben flexibel und aktuell zu erhalten und Ergebnisse kurzfristig abzurechnen. Bei allem bleibt es aber beim Grundsatz, daß das wichtigste die lebensnahe politisch-ideologische Arbeit ist, die der Rechner unterstützt, aber niemals ersetzen kann.

Die Erfahrungen bestätigen, daß die Mitarbeit der Werktätigen bei der Rationalisierung, die Übernahme hoher Wettbewerbsverpflichtungen am stärksten durch eine Atmosphäre stimuliert wird, in der die Werktätigen spüren, daß ihre Fragen, Vorschläge und Anregungen herausgefordert und gewissenhaft behandelt werden. Von großem Gewicht ist die umfassende Entwicklung solcher Wettbewerbserfahrungen, die die persönliche Beziehung des einzelnen und des Kollektivs zu seinen Planaufgaben, die entsprechenden persönlichen Positionen und Verpflichtungen zum Inhalt haben. Dazu gehören vor allem die persönlichen und kollektiven Planangebote, die Initiativpläne der Meister, die Forscherkonten u.a. Entscheidende Prämisse für die Führung des sozialistischen Wettbewerbs bleibt, daß er stets konkret und überschaubar geführt wird, daß die Leistungen der Wettbewerbsteilnehmer wirklich miteinander verglichen und die besten Leistungen auch anerkannt werden.

Für den Wettbewerb im Hinblick auf die Entwicklung und Nutzung des gesellschaftlichen Arbeitsvermögens kann zusammenfassend folgendes gesagt werden:

1. Die weitere Vervollkommnung der sozialistischen Produktionsverhältnisse und die Entwicklung der Produktivkräfte erhöhen in wachsendem Maße die Rolle des subjektiven Faktors. Es ist vor allem die alles bewegende Hauptproduktivkraft Mensch, die in Wissenschaft, Technik und Produktion den wissenschaftlich-technischen Fortschritt beschleunigt hervorbringt, ihn technisch und ökonomisch umsetzt und mit hoher Effektivität verwertet. Das ist am besten möglich, wenn sich die politische Rolle und die demokratische Aktivität des einzelnen und der Arbeitskollektive weiter ausprägen. Das Hauptfeld ist die sozialistische Arbeit in allen Phasen des Reproduktionsprozesses und der mit ihr verbundene sozialistische Wettbewerb zur Beschleunigung des wissenschaftlich-technischen Fortschritts bei umfassender Intensivierung. Dieser Reproduktionsprozeß, seine Organisation und Leitung wird zunehmend von revolutionären Veränderungen durch Wissenschaft, Technik und Produktion beeinflußt. Diese Einflüsse sind von direkter Wirkung auf Initiativentwicklung und sozialistischen Wettbewerb, wodurch zugleich die Wirkungsbedingungen sozialistischer Demokratie im Produktionsprozeß berührt werden.

2. Die Herstellung der Einheit von Wissenschaft und Produktion und die Realisierung der Einheit von wissenschaftlich-technischem, ökonomischem und sozialem Fortschritt sind qualitative Merkmale umfassender sozialistischer Intensivierung. Sie schließen die schöpferischen Masseninitiative zur Hebung des wissenschaftlich-technischen Niveaus der Produktion notwendig ein. Das setzt neue, in vielem andere als bisher gewohnte inhaltliche, organisatorische und ideologische Anforderungen an die Führung des sozialistischen Wettbewerbs, und es verleiht ihm einen höheren Stellenwert für die ökonomische und politische Stärkung des Sozialismus und für die Ausprägung seines sozialen Wesens.

3. Eine Reihe qualitativer Veränderungen im Kreislauf der intensiv erweiterten Reproduktion erfordern höhere Aktivitäten auf allen Ebenen und in allen Bereichen der Betriebe durch gewerkschaftliche Leitungen und staatliche Leiter.

Solche qualitativen Veränderungen, die mit dem Plan beherrscht und mit dem sozialistischen Wettbewerb gefördert werden müssen, sind:

- die Entwicklung des Inhalts und der Bedingungen der Arbeit;
- die flexible Automatisierung unter Ausnutzung der Mikroelektronik und der Robotertechnik;
- hohe Rate der Erneuerung der Produktionssortimente, wodurch die Zielsetzung in den Hauptkennziffern der Leistungsbewertung der Kombinate und Betriebe durch eine in kürzeren Zeitabständen wechselnde Art und Anzahl von Arbeitsgegenständen und Erzeugnissen erreicht und überboten werden müssen;
- große Liefer- und Reaktionsfähigkeit sowie Flexibilität;
- kurzfristig dargebrachte Anwenderbedürfnisse und schnell wachsende Markterfordernisse engen den Planungshorizont hinsichtlich der konkreten Art und der Stückzahlen von Erzeugnissen ein. Einem Rückgang von Seriengrößen stehen Sortiments- und Variantenerweiterungen gegenüber. Die Wirksamkeit des Wettbewerbs der Arbeitskollektive und die Wettbewerbsfähigkeit der Betriebe und Kombinate be-

weist sich in der Liefer- und Reaktionsfähigkeit, in seiner Flexibilität;

- die Einführung und systematische Ausbreitung rechnergestützter Arbeitsweisen (CAD/CAM), wodurch prinzipiell der Reproduktionsprozeß besser beherrschbar gemacht und die Wettbewerbsorganisation auf eine neue Grundlage gestellt wird, indem eine quantitativ und qualitativ höhere Wettbewerbsbereitschaft geweckt und eine flexiblere, mit der wissenschaftlich-technischen und der Marktentwicklung planmäßig enger verbundene Führung und Organisation des Wettbewerbs durch gewerkschaftliche und staatliche Leitung notwendig wird.

4. Neu für das Initiativverhalten im sozialistischen Wettbewerb ist vor allem der mit der Intensivierung verbundene Umstand, daß die Suche nach den jeweils effektivsten Lösungen für Technologie- und Erzeugnisentwicklung, für Überleitungsprozesse und für die optimale Beherrschung und Ausnutzung eingeführter Technologien und Erzeugnisse technisches und organisatorisches Schöpfertum im Arbeitsprozeß an die erste Stelle individuellen und kollektiven sozialistischen Arbeitsverhaltens rückt und daß diese Eigenschaften dauerhaften und Massencharakter annehmen müssen, weil sie in Neuerungsprozessen immer wieder notwendig werden.

5. Wachsende Objekt- und Prozeßbezogenheit der Arbeit und des Wettbewerbs erhöhen die Rolle der Eigenaktivität der Arbeitskollektive für die Bestimmung der konkreten Wettbewerbsziele, -formen und -methoden, mit denen sie die höchste Effektivität ihrer Arbeit erreichen wollen. Damit gewinnt die Teilnahme der Werktätigen an der Leitung, Planung und Organisation der Produktion und der Arbeit als ein Wesenszug des sozialistischen Wettbewerbs erhöhte Bedeutung für seine ökonomische Wirkung im intensiven Reproduktionsprozeß. Es geht dabei um ein tieferes Erschließen der produktiven Potenzen der sozialistischen Demokratie im Betrieb. Das macht die weitere Qualifizierung der Zusammenarbeit von staatlicher Leitung und Gewerkschaften im Kombinat und Betrieb erforderlich.

6. Die Anwendung moderner Schlüsseltechnologien und die Automatisierung ganzer Produktionsabschnitte stellen neue Anforderungen und schaffen günstigere Bedingungen für das Zusammenwirken der Gewerkschaftsleitungen in den Betrieben und Kombinaten mit den entsprechenden staatlichen Leitern zur ökonomisch und sozial wirksamen Verbindung der staatlichen Leitung der Wirtschaftseinheiten mit der schöpferischen Initiative der Werktätigen entsprechend den Leninschen Wettbewerbsprinzipien. Rechnergestützte Arbeitsweisen in der Produktionsvorbereitung und Produktionsdurchführung, rechentechnisch aufbereitete Informationen, Planvorgaben und Abrechnungen objektivieren den Wettbewerb und können ihn kurzfristiger überschaubar machen.

7. Mit zunehmender Einführung rechnergestützter Arbeitsweisen zur Beherrschung des Reproduktionsprozesses, besonders in der Produktionsvorbereitung, bei der Quartals-, Monats- und Dekadenplanung für einen kontinuierlichen Planverlauf und eine erhöhte Reaktionsfähigkeit in der Plandurchführung werden hinsichtlich des Inhalts und des Zeitpunktes weiterreichende Anforderungen an den Informationsbedarf der BGL (AGL, Vertrauensmann) für die politisch-ideologische und organisatorische Arbeit zur Führung des sozialistischen Wettbewerbs gestellt. Bisherige Informationen über Teilnahme, Initiativformen, Mengenleistung, Qualität, AZE u.a. sind weiterhin bedeutsam, sind aber ergänzungsfähig durch Informationen über Auslastung moderner Grundfonds, produktive Laufzeiten, Neuerertätigkeit in automatisierten Anlagen, arbeitsplatzbezogene Qualifizierung, Initiativen zur Wartung und Instandhaltung u.a.m., die in Veränderung der gegenwärtigen Praxis (Nachlauf von einem Monat) unmittelbar nach Abschluß einer Dekade zur Verfügung stehen müssen, damit Gewerkschaften, Arbeitskollektive und ihre Leiter sofort auf Schwerpunkte und Veränderungen reagieren können, um durch Kontinuität Sonderschichten zur Aufholung von Rückständen überflüssig zu machen. Dazu wird es erforderlich, den spezifischen Informationsbedarf einer ZBGL, BGL, AGL, Gewerkschaftsgruppe zu ermitteln, der nicht aus den Informationen des staatlichen Leiters gedeckt werden kann und deshalb in die Informationsprojekte neu eingebracht werden muß.

8. Die Verschmelzung von sozialistischem Wettbewerb und Plan erhält unter den Bedingungen einer starken Dynamik der Erneuerung von Erzeugnissen und Technologien sowie der eingeleiteten Maßnahmen zur Vervollkommnung der Leitung, Planung und wirtschaftlichen Rechnungsführung einen besonders hohen Stellenwert.

Die Qualität der organischen Verbindung von Wettbewerb und Plan wird entscheidend davon bestimmt, wie es den gewerkschaftlichen Leitungen in den Betrieben und Kombinaten gelingt, die aktive Teilnahme und das schöpferische Mitwirken der Werktätigen in bewährten und neuen Formen bei der Vorbereitung und Ausarbeitung der Jahrespläne und Veredlungskonzeptionen zu erreichen.

Das ist um so bedeutsamer, je umfassender in den einzelnen Phasen des betrieblichen Reproduktionsprozesses moderne Rechentechnik und damit rechnergestützte Arbeitsweisen angewendet werden.

Für die Gewerkschaftsleitungen und ihre Zusammenarbeit mit den staatlichen Leitern entstehen in diesem Zusammenhang in Abhängigkeit von Art und Umfang der Einführung moderner Rechentechnik neue Aufgaben zur Entfaltung und Gestaltung demokratischer Aktivitäten, die unter anderem darin bestehen, den dialektischen Widerspruch zwischen hoher Disziplin und schöpferischer Mitwirkung und Entscheidung optimal zu lösen, indem die sich neu eröffnenden Mitwirkungsfelder für Wettbewerb und Neuerertätigkeit genutzt und erweitert werden.

Der aktiven und schöpferischen Mitwirkung der Werktätigen und Arbeitskollektive an der Leitung und Planung in den mit moderner Rechentechnik ausgestatteten Phasen des betrieblichen Reproduktionsprozesses ist im Wettbewerb ein höherer Stellenwert beizumessen.

Zum Schluß zwei Anmerkungen zum Diskussionsmaterial.

In dem Material wird die besonders wichtige Rolle des subjektiven Faktors in vornehmlich kreativen Prozessen wie Forschung und Entwicklung, in der

Leitung und Planung und ähnlichem hervorgehoben. Ausgangspunkt ist die Meisterung der neuen Etappe der wissenschaftlich-technischen Revolution. Soweit kann man zustimmen. Es ist aber darauf zu achten, daß damit keine Abwertung der Tätigkeit anderer Werktätiger assoziiert wird. Die volle Nutzung der Errungenschaften der wissenschaftlich-technischen Revolution in Gestalt der Automatisierung verlangt auch Kreativität im Produktionsprozeß. Die Bediener, Instandhalter, Programmierer sind bei der Vervollkommnung der modernen Technik und Technologie, ihrer immer besseren Nutzung durch Neuerer-, Rationalisatoren- und Erfindertätigkeit auch in bedeutendem Maße kreativ. Wichtig ist, daß sich Wissenschaft und Produktion sowie Produktion und Wissenschaft wirkungsvoll verbinden. Dabei dürfen wir m. E. nicht vergessen, daß überall in jedem Betrieb, auch dort, wo noch nicht Schlüsseltechnologien Einzug halten, Kreativität in der Rationalisierung gefragt ist und nicht nur beim Schaffen von prinzipiell Neuem.

Eine zweite Bemerkung möchte ich mehr als Frage stellen. Im Diskussionsmaterial wird die von uns schon oft gebrauchte Feststellung wiedergegeben, daß der Mensch bei der Automatisierung und mit CAD/CAM-Arbeitsstationen aus dem unmittelbaren Fertigungsprozeß heraustritt. Mir kommen bei diesem Bild Bedenken. Zum ersten muß dabei unterstellt sein, daß die Kategorie „Fertigungsprozeß" unverrückbar stabil und unwandelbar ist. Aber die materiell-technische Basis ändert sich, Strukturen und Organisationsformen unterliegen Veränderungen, Leitung und Planung und Produktion werden rechnergestützt, vieles wird neu definiert, vom Inhalt anders gesehen. Sollten dann die Ansichten über den Fertigungsprozeß, was er ist oder sein kann, traditionell bleiben? Es werden Kriterien genannt, die dieses Heraustreten charakterisieren. Der Mensch übernimmt produktionsvorbereitende Funktionen. Wer anders als Menschen haben das vorher getan? Der Mensch übernimmt steuernde, instandhaltende, kontrollierende Funktionen. Ist nicht das Betätigen eines Kreuzsupports, eines Revolverkopfes, die Getriebeschaltung an herkömmlicher Drehmaschine nicht auch Steuerung, wenn auch anderer, überwiegend manueller Art. Kontrolliert nicht jeder Arbeiter die Ergebnisse seiner Arbeit? Wäre es nicht Zeit, darüber nachzudenken, was Fertigungsprozeß bei rechnergestützter und rechnerintegrierter Fertigung ist, um zu sagen, daß der Mensch auf qualitativ andere, neue Art in diesem Produktions- und Fertigungsprozeß bleibt bzw. eintritt, dort seinen Platz hat. Dieses Bild könnte m. E. für die Motivation zur Bildung und Qualifizierung anregender sein und vor Auffassungen schützen, daß der Werktätige schließlich noch seine Arbeitsfunktionen auf Maschinen überträgt. Der Mensch ist Hauptproduktivkraft und bleibt es und als solche ist er außerhalb des Produktionsprozesses schwer vorstellbar.

Gerhard Radestock

Wechselbeziehungen und -wirkungen zwischen Betrieb und Territorium bei der Lösung der Probleme des gesellschaftlichen Arbeitsvermögens und der Aufgaben der territorialen Rationalisierung

Durch die höheren Maßstäbe des XI. Parteitages der SED und die Herausforderungen der ökonomischen Strategie unserer Partei erhalten die Anforderungen an die Leitung und Planung des gesellschaftlichen Arbeitsvermögens in unserem Kreis Hettstedt einen hohen Stellenwert.

Bei all dem, was wir uns vornehmen, müssen wir von der Tatsache ausgehen, daß wir die wachsenden Aufgaben nicht mit einer zunehmenden Zahl von Arbeitskräften in Angriff nehmen können. Daraus folgt, daß uns nur die Einsparung von Arbeitsplätzen durch modernste Technologien und WAO bleibt, um Arbeitskräfte für die bessere Auslastung der Grundfonds sowie für eine personelle Verstärkung des Handels, des Dienstleistungsbereiches und der medizinischen Betreuung zu gewinnen.

Die Maßnahmen der territorialen Rationalisierung des Kreises Hettstedt sind hinsichtlich des effektiven Einsatzes des gesellschaftlichen Arbeitsvermögens vorrangig gerichtet auf die

- Förderung der beschleunigten Anwendung wissenschaftlich-technischer Erkenntnisse und hocheffektiver Technologien;
- den beschleunigten Rationalisierungsmittelbau, den Einsatz von Robotern;
- die bessere Nutzung vorhandener Grundfonds;
- die Freisetzung von Arbeitskräften im Rahmen der Schwedter Initiative.

Die Durchsetzung dieser Maßnahmen ist um so wichtiger, da in unserem Kreis auf Grund der Spezifik der angesiedelten Betriebe, mit den Betrieben des Mansfeld Kombinates Wilhelm Pieck an der Spitze, volkswirtschaftlich wichtige Aufgaben zu realisieren sind. Ausgehend von dem, was sich in der politischen Führung und staatlichen Leitung des effektiven Einsatzes des gesellschaftlichen Arbeitsvermögens bewährt hat, bestehen folgende Arbeitsrichtungen in unserem Kreis:

- langfristige Konzeption zum Einsatz und zur Nutzung des gesellschaftlichen Arbeitsvermögens unter Beachtung gezielter Maßnahmen der Gewinnung und Lenkung von Arbeitskräften;
- territoriale Arbeitskräftesicherungskonzeption zur Bereitstellung von Arbeitskräften für volkswirtschaftliche Schwerpunktaufgaben;
- Organisation der Gemeinschaftsarbeit zwischen Betrieben, Einrichtungen und Genossenschaften auf der Grundlage der vom Kreistag beschlossenen langfristigen Grundlinie der territorialen Rationalisierung.

Die langfristig konzeptionelle Arbeit ermöglichte es bisher weitgehend, zweigliche Entwicklungserfordernisse mit den territorialen Entwicklungsmöglichkeiten in Übereinstimmung zu bringen.

Dabei wurde der Planungsprozeß dahingehend qualifiziert, Maßnahmen des effektiven Einsatzes als Bilanzentscheide einfließen zu lassen und diese als operatives Leitungsinstrument zu nutzen. Aus der Sicht der Schwedter Initiative bewirkten die in den vergangenen Jahren realisierten Maßnahmen bezüglich des effektiven Einsatzes des gesellschaftlichen Arbeitsvermögens in unserem Kreis unter anderem im Zeitraum von 1982 bis 1986 folgende Ergebnisse:

- 1658 Arbeitskräfte wurden freigesetzt und für andere Aufgaben gewonnen;
- 5284 Arbeitsplätze wurden um- und neugestaltet;
- 13,5% des Leitungs- und Verwaltungspersonals im Bereich der Industrie wurde reduziert;
- die Schichtarbeit im Bereich der Industrie konnte auf 51,1% und
- die Auslastung der hochproduktiven Anlagen auf 18,0h erhöht werden.

Unverzichtbar bei der Umsetzung der Aufgaben im Rahmen der Schwedter Initiative ist das Wirken der Abgeordneten. Dies bezieht sich auf die Arbeit der einzelnen Abgeordneten in den Betrieben und Kollektiven und das Wirken der Ständigen Kommission des Kreistages „Territoriale Rationalisierung" als Ganzes bei der Durchsetzung von Maßnahmen.

Besonders bewährt hat sich bei der Führung des Prozesses die Einbeziehung aller gesellschaftlichen Kräfte durch die Tätigkeit der Arbeitsgruppe des Rates „Effektive Nutzung des gesellschaftlichen Arbeitsvermögens" unter Leitung des Mitgliedes des Rates für Arbeit, dessen Wirken sich auf die Konzipierung und Schaffung sowie Durchsetzung von Maßnahmen der Schwedter Initiative, der Förderung der Eigeninitiative und der Wahrnehmung der eigenen Verantwortung bei allen Leitern orientiert.

Prinzip der Arbeit der Arbeitsgruppe ist es, auf aktuelle territoriale Aufgabenstellungen und Erfordernisse unmittelbar einzugehen.

Dabei sind

- die Einflußnahme auf Schichtarbeit und höhere Auslastung der Grundfonds,
- die Kontrolle und Unterstützung der Durchsetzung der Maßnahmen der Senkung der Fluktuation und der Ausfallzeiten,
- die Durchsetzung von Maßnahmen der WAO zur Realisierung der Freisetzung von Arbeitskräften und Gewinnung für neue Aufgaben,
- die Verallgemeinerung guter Erfahrungen in Form von Erfahrungsaustauschen

Schwerpunkte der Arbeit der Arbeitsgruppe „Effektive Nutzung des gesellschaftlichen Arbeitsvermögens".

Die Durchsetzung der Schwedter Initiative ist im Kreis Hettstedt ein komplexer Leitungsprozeß. So galt es zum Beispiel durch die VE-Handelsorganisation und die Kreiskonsumgenossenschaft Hettstedt Musterbeispiele für die Durchsetzung der Schwedter Initiative im Verantwortungsbereich des Handels im DDR-Maßstab zu schaffen. Durch die konsequente Durchsetzung der WAO konnte weiterhin im Bereich des Handels im Kreis Hettstedt ohne die Zuführung zusätzlicher Arbeitskräfte die Eröffnung einer Kaufhalle im III. Wahlkreis wirksam werden.

Im VEB Walzwerk Hettstedt stand bis 1986 die Aufgabe, 7 neue Produktionsbereiche zu profilieren. Eine Erhöhung des Arbeitskräftepotentials im VEB Walzwerk war aus territorialen und Effektivitätsgründen nicht möglich. Die zur Produktion erforderlichen Arbeitskräfte wurden im eigenen Betrieb durch abgestimmte Maßnahmen gewonnen. Die in den Beispielbetrieben gemachten positiven Erfahrungen, wie z. B. die Bildung einer zentralen Arbeitsgruppe, Förderung der Methode einer breiten Masseninitiative, Anleitung und Kontrolle der WAO-Arbeitsstäbe und -kollektive, Maßnahmen der Qualifizierung und Umsetzung der Werktätigen, wurden für das Territorium verallgemeinert. So gab der VEB Walzwerk Hettstedt als Führungsbeispiel schöpferisch Impulse für Klein- und Mittelbetriebe des Territoriums.

Neben der Nutzung der Erfahrungen des VEB Walzwerk wurden in unserem Kreis im Zusammenwirken mit der Kammer der Technik und der URANIA in Form von Lehrgängen fachliche Kenntnisse an Praktiker aus Klein- und Mittelbetrieben vermittelt. Im Ergebnis dieser Maßnahmen konnte z. B. 1986 die uns erteilte Auflage zur Gewinnung von 350 Arbeitskräften mit 100,3 % erfüllt werden. Durch diese Freisetzung von Arbeitskräften erfolgte unter anderem eine Zuführung zur Inbetriebnahme umprofilierter Produktionsbereiche, zur Erhöhung der Schichtarbeit und des Exportes sowie zur Realisierung des Rationalisierungsmittelbaus im VEB Walzwerk Hettstedt von 230 und in Klein- und Mittelbetrieben von 121 Arbeitskräften.

1986 wurde im Kreis Hettstedt eine kalendertägige Auslastung der hochproduktiven Anlagen von 18 Stunden, darunter im VEB Walzwerk Hettstedt von 18,6 Stunden, erreicht. In Zusammenarbeit mit dem Ingenieurbüro für Rationalisierung des VEB Mansfeld Kombinat wurde für den VEB Möbelwerk Mansfeld eine WAO-Studie des gesamten Produktionsprozesses und zur Auslastung des Grundfonds erarbeitet. Sie bildete die Grundlage für die Einführung der 3. Schicht in einem Produktionsbereich des Betriebes und damit zur Sicherung der Produktion von Profilleisten für die Möbelindustrie.

Die in unserem Kreis erreichte hohe Auslastung der Grundfonds wird durch territorial abgestimmte Maßnahmen, wie die Lösung von Wohnungsproblemen, Vergabe von Ferien- und Kurplätzen des FDGB, zuverlässige Berufsverkehrslösungen, Gestaltung von Öffnungszeiten der Kinder- und Handelseinrichtungen, umfassende Dienstleistungen und anderes mehr, unterstützt. Damit werden günstige Arbeits- und Lebensbedingungen geschaffen.

Ein weitere Schwerpunkt beim rationellen Einsatz des gesellschaftlichen Arbeitsvermögens ist die Nutzung des Arbeitszeitfonds. Aus diesem Grund bildete der Rat des Kreises unter meiner Leitung eine Arbeitsgruppe „Gesundheitsschutz der Werktätigen“ mit der Unterarbeitsgruppe „Sicherheitsinspektoren“, deren vorrangige Aufgabe darin besteht, eine produktive Zusammenarbeit zwischen den Ratsbereichen, den Einrichtungen des Gesundheitswesens, der Arbeitshygieneinspektion, der Arbeitsschutzinspektion und den Betrieben des Territoriums zu gewährleisten. Gleichzeitig werden alle Möglichkeiten der überbetrieblichen Zusammenarbeit, wie Erfahrungsaustausche, Durchführung von Schulungen, Berichterstattungen durch Schwerpunktbetriebe, operative Einsätze u. a., genutzt, um aktivierend und qualifizierend auf den Prozeß der Senkung der Ausfallzeiten einzuwirken.

Eine positive Tendenz ist in der Um- und Neugestaltung von Arbeitsplätzen mit einer Steigerung auf 148,6 % von 1985 zu 1986 sowie eine Reduzierung von Arbeitserschwernissen um ca. 32 % zu verzeichnen. Die komplexe betriebsärztliche Betreuung ist insgesamt für 15725 Werktätige abgesichert, was einem Betreuungsgrad von 52,5 % entspricht.

Die 1986 erreichten Ergebnisse beim effektiven Einsatz des gesellschaftlichen Arbeitsvermögens sind Ausdruck der Wahrnehmung der Verantwortung durch die gesellschaftlichen Kräfte, die örtlichen Räte, die Betriebe des Territoriums hinsichtlich der Aufgabenstellung der territorialen Rationalisierung. Zahlreiche überbetriebliche Initiativen trugen dazu bei, erschließbare Reserven zu gewinnen und Erfahrungen weiter zu vermitteln. Die Ausschöpfung und Nutzung der Erfahrungen der Betriebe des Mansfeld Kombinates Wilhelm Pieck bei der Anleitung von Klein- und Mittelbetrieben zur schrittweisen Einführung von Mikroelektronik, Robotertechnik, elektronischer Steuerungs- und Datenverarbeitungstechnik ist für die Klein und Mittelbetriebe ein produktiver Weg der Zusammenarbeit. So wird unter anderem zur Ausbildung von Lehrlingen und zur Qualifizierung von Facharbeitern das Roboterkabinett des VEB Walzwerk Hettstedt genutzt.

Zur Unterstützung bei der Vorbereitung und Durchführung der Planaufgaben Wissenschaft und Technik trägt die im April 1986 gebildete Anwendergemeinschaft „Rechnergestützte Arbeit“ bei. Durch sie wird der umfassende Einsatz der Computertechnik und die optimale Nutzung der im Territorium vorhandenen geistigen und materiellen Ressourcen organisiert und die Zusammenarbeit der Nutzer unterstützt.

Zur Erhöhung der Effektivität des Einsatz des Arbeitsvermögens sind durch den Rat des Kreises Hettstedt zukünftig folgende Maßnahmen verstärkt in Angriff zu nehmen:

1. Straffe Leitung, Koordinierung und Organisation der Gemeinschaftsarbeit zur Durchsetzung der Schwedter Initiative durch die Arbeitsgruppe des Rates „Effektive Nutzung des gesellschaftlichen Arbeitsvermögens“ unter Einbeziehung bestehender Arbeitsgruppen.

Dabei sind auf der Grundlage analytischer Tätigkeit betriebs- und objektkonkrete Maßnahmen festzulegen.

2. Erhöhung der Wirksamkeit der Leitfunktion des VEB Walzwerk Hettstedt zur Vermittlung von Erfahrungen bei der Anwendung der WAO gegenüber Klein- und Mittelbetrieben.

3. Wirksame Unterstützung der Klein- und Mittelbetriebe hinsichtlich der raschen Umsetzung des wissen-

schaftlich-technischen Fortschritts auf der Grundlage betrieblicher Konzeptionen. Dabei sind alle Formen der überbetrieblichen Gemeinschaftsarbeit, wie

- die Bildung von Interessengemeinschaften zur zielgerichteten Durchsetzung von Maßnahmen,
- Ausbildung und Qualifizierung von Kadern durch Fremdbetriebe sowie Durchführung von Lehrgängen zum disponiblen Einsatz der Kader,
- gegenseitige Information zur Nachnutzung vorhandener Lösungen, zu nutzen.

4. Unterstützung der Betriebe bei der Gewinnung von Arbeitskräften für die Lösung von Schwerpunktaufgaben zur Erhöhung der Schichtarbeit, zur Entwicklung des Rationalisierungsmittelbaus und des Exportes sowie der Konsumgüterproduktion durch abgestimmte Maßnahmen zwischen den Betrieben und den örtlichen Staatsorganen. Dabei sind gezielt der Rationalisierungsmittelbau einschließlich der Robotertechnik durch Leistungsvereinbarungen zwischen den Betrieben zum Abbau von Niveauunterschieden anzuwenden.

Mit der Bildung des Kooperationsrates „Mansfelder Land", dem neben dem Mansfeld Kombinat die Kreise Eisleben, Sangerhausen und Hettstedt angehören, beschreiten wir einen neuen Weg. Damit wird es möglich sein, fachspezifische Erfahrungen besser als in der Vergangenheit zu nutzen und eine Vertiefung der Komplexität der Arbeit zu erreichen.

Aufgabe der örtlichen Staatsorgane und deren Partner im Territorium ist es, Leistungs- und Effektivitätsreserven zu erschließen, Erfahrungen zu vermitteln, um mit Sachkunde, Ideenreichtum und Konsequenz die anstehenden Aufgaben zu lösen.

Horst Miethe

Sozialpolitische Aspekte der Entwicklung und rationellen Nutzung des gesellschaftlichen Arbeitsvermögens

Wie die ökonomische Strategie insgesamt, so ist auch die Entwicklung und rationelle Nutzung des gesellschaftlichen Arbeitsvermögens von der Einheit von Wirtschafts- und Sozialpolitik geprägt.

Hinsichtlich der Entwicklung und rationellen Nutzung des gesellschaftlichen Arbeitsvermögens sind diesbezüglich folgende Aspekte von Bedeutung.

Es ist vor allem notwendig

- mit der wachsenden Dynamik der Produktivkräfte Schritt zu halten, um im Wettlauf mit der Zeit an wichtigen Punkten im Interesse eines kräftigen wirtschaftlichen Wachstums und damit eines wachsenden materiellen und kulturellen Lebensniveaus Vorsprung zu erzielen;
- auch unter den Bedingungen der durch die Durchsetzung von Schlüsseltechnologien gekennzeichneten neuen Etappe der wissenschaftlich-technischen Revolution Vollbeschäftigung zu gewährleisten und den weiteren Ausbau der sozialen Sicherheit zu ermöglichen;
- wirksamer die qualitative Seite des gesellschaftlichen Arbeitsvermögens, das hohe Bildungs- und Qualifikationspotential der werktätigen Klassen und Schichten für den ökonomischen und sozialen Fortschritt zu nutzen und so der Persönlichkeitsentwicklung der Werktätigen neue Möglichkeiten zu erschließen;
- die Arbeitsbedingungen als Leistungsbedingungen und wesentlichen Teil des Lebensniveaus der Arbeiterklasse und aller anderen Werktätigen und die Arbeitsinhalte insbesondere mit Hilfe der Schlüsseltechnologien so zu verändern, daß sich das Wachstum der Produktivität und Effektivität der Arbeit und die Entwicklung der Individualität der Werktätigen, die Erhaltung und Förderung ihrer Gesundheit und Arbeitskraft noch spürbarer als einheitlicher Prozeß vollziehen;
- Leistungsvermögen, Leistungsbereitschaft und Leistungsverhalten entsprechend den Erfordernissen einer umfassenden Intensivierung zu entwickeln und zu stimulieren;
- die angesichts der Veränderungen in den Arbeitsanforderungen notwendige Disponibilität und Mobilität der Werktätigen planmäßig zu gewährleisten.

Das bedingt, die Entwicklung und Nutzung des gesellschaftlichen Arbeitsvermögens bei der umfassenden Intensivierung noch gezielter auch als sozialen Prozeß, als konkretes Handeln der Werktätigen, ausgehend von ihren sozialstrukturell determinierten Bedürfnissen und Interessen, zu gestalten.

Erstens entscheidet über die rationellste Nutzung des gesellschaftlichen Arbeitsvermögens unter den Bedingungen der neuen Etappe der wissenschaftlich-technischen Revolution mehr denn je die wichtigste Produktivkraft, der Mensch, der mit seinen Bedürfnissen, Interessen, Fähigkeiten, Motivationen und Leistungen die Innovationsprozesse trägt. Zweitens verändert die umfassende Intensivierung in neuen Dimensionen die Anforderungen an das Wissen, Können und Verhalten von immer mehr Werktätigen. Ihre umfassende Einbeziehung in die Planung und Realisierung dieser Veränderungen, die rechtzeitige Sicherung der erforderlichen Qualifikation und deren tatsächliche Nutzung, die progressive Veränderung von Arbeitsbedingungen und -inhalten sowie die gründliche Klärung aller sich für den einzelnen ergebenden sozialen Fragen werden immer deutlicher zu einer Grundvoraussetzung moderner technologischer Lösungen und ihrer hohen ökonomischen und sozialen Wirksamkeit. „Wir haben damit nicht nur die unmittelbaren ökonomischen Ergebnisse im Blick. Der technologische Fortschritt am Arbeitsplatz ist eine Erfahrung, welche die Überzeugung der Menschen von der guten Perspektive unserer sozialistischen Wirtschaft und Gesellschaft festigt."[1]

Untersuchungen in Kombinaten und Forschungsinstituten machen in diesem Zusammenhang unter anderem auf folgende Probleme aufmerksam:

1. Die rationelle Nutzung des gesellschaftlichen Arbeitsvermögens kann von einer zutiefst optimistischen Einstellung der Werktätigen zum wissenschaftlich-technischen Fortschritt und damit auch zur Durchsetzung von Schlüsseltechnologien ausgehen. Bei Befragungen in Kombinaten erklärten rund 94% der Werktätigen ihre Bereitschaft, die Realisierung technischer Veränderungen unter Berücksichtigung ihrer konkreten Möglichkeiten zu unterstützen. Zu den Wurzeln dieser Haltung gehört zweifellos die Erfahrung, daß wissenschaftlich-technischer Fortschritt beim Auf- und Ausbau der sozialistischen Gesellschaft in der DDR für jeden erlebbar mit Vollbeschäftigung, wachsendem Lebensniveau und sich verbessernden Bedingungen für die persönliche und familiäre Entwicklung einhergeht. Die hohe Bereitschaft zur aktiven Mitwirkung an der Durchsetzung des wissenschaftlich-technischen Fortschritts ist jedoch mit ebenso hohen Erwartungen an durch Wissenschaft und Technik initiierte Veränderungen in Arbeit und Freizeit vor allem in Gestalt sich verbessernder Arbeitsbedingungen und eines interessanteren Arbeitsinhalts verbunden. Und gerade hierfür schafft die Durchsetzung von Schlüsseltechnologien neue Voraussetzungen. Jedoch gibt es keine Automatisierung dergestalt, daß Innovationen von selbst zu progressiven sozialen Wirkungen in Hinblick auf das Arbeitsvermögen führen. Die Einheit von hoher ökonomischer und sozialer Wirksamkeit moderner Technologien erweist sich vielmehr auch in der neuen Etappe der wissenschaftlich-technischen Revolution als bewußt zu gestaltender, planmäßiger –

auch Widersprüche einschließender – Prozeß der Nutzung der sozialen Vorzüge der sozialistischen Produktionsverhältnisse. Dabei wird immer deutlicher, daß über diese Einheit bereits in Forschung und Entwicklung entschieden wird. Soziologische Untersuchungen zeigen jedoch zum Teil erhebliche Unterschiede im Rang, den Produktionsarbeiter, Leiter und Forschungskader progressiven sozialen Veränderungen als Ziel wissenschaftlich-technischen Fortschritts beimessen, und machen zugleich darauf aufmerksam, daß sich ein nicht unerheblicher Teil der Hoch- und Fachschulkader fachlich zur Zeit nicht ausreichend in der Lage sieht, in ihrer Arbeit Probleme der sozialen Entwicklung zu berücksichtigen. „Es muß die Erkenntnis vertieft werden", verlangt der XI. Parteitag der SED, „daß die naturwissenschaftlichen, technischen und technologischen Lösungen im Forschungsprozeß immer auch mit vielfältigen sozialen Erfordernissen und Wirkungen verknüpft sind."[2] Und er orientiert auf die stärkere Beachtung solcher Faktoren, wie Arbeitsinhalt, Arbeitsbedingungen, Bildung, soziale Beziehungen, Persönlichkeitsentwicklung, Gesundheit und Umwelt bereits in der Grundlagenforschung.

Die Erfahrungen zeigen, daß das dort am besten gelingt,

- wo die beabsichtigten sozialen Wirkungen moderner Technologien in Einheit mit ökonomischen Kennziffern zu den Zielstellungen ihrer Durchsetzung gehören,
- wo sie in Gestalt abrechenbarer Vorgaben in die Pflichtenhefte im Bereich Forschung und Entwicklung aufgenommen werden,
- wo bei Verteidigung der erbrachten Leistungen ein Nachweis über die erzielten sozialen Veränderungen verlangt wird,
- wo die Erfahrungen und Bedürfnisse der Werktätigen durch ihre aktive, über die Gewerkschaften vermittelte Einbeziehung in die Projektierung und Konstruktion der neuen Anlagen konsequent beachtet werden.

2. Im Ergebnis der zielstrebigen Wirtschafts- und Sozialpolitik wurde ein außerordentlich hoher Beschäftigungsgrad erreicht. In der DDR sind gegenwärtig rund 98 % der männlichen Bevölkerung und fast 92 %, in einzelnen Kreisen sogar 95 % der Frauen berufstätig. Ausgehend von diesem hohen und wohl nur noch in geringem Maße und territorial differenziert zu steigernden Beschäftigungsgrad folgt der Umfang des gesellschaftlichen Arbeitsvermögens stärker als zuvor der demographischen Entwicklung. Zugleich gewinnen für seine rationellste Nutzung vor allem Fragen der Alters- und Geschlechtsstruktur des Arbeitsvermögens in ihrer territorialen Differenziertheit an Gewicht:

Wenn sich insgesamt die Zahl der der Volkswirtschaft zur Verfügung stehenden Arbeitskräfte in den nächsten Jahren nur unwesentlich verändert, der Anteil der Bürger im arbeitsfähigen Alter mit leichten Schwankungen zwischen 64 bis 65 % der Bevölkerung liegt, so verläuft die Entwicklung des Arbeitsvermögens jedoch entsprechend der territorialen Differenzierungen im Alterungsprozeß der Bevölkerung und der Wanderungsbewegung in den einzelnen Bezirken der DDR recht unterschiedlich. Prognosen machen darauf aufmerksam, daß sich gerade in solch industriellen Ballungsbezirken und damit Schaltstellen ökonomischen Wachstums, wie Leipzig, Halle und Karl-Marx-Stadt, das Arbeitsvermögen rückläufig entwickeln wird.

In diesen Ballungsbezirken ist die erforderliche ökonomische Leistungssteigerung mit weniger Berufstätigen zu realisieren. Das erfordert, moderne Technologien nicht nur gezielt einzusetzen, um die notwendigen Erneuerungsraten der Produktion zu sichern, die Exportfähigkeit und -rentabilität zu erhöhen und die Versorgung der Bevölkerung zu verbessern, sondern mit ihrer Hilfe auch demographisch bedingte Entwicklungsprozesse des Arbeitsvermögens zu kompensieren. Dies wird um so dringlicher, als der Bedarf der nichtproduzierenden Bereiche an Arbeitskräften steigt, der nicht durch den wissenschaftlich-technischen Fortschritt in diesen Bereichen selbst kompensierbar ist. Weitere Anforderungen ergeben sich aus der zu erwartenden Veränderung in der Geschlechtsstruktur des gesellschaftlichen Arbeitsvermögens. Sie wird durch eine Zunahme des Anteils der männlichen Arbeitskräfte gegenüber der Abnahme der Zahl der weiblichen Arbeitskräfte gekennzeichnet sein und Fragen hinsichtlich der Besetzbarkeit von bisher traditionellen Frauenarbeitsplätzen aufwerfen.

Hinzu kommt, daß bis 1990 mit einem Rückgang der Zahl der Jugendlichen zu rechnen ist, die ins Arbeitsleben eintreten. Selbst der nach 1995 bis zum Jahr 2000 wieder zu erwartende Anstieg ihrer Zahl bleibt hinter dem Zuwachs der letzten 5 Jahre zurück.

Das bedeutet: Die mit der Beschleunigung des wissenschaftlich-technischen Fortschritts, der Entwicklung der Bedürfnisse und der internationalen Arbeitsteilung verbundenen volkswirtschaftlichen Strukturveränderungen können nicht über einen Zuwachs an Arbeitskräften, sondern nur über eine größere Mobilität des vorhandenen Arbeitskräftepotentials bewältigt werden. Sie schließt die Einsparung von unattraktiven, mit Expositionen verbundenen Arbeitsplätzen und den Wiedereinsatz der so gewonnenen Arbeitskräfte für eine bessere Auslastung der modernen Maschinen und Anlagen, eine effektivere Tätigkeit an höherwertigen Arbeitsplätzen bzw. für andere volkswirtschaftlich wichtige Aufgaben ein.

3. Soziologische Untersuchungen zeigen, daß die erforderliche Bereitschaft der Werktätigen, sich den damit verbundenen Anforderungen zu stellen, einesteils grundsätzlich vorhanden, andernteils jedoch hinsichtlich einzelner Erfordernisse einer umfassenden Intensivierung an ihr Leistungsverhalten unterschiedlich ausgeprägt ist:

- Die Bereitschaft, sich den Anforderungen der umfassenden Intensivierung zu stellen, wird davon beeinflußt, wie weitreichend ihr Einfluß auf die gewohnten sozialen Bedingungen in Arbeit, Familie und Freizeit ist. Nimmt die Bereitschaft zur Weiterbildung den vorderen Rangplatz ein, so folgen in abnehmender Reihenfolge die Bereitschaft zum Wechsel der Tätigkeit im Betrieb, zum Wechsel des Arbeitskollektivs, zum Wechsel der Arbeitsstelle, zum Wechsel des Berufs, zur Schichtarbeit und zum Wechsel des Wohnortes.
- Die Bereitschaft zu Veränderungen nimmt in all ihren

Formen mit zunehmendem Alter spürbar ab. Sie wird ganz offensichtlich durch die im Lebensalter zum Ausdruck kommenden spezifischen Lebenszyklen, sozialen Situationen und damit natürlich auch differenzierten Interessen bestimmt. So zeigt ganz eindeutig die Gruppe der 18- bis 25jährigen Werktätigen die größte Bereitschaft zur Anpassung an Veränderungen, die über die Arbeitsphäre hinausreichen, so an die Schichtarbeit, an Arbeits- und Wohnortwechsel.

- Die Bereitschaft, sich veränderten Erfordernissen im Arbeitsbereich anzupassen, wird in fast der Hälfte der Fälle mit der Erwartung bestimmter Bedingungen verknüpft. An der Spitze steht dabei ein interessanterer, den Fähigkeiten und Fertigkeiten entsprechender Inhalt der Arbeit. Dann erst folgen Fragen der materiellen Stimulierung, was zweifellos sowohl Ausdruck des erreichten hohen Niveaus sozialer Sicherheit als auch der gegenwärtigen Praxis der Stimulierung der Arbeitskräftebewegung ist. Es folgen Anforderungen an Verkehrsbedingungen und Wegezeiten, Wohnungsversorgung und die Berücksichtigung der familiären Situation. Sie machen auf die Notwendigkeit aufmerksam, noch wirksamer das notwendige gesellschaftliche Umfeld auch außerhalb des Produktionsprozesses für eine effektivere Tätigkeit zu schaffen.

4. Es gehört zu den historischen Vorzügen und grundlegenden sozialen Erfordernissen des Sozialismus, die rationelle Nutzung des gesellschaftlichen Arbeitsvermögens bei konsequenter Gewährleistung sozialer Sicherheit der Werktätigen zu realisieren. Zu den Anforderungen, die dies an die soziale Bewältigung der Mobilitätsprozesse durch die Kombinate selbst, aber auch an die Verbindung der Leitung und Planung sozialer Prozesse von Betrieb und Territorium stellt, zählen:

- den Wiedereinsatz der Werktätigen – und damit ihr Recht auf Arbeit – vor der Einsparung von Arbeitsplätzen zu sichern,
- den Wiedereinsatz an einem Arbeitsplatz zu ermöglichen, der vom Arbeitsinhalt her die Anwendung der vorhandenen Fähigkeiten gestattet und von den Arbeitsbedingungen her beanspruchungsoptimiert, leistungs- und persönlichkeitsfördernd ist,
- die Befriedigung grundlegender Bedürfnisse, z.B. nach Kommunikation, sozialem Kontakt, Teilnahme an der Leitung und Planung auch bei verändertem Arbeitsregime zu ermöglichen,
- die Werktätigen auf notwendige Veränderungen der Arbeitsaufgaben rechtzeitig vorzubereiten und alle erforderlichen Voraussetzungen im Betrieb und im Territorium zu schaffen, daß sie auch an einem neuen Arbeitsplatz bzw. unter veränderten Anforderungen ihr bisheriges Leistungsniveau halten und steigern können,
- bei der Vorbereitung und Realisierung von Veränderungen in den Arbeitsfunktionen die spezifischen Lebensbedingungen, Bedürfnisse und Interessen der in sie einbezogenen Gruppen der Werktätigen sorgfältig zu beachten.

Letzteres gilt insbesondere für Frauen mit Kindern, Werktätige in höherem Lebensalter, Un- und Angelernte sowie Geschädigte. So steigt im Ergebnis der demographischen Entwicklung z.B. territorial und zweiglich differenziert das Durchschnittsalter der Beschäftigten an, insbesondere erhöht sich der Anteil der Berufstätigen über 40 Jahre.

Arbeitsmedizinischen Erkenntnissen zufolge tritt aber ca. ab dem 40. Lebensjahr eine Wandlung des individuellen Arbeitsvermögens ein, die bei Nichtberücksichtigung zu Problemen bei der Bewältigung veränderter Arbeitsanforderungen an die Werktätigen führen kann. Dementsprechend gilt es, die neuen Technologien noch stärker für eine altersadäquate Gestaltung von Arbeitsplätzen zu nutzen, über veränderte Arbeitsanforderungen und -bedingungen einer Leistungswandlung entgegenzuwirken. Die Erfahrung der Kombinate bei der Durchsetzung neuer Technik zeigen, daß die altersbedingte Wandlung des Leistungsvermögens der Werktätigen (eingeschlossen ihre Mobilitäts- und Disponibilitätsfähigkeit und das Vermögen, auf automationsspezifische Arbeitsanforderungen zu reagieren) wesentlich von den konkreten Bedingungen und Anforderungen abhängt, die an die älteren Werktätigen gestellt werden. Mit Hilfe neuer Technologien die Arbeitsbedingungen als Leistungsbedingungen so zu gestalten, daß sie mit den spezifischen Bedürfnissen, Interessen und Wertorientierungen der älteren Werktätigen korrespondieren, wirkt nicht nur einer möglichen Leistungsminderung entgegen, sondern erhöht direkt deren Bereitschaft, veränderten Anforderungen zu entsprechen. Dabei lassen sich spezifische, die Durchsetzung von Schlüsseltechnologien fördernde Verhaltensweisen der älteren Werktätigen wirkungsvoll nutzen.

Und schließlich gilt es zu beachten, daß es – ausgehend von der Qualifikation, dem Alter, Geschlecht, dem Gesundheitszustand und der bisherigen Tätigkeit – innerhalb der Gruppen älterer Werktätiger selbst hinsichtlich des Umfangs und der Art und Weise ihrer Einbeziehungen in die Prozesse der wissenschaftlich-technischen Revolution unterschiedliche Interessen gibt, deren Beachtung die rationelle Nutzung des gesellschaftlichen Arbeitsvermögens fördert.

Anmerkungen

1 Erich Honecker, Di Aufgaben der Parteiorganisationen bei der weiteren Verwirklichung der Beschlüsse des XI. Parteitags der SED, Berlin 1987, S. 35.

2 Erich Honecker, Bericht des Zentralkomitees der SED an den XI. Parteitag der SED, Berlin 1986, S. 57.

Bert Warich

Entwicklungstendenzen gesellschaftlicher Arbeitszeitfonds

Die Erforschung von Gesetzmäßigkeiten in der Entwicklung gesellschaftlicher Arbeitszeitfonds ist eine aus den strategischen Orientierungen des Parteiprogramms der SED zur Entwicklung der Arbeitszeit abgeleitete Aufgabenstellung, die im Zusammenhang mit der weiteren Verwirklichung der Einheit von Wirtschafts- und Sozialpolitik an wirtschaftspraktischer Relevanz zunimmt.

In Übereinstimmung mit der im Rechenschaftsbericht an den XI. Parteitag der SED aufgestellten Forderung, die Arbeitsbedingungen immer günstiger zu gestalten, wie das eines sozialistischen Betriebes würdig ist, muß zur Erzielung höchster ökonomischer und sozialer Effekte in der Gestaltung der zeitlichen Arbeitsbedingungen ein wissenschaftlicher Vorlauf geschaffen werden.

Die zeitlichen Arbeitsbedingungen – Dauer und Lage der täglichen Arbeitszeit, Pausenregelungen, Regelungen über den Erholungsurlaub, über die Dauer der Lebensarbeitszeit u. a. – gewinnen mit dem wissenschaftlich-technischem Fortschritt an Bedeutung. Solche Fragen, wie die Gestaltung des Arbeitszeitregimes zur Erhöhung der zeitlichen Auslastung hochproduktiver Anlagen bzw. zur effektiven Nutzung von Bürocomputern, die Gestaltung von Pausenregelungen an Bildschirmarbeitsplätzen, die günstigste Gestaltung des Zeitregimes für Weiterbildungsmaßnahmen, sind ohne eine Bewertung und Planung der ökonomischen und sozialen Auswirkungen nicht zu lösen.

Die Anwendung von Wissenschaft und Technik schlägt sich einerseits in Arbeitszeiteinsparungen im volkswirtschaftlichen Reproduktionsprozeß nieder, was den Bedarf an Arbeitszeitfonds relativ verringert. Andererseits wird das Potential oder Aufkommen an gesellschaftlichen Arbeitszeitfonds durch sozialpolitische Maßnahmen auf dem Gebiet der Arbeitszeit reduziert. Beide Seiten stellen wichtige Elemente unserer Intensivierungsstrategie dar, sind jedoch durch außerordentliche Differenziertheit in der Beeinflussung des volkswirtschaftlichen Reproduktionsprozesses gekennzeichnet. Die Quantifizierung dieser Prozesse als Voraussetzung zu deren Planung ist ein objektives Erfordernis unserer gesellschaftlichen Entwicklung.

Gegenwärtig werden drei gesellschaftliche Arbeitszeitfonds direkt oder indirekt in den volkswirtschaftlichen Planungsprozeß einbezogen. Das sind:

1. Die potentiellen Arbeitszeitfonds der Berufstätigen, vermittelt dargestellt im Verhältnis von VbE zur Anzahl der Personen;
2. die nominellen Arbeitszeitfonds und
3. die tatsächlichen Arbeitszeitfonds innerhalb der Arbeitszeitbilanz, die auf allen Leitungsebenen geplant und abgerechnet wird.

Die Entwicklung und der Umfang der gesellschaftlichen Arbeitszeitfonds sind außer von der Entwicklung der Anzahl der Berufstätigen von folgenden formalisierbaren, damit statistisch erfaßbaren, zeitlichen Einflußfaktoren abhängig:

- von der Entwicklung der gesetzlichen Arbeitszeit (TLG),
- von den Kalenderarbeitstagen (TLK),
- von der Entwicklung der Inanspruchnahme der gesetzlichen Normalarbeitszeit (TLN/TLG),
- von der Entwicklung der produktiven Nutzung der nominellen Arbeitszeit (TLT/TLN).

(TLN = nominelle Arbeitszeit,
TLT = tatsächliche Arbeitszeit).

Diese Darstellung der Einflußfaktoren auf die Entwicklung der gesellschaftlichen Arbeitszeitfonds macht deutlich, daß sich alle Veränderungen in den zeitlichen Arbeitsbedingungen, z. B. die Veränderung der Dauer der gesetzlichen Normalarbeitszeit, des Erholungsurlaubs, der Pausenregelungen oder andere gesetzliche Arbeitszeitregelungen auf das Volumen der gesellschaftlichen Arbeitszeitfonds auswirken.

Neben diesen vorwiegend ökonomischen Wirkungen der Veränderung der zeitlichen Arbeitsbedingungen resultieren auch bestimmte Rückwirkungen aus den verbesserten zeitlichen Arbeitsbedingungen, die sich in verändertem Reproduktionsverhalten der Werktätigen äußern und die ökonomischen Auswirkungen der Verringerung der gesellschaftlichen Arbeitszeitfonds abschwächen.

Diese funktionalen Wechselwirkungen von ökonomischen und sozialen Wirkungen wurden für den Zeitraum 1970 bis 1983 zunächst für die produzierenden Bereiche der Volkswirtschaft insgesamt quantifiziert und ein allgemeiner Vergleich zur Entwicklung der Berufstätigen angestellt. In den produzierenden Bereichen wurde im Analysezeitraum ein durchschnittlich jährlicher Zuwachs an Berufstätigen (in Personen) von 0,35 % realisiert. Wenn man diesen Zuwachs an Berufstätigen in Personen umrechnet, in die durch sie repräsentierten gesellschaftlichen Arbeitszeitfonds, ändert sich das Bild. Dafür sind zwei Faktoren verantwortlich:

Neben dem absoluten Rückgang an Berufstätigen in den Jahren 1970 bis 1972 wurde

1. durch die Verkürzung der gesetzlichen Arbeitszeit für berufstätige Mütter und Schichtarbeiter (1972 und 1977) das Arbeitszeitpotential der Berufstätigen in der DDR um durchschnittlich jährlich 0,11 % reduziert;

2. wenn man die Verbesserung der zeitlichen Arbeitsbedingungen durch Erhöhung des Erholungsurlaubs und Verbesserung der Reproduktionsbedingungen für berufstätige Mütter einbezieht (1977, 1979, 1981), erhält man die Aussage, daß sich die gesellschaftlichen Arbeitszeitfonds, die in den volkswirtschaftlichen

Reproduktionsprozeß eingesetzt werden konnten, trotz durchschnittlich jährlichem Wachstum an Berufstätigen von 0,35% insgesamt um durchschnittlich jährlich 0,10% reduziert haben.

Damit ist in den produzierenden Bereichen der Volkswirtschaft bereits viel früher als ausgewiesen, mit einem sinkenden Quantum an lebendiger Arbeit, das Leistungswachstum realisiert worden.

Man kommt also mit der Bewertung des Arbeitsvermögens in Form der gesellschaftlichen Arbeitszeitfonds zur genaueren und differenzierteren Erfassung der lebendigen Arbeit und es ergibt sich die Möglichkeit für differenzierte Leitungsentscheidungen auf diesem Gebiet.

Neben volkswirtschaftlich relevanten Aussagen über allgemeine Entwicklungstendenzen ergab die Analyse von Industriebereichen mit besonderen Leistungsanforderungen an das Arbeitsvermögen, wie es z. B. im Bereich Erzbergbau, Metallurgie, Kali (EMK) der Fall ist, Aufschlüsse über spezifische Entwicklungstendenzen.

Die Quantifizierung der Prozesse und deren Auswertung im Industriebereich EMK erfolgte in enger und produktiver Zusammenarbeit mit dem Arbeitswissenschaftlichen Zentrum des EMK, in Hinblick auf eine leitungsseitige Anwendung in den Kombinaten des Industriebereiches.

Insgesamt ist im Bereich EMK ein Zuwachs an gesellschaftlichen Arbeitszeitfonds zu verzeichnen. Dabei resultiert der Zuwachs im Gesamtzeitraum aus der Erhöhung der Anzahl der Arbeiter und Angestellten. Sowohl die Entwicklung der gesetzlichen Arbeitszeit, die Entwicklung der Teilzeitarbeit und die Nutzung der nominellen Arbeitszeit, insbesondere durch die Erhöhung des Erholungsurlaubs, wirkten sich reduzierend aus, jedoch mit unterschiedlicher Intensität.

Auffällig im Bereich EMK ist die überdurchschnittliche Beeinflussung der Arbeitszeitfonds durch die Verkürzung der gesetzlichen Arbeitszeit, hervorgerufen durch den hohen Anteil an Schichtarbeitern, und die gleichzeitig hohe produktive Nutzung der nominellen Arbeitszeit, die fast ausschließlich durch Senkung des Krankenstandes erzielt wurde. Neben umfangreichen Leitungsmaßnahmen auf diesem Gebiet weist die Statistik eine Verbesserung des Krankenstandes, bezogen auf die Anzahl der Krankheitsfälle je Werktätiger, für die im 3- und durchgängigen Schichtsystem Tätigen aus, nachdem die Arbeitszeit für diese Werktätige im Jahre 1977 reduziert wurde. Die Verringerung des Krankenstandes stellt damit m. E. eine partielle soziale Rückwirkung auf die Verbesserung der zeitlichen Arbeitszeitbedingungen der Schichtarbeiter dar.

Auf Grundlage umfassender Analysen der zeitlichen Einflußfaktoren auf die Entwicklung der gesellschaftlichen Arbeitszeitfonds lassen sich Aussagen treffen, die das tendenzielle Verhalten der gesellschaftlichen Arbeitszeitfonds in bezug auf arbeitszeitverkürzende Maßnahmen charakterisieren.

1. Allgemeine Arbeitszeitverkürzungen reduzieren zunächst das Arbeitszeitpotential der Volkswirtschaft. Sie wirken aber auch in der Richtung, daß ein Teil der Arbeitszeitfondsverluste durch höhere Inanspruchnahme der gesetzlichen Normalarbeitszeit ausgeglichen wird. Dieser Zusammenhang konnte im Analysezeitraum nur partiell nachgewiesen werden, da eine allgemeine Arbeitszeitverkürzung nicht durchgeführt wurde. Es gab aber

2. arbeitszeitverkürzende Maßnahmen, die die Verbesserung der Reproduktionsbedingungen von berufstätigen Müttern mit zwei oder mehr Kindern und von Schichtarbeitern zum Inhalt hatten. Die Auswirkungen dieser Maßnahmen auf die Entwicklung der gesellschaftlichen Arbeitszeitfonds bestätigen die allgemeine Tendenz, indem Wirkungen in zwei Richtungen auftraten:

- Stimulierung einer höheren Inanspruchnahme der gesetzlichen Normalarbeitszeit bei den berufstätigen Müttern, was in einem tendenziellen Sinken der Teilzeitbeschäftigten zum Ausdruck kommt.
- Abschwächung der Arbeitszeitfondsverluste durch Verringerung der Ausfallzeiten infolge von Arbeitsbefreiungen durch ärztliches Attest, signifikant in Bereichen mit einem hohen Anteil von Schichtarbeitern.

Dieses im Ergebnis der Analyse quantifizierte durchschnittliche jährliche Entwicklungsverhalten der gesellschaftlichen Arbeitszeitfonds beschreibt insgesamt einen tendenziellen Rückgang der verfügbaren Arbeitszeitfonds.

Eine steigende Produktion bzw. ein wachsendes Nationaleinkommen kann damit nur durch Zeitgewinn auf Grundlage steigender Arbeitsproduktivität erreicht werden.

Zeitgewinn unter den Bedingungen umfassender Intensivierung kann nur bedeuten, daß die Steigerung der Arbeitsproduktivität sowohl einen Zuwachs an Nationaleinkommen als auch disponible Zeitfonds für die Gesellschaft und jedes einzelne Mitglied schafft. Dabei gilt es zunächst, die vorhandenen gesellschaftlichen Arbeitszeitfonds so bewußt und umfassend wie möglich zu nutzen. Im folgenden soll im Interesse der Schaffung theoretischer und praktischer Grundlagen zur Herstellung der Verbindung zwischen Arbeitszeit- und Arbeitsproduktivitätsplanung der Ansatz eines entsprechenden Modells vorgestellt werden. Den Ausgangspunkt bildet der Ansatz zur Darstellung der Abhängigkeit der Entwicklung der tatsächlichen gesellschaftlichen Arbeitszeitfonds von den verschiedenen bereits genannten Faktoren:

Entwicklung der gesetzlichen Arbeitszeit, Anzahl der Kalenderarbeitstage sowie die Nutzungsgrade der Arbeitszeit. Diese Faktoren wurden zu einer linearen Funktion verknüpft, die zunächst alle Zeitfaktoren in Form von Wachstumsdeterminanten bezogen auf die tatsächlichen Arbeitszeitfonds definierte. Diese Funktionsgleichung wurde mit der Kennziffer Arbeitsproduktivität auf Basis Nettoproduktion, als eine unabhängige Variable, beiderseitig erweitert. Durch sinnvolle Aggregation dieser Gleichung erhält man eine Determinantengleichung, die die Arbeitsproduktivitätssteigerung in Abhängigkeit von allen Einflüssen auf die Arbeitszeit und deren Nutzung darstellt.

In Anwendung dieses Modells konnten die volkswirtschaftlichen Auswirkungen (AP, NE) der im Zeitraum 1970 bis 1983 getätigten Veränderungen auf dem Gebiet der zeitlichen Arbeitsbedingungen ermittelt werden, ebenso wie es damit möglich wird volkswirtschaftliche

Aufwendungen an Arbeitszeit, Nationaleinkommen für solche geplanten Maßnahmen zur prognostizieren.

Dieses Modell kann damit einen Ansatz bilden, um

1. ökonomische Konsequenzen einer intensiveren Nutzung der Arbeitszeit zu verdeutlichen,
2. langfristig die Entwicklung der Ressource Arbeitszeit zu quantifizieren,
3. in Verwirklichung der Einheit von Wirtschafts- und Sozialpolitik geplante Entscheidungen auf dem Gebiet der zeitlichen Arbeitsbedingungen in ihren volkswirtschaftlichen Wirkungen erfaßbar zu machen.

Jürgen Wahse

Arbeitszeit und wissenschaftlich-technischer Fortschritt

1. Arbeitszeit als Komponente des gesellschaftlichen Arbeitsvermögens

Das gesellschaftliche Arbeitsvermögen wird in seinem Umfang und seiner Struktur von einer Vielzahl ökonomischer, demografischer und sozialer Prozesse beeinflußt.

Der Begriff des gesellschaftlichen Arbeitsvermögens ist sehr komplex und muß für gezielte reproduktionstheoretische Forschungen differenziert betrachtet werden. Als wichtigste Komponenten innerhalb des gesellschaftlichen Arbeitsvermögens können angesehen werden:

- Zahl und Struktur der Beschäftigten (in Abhängigkeit von Bevölkerungsentwicklung; Altersstruktur; Beschäftigtengrad der Männer, Frauen und Rentner; Teilzeitbeschäftigung; Länge und Umfang der Ausbildung; gesetzliches Rentenalter);
- Qualifikationsniveau der Beschäftigten (damit verbunden sind die Fragen der Qualität der Ausbildung; des qualifikations- und berufsgerechten Einsatzes der Beschäftigten; Form, Inhalt und Umfang der Weiterbildungsmaßnahmen; Disponibilität);
- gesetzliche Arbeitszeit (in Abhängigkeit von der Wochenarbeitszeit; Länge des Urlaubs; Zahl der arbeitsfreien Tage; sozialpolitisch begründeten Arbeitszeitregelungen);
- Arbeitsintensität (in Abhängigkeit von Ausfallzeiten wie Krankenstand, Auslastung der Arbeitszeit, Stillstands- und Wartezeiten; von Qualität und Quantität der Arbeitsnormen; von den Reproduktionsbedingungen der Arbeitskraft).

Diese vier Komponenten sind in vielfältiger Hinsicht miteinander verflochten, voneinander abhängig, bedingen sich in ihrer Entwicklung und können sich auch gegenläufig verhalten. Bei einer Analyse der Einflußfaktoren des Nationaleinkommens zeigt sich, daß innerhalb des Arbeitsvermögens die Arbeitszeitentwicklung und nicht die Beschäftigtenentwicklung die Entwicklung des Nationaleinkommens am nachhaltigsten beeinflußt hat.

Das Arbeitszeitvolumen im produzierenden Bereich ist von 1955 bis 1980 ständig zurückgegangen, obwohl die Beschäftigtenzahl in verschiedenen Perioden dieses Zeitraumes (vor allem nach 1970) gewachsen ist. Dieser Rückgang ist darauf zurückzuführen, daß die verschiedensten Maßnahmen der Arbeitszeitverkürzung stärker wirkten, als der Beschäftigtenzuwachs (vgl. Tabelle 1).

Die Beziehung zwischen dem Nationaleinkommen und seinen entscheidenden Faktoren – der Arbeitsproduktivität und dem Arbeitszeitvolumen – ist einer der wichtigsten ökonomischen Zusammenhänge. Er zeigt, daß jede Verringerung der Arbeitszeit (die Beschäftigtenanzahl und die Arbeitsproduktivität einmal als konstant vorausgesetzt) zu einer Verminderung des materiellen Reichtums führt.

Tab. 1
Jahresdurchschnittliche Veränderung wichtiger Kennziffern des gesellschaftlichen Arbeitspotentials (in Prozent)

Zeitraum	Beschäftigte im produzierenden Bereich	Arbeitsstunden je Beschäftigten	Arbeitszeitvolumen im produzierenden Bereich	Nationaleinkommen je Arbeitsstunde	Nationaleinkommen	Nationaleinkommen je Beschäftigten im produzierenden Bereich
	1	2	3	4	5	6
1955–1960	−0,4	−0,0	−0,4	+7,6	+7,2	+7,6
1960–1965	−0,3	−0,6	−0,9	+4,4	+3,5	+3,7
1965–1970	+0,0	−1,2	−1,2	+6,5	+5,3	+5,2
1970–1975	+0,1	−0,3	−0,3	+5,7	+5,4	+5,3
1975–1980	+0,4	−0,7	−0,2	+4,3	+4,1	+3,6
1980–1985	+0,5	−0,0	+0,5	+3,9	+4,5	+3,9

Die Gesellschaft steht vor der Entscheidung, ob sie das Produktivitätswachstum

a) für Nationaleinkommenszuwachs und damit Steigerung des materiellen gesellschaftlichen Reichtums,
b) für eine Gewinnung von Beschäftigten für die nichtproduzierenden Bereiche oder
c) für eine Senkung der gesetzlichen Arbeitszeit für bestimmte Beschäftigungsgruppen oder alle Berufstätigen

verwenden will. Jede Senkung der Arbeitszeit geht auf Kosten der beiden anderen Einsatzmöglichkeiten der Produktivitätssteigerung.

Internationale Vergleiche zeigen, daß das hohe Lebensniveau der DDR im Verhältnis zu anderen sozialistischen Ländern auf das Produktivitätsniveau und in etwa zu 15–20 % auch auf die Wochen- und Lebensarbeitszeit und den Beschäftigungsgrad zurückzuführen ist.

2. Arbeitszeit als objektive Kategorie des Reproduktionsprozesses

Im politökonomischen Sinne ist die Arbeitszeit vor allem im Zusammenhang mit dem Wertbildungsprozeß als Maß der Arbeit von Bedeutung. „Die Quantität der Arbeit selbst mißt sich an ihrer Zeitdauer, und die Arbeitszeit besitzt wieder ihren Maßstab an bestimmten

Zeitteilen, wie Stunden, Tag usw."[1] So ist es möglich, „... die in den Produkten niedergelegten Arbeitsquanta ... direkt und absolut ... auszudrücken ... in ihrem natürlichen, adäquaten, absoluten Maß, der Zeit."[2]

Die Arbeitszeit ist nicht in erster Linie ein natürliches oder technischen Maß, sondern ein gesellschaftliches Maß der Arbeit, in der eine Vielzahl von sozialökonomischen Bedingungen sich realisieren.[3]

In ihrer quantitativen Seite widerspiegeln sich in der Arbeitszeit nicht nur die Länge der Arbeitszeit schlechthin, sondern letztlich auch das Pausenregime, neue Formen der Arbeitszeitregelung, wie z. B. kapazitätsorientierte Arbeitszeit, aber auch Fragen spezifischer Arbeitszeitregelungen für Schichtarbeiter, werktätige Mütter usw. bis hin zur Wechselwirkung mit der Höhe der Arbeitsintensität, Berufskrankheiten, Arbeitsunfällen.

In ihrer qualitativen Seite beinhaltet die Arbeitszeit in Abhängigkeit von den Produktionsverhältnissen die Fragen des Inhalts und Charakters der Arbeit, der Arbeitsbedingungen usw. Dabei geht es um die allseitige Entwicklung der Werktätigen, eine hohe Disponibilität, die Anreicherung der Arbeitsinhalte mit schöpferischer Arbeit.

Unter dem Gesichtspunkt der Befriedigung der Bedürfnisse der Menschen ist es eine entscheidende Voraussetzung „die Stellung der Werktätigen im Produktionsprozeß zu verändern, ihnen interessante schöpferische Aufgaben zu übertragen, ihre Arbeitsbedingungen immer günstiger zu gestalten ..."[4]

Auch im Zusammenhang mit der Freizeit drückt sich der gesellschaftliche Charakter der Arbeitszeit aus. Wird doch die Arbeit von einem Mittel zur Bedürfnisbefriedigung immer mehr zum ersten Lebensbedürfnis, bei Einschränkung der Grenzen der Arbeitszeit und Zunahme der Freizeit. „Es versteht sich von selbst", schrieb Karl Marx, „daß die time of labour selbst dadurch, daß sie auf normales Maß beschränkt, ferner nicht mehr für einen andren, sondern für mich selbst geschieht, zusammen mit der Aufhebung der sozialen Gegensätze zwischen master and men (Herren und Knechten) etc. als wirkliche soziale Arbeit, endlich als Basis der disposable time einen ganz andren, freien Charakter erhält, und daß die time of labour eines man (Menschen), der zugleich der man of disposable time (Mensch, der über Zeit verfügt) ist, viel höhre Qualität besitzen muß als die des Arbeitstieres."[5]

Die Arbeitszeit hat eine Doppelfunktion, sie wirkt einerseits als Faktor des Wirtschaftswachstums, hat somit eine produktive Funktion im Reproduktionsprozeß (zwischen Arbeitszeit und Wertprodukt besteht eine direkte Abhängigkeit) und andererseits ist die Entwicklung der Arbeitszeit eine Zielgröße des Sozialismus-Kommunismus dergestalt, daß es gilt „die Arbeitszeit für die ganze Gesellschaft auf ein fallendes Minimum zu reduzieren, um so die Zeit aller frei für ihre eigene Entwicklung zu machen"[6].

In ihrer produktiven Funktion ist die Arbeitszeit vorwiegend unter dem Aspekt des Produktionsprozesses als Wachstumsfaktor zu betrachten. Im Zusammenhang mit dem absoluten Mehrwert hat Marx die Beziehungen zwischen dem Arbeitstag, dem Mehrwert, dem Wertprodukt und dem Wertgesetz einerseits und den physischen und moralischen Schranken in bezug auf die Ausdehnung des Arbeitstages und den Kampf um den Normalarbeitstag für die kapitalistische Produktionsweise andererseits herausgearbeitet. Für den sozialistischen Produktionsprozeß ist die weitere Entwicklung auf dem Gebiet der gesetzlichen Arbeitszeitverkürzung untrennbar verbunden mit der Entwicklung der Produktivkraft der Arbeit, mit der Tatsache, „wieviel Gebrauchswert in bestimmter Zeit, also auch in bestimmter Mehrarbeitszeit hergestellt wird. Der wirkliche Reichtum der Gesellschaft und die Möglichkeit beständiger Erweiterung ihres Reproduktionsprozesses hängt also nicht ab von der Länge der Mehrarbeit, sondern von ihrer Produktivität."[7] Diese Produktivität im Verhältnis zum Umfang der erforderlichen Aufgaben der Gesellschaft bildet die historisch wandelbare Schranke jeglicher Arbeitszeitverkürzung. Ständig steht die sozialistische Gesellschaft von der Frage, wie die erreichte Effektivitätszuwachs zu verwenden ist – zur Arbeitszeitverkürzung bei sonst gleichbleibenden Reproduktionsbedingungen oder für materielle Wohlfahrt auf erweiterter Stufenleiter.

3. Zur Entwicklung der Arbeitszeit in der DDR

Die Arbeitszeitverkürzung hat als Grundwert und -ziel des Sozialismus-Kommunismus eine eigenständige Bedeutung. Die Klassiker des Marxismus-Leninismus haben immer wieder hervorgehoben, daß der Zweck der ökonomischen Entwicklung im Sozialismus darin besteht, die Arbeitszeit zugunsten der Freizeit zu reduzieren.[8]

Die umfangreichen Arbeitszeitverkürzungen in der DDR im Rahmen der sozialpolitischen Maßnahmen haben bewirkt, daß heute jeder Beschäftigte in der DDR im Durchschnitt 33 Arbeitstage pro Jahr weniger arbeitet als 1960. Das wurde erreicht durch

- Reduzierung der wöchentlichen Arbeitszeit (etwa 65 % der gesamten Arbeitszeitverkürzung);[9]
- Urlaubsverlängerung; das betrifft Jahresurlaub, Schwangerschafts- und Wochenurlaub, Zusatzurlaub für Schichtarbeiter (etwa 20 % der gesamten Arbeitszeitverkürzung);
- Arbeitszeitverkürzungen für werktätigen Mütter bzw. Schichtarbeiter (etwa 15 % der gesamten Arbeitszeitverkürzung).

Diese Reduzierungen der Arbeitszeit waren nur möglich durch eine entsprechende Steigerung der Arbeitsproduktivität. Die Arbeitszeitverkürzungen seit 1960 bedeuten, daß der Wirtschaft der DDR im Vergleich zu 1960 rechnerisch jährlich etwa 1 Million Arbeitskräfte weniger zur Verfügung stehen. Darüber hinaus darf nicht vergessen werden, daß auch die Einführung der obligatorischen Zehnklassenbildung das Wachstum des verfügbaren Arbeitskräftepotentials der Gesellschaft begrenzt hat (in einer Größenordnung von etwa 400000) und nur durch zusätzliche Produktivitätssteigerung möglich war. Die gestiegene Zahl an Hoch- und Fachschuldirektstudenten hat ebenfalls derartige Auswirkungen. Längerfristig gesehen sind diese bildungspolitischen Maßnahmen, die ein wichtiger Beitrag zur Zielrealisierung des Sozialismus sind, über die höhere gebrauchswert- und wertschaffende Potenz qualifizierter Arbeitskräfte eine Voraussetzung für ein stabiles und langfristiges Wirtschaftswachstum.

4. Arbeitszeit und wissenschaftlich-technischer Fortschritt

Ein entscheidendes, immer aktueller werdendes Problem besteht darin, den Einfluß der Schlüsseltechnologien wie der Mikroelektronik und der mit ihr verbundenen Informationsverarbeitung, CAD/CAM, Biotechnologien usw. auf die Arbeitszeit zu analysieren. Dabei geht es nicht vorrangig um die politökonomischen Beziehungen zwischen Arbeitszeit–Wert–Preis, also nicht um die abstrakte Arbeit und den Wertbildungsprozeß, sondern um die Auswirkungen der modernen Technik auf die konkrete Arbeit.[10]

Die Schwierigkeiten bestehen dabei in doppelter Hinsicht:

1. Der Einfluß der Schlüsseltechnologien ist nicht allgemeingültiger Art, d.h. die verschiedenen Formen des wissenschaftlich-technischen Fortschritts haben durchaus unterschiedliche Auswirkungen auf die konkrete Arbeit, damit auf den Anspannungsgrad der Werktätigen, auf Inhalt der Arbeit und Arbeitsbedingungen.
2. Der Zusammenhang von Schlüsseltechnologien und Dauer der Arbeitszeit ist nicht direkter Natur, d.h. keine einfache technologische Beziehung, sondern wird über verschiedene, vor allem soziale Zielstellungen und Bedingungen entsprechend dem Charakter der Produktionsverhältnisse vermittelt.

Die Beziehungen zwischen wissenschaftlich-technischem Fortschritt und Arbeitszeit werden konkret über folgende Erscheinungen beeinflußt:

- Veränderung der Arbeitsinhalte, der Arbeitsbedingungen und der Arbeitsintensität (Beeinflussung des Schicht- und Pausensystems),
- Veränderung des arbeitsorganisatorischen Ablaufs der Produktionsprozesse (Möglichkeiten für flexible Arbeitszeit und bedienarme bzw. bedienerlose Schicht),
- Erhöhung der Arbeitsproduktivität und damit verbundene Zeiteinsparungen (Möglichkeit sozialpolitischer Maßnahmen zur Arbeitszeitverkürzung – Wochenarbeitszeit, Urlaubsverlängerung, Senkung des Rentenalters).

Der wissenschaftlich-technische Fortschritt hat indirekt über veränderte Arbeitsinhalte Auswirkungen auf die Arbeitsbedingungen und die Arbeitsintensität. Eine Beziehung zur Arbeitszeitgestaltung ergibt sich aber nur dann, wenn durch veränderte technologische Prozesse eine erhöhte Belastung, Anspannung, Verantwortung usw. für den Werktätigen auftritt. Die Anwendung moderner Schlüsseltechnologien erfolgt unter sozialistischen Produktionsverhältnissen sowohl im Sinne einer produktivitätsfördernden Gestaltung des Produktionsprozesses als auch mit dem Ziel der Verringerung des physischen Kraftaufwandes der Arbeitskräfte, der Ablösung körperlicher durch geistige Arbeitsinhalte und des Übergangs von unqualifizierter zu qualifizierter Arbeit. Dabei werden in der Regel die Höhe der Belastung verringert und die Art der Belastung verändert. Allgemein kann eine Verschiebung zwischen den Elementen der verausgabten Arbeit in Auswirkung des wissenschaftlich-technischen Fortschritts folgendermaßen eingeschätzt werden: Die Anforderungen an Kenntnisse, Fähigkeiten, psychische Beanspruchung (Informationsaufnahme und -verarbeitung, Anforderungen an die Daueraufmerksamkeit und Reaktionsfähigkeit), Abstraktionsfähigkeit, logisches Denken und Verantwortung wachsen an. Sinkende Tendenzen sind in differenziertem Maße z.T. bei den Fertigkeiten und der physischen Beanspruchung zu verzeichnen.

Welche Formen der Arbeitszeitgestaltung können im Ergebnis veränderter Arbeitsinhalte auftreten?

4.1. Arbeitszeitverkürzungen bei Schichtarbeit

Der Übergang zur mehrschichtigen Auslastung der Grundfonds ist mit einem erhöhten Anspannungsgrad und damit mit erhöhter Arbeitsintensität verbunden, weil sich durch die Veränderung des biologischen Tag-Nacht-Rhythmus die Belastung der Arbeitskraft erhöht.

Damit ist die Verkürzung des Arbeitstages für Schichtarbeiter (die betrifft gegenwärtig immerhin fast 20% der Beschäftigten, davon über die Hälfte im Dreischichtsystem) nicht allein aus Stimulierungsgründen gerechtfertigt, sondern ergibt sich folgerichtig aus dem reziproken Verhältnis von Arbeitsintensität und Länge des Arbeitstages. Die sozialpolitischen Maßnahmen – 42 Std. Wochenarbeitszeit für Zweischichtarbeiter, 40 Std. Wochenarbeitszeit für Dreischichtarbeiter oder Beschäftigte im durchgehenden Schichtsystem, 3 bis 10 Tage Zusatzurlaub für Schichtarbeiter – tragen diesem objektiven Zusammenhang Rechnung.

Neu in die Überlegungen sollte auch die Tatsache mit einbezogen werden, daß die Arbeitsplätze in den produktionsvorbereitenden Bereichen durch den Einsatz moderner Rechentechnik immer fondsintensiver werden. Sollte man in diesem Zusammenhang nicht die Frage aufwerfen, ob im Rahmen der rationelleren Nutzung dieser Fonds in bestimmtem Maße nicht auch neue Arbeitsweisen, wie z.B. die Schichtarbeit einzuführen sind?

4.2. Bedienerarme bzw. bedienerlose Schicht

Die unter dem Gesichtspunkt der Grundfondseffektivität notwendige Ausweitung der Schichtarbeit hat neben ihrer quantitativen Komponente (Zunahme der Zahl der Beschäftigten im Schichtsystem) auch eine qualitative Komponente.

Flexible Automatisierungslösungen erlauben im Produktionsprozeß in verstärktem Maße die Einführung der bedienerlosen bzw. bedienerarmen Schicht u.a. in den Abend- und Nachtstunden sowie dem Wochenende und den Feiertagen. Dies wird ermöglicht, weil bestimmte Arbeitsfunktionen (z.B. Einrichte- sowie Transport-, Umschlags- und Lagerprozesse) in die übrigen. Schichten verlagert werden können. Damit entstehen neue Schichtzyklen, die durch kurze Folgen gleichartiger Schichten und unterschiedliche Längen der Schichtperioden charkterisiert sind.

Gleichzeitig ist damit auch verbunden, daß es zu einer Auflösung konstanter Schichtkollektive kommt. Die bedienerarme bzw. bedienerlose Schicht ermöglicht es, daß mit minimalen Aufwendungen an lebendiger Arbeit die kalendertägliche Auslastung der hochproduktiven, fondsintensiven Ausrüstungen erhöht wird. In zunehmendem Maße erfolgt dabei eine Verlagerung der Schichtarbeit aus der unmittelbaren Produktion (die höheren Automatisierungsgrade sind mit abnehmender Beschäftigtenzahl verbunden) in die Produktionshilfsbereiche (Wartung, Instandhaltung, Transport) und die produktionsvorbereitenden Bereiche (technische und organisatorische Produktionsvorbereitung).[11]

Hiermit gehen Auswirkungen auf die Freizeitgestaltung, Familienleben, Anpassung an die soziale Umwelt usw. einher.

4.3. Pausenregime

Verschiedene Prozesse des wissenschaftlich-technischen Fortschritts (Bildschirmarbeitsplätze, Roboter) bewirken eine wachsende Abhängigkeit des Menschen als unmittelbarer Produzent von Rhythmus und Geschwindigkeit der Maschine, von der Aufeinanderfolge der Kontroll- und Überwachungsfunktionen usw. Damit verbunden werden in zunehmendem Maße manuelle und geistige Routineprozesse technisiert und zwar sowohl in den produktionsdurchführenden und Produktionshilfsbereichen, aber auch in den produktionsvorbereitenden Bereichen (z.B. CAD/CAM-Arbeitsplätze), in Verwaltungsabteilungen (z.B. Bürocomputer) sowie in der nichtproduzierenden Sphäre. Gleichzeitig erhöht sich der Anteil kreativer geistiger Arbeit, die häufig mit einem hohen Anspannungsgrad, mit höherer Arbeitsintensität verbunden ist. Diese Intensität bei kreativer geistiger Arbeit darf auf keinen Fall unterschätzt werden. Marx betonte: „Wirklich freie Arbeit ... ist gerade zugleich verdammtester Ernst, intensivste Anstrengung."[12]

Höhere Anspannungsgrade sind auch verbunden mit erhöhten Anforderungen (z.B. bei Miniaturisierung) an die Genauigkeit im Produktionsprozeß sowie an die Reinheitsparameter („Reinräume und Reintrakte"). Beide Erscheinungen sind verbunden mit neuartigen physischen und psychonervalen Belastungen (Dauerkonzentration, Belastung der Augen, Bereitschaft zu erhöhter Ordnung, Disziplin und Sauberkeit).

Zur Kompensierung dieser höheren Anspannungsgrade der Arbeit wird unter dem Gesichtspunkt der Einheit von wissenschaftlich-technischem und sozialem Fortschritt ein verändertes Pausenregime notwendig. Dies betrifft sowohl die Länge als auch den Rhythmus der Pausen. Hier geht es also um Arbeitszeitverkürzungen in der Arbeitszeit.

4.4. Flexible Arbeitszeitgestaltung

Die Vielfalt der Prozesse des wissenschaftlich-technischen Fortschritts führt neben der intensiveren Kommunikation von Mensch und Maschine an vielen Arbeitsplätzen auch zu Möglichkeiten der selbständigen Gestaltung des Arbeitsrhythmus durch den Werktätigen, zur Entkopplung von Mensch und Maschine. Dies gilt vor allem für den unmittelbaren Produktionsprozeß durch den Übergang zu komplexen Automatisierungslösungen. Dabei ergeben sich neue Gestaltungsräume für die Art und Weise der Arbeit des Menschen. In bestimmten, der Produktion vor- und nachgelagerten Bereichen besteht diese Entkopplung von Mensch und Maschine ohnehin schon. Auf Grund der größeren Spielräume des Werktätigen bei der Organisation des Produktionsablaufs ergeben sich arbeitsorganisatorische Möglichkeiten, die Arbeitszeit in bestimmtem Umfang flexibel zu gestalten. Die flexible Arbeitszeit kann, bei vorrangig gesicherter Kontinuität der Produktion, durchaus zur rationelleren Gestaltung der arbeitsfreien Zeit beitragen, z.B. durch verkürzte Wegezeiten durch Umgehung der Hauptberufszeit, erleichterte Einkaufsbedingungen, bessere Koordinierung im familiären Bereich, größere individuelle Gestaltungsspielräume für die Freizeit usw.

Diese Formen der flexiblen Arbeitszeitgestaltung im Rahmen der Verbesserung der Arbeits- und Lebensbedingungen haben nichts mit dem bürgerlichen Begriff der Flexibilisierung des Arbeitszeitregimes gemein, bei dem es indirekt in vielfältiger Form um die optische Korrektur der Arbeitslosigkeit bzw. um den Abbau von Lohnkosten und Sozialleistungen geht.[13]

Diese Ausführungen zu neuen bzw. veränderten Formen der Arbeitszeitgestaltung beinhalten sicher nur erste Überlegungen zum Zusammenhang von wissenschaftlich-technischem Fortschritt und Arbeitszeit, sie machen aber deutlich, daß diese Problematik mit der breiten Einführung der Schlüsseltechnologien an Bedeutung gewinnt und in enger Zusammenarbeit mit den Kombinaten zu lösen ist.

Anmerkungen

1 K. Marx, Das Kapital, Erster Band, Berlin 1957, S. 43.
2 F. Engels, Anti-Dühring, in: MEW, Bd. 20, S. 288.
3 Vgl. Orlov, Die Arbeitszeit unter den Bedingungen der Vervollkommnung des entwickelten Sozialismus, in: Ekon. Nauki, Moskva, 10/1985, S. 39–42.
4 Bericht des ZK der SED an den XI. Parteitag, S. 49.
5 MEW, 2. Auflage, Bd. 26, Teil III, S. 266.
6 K. Marx, Grundrisse der Kritik der Politischen Ökonomie, Berlin 1953, S. 596.
7 K. Marx, Das Kapital, Dritter Band, in: MEW, Bd. 25, S.
8 Vgl. K. Marx, Grundrisse der Kritik der Politischen Ökonomie Berlin 1953, S. 596.

[9] Wenn wir heute in der DDR eine gesetzliche Wochenarbeitszeit von 43¾ Stunden haben, so ist die durchschnittliche tatsächliche gesetzliche Arbeitszeit, bedingt durch verkürzte Arbeitszeit vor allem für Schichtarbeiter und für werktätige Mütter geringer. Von den Vollgeschäftigten arbeiten gegenwärtig etwa 70% 43¾ Stunden, 10% arbeiten 42 Stunden, 20% arbeiten 40 Stunden. Das ergibt eine gewichtete gesetzliche Arbeitszeit von ca. 43 Stunden in der DDR.

[10] Neben dem Arbeitszeitaufwand (seiner Minimierung) als entscheidende Größe im Wertbildungsprozeß spielen dabei auch Zeitdauer (im Sinne der Verkürzung des Produktionszyklus zwecks markt- und zeitgerechter Spitzenerzeugnisse zur zusätzlichen Neuwertschöpfung) und Zeitpunkt (kurzfristige Einstellung auf Bedarfswandel) bei der Realisierung von Wert und Gebrauchswert eine wichtige Rolle.
Vgl. Die weitere Erhöhung der Wirksamkeit des Arbeitsvermögens bei der umfassenden Intensivierung in der sozialistischen Volkswirtschaft. Konferenzmaterial Heft 59, Hochschule für Ökonomie, Berlin 1986, S. 39/40.

[11] Vgl. M. Hubricht/K. Völker, Aspekte der Gestaltung zeitlicher Arbeitsbedingungen bei flexiblen Automatisierungslösungen, in: Soz. Arbeitswissenschaft 3/86, S. 175–82.

[12] Karl Marx, Grundrisse der Kritik der politischen Ökonomie, Berlin 1974, S. 505.

[13] Vgl. Die weitere Erhöhung der Wirksamkeit des Arbeitsvermögens bei der umfassenden Intensivierung der sozialistischen Volkswirtschaft, a. a. O., S. 26.

Peter Schneider

Erfahrungen des VEB CKB bei der rationellen Nutzung des gesellschaftlichen Arbeitsvermögens

Mit Dank haben wir die Einladung zur Teilnahme an der Tagung des Wissenschaftlichen Rates für die wirtschaftswissenschaftliche Forschung bei der Akademie der Wissenschaften angenommen. Nicht zuletzt auch deswegen, weil der Mitveranstalter, der VEB Mansfeld Kombinat Wilhelm Pieck, seit vielen Jahren unser Partner im Leistungsvergleich ist und wir auch schon manche gemeinsame Erkenntnis zur Nutzung des gesellschaftlichen Arbeitsvermögens und zum Einsatz der Schlüsseltechnologien gewinnen konnten.

Das CKB mit seinen mehr als 4500 Produkten, die 80% aller Finalprodukte der Volkswirtschaft beeinflussen, verfügt mit seinen fast 29000 Werktätigen in 7 Betrieben über ein großes Potential an erfahrenen Facharbeitern, Meistern, Ingenieuren, Chemikern und Ökonomen, die täglich in neuen und bewährten Wettbewerbsinitiativen um die Sicherung und Überbietung einer arbeitstäglichen Produktion von mehr als 26 Mio M kämpfen. Dabei muß von einem sehr differenzierten Produktivitäts- und technologischen Niveau in den Arbeitsprozessen ausgegangen werden, was sich u. a. darin äußert, daß noch 12500 Werktätige unseres Kombinates an exponierten Arbeitsplätzen tätig sind.

Seit 1985 gelingt es unserem Kombinat – und dabei besonders dem Stammbetrieb – nicht mehr, die natürliche Fluktuation durch die planbaren Zugänge, wie sie sich aus der Lehrlingsausbildung und Absolventenzuführung ergeben, voll auszugleichen. Dazu kommen in diesen industriellen Ballungsgebieten durch Arbeits- und Umweltbedingungen sowie durch territoriale Probleme, z. B. des Berufsverkehrs oder ungünstige natürliche Reproduktionsbedingungen weitere Erschwernisse. Ein besonders für die Kontinuität der Produktion sich ergebendes Problem stellt die Fluktuation der Arbeiter aus den Produktionsbereichen mit durchgehendem Schichtbetrieb – und das sind im Stammbetrieb 93% aller Produktionsanlagen – dar. Dieser Trend wird noch durch die hauptsächliche Ausbildung weiblicher Chemiefacharbeiter gefördert, die aus natürlichen Bedingungen heraus z. T. schnell aus dem D3-Schichtsystem ausscheiden.

Im Vergleich zu den technologisch belegten und durch Arbeitsstudien untersetzten Besetzungsnormativen in den Produktionsbereichen sowie in den energetischen Anlagen des Stammbetriebes fehlen zur Zeit vor allem Schichtarbeiter.

Die Leitung des Kombinates hat sich permanent mit den Fragen des gesellschaftlichen Arbeitsvermögens beschäftigen und dieses Problem zu einem Ausgangspunkt der Planung und Leitung – wie es in der Diskussionsorientierung gefordert wird – machen müssen.

Da das Chemiekombinat das Zentrum der Veredlung einheimischer mineralischer Rohstoffe in der chemischen Industrie darstellt und die Volkswirtschaft nicht auf die Erzeugnisse des Kombinates verzichten kann, werden wir auch keine Arbeitskräfte über den Weg der Produktionseinstellungen und -verlagerungen gewinnen können.

Das Fehl von Schichtarbeitern, der bis 1990 wachsende Bedarf von weiteren Arbeitskräften zur Inbetriebnahme neuer Anlagen, zur Erweiterung der D3-Schichtarbeit, zum Ausbau des Ratiomittelbaues und anderer Vorlaufbereiche sowie das Fehl von Instandhaltungsleistungen durch nicht verfügbare Gewerkekapazitäten haben manche unserer Leiter zu Pessimismus veranlaßt. Daraus resultierte auch, daß das Kombinat 1985 die im Rahmen der Schwedter Initiative vorgegebene Freisetzungsauflage nicht erfüllte. Nach vielen Diskussionen in der Leitung des Kombinates und einer ehrlichen und offenen Darlegung der Probleme vor unserer Belegschaft sind wir unter Führung unserer Kreisparteiorganisation zu einer anderen Auffassung gelangt und konnten dabei auf die guten Ergebnisse aus der Anwendung der Schwedter Initiative seit 1981 aufbauen.

Offensichtlich reichte das Tempo unserer Rationalisierungspolitik nicht aus. Auf der Grundlage der 10 Punkte der ökonomischen Strategie unserer Partei haben wir, fußend auf den in unserem Kombinat reichlich vorhandenen Erfahrungen zur Rationalisierung und Modernisierung ganzer Produktionsanlagen, eine auf die umfassende Intensivierung aller Arbeitsprozesse ausgerichtete technisch-ökonomische Politik der Entwicklung des Kombinates eingeschlagen, in deren Mittelpunkt die

- Verbesserung der materiellen Arbeitsbedingungen und
- die Einsparung von Arbeitsplätzen, insbesondere über den Einsatz der Schlüsseltechnologien,

bei gleichzeitiger Sicherung der Leistungs- und Effektivitätsziele stehen.

In allen Produktionsabschnitten, -abteilungen und -bereichen, in den technischen Bereichen und auch in den Forschungs- und sonstigen Struktureinheiten wurden die vorhandenen Komplexprogramme der technologischen Erneuerung um Konzeptionen des effektiven Einsatzes des gesellschaftlichen Arbeitsvermögens ergänzt, in denen von einer mindestens 15%igen Reduzierung der Arbeitskräfte bis 1990 ausgegangen wurde.

Mit dieser konzeptionellen Arbeit wurden allein vom Produktionsdirektor Vorschläge zur Freisetzung bzw. Einsparung von über 1000 Arbeitskräften vorgelegt. Alle diese Konzeptionen wurden nunmehr im Zusammenhang mit der Präzisierung der Investitionsmaßnahmen bis 1990, dem Plan Wissenschaft und Technik und besonders dem Planteil zur beschleunigten Einführung der Rechentechnik, CAD/CAM-Technik und der Mikroelektronik und Robotertechnik auf ihren Vorbereitungsstand, auf das Verhältnis von Aufwand und Nutzen sowie auf ihre Einordenbarkeit bei Nutzung eigener Realisierungskapazitäten geprüft und in dem Komplexprogramm des Generaldirektors (Intensivierungsprogramm) zusammengefaßt, was im Mittelpunkt unserer Intensivierungskonferenz stand.

Aus diesen Maßnahmen resultieren zur Zeit realisierbare Arbeitskräftefreisetzungen von über 900 durch technologische Veränderungen, einschließlich Automatisierungslösungen, sowie zuzüglich noch einmal rund 1700 Arbeitskräfteeinsparungen aus dem Einsatz der CAD/CAM-Techniken bis 1990, wobei in der letztgenannten Zahl auch Bedarfsreduzierungen eingearbeitet sind, die sich daraus ergeben, daß geplante extensive Erweiterungen, z.B. unsere Projektierungskapazität, durch Intensivierungsmaßnahmen über den Einsatz von CAD-Techniken reduziert werden.

Bis 1990 werden an 600 CAD/CAM-Stationen, an über 300 ME-Einsatzfällen und 300 Industrierobotern alle unsere Hoch- und Fachschulkader an rechnergestützten Arbeitsplätzen tätig sein und ein großer Teil unserer Facharbeiter an automatisierten Anlagen arbeiten. Der Einsatz dieser Techniken ist nur mit den daran beteiligten Werktätigen effektiv zu gestalten; daraus leitet sich ein ganzes Konzept der Weiterbildung und Qualifizierung aber auch ganz neuer Arbeitsaufgaben ab, die beispielsweise darin bestehen,

- eine entsprechende Organisation des Umfeldes von rechnergestützten Arbeitsplätzen aufzubauen,
- den Übergang zur Mehrschichtarbeit auch in den produktionsvorbereitenden Bereichen vorzusehen,
- die Veränderung von Arbeitsinhalten, die sich u.a. durch eine wesentlich konzentriertere Tätigkeit am Bildschirm charakterisieren lassen bzw. durch weitgehende überwachende Aufgaben beim Prozeßleitsystem ergeben, vorzubereiten,
- daraus abgeleitet in veränderter psychischer, insbesondere in Form der höheren nervalen Belastung vorhandene Aufgaben zu lösen.

Diese Komplexe sind unmittelbar mit der Nutzung der Schlüsseltechnologien durch Einsatz von Arbeitsgruppen zur wissenschaftlichen Gestaltung der Arbeitsprozesse zu lösen und erfassen alle Bereiche des Kombinates.

Die Einsatzkonzeption sieht ausgehend von geschaffenen Beispiellösungen zur rechnergestützten Syntheseplanung, dem rechnergestützten Verfahrensentwurf und der rechnergestützten Projektierung die Vorbereitung von Automatisierungslösungen in der Produktion vor – wobei über Beispiele zur flächenwirksamen Lösung übergegangen wird, bis hin zur rechnergestützten Disposition der Zirkulations- und Transportprozesse, der Bilanzierung und Planung.

Die unsaldiert noch vorhandenen Mehrforderungen an Arbeitskräften zur Inbetriebnahme neuer Anlagen wurden erst einmal in Frage gestellt und festgelegt, daß über Projektstudien durch Einsatz von WAO-Kollektiven nach weiteren Wegen zur Minimierung der Arbeitsplätze zu suchen ist.

Mit diesen eingeleiteten Maßnahmen haben wir einen Schritt in Richtung einer – wie wir sagen – „Schwedter Initiative in neuen Dimensionen", die Freisetzungsraten von >3% im Jahr erfordern, getan. Dabei bestand die schwierigste Aufgabe darin, bei allen unseren Leitern und in den Kollektiven die erforderliche ideologische Klarheit darüber zu schaffen, daß es bei uns in der Republik keine zusätzlichen Arbeitskräfte gibt, da die demographische Entwicklung besonders auch in den industriellen Ballungsgebieten als einzige Alternative die Reduzierung der Zahl der Arbeitsplätze über den Weg der umfassenden Intensivierung aller Arbeitsprozesse zuläßt. Nunmehr gilt es, diesen Prozeß kontinuierlich zu kontrollieren und zu leiten – dazu gibt es unter Leitung des Generaldirektors eine Arbeitsgruppe „Gesellschaftliches Arbeitsvermögen", in der alle Fachdirektionen und wichtige Vorlaufbereiche, einschließlich der Vertreter der Kreispartei- und Kreisgewerkschaftsorganisationen, vertreten sind.

Nach dem Vorbild des Mansfeld Kombinates bilden wir darüber hinaus ein ingenieurökonomisches Büro für Rationalisierung, welches den Prozeß der technologischen Erneuerung in der Phase der Ideenführung und wissenschaftlichen Vorbereitung koordiniert und unterstützt und in den Planungsprozeß überleitet. Allerdings reichen diese Maßnahmen noch nicht aus, um das abnehmende gesellschaftliche Arbeitsvermögen zu kompensieren.

Die Erneuerungskraft der Volkswirtschaft und auch des Kombinates sind auch bei der weiteren Beschleunigung des Einsatzes der Schlüsseltechnologien, insbesondere der CAD/CAM-Technik, der Biotechnologie und neuartiger Wirkprinzipien der Verfahrenstechnik, nicht ausreichend, um die vorhandenen Expositionen und Arbeitserschwernisse bis 1990/1995 vollständig abzubauen.

In manchen unserer Produktionsanlagen ist eine Überalterung der Belegschaft vorhanden. Konzentriert suchen wir hier den Weg nach Teillösungen, nach Teilverbesserungen der Arbeitsbedingungen, u.a. durch den Einsatz der Mikroelektronik. Wir suchen nach Automatisierungslösungen für die schweren, innerbetrieblichen Transport- und Umschlagaufgaben, die bis zu 40% der Gesamttätigkeit ausmachen. Mit diesen Teillösungen wollen wir erreichen, daß jeder unserer Werktätigen schrittweise an die moderne Technologie herangeführt wird.

Ein weiterer Weg, den wir auch unter Nutzung Mansfelder Erfahrungen gehen, besteht in einer verstärkt konditionsfördernden prophylaktischen Betreuung unserer Werktätigen, nachdem wir nunmehr das Bereichsarztsystem im Stammbetrieb durchgesetzt haben.

Die Leitung des Kombinates orientiert im sozialistischen Wettbewerb, unter Führung des Kreisvorstandes unserer Industriegewerkschaft, alle unsere Werktätigen – insbesondere aber auch die Neuerer und Rationalisatoren – auf die Einsparung von Arbeitsplätzen und die Verbesserung der Arbeits- und Umweltbedingungen.

Die von mir angesprochene „Schwedter Initiative in neuen Dimensionen" ist nur durch Einbeziehung der gesamten Belegschaft durchführbar. Neben ihrer aktiven Mitwirkung im Rahmen der Umsetzung der Komplexprogramme stimulieren wir auch die Leistungen zur Freisetzung von Arbeitskräften und zur Einsparung von Arbeitsplätzen sowohl durch einmalige Vergütungen als auch durch durchschnittslohnsteigende Maßnahmen für die Kollektive, die durch technisch-organisatorische

Maßnahmen zur Veränderung der Besetzungsnormative beitragen.

Ein besonderer Schwerpunkt, auf den wir großen Wert legen, soll abschließend angesprochen werden:

Wir orientieren unsere Arbeit darauf, die Fluktuation einzuschränken und die Attraktivität der Arbeit im Chemiekombinat zu erhöhen, um damit eine Stammbelegschaft herauszubilden. Dazu gehören:

- Die Arbeitsbedingungen – wie ich schon ausführte – ständig und schrittweise zu verbessern;
- die Lebensbedingungen in enger Zusammenarbeit mit den territorialen Staatsorganen zu verändern, indem u. a. die Versorgungs- und Dienstleistungen erhöht werden, der Berufsverkehr so gestaltet wird, daß die Ausbleibzeiten sich verkürzen;
- neue Möglichkeiten der sportlichen und kulturellen Betätigung erschlossen und die Wohnbedingungen verbessert werden;
- die sozialen Leistungen des Kombinates, wie sie im BKV vereinbart sind, einerseits stärker herausgearbeitet und andererseits nach den Möglichkeiten des Kombinates erweitert werden;
- die Bildungsarbeit – die bei uns in einer langfristigen Bildungskonzeption festgelegt ist – zur Sicherung eines höheren Qualifizierungsvorlaufs und gleichzeitig eines qualifikationsgerechten Einsatzes zu erhöhen, damit wir insbesondere die infolge des Einsatzes der Schlüsseltechnologien angereicherten Arbeitsinhalte zur Förderung der Produktivitätssteigerung besser nutzen können;
- die Schichtarbeit weiter motiviert und noch besser – beispielsweise mit Weiterführung der Produktivlöhne über einen hohen Schichtzuschlag – stimuliert wird,

um insgesamt den Stolz stärker auszuprägen, Beschäftigter des Chemiekombinates zu sein.

Wir sind der Auffassung, daß wir mit diesen eingeleiteten Maßnahmen den richtigen Weg, den Weg der umfassenden Intensivierung zum Wohle unserer Menschen mit unseren Menschen, eingeschlagen haben, wie es der Generalsekretär unserer Partei, Erich Honecker, vor den 1. Kreissekretären als Ziel unserer Partei formulierte.

Heinz Gremblewski

Komplexe Rationalisierung – Schlüsseltechnologien – WAO

Mit den Beschlüssen des XI. Parteitages der SED wurde die Aufgabe gestellt, zur Fortführung der Einheit von Wirtschafts- und Sozialpolitik alle Kräfte und Anstrengungen besonders auf die Lösung der volkswirtschaftlichen Aufgaben zu richten, die das Tempo des Leistungszuwachses, die Steigerung der Arbeitsproduktivität und die Erhöhung der Wirksamkeit des gesellschaftlichen Arbeitsvermögens entscheidend bestimmen. Das betrifft vor allem die Schlüsseltechnologien sowie die breite Anwendung der WAO.

Für die Durchsetzung der rationellen Nutzung des gesellschaftlichen Arbeitsvermögens besitzt die Anwendung der elektronischen Rechentechnik seit langem, aber insbesondere nach dem XI. Parteitag, eine wachsende Bedeutung. Ihre zielstrebige Anwendung bringt in zweierlei Hinsicht Effekte und zwar

1. durch die Rationalisierung an den Arbeitsplätzen in Leitung, Planung, Bilanzierung, Verwaltung und Produktionsvorbereitung und
2. durch eine rationellere Produktionsorganisation mit Hilfe rechnergestützter Produktionslenkungssysteme.

Die Entwicklung rechnergestützter Produktionslenkungssysteme ist seit Beginn unserer Arbeit im Ingenieurbüro integrierender Bestandteil komplexer Rationalisierung. Bereits in unseren ersten Studien erkannten wir, daß insbesondere in diskontinuierlichen Mehrstufenprozessen wie in der Halbzeugfertigung und dem Ratiomittelbau die rationelle Arbeitsorganisation am einzelnen Arbeitsplatz nur dann für den Betrieb effektiv wird, wenn eine Steuerung über alle Arbeitsgänge hinweg den optimalen Prozeßablauf gewährleistet. Das gilt insbesondere für die Fertigung metallurgischer Halbzeuge, wo wir entsprechend den Erfordernissen der Volkswirtschaft monatlich ca. 10000 Kundenaufträge realisieren.

In Zusammenarbeit mit den Kombinatsbetrieben wurden für alle wesentlichen technologischen Linien Systeme der rechnergestützten Produktionsvorbereitung, Lenkung und Kontrolle entwickelt. Dabei haben wir uns auf solche Produktionslinien orientiert, die zu besonders hochveredelten Erzeugnissen führen. Im Rahmen dieser Steuerungssysteme erfolgt die Optimierung des Vormaterialeinsatzes und der Maschinenbelegung sowie die Bereitstellung der Werkzeug-, Verpackungs- und Versanddispositionen. Die Effekte der rechnergestützten Produktionslenkung-, steuerung und -kontrolle drücken sich aus in

– Produktionssteigerungen um 15–20%,
– Erhöhung der Maschinenauslastung um 10–15%,
– Senkung des Vormaterialbedarfs um 2–3%.

Gegenwärtig sind wir dabei, die 1. Generation der in den 70er Jahren eingeführten PLS durch mikrorechnergestützte CAP-Systeme zu ergänzen und weitere Effekte durch verbesserte Organisation mittels Mikroelektronik am Arbeitsplatz zu erreichen. Dabei setzen wir sowohl Bildschirmterminals oder Personalcomputer an den Hauptaggregaten und am Arbeitsplatz der Disponenten ein, als auch mikroelektronische Datenerfassung für die Stoffflußverfolgung, die Kontrolle der Laufzeit und die technologischen Parameter der Maschinen. Eine Beispiellösung wurde im neuen Kupferfeindrahtzug des VEB Walzwerk Hettstedt geschaffen. Hier realisierten wir gemeinsam mit der Leitung des Betriebes den ersten Anwendungsfall eines komplexen Mikrorechnersystems zur operativen Produktionslenkung und -steuerung und schufen damit die Voraussetzung, die projektierte Maschinenlaufzeit von 80% zu erreichen. Über ein System von 10 Mikrorechnern sind insgesamt 105 Drahtziehmaschinen und 4 Waagen gekoppelt.

Auch die Anwendung der elektronischen Rechentechnik in Leitung und Verwaltung ist seit langem Bestandteil komplexer Rationalisierungsarbeit. Im Rahmen jeder Untersuchung wird eine spezielle Arbeitsgruppe zur Analyse und zur Entwicklung von Rationalisierungsvorschlägen für die Betriebs-, Leitungs- und Verwaltungsorganisation gebildet.

Das Rechenzentrum des Stammbetriebes ist seit 15 Jahren Bestandteil des Ingenieurbüros für Rationalisierung.

Besondere Bedeutung hat die Rationalisierung in Leitung und Verwaltung in den 80er Jahren gewonnen. Ich möchte dazu auf die Ausführungen im Referat des Generaldirektors des Mansfeld Kombinates Wilhelm Pieck zu unserer Arbeitsweise und den erreichten Ergebnissen verweisen. Auch die Einsatzstrategie des Kombinates für CAD/CAM-Lösungen in Produktionsvorbereitung sowie Leitung und Verwaltung wurde in diesem Referat dargelegt.

Wenn man bedenkt, daß sich in Realisierung der Beschlüsse des XI. Parteitages der SED unser rechentechnisches Potential im Zeitraum 1986–1990 auf 250% steigern wird und daß dieses Potential vorrangig dazu dienen muß, die Arbeit in Produktionsvorbereitung, Leitung und Verwaltung zu rationalisieren, so mag das Umfang und Bedeutung unserer Arbeit auf diesem Gebiet charakterisieren. Mit dem breiten komplexen Einsatz der Personalcomputer und der Schaffung durchgängiger Informationslinien ergeben sich Möglichkeiten für einen Effektivitätszuwachs aus qualifizierteren Leitungsentscheidungen. Eine Rationalisierung des Verwaltungsaufwandes erfordert jedoch die Entwicklung und Durchsetzung neuer Methoden der Arbeitsorganisation, neue Qualifikationsanforderungen und entsprechende Systeme der materiellen Stimulierung für die Werktätigen in Leitung, Verwaltung und Produktionsvorbereitung. Das Ausmaß der Aufgabe wird ersichtlich, wenn wir uns vergegenwärtigen, daß der Anteil der Beschäftigten auf diesem Gebiet in unserem metallurgischen Kombinat bei 20% liegt, während er in Betrieben der metallverarbeitenden Industrie noch höher ist. Dabei sind für Fragen der Qualifikationsanforderungen und der materiellen Stimulierung generelle Lösungen durchzusetzen, während die Arbeitsorganisation in Zusammenarbeit der jeweils verantwortlichen Leiter mit den Spezialisten der WAO, der Betriebsorganisation und der EDV speziell arbeitsaufgabenbezogen gestaltet werden muß. Rationalisierungseffekte größeren Ausmaßes sind jedoch auch hier nur erreichbar, wenn man Leitung und Verwaltung komplex als Prozeß betrachtet, so wie es für Produktionsprozesse seit langem üblich ist. Unsere Zielstellung ist es dabei, im Zeitraum 1986–1990 durch CAD/CAM-Lösungen 650 VbE absolut einzusparen. Unerläßlich ist dabei, diese Effekte bereits von der Einsatzplanung für die Personalcomputer und Terminale abzusichern. Entsprechende Festlegungen für die organisatorische Absicherung hat der Generaldirektor getroffen.

Es ist sicher erkennbar, daß wir der Einführung und Nutzung der PC- und CAD/CAM-Technik eine hohe Bedeutung beimessen. Wir pflichten der Feststellung unseres Generalsekretärs, Erich Honecker, in seiner Rede vor den 1. Sekretären der Kreisleitungen voll bei, daß die sozialistische Rationalisierung den Hauptweg zur Steigerung der Arbeitsproduktivität darstellt. Wir verstehen Rationalisierungsarbeit als große Massenbewegung, und dazu eignet sich die WAO in ausgezeichneter Weise als Mittler zwischen der Entwicklung des wissenschaftlich-technischen Fortschritts und dessen nutzbarer Anwendung durch den Menschen.

So sind zur Realisierung der über 800 WAO-Maßnahmen jährlich im Mansfeld Kombinat mehr als 2000 Werktätige in 250 WAO-Kollektiven unmittelbar wirksam. Darüber hinaus stehen, wie im Referat unseres Generaldirektors bereits dargestellt, die Fachkader des Ingenieurbüros für Rationalisierung zur Verfügung, um an ausgewählten Schwerpunkten der Rationalisierung im Kombinat durch komplexe WAO-Untersuchungen den Rationalisierungsprozeß beschleunigend zu unterstützen.

Die Durchführung von Komplexuntersuchungen des Reproduktionsprozesses ist eine grundlegende Methode der Rationalisierungsarbeit unseres Kombinates. Bei allen Rationalisierungsschwerpunkten stellen Analysen des Arbeitsvermögens, der Kapazität, Leistungsfähigkeit und Eignung der eingesetzten Technik primäre Gesichtspunkte dar. Neben der lückenlosen Erfassung der Maschinen und Anlagen nach Alter, Zustand, Eignung und sonstigen technischen Leistungsparametern aus betrieblichen Aufschreibungen werden umfangreiche Arbeitsstudien an jedem Arbeitsplatz durchgeführt, wobei die Aufnahmen aggregat- und arbeitskräftebezogen erfolgen.

Bewährt haben sich komplexe Rationalisierungsuntersuchungen über den Betriebsmaßstab hinaus, d. h. die Untersuchung einer ganzen Erzeugnislinie, Erzeugnisgruppe oder zumindest bei vergleichbaren Betrieben bzw. Betriebsbereichen. Die Effektivität konnte dabei insbesondere erhöht werden, weil über Leistungsvergleiche, Spezialisierung und Kooperation zusätzliche Reserven erschlossen wurden. In Verwirklichung der Kombinatsverantwortung für die Bilanzdurchführung sind auch Betriebe außerhalb des Kombinates einbezogen worden. Verstärkt wurden prozeßanalytische Aufgaben gelöst, um so in Einheit von lebendiger und vergegenständlichter Arbeit und in Verbindung mit der Technologie neueste wissenschaftlich-technische Erkenntnisse begründet in die Projektierung des Soll-Zustandes einfließen zu lassen. Jede Prozeßrationalisierung schließt aber unabdingbar die Um- und Neugestaltung der Arbeitsplätze unter Nutzung neuester arbeitswissenschaftlicher und technischer Erkenntnisse ein. Schwerpunkte sind vor allem solche Arbeitsplätze und -prozesse mit einem hohen Anteil an manueller und monotoner Arbeit sowie Arbeitsplätze mit Arbeitserschwernissen.

Es geht also nicht schlechthin um die Organisation am einzelnen Arbeitsplatz, sondern um die Organisation möglichst des gesamten Reproduktionsprozesses als Integration der einzelnen Arbeitsprozesse. In jedes Untersuchungsprogramm fest eingeordnet sind nicht nur arbeitsorganisatorische, sondern vor allem auch solche Aufgabenstellungen, die auf eine zielstrebige Vorbereitung und Anwendung der Schlüsseltechnologien, insbesondere der Mikroelektronik und Industrierobotertechnik, orientieren. Alle Untersuchungen und die Darstellung der Leistungsreserven gehen prinzipiell von folgenden Gesichtspunkten aus:

1. Ermittlung und Darstellung der Reserven, die sich unmittelbar an jedem Arbeitsplatz bzw. in jedem Produktionsbereich ergeben.
2. Leistungsvergleich der Arbeitsplätze und Produktionsbereiche, die vom Produktionssortiment und der technisch-technologischen Bedingung her vergleichbar sind. Hierbei zählt nicht der Ist-Zustand als Basis des Vergleichs, sondern das unter normalen Bedingungen erreichbare Leistungsvermögen.
3. Erarbeitung von Lösungswegen unter besonderer Beachtung von effektiven Fertigungstechnologen, die zur Einsparung von Prozeßstufen und Arbeitsplätzen führen.

Die Realisierung der nachgewiesenen Effekte, insbesondere die höhere Auslastung der hochproduktiven Anlagen durch die Steigerung des Anteils der produktiven Laufzeit, ist eine Aufgabe, die gemeinsam mit den Werktätigen in der Produktion, den leitenden Kadern des Betriebes und den Spezialisten des Ingenieurbüros gelöst wird. Eine kurzfristige Nutzung der Leistungsreserven, d. h. ihre planwirksame Umsetzung, wie sie beispielsweise im VEB Schweißtechnik Finsterwalde praktiziert wurde, gehört einfach zu einer effektiven Rationalisierungsarbeit. Wichtig ist, daß die Studienergebnisse und der Maßnahmeplan nicht dem Selbstlauf überlassen wird.

Nach unserer Erkenntnis lassen sich leistungssteigernde Maßnahmen dann effektiv und kurzfristig durchsetzen, wenn die Möglichkeiten der materiellen Stimulierung ausreichend genutzt werden. Dazu ist es notwendig, Leistungsbewertungskriterien und Intensivierungsfaktoren so in Übereinstimmung zu bringen, daß sie von den Werktätigen beeinflußbar sind und verstanden werden. Das ist auch eine grundsätzliche Forderung und Bedingung zur Einführung und Anwendung von Produktivlöhnen.

Unter Berücksichtigung dieser Grundsätze haben wir im Mansfeld Kombinat entsprechend den Beschlüssen des XI. Parteitages der SED in Übereinstimmung mit dem Volkswirtschaftsplan Betriebe ausgewählt, die in Verbindung mit einer hohen Leistungsentwicklung schrittweise die Produktivlöhne weiterführen. Dabei geht es um

- die wirksame Durchsetzung des sozialistischen Leistungsprinzips,
- eine stärkere Stimulierung von höherer Qualifikation, Verantwortung und Disponibilität,
- eine komplexe Stimulierung der Werktätigen entsprechend ihrer Stellung im Reproduktionsprozeß und
- eine langfristige Sicherung des erforderlichen qualitativen und quantitativen Arbeitsvermögens im Kombinat.

Bis Ende 1986 wurden in fünf Betrieben des Kombinates für ca. 15000 Werktätige die Produktivlöhne wirksam. Die betrieblichen Leistungsangebote und die Maßnahmepläne für die Weiterführung in den Jahren 1987/88 sind bestätigt. Jetzt kommt es darauf an, mit jedem Werktätigen das persönliche Gespräch über die Entwicklung der Leistung und des Lohnes zu führen und die Weiterführung der Produktivlöhne mit dem Plan der Intensivierung und der WAO zu verbinden und das Leistungsprinzip abstrichlos durchzusetzen.

Franz Pleschak

Zur Effektivität von CAD/CAM und flexibler Automatisierung

In den Tagungsmaterialien wird die Notwendigkeit hervorgehoben, mit Hilfe der Schlüsseltechnologien zu einem hohen Effektivitätszuwachs zu kommen. Das verlangt, in allen Stadien der Vorbereitung, Erarbeitung, Einführung und Anwendung der Schlüsseltechnologien effektivitätsorientierte Lösungen zu gewährleisten[1].

In breitem Rahmen durchgeführte Untersuchungen zu im Einsatz befindlichen rechnerunterstützten Konstrukteurs- und Technologenarbeitsplätzen zeigen, daß die Effektivität vor allem abhängig ist

- vom in die rechnerunterstützte Arbeit einbezogenen Umfang produktionsvorbereitender Funktionen und der erreichten Integration von Produktionsvorbereitung und Produktionsdurchführung,
- von der Nutzungshäufigkeit der ausgearbeiteten Software und
- vom Typ bzw. der Konfiguration der CAD- bzw. CAM-Arbeitsplätze.

Bei allen untersuchten Lösungen kommen hohe Faktoren der Steigerung der Arbeitsproduktivität, bezogen auf die einzelnen Funktionen bzw. die Lösung zustande. Die Steigerungsraten der Arbeitsproduktivität der produktionsvorbereitenden Bereiche als Ganzes bleiben demgegenüber jedoch zurück. Das liegt daran, daß entweder die in die rechnerunterstützte Arbeit einbezogenen Funktionen nur einen geringen Anteil am gesamten Aufgabenspektrum ausmachen oder daß die Nutzungshäufigkeit der Software gering ist. Es wird also zu wenig Aufwand der Produktionsvorbereitung durch die Veränderungen im Ergebnis von CAD/CAM erfaßt. Schlußfolgerung ist, bei der Einsatzvorbereitung mit Hilfe von komplexen Funktionsanalysen, die von den Möglichkeiten und Grenzen der technischen Systeme sowie der Menschen ausgehen, solche Aufgabengebiete für die rechnerunterstützte Arbeit auszuwählen, die das Wachstum der Leistungsfähigkeit und Effektivität der Produktionsvorbereitung entsprechend den Erfordernissen der Proportionalität des Reproduktionsprozesses gewährleisten.

Ein wichtiger Effektivitätsfaktor der CAD/CAM-Lösungen ist der in der Produktionsdurchführung entstehende Nutzen. Er entsteht, weil durch Optimierung, Variantenrechnung, Simulation oder durch objektivere und fehlerfreie Berechnungen u. a. die Materialkosten sinken, die Grund- und Hilfszeiten geringer und die Durchlaufzeiten kürzer werden sowie die Produktionskapazität steigt. Diese Effekte kommen jedoch nur zustande, wenn auf der Grundlage technisch-ökonomischer erzeugnis- und prozeßbezogener Modelle und Methoden neue Entscheidungsgrundlagen für die Produktionsvorbereitung bereitgestellt werden und diese auch in die Software eingehen. Die Qualität eines mit Hilfe von CAD/CAM erarbeiteten wissenschaftlich-technischen Ergebnisses ist nur so hoch, wie das Niveau des in die Software eingegangenen Wissens. Hieraus ergibt sich ein breites Feld von ökonomischen und arbeitswissenschaftlichen Aufgaben. Die Programmbasis für Konstruktion, Projektierung, Technologie und für die Steuerung der Produktion muß Programmbausteine enthalten, die Niveauvergleiche, Kostenkalkulationen und Kostenvergleiche, Aufwandsrechnungen, Effektivitätsaussagen, ökonomische Bewertungen und Bilanzierungen zulassen. Die betriebswirtschaftliche Datenbasis muß genutzt werden, um Lösungsvarianten der technischen Produktionsvorbereitung zu bewerten und Rang- und Reihenfolgen zu bestimmen. Diese anzustrebende Integration technischer und ökonomischer Sachverhalte wird tendenziell bei CAD/CAM das Gewicht des Nutzensanteils aus höherer Qualität der Arbeitsergebnisse verstärken.

Betriebswirtschaftlich ist eine rechnerintegrierte erzeugnisbezogene und technologiebezogene Produktionsvorbereitung von großer Bedeutung. Technologische Maßnahmen wie Instandhaltung, Rationalisierungsmittelbau, Rationalisierungsinvestitionen wirken gleichermaßen auf Arbeitszeitaufwand, Maschinenzeitaufwand, Maschinenzeitfonds, Material- und Energieverbrauch sowie konstruktive Maßnahmen. Der Aufwand für das Erzeugnisprogramm muß mit den verfügbaren Fonds bzw. Bilanzteilen bilanziert werden, wobei alle durch neue Erzeugnisse und neue Technologien ausgelösten Veränderungen Berücksichtigung finden müssen. Diese Bilanzierung, die während der konzeptionellen Vorbereitung, während der Erarbeitung des Erneuerungspasses/Pflichtenheftes, der Verteidigung von Zwischen- und Endergebnissen, der Auswahl von Lösungsprinzipien und auch bei der Durchführung von Änderungen durchgeführt werden muß, ermöglicht Schlußfolgerungen über

- die konstruktive Gestaltung der Erzeugnisse nach technologischen Kriterien,
- die Auswahl von Vorzugstechnologien für die Herstellung der Erzeugnisse,
- die weitere Konzipierung grundfondsökonomischer Maßnahmen,
- die Beeinflussung technologischer Projekte,
- die Vorbereitung material- und energiesparender Maßnahmen,
- die Qualifikation der Werktätigen und die Veränderung der Arbeitszeitfondsstruktur.

Insgesamt wird damit gesichert, daß alle Entscheidungen in der Produktionsvorbereitung aus der Sicht des gesamten Reproduktionsprozesses getroffen werden. Eine solche Arbeit hat die Ausgestaltung einer einheitlichen Datenbasis und die Verfügbarkeit über sie zur Bedingung.

Die zur Effektivität von CAD/CAM-Lösungen durchgeführten Untersuchungen bekräftigen die bereits mehrfach betonte Erkenntnis, daß zur besseren Beherrschung des Zeitfaktors durchgängige bzw. integrierte Lösungen erforderlich sind. Der autonome Einsatz der dezentralen Rechentechnik in Verbindung mit tätigkeitsbezogener Software erbringt zwar Zeitaufwandseinsparungen, wirkt sich aber nicht ausreichend in kürzerer Prozeßdauer und höherer Reaktionsfähigkeit aus. So führt der partielle Einsatz der Rechentechnik für verschiedene Aufgabengebiete der Auftragsabwicklung in Verbindung mit der Veränderung der Prozeßorganisation zwar auch zu Zeitdauerverkürzungen, die erforderlichen Größenordnungen hierfür werden aber erst mit der Integration von Funktionen auf der Grundlage verteilter Datenverarbeitungssysteme und einheitlicher Datenbanken erreicht. Daraus erwachsen völlig neue Prozeßstrukturen, die die Basis für neue Arbeitsteilung, neue Arbeitsinhalte, multifunktionale Tätigkeiten und veränderte, durch die Technik vermittelte Kommunikation darstellen. Die damit verbundenen Probleme sind nur in interdisziplinärer Arbeit von Informatikern, Betriebswirtschaftlern und Arbeitswissenschaftlern zu lösen.

Für die betriebswirtschaftlichen Aufgabengebiete sind dabei die Datenmodelle auszuarbeiten, die Prozesse in Funktionen elementarisieren und die Daten den Funktionen zuordnen. Das macht sichtbar, welche Daten bei welchen Funktionen gemeinsam genutzt werden. Es können diejenigen Funktionen integriert werden, die auf eine gemeinsame Datenbasis zurückgreifen und zwischen denen intensive informationelle Verflechtungen bestehen. Objektbezogen werden betriebswirtschaftliche Funktionen bereichsübergreifend zusammengeführt und durch Bilanzierungen gesamtbetrieblich eingeordnet. Die rechnerintegrierte Produktion fußt auf einem geschlossenen Konzept für die rechnerunterstützte Produktionsvorbereitung, Produktionsdurchführung sowie Leitung und Planung. Aus ihm abgeleitet werden schrittweise modular gestaltete, erweiterbare, d.h. durch Schnittstellen definierte Teillösungen erarbeitet und eingeführt. Der Erarbeitung dieser Informationsmodelle für den komplex automatisierten Betrieb muß jetzt hohe Aufmerksamkeit geschenkt werden, wobei die verschiedenen Betriebstypen zu beachten sind.

Für das Zustandekommen von marktwirksamen Zeitdauerverkürzungen und Qualitätsverbesserungen für die Erzeugnisse ist es des weiteren wichtig, solche Objekte für CAD/CAM auszuwählen, die die Zeitdauer des Reagierens, die Qualität und damit Effektivität der Erzeugnisse entscheidend beeinflussen. Wissenschaftlich-technische und marktökonomische Erzeugnisweltstandsvergleiche machen sichtbar, wo die Schwerpunkte des Übergangs zur rechnerunterstützten Arbeit im Interesse eines höheren Erfolgs auf dem internationalen Markt liegen müssen.

Man kann zusammenfassend feststellen, daß die Wirkungen von CAD/CAM auf die Effektivität der Betriebe als Ganzes um so nachhaltiger zustande kommen, je mehr bei der Einsatzvorbereitung von den gesamtbetrieblichen Effektivitätserfordernissen, und darin eingeschlossen denen der Produktionsvorbereitung, ausgegangen wird.[2]

Gleiches gilt für die flexible Automatisierung in der Produktion.[3] Ihre Effektivität wird einerseits durch Faktoren, die die innere Gestaltung der Lösungen und Vorhaben betreffen, bestimmt; andererseits durch die Bedingungen der Einordnung in den volkswirtschaftlichen und betrieblichen Reproduktionsprozeß. Die Funktionsteilung zwischen Mensch und Arbeitsmittel im Produktionsprozeß muß so erfolgen, daß geblockte handlungsfreie Zeiten entstehen, damit eine direkte Gewinnung von Arbeitskräften als Voraussetzung für den produktiven Wiedereinsatz oder für eine Anreicherung der Arbeit mit neuen Funktionen möglich wird. Die Optimierung des Automatisierungsniveaus muß dabei komplex nach ökonomischen und sozialen Kriterien erfolgen. Die höhere Leistungsfähigkeit der Maschinen und Ausrüstungen, die im Ergebnis der Automatisierung insbesondere in Verbindung mit neuen Technologien auftritt, ist real auszunutzen, damit Kostensenkungen und Gewinnzuwachs entsteht. Entwickelt sich aber die Leistungsfähigkeit der technologischen Prozesse nicht proportional, dann sinkt die Auslastung der hochproduktiven Automatisierungslösungen. Hohe zeitliche Auslastungen ist aber bei dem hohen Anteil konstanter Kosten wichtige Effektivitätsbedingung. Bei der Konzipierung und Gestaltung der Automatisierungsvorhaben ist von der Arbeitsaufgabe, den Anwendungsbedingungen und den Effektivitätszielen auszugehen, damit die Struktur der Automatisierungsvorhaben optimal ist und mit den aus den Planaufgaben abgeleiteten Produktionsstückzahlen in Übereinstimmung steht.

Die Effekte höherer Flexibilität und kürzerer Durchlaufzeit, die für die Automatisierungsvorhaben typisch sind, treten in vollem Umfang nur dann real auf, wenn sich die Prozeßveränderungen und die daraus resultierenden Wirkungsketten des Nutzens bis zum abzusetzenden Erzeugnis fortpflanzen. Bei partiellen Automatisierungslösungen besteht die Gefahr des Abbruchs der Wirkungsketten, wodurch sich die reale Effektivität vermindert. Das alles zwingt dazu, auf der Grundlage von Prozeß- und Systemanalysen im Stadium der Konzipierung und Gestaltung der Vorhaben rechtzeitig alle Voraussetzungen zu schaffen, damit sich die Vorhaben organisch in den Reproduktionsprozeß einordnen.

Die komplexe Automatisierung bedingt die Herausbildung einer komplexen Produktionsvorbereitung, in der Erzeugnis- und Technologievorbereitung und die damit verbundene Grundfondsreproduktion auf der Grundlage einheitlicher Konzeptionen inhaltlich koordiniert und zeitlich abgestimmt durchgeführt werden. Die rechnerunterstützte Arbeit bietet die Möglichkeiten der Integration betriebswirtschaftlicher Funktionen, bedingt aber zugleich tiefgreifende Veränderungen in der Betriebsorganisation und eine gründliche Vorbereitung der Menschen auf die veränderten Arbeitstätigkeiten.[4]

Anmerkungen

[1] Vgl. Mit qualitativ neuen Schritten zu höchsten Leistungen. Seminar des ZK der SED mit den Generaldirektoren der Kombinate und den Parteiorganisatoren des ZK am 13. und 14. März 1986 in Leipzig, Berlin 1986.

[2] Vgl. Autorenkollektiv, CAD/CAM-Schlüsseltechnologie als Intensivierungsfaktor, Berlin 1987.

[3] Vgl. Autorenkollektiv, Ökonomie der Automatisierung, Berlin 1985.

[4] Vgl. G. Friedrich, H. Koziolek, Zum Einfluß der modernen Informationstechnologien auf die sozialistische Betriebswirtschaft, in: Wirtschaftswissenschaft 35 (1987) 1, S. 1–17.

Winfried Hacker

Zu psychologischen Aspekten der Projektierung von Automatisierungslösungen

Mit der ökonomischen Strategie hat der XI. Parteitag der SED auch Festlegungen zur Automatisierungsstrategie getroffen: Auch für die neuen Schritte der Automatisierung ist die sozialismusgemäße Einheit von Produktivitätssteigerung, Beanspruchungsoptimierung und Persönlichkeitsentwicklung unerläßlich.

Die Automatisierung in Produktion, Produktionsvorbereitung und Dienstleistungsbereich vergrößert den Anteil geistiger Arbeit. Die geistigen Arbeitsprozesse werden zunehmend zu rechnergestützter geistiger Arbeit. Welche psychologischen Erkenntnisse sind für die Funktionsteilung zwischen Mensch und Rechner besonders wichtig?

1. Rechnerunterstützung geistiger Arbeit ist etwas anderes als Automatisieren jeder Form geistiger Arbeit. Wenigstens 10 Stufen geistiger Anforderungen müssen unterschieden werden. Bevorzugt zu automatisieren sind die unteren Stufen, welche nur Datenübertragung und Nachvollziehen vorgegebener Algorithmen beinhalten, sofern sie allein die Anforderungen bestimmen. Sie schöpfen menschliche Leistungsmöglichkeiten nicht aus und können Monotonie und Demotivierung erzeugen. Eine effektivitätsbestimmende Rolle bei rechnergestützter Arbeit hat der Anteil geistiger Verarbeitungsoperationen, die beim Menschen verbleiben. Das sind Operationen wie Vergleichen, Schlußfolgern oder Problemlösen – im Gegensatz zum reinen Aufnehmen und Behalten von Daten. Werden die Verarbeitungsoperationen stark reduziert, so sinken Leistungsmenge und Qualität, die Ermüdung nimmt zu und die Motivation verschlechtert sich. Die potentielle Effektivität des Mensch-Rechner-Systems wird nicht ausgeschöpft.

2. Das Gerätesystem mit Rechner, Bildschirm, Tastatur, Drucker etc. muß durch das angebotene Ausmaß des vom Nutzer wählbaren Bedienkomforts und des Hilfenumfangs den Charakter eines Werkzeuges haben, das dem primären Arbeitsprozeß untergeordnet ist und ihn maximal unterstützt. Die Produktivität des Mensch-Rechner-Systems sinkt nämlich in dem Maße, wie der Nutzer durch die Systembedienung ausgelastet wird und der auftragsspezifische Arbeitsanteil für die eigentliche Konstruktion, Planung etc. damit verringert wird.

Bei der Vorbereitung der Hard- und Software ist daher höchstmögliche Kapazität in das Gestalten von CAD/CAM-Systemen mit solchem Werkzeugcharakter zu investieren.

3. Für alle Nutzer sind die Durchschaubarkeit des automatischen Informationsverarbeitungssystems, die Vorhersehbarkeit der Anforderungen im Dialog mit ihm und die Beeinflußbarkeit des Systemverhaltens zu gewähren. Würde man gegen diese Forderungen verstoßen, so würden langfristig erhöhte psychonervale Beanspruchung, das Erleben des Verlusts an Einflußmöglichkeit bzw. das „Ausgeliefertsein" an undurchschaubare Systemvorgänge, Kreativitätsbehinderung sowie insgesamt kein Ausschöpfen der potentiellen Produktivitätsgewinne entstehen. Erforderlich sind daher insbesondere das Ermöglichen von persönlichen Arbeitsweisen, z. B. durch Programme mit wählbarer Selbsterklärungsfähigkeit, wählbare Formen der Dialoge (nutzergesteuert oder rechnergesteuert oder gemischt), vorhersehbare und kurze Systemantwortzeiten. Die größten Chancen zur Ausnutzung der Denkleistungen bietet der nutzergesteuerte Dialog.

4. Die erwünschten Einflüsse auf kreatives Verhalten bedürfen frühzeitig besonderer Überlegungen der Einführungskollektive.

Wesentlich sind Veränderungen in den Arbeitsanforderungen. In der technischen Literatur werden Schätzungen angeführt von 80–90% Zeitanteil mit Routinehandlungen bei Konstrukteuren. Daher wird vom Übertragen dieser auf Rechner eine wesentliche Zunahme des Anteils nicht-routinehafter (nicht-algorithmischer) und darunter schöpferischer Handlungen erwartet.

Um diese Erwartungen zu verwirklichen muß berücksichtigt werden:

a) Dem Entstehen neuer Routine ist von Ansatz der Funktions- und Arbeitsteilung her gezielt entgegenzuwirken. Sie beinhaltet u. a. Dateneingabeoperationen, streng rechnergeführte Dialoge oder auch die rechnergeführte Lösungsableitung innerhalb vorgegebener Varianten.

Entscheidend ist, daß insbesondere die Gestalter von Benutzersoftware bewußt als Arbeitsgestalter, als „Software-Ergonomen" wirken.

b) In Routinehandlungen können Quellen von nicht algorithmischen und schöpferischen Vorgängen liegen. Es ist gesichert: Konstukteure „haben" wesentliche Lösungsideen nicht fertig vor dem Zeichnen, sondern entwickeln sie während des Zeichnens.

Es gibt also einen nützlichen Teil an „Routine", der nicht durch eine überzogene Funktionsteilung zwischen Mensch und Rechner in Frage gestellt sein sollte. Wegen individueller Unterschiede im „geistigen" Stil ist ein vom Nutzer wählbares Ausmaß an Rechnerunterstützung optimal.

5. Für das zielgerichtete Gestalten rechnerunterstützter geistiger Arbeit im Sinne der Leistungssteigerung, Beanspruchungsoptimierung und Persönlichkeitsentwicklung sind Instrumentarien erforderlich.

Das an der TU Dresden entwickelte „Tätigkeitsbewertungssystem für geistige Arbeit mit/ohne Rechnerunterstützung (TBS-GA)" ist im internationalen Rahmen das erste Verfahren, das ein geschlossenes System von Hilfen für die Analyse, die Bewertung und die Gestaltung geistiger Arbeit mit ausschlaggebenden Routineanteilen bietet. Es erscheint 1987 und ist einsetzbar durch arbeitspsychologisch bzw. arbeitswissenschaftlich vorgebildete Kader.

Die ausschlaggebende neue Möglichkeit besteht darin, aus technisch-organisatorisch gestaltbaren Tätigkeitsmerkmalen die entstehenden geistigen Anforderungen sowie die Auswirkungen auf die Werktätigen (z. B. Befinden, Ermüdung, Anregung durch die Tätigkeit, Krankenstand) vorab abzuschätzen. Das eröffnet Chancen für projektierende Arbeitsgestaltung.

6. Rechnergestützte Arbeit bietet neue Erfordernisse und Möglichkeiten des Erlernens und Lehrens der Qualifikationsvoraussetzungen. Es hieße Effektivität verschenken, für neue Anforderungen auf alte Weise zu lehren. Als angemessene Lehr-/Lernformen bewähren sich das erkundende Lernen im selbständigen, unterstützten Umgang mit dem Rechner sowie kollektives Lernen in Dreiergruppen, in denen ein Teilnehmer am Rechner eine geeignete Aufgabe bearbeitet, ein anderer das beobachtet und ein dritter seine bereits erfolgte Bearbeitung vergleicht mit der des ersten.

7. Im Falle der Hinzunahme von Expertensystemen entstehen u. a. die Schlüsselfragen: Wie und bei wem ist das zu implementierende Wissen zu gewinnen? Wie ist das Wissen nutzungsfreundlich zu strukturieren? Da ausschlaggebende Teile des zu gewinnenden Wissens und Könnens von Fachleuten „schweigendes", d. h. nicht bewußtes und nicht aussagbares Wissen ist, entstehen komplizierte Aufgaben beim „Erschürfen dieses Goldes aus den Gehirnen" von Experten. Auch für die Arbeitswissenschaften der DDR dürften Vorlaufforschung zu Methoden der Wissensermittlung und -darstellung für wissensbasierte Systeme unerläßlich sein.

Welche Erkenntnisse bedürfen bei der Arbeitsteilung bzw. -kombination bei rechnergestützter Arbeit verstärkter Beachtung?

Arbeitswissenschaftliche Untersuchungen beispielsweise bei automatisierten flexiblen Fertigungssystemen lassen ein Kernproblem erkennen:

Die automatisierten Informationstechnologien sind Organisationstechnologien. Sie erfordern und ermöglichen neue organisatorische Lösungen für das Schaffen progressiver Arbeitsinhalte. Progressive Arbeitsinhalte entstehen aber auch beim Einführen solcher Systeme nicht im Selbstlauf. Bisher wurden durch das Bereichern von Bedien- und Überwachungstätigkeiten mit dispositiven Tätigkeiten erfolgreich progressive Arbeitsinhalte geschaffen. Mit der Automatisierung der Fertigungssteuerung kann jedoch eine Reduktion dispositiver Tätigkeiten entstehen; damit ergibt sich eine neue Situation für das Erzeugen progressiver Arbeitsinhalte. Neue Lösungen müssen entwickelt werden in Richtung auf das Dezentralisieren von Teilen der zentralen Fertigungssteuerung und das Entwickeln von Kollektiven mit Komplexaufgaben einschließlich teilweiser kollektiver Selbstorganisation der Arbeit.

Welche alten arbeitswissenschaftlichen Erkenntnisse zu Arbeitsbedingungen dürfen heute nicht vergessen werden?

Von ausschlaggebender Bedeutung für die aufgeschlossene Nutzung der neuen, rechnergestützten Formen geistiger Arbeit durch die Werktätigen und für die Effektivität der Mensch-Rechner-Interaktion ist die günstige Gestaltung der Arbeitsbedingungen, insbesondere der Arbeitsumgebungsbedingungen. In Untersuchungen mußten gehäuft Verstöße gegen an sich bekannte Normen und Leitsätze für die Beschaffenheit von Beleuchtung, Blendungsfreiheit, Kontrasten, Blickwechsel, verkrampfungsfreie Arbeitshaltung durch optimale Anordnung, Höhe, Neigung und Verstellbarkeit von Arbeitsflächen, Stühlen etc. festgestellt werden. Erschwernisse werden leicht fälschlich als durch die neuen Arbeitmittel verursacht erlebt. Sie bergen die Gefahr an sich, daß unvertretbare Verstöße gegen alte Regeln der Arbeitsgestaltung neue, potentiell effektivere Technologien erheblich in ihrer Effektivität beeinträchtigen.

Arbeitswissenschaften und WAO entwickeln sich mit den neuen Arbeitsanforderungen weiter. Die sogenannte Software-Arbeitswissenschaft ist ein unzulänglicher Anfang. Neue Verbündete sind zu gewinnen in der Informatik, der Forschung zur künstlichen Intelligenz, Linguisitik, Denkpsychologie, kurz in den sogenannten Kognitionswissenschaften.

Michael Guder

Bildung und Qualifikation der Facharbeiter bei fortschreitender Automatisierung

Anforderungen der umfassenden Intensivierung, besonders die Vorbereitung und Einführung von Automatisierungslösungen in den Produktionshaupt- und -hilfsprozessen, einschließlich CAD/CAM-Lösungen, berühren in starkem Maße auch die Aus- und Weiterbildung der Facharbeiter. Immerhin wird über diesen Bildungsbereich der größte Teil des gesellschaftlichen und betrieblichen Arbeitsvermögens reproduziert, und von der Vielfalt der Automatisierungsprozesse sind hauptsächlich Facharbeiter betroffen, im produzierenden Bereich wie auch in der Produktionsvorbereitung oder im Dienstleistungssektor. Die Beherrschung der Automatisierung ist also keinesfalls eine Domäne von Hoch- und Fachschulkadern. Aufgrund der enormen Anwendungsbreite computergestützter Technologien erwartet man international, daß etwa 70 % aller Werktätigen in industriell entwickelten Ländern Wissen und Können auf dem Gebiet der Informatik benötigen, hingegen nur 15–20 % davon mit Spezialwissen.

Die Bildung und Qualifikation der Facharbeiter in unserem Lande gewinnt aber ebenso an Bedeutung aufgrund der objektiven quantitativen Begrenztheit des gesellschaftlichen Arbeitsvermögens.

Traditionelle Arbeitskräfteressourcen sind erschöpft, die Zuführungen über die Berufsausbildung durchlaufen ein demographisches Tief. Zudem hat das Qualifikationsniveau dieser Gruppe insgesamt einen hohen Stand. Mit gegenwärtig rund 65 % Facharbeitern und Meistern nähern wir uns nach vorliegenden Analysen ungefähr einem Grenzwert von 67–68 % dieser beiden Qualifikationsgruppen in der Strukturierung des Arbeitsvermögens. Die entscheidende Ressource besteht deshalb in einer höheren Qualität der Bildung und Erziehung innerhalb jeder Qualifikationsgruppe sowie in der zweckmäßigen Strukturierung des gesellschaftlichen und betrieblichen Arbeitsvermögens nach Beruf und Qualifikation. Der Bedarf an Arbeitskräften für neue Technologien wie auch für die Bildungskonsequenzen im Umfeld, z. B. die Gewinnung von Werktätigen für neue Produktionsbereiche oder für Dienstleistungen, kann hinsichtlich Beruf und Qualifikation kurz- und langfristig nur mit einer abgestimmten Politik von Aus- und Weiterbildung erreicht werden. Die Gewinnung von Facharbeitern für neue Aufgaben und die Weiterbildung dafür ist eine im Vergleich zur Ausbildung mindestens gleichrangige, wenn nicht – vom Umfang her gesehen – sogar gewichtigere Aufgabe geworden. Die neuen Automatisierungslösungen wiederum, und dabei besonders die zunehmende Integration von CAD und CAM, werden letztlich aber maßgeblich darüber entscheiden, wie es gelingt, mit absolut weniger Arbeitskräften umfangreichere Produktionsaufgaben zu bewältigen und langfristig zugleich den Dienstleistungssektor schrittweise auszubauen.

Das alles unterstreicht den hohen Stellenwert der langfristigen und aktuellen Bestimmung der Aus- und Weiterbildungserfordernisse. Wesentliches Kriterium ist, daß die benötigten Qualifikationen rechtzeitig in hoher Qualität und in den richtigen Proportionen bereitgestellt werden und das vorhandene Arbeitsvermögen auch in kräftiges ökonomisches Wachstum umgesetzt wird. Dabei hat es sich nach den Erfahrungen fortgeschrittener Kombinate bewährt, Anforderungen an die Bildung und Qualifikation stärker im Komplex der verschiedenen Einflußfaktoren zu analysieren und ebenso komplex die Aus- und Weiterbildungsentscheidungen zu treffen. Einige hervorzuhebende Ergebnisse der Bildungsforschung dazu sind:

Neue Technologien, Arbeitsmittel und Erzeugnisse bewirken in den Kombinaten und Betrieben vielfach die Änderung der Berufsstrukturen. Berufe, an denen bisher kein Bedarf bestand, kommen neu hinzu, andere werden nur mit einer geringeren Zahl an Beschäftigten benötigt oder fallen künftig ganz weg. Solche Konsequenzen müssen unter Beachtung der real existierenden und erwarteten beruflichen Arbeitsteilung geprüft und der konkrete Bedarf an Berufen richtig bestimmt werden. Dabei bieten die in den breitprofilierten Facharbeiterberufen bestehenden Substitutionspotentiale für die Bildungsplanung sehr flexible Entscheidungsspielräume, die es noch konsequenter zu nutzen gilt. Die kollektive Disponibilität des betrieblichen Arbeitsvermögens kann dadurch für wechselnde Produktionsaufgaben maßgeblich gefördert werden. Sie ist zugleich eine Bedingung, um auf den differenzierten Verlauf der wissenschaftlich-technischen Entwicklung bildungsökonomisch effektiv reagieren zu können.

Die Prozesse der Automatisierung erfordern aufgrund neuer Aufgaben und Tätigkeiten oftmals eine Ergänzung bzw. Verbreiterung der Berufsprofile. Neue Inhalte müssen aufgenommen werden, z. B. die CAD-Technik für Zeichnerberufe. Das darf jedoch nicht dazu führen, in den traditionellen Berufsprofilen nicht mehr auszubilden. In allen Bereichen bestehen alte und neue Technik auf lange Zeit nebeneinander, müssen herkömmliche berufliche Fähigkeiten und Fertigkeiten erhalten bleiben.

Auch für die automatisierte Produktion selbst sind traditionelle berufliche Fähigkeiten und Fertigkeiten nicht generell entwertet worden. In bestimmtem Umfange sind sie sogar eine wichtige Grundlage für das Beherrschen neuer Technologien und müssen arbeitsmittel- und arbeitsgegenstandsbezogen beherrscht werden. Gerade die Computertechnik unterstreicht das. Sie setzt solides berufliches Fachwissen und Können für den effektiven Computereinsatz voraus. Traditionelle und moderne berufliche Inhalte sind also für neue Technologien keine Alternative. Sie verflechten sich vielmehr in zahlreichen Berufen auf völlig neuartige Weise. Diese Beziehungen sind ein wesentlicher Gestaltungsaspekt des neuen Lehrplanwerkes der Berufsausbildung, das auf Beschluß von unserer Partei und der Regierung der DDR von 1986 bis 1990 eingeführt wird. Die Ausbildung im neuen Fach „Grundlagen der Automatisierung" und in Informatik gehören seit September 1986 zur breiten Grundlagenbildung für alle Facharbeiterberufe.

- Mobilität und Disponibilität der Facharbeiter nehmen mit dem Wechsel der Arbeit an Bedeutung zu. Damit die Facharbeiter noch besser in der Lage sind, wachsende und vor allem häufiger und schneller wechselnde Arbeitsanforderungen zu erfüllen sowie neue Aufgaben zu übernehmen, müssen Grundlagen- und Spezialbildung auf hohem Niveau vermittelt werden. Nur in der Einheit beider Bildungsbestandteile kann die notwendige inidividuelle Disponibilität erreicht werden. Wesentliches Gewicht erhalten dabei berufsübergreifende Erziehungsaufgabe. Begeisterung für neue Technik ist ebenso zu entwickeln wie technologische Disziplin und Zuverlässigkeit im Umgang mit hochproduktiven Anlagen; Bereitschaft zur Disponibilität und Mobilität neben Verbundenheit mit dem Betrieb, dem Beruf und dem Arbeitskollektiv.

Grundtendenz der Automatisierung ist die bedienarme Produktion. Körperliche und geistige Arbeitsfunktionen werden dabei immer mehr in das technische System integriert. Mit der Technisierung von Routineaufgaben und körperlich schwerer Arbeit entstehen Freiräume für schöpferisches Arbeiten, müssen komplexere technologische Prozesse vom Facharbeiter beherrscht werden. Aus der Sicht von Facharbeitertätigkeiten werden aber nicht nur Routinearbeiten technisiert, sondern auch anspruchsvolle Aufgaben wie Messen, Prüfen, Kontrollieren etc. Deshalb treffen die für den gesellschaftlichen Gesamtarbeiter festgestellten Bildungskonsequenzen auf bestimmte Facharbeiter oftmals nur mit Einschränkung oder gar nicht zu, vor allem nicht für die große Gruppe der Bedienerberufe. Auch Bildschirmarbeit wird monoton und einseitig sein, wenn nur einfach Daten einzugeben oder abzurufen sind, ohne daß die konkrete Arbeitsaufgabe tatsächlich Entscheidungsbefugnisse enthält. Hier gibt es bekanntlich noch nicht genügend genutztes Bildungsvermögen. Die Lösung des Problems ist eine anspruchsvolle Ingenieuraufgabe der Arbeitsgestaltung. Es geht um die „Schnittstelle" Mensch–Maschine und die künftige Teilung und Organisation der Arbeit für automatisierte Technologien. Sie sollten interdisziplinär in Angriff genommen werden. Die bildungsseitige Vorbereitung der Facharbeiter auf die Mitwirkung an der Veränderung ihrer Arbeit gehört seit langem zu den Zielen der Berufsbildung.

Die breite' Durchsetzung der Schlüsseltechnologien fordert eine engere Beziehung von Aus- und Weiterbildung. Sie müssen inhaltlich immer mehr zu einer Einheit verbunden werden. Weiterbildung ist für das Beherrschung der neuen Technologien immer der flexiblere Bildungsbereich und schafft in diesem Sinne Bildungsvorlauf. Auch bei Veränderung von Lehrplänen steht erst nach längerer Zeit eine ausreichende Zahl von Facharbeitern mit neuestem Wissen und Können zur Verfügung. Außerdem kann und muß in einer durchschnittlich 2jährigen Ausbildung nicht alles Neue in seiner großen Differenziertheit über die Berufsausbildung vermittelt werden, sondern ist planmäßig in die Weiterbildung zu verlagern. Dabei ist ebenfalls zu berücksichtigen, daß die Schlüsseltechnologien von Beruf zu Beruf differenzierte Anforderungen stellen und selbst Facharbeiter, die den gleichen Beruf erlernen, oftmals unterschiedliche Arbeitsanforderungen zu erfüllen haben. Schließlich soll Weiterbildung mit diesen Bildungsaufgaben wesentlich zur Förderung der Facharbeiterdisponibilität beitragen und gesellschaftlich notwendige Mobilität unterstützen. Ihre soziale Funktion für diese Seite der ökonomischen Strategie liegt ebenfalls auf der Hand. Die Bildung und Erziehung sozialistischer Persönlichkeiten wird auch hierbei immer im Mittelpunkt stehen.

Wolfgang Bachmann/Horst Rehtanz

Rationelle Nutzung des gesellschaftlichen Arbeitsvermögens durch Schutz und Förderung der Gesundheit

Im Sozialismus ist der Mensch mit seinen Bedürfnissen Ziel der Produktion. Deshalb erfordert die Einheit von Wirtschafts- und Sozialpolitik, sowohl den ökonomischen Effekt der Produktion zu erhöhen als auch die Bedingungen zu verbessern, unter denen sie durchgeführt wird.

Die Erhaltung und Förderung des gesellschaftlichen Arbeitsvermögens erfordert ein ganzes System von Maßnahmen zu seinem allseitigen Schutz durch sichere, gesundheitserhaltende und leistungsfördernde Arbeitsbedingungen. Deshalb ist es eine Leitungsaufgabe ersten Ranges, dem Sinn des Sozialismus entsprechend die Einheit von Rationalität, Effektivität und Humanität in allen Phasen des Reproduktionsprozesses zu organisieren bzw. immer wieder sicherzustellen. Das bezieht sich auf neueste Technologien und modernste technische Mittel mit großer Zuverlässigkeit und hohem Sicherheitsniveau ebenso, wie auf die Durchsetzung von Ordnung, Sicherheit und Disziplin sowie auf spezielle Maßnahmen des Gesundheitsschutzes.

Die Gesundheit als eines der Grundbedürfnisse der Menschen ist nicht anzusehen als Gegensatz zur Krankheit, sondern ist ein positiver Gesamtzustand, ist physisches, psychisches und soziales Wohlbefinden und auch ökonomische Triebkraft. Schutz und Förderung der Gesundheit sind politisch-ideologische Anforderungen, von jedem zu erfüllen, der den Einsatz von Werktätigen, die Anwendung der Technik, die Organisation der Produktion und höchste Effektivität als Leitungsaufgabe zu erfüllen hat.

Somit sind Gesundheits- und Arbeitsschutz immanente grundsätzliche Ziele sozialistischer Leitungstätigkeit. Der sozialistische Gesundheitsschutz ist nicht in seinem vollen Umfang realisierbar, wenn er nur verstanden wird als Aufgabengebiet zur Vermeidung von arbeitsbedingten Gesundheitsgefährdungen oder zur Reduzierung negativer Auswirkungen und als soziale Sicherstellung des Werktätigen nach einer gesundheitlichen Schädigung, das bei der Entwicklung von Wissenschaft und Technik noch notwendig ist, weil Ursachen noch nicht erkannt wurden oder aus technischen und ökonomischen Gründen Lösungen noch nicht möglich waren.

Im System der Produktivkräfte ist die Arbeit des Menschen das bewegende Element. Der Zusammenhang von individueller Gesundheit und Leistungsfähigkeit sowie Nutzung des gesellschaftlichen Arbeitsvermögens ist evident. Deshalb sind alle einsetzbaren Mittel und Methoden des Gesundheits- und Arbeitsschutzes auf die Erhaltung und Förderung des individuellen Arbeitsvermögens gerichtet. Dabei haben die Maßnahmen des primären Gesundheitsschutzes, die mit der Einhaltung der Schutzgüte im Sinne des Primats der Technik gegeben sind, gegenüber der ärztlichen Überwachung der Gesundheitsentwicklung exponierter Werktätiger, die als sekundäre Prophylaxe eingestuft wird, den Vorrang.

In dem nahezu geschlossenem Vorschriftenwerk des Gesundheits- und Arbeitsschutzes der DDR verfügen wir über ein umfassendes Material, in dem Schutzziele, Grenzwerte und Lösungen für das Erkennen und Beseitigen von arbeitsbedingten Gesundheitsgefährdungen fixiert sind. Dieses Material schließt den Brandschutz ein und ist paßfähig zu den Gebieten Strahlenschutz, Giftschutz, Havarie- und Umweltschutz. In der Datenbank „Vorschriften-Recherchesystem Arbeitsschutz" (VORAS) beim Zentralinstitut für Arbeitsschutz (ZIAS) sind diese Vorschriften gespeichert. Es wurde begonnen, in enger Zusammenarbeit mit Kombinaten arbeitsschutzrelevante Programmbeispiele für CAD/CAM-Systeme zu entwickeln.

In den Kombinaten ist generell zu sichern, daß beim Aufbau von CAD/CAM-Systemen die Schutzziele, Normative und Lösungen des Gesundheits- und Arbeitsschutzes sowie Brandschutzes integriert werden.

In vielfältiger Weise greifen Schlüsseltechnologien zutiefst in die Arbeits- und Lebensbedingungen der Werktätigen ein. Die Zusammenhänge zwischen Schlüsseltechnologien und Gesundheitsschutz werden in drei Richtungen gesehen:

1. Die Möglichkeiten des wissenschaftlich-technischen Fortschrittes müssen umfassend für den Schutz und die Förderung der Gesundheit erschlossen werden.
2. Es sind mögliche veränderte Gefährdungssituationen bzw. neue Gefährdungen rechtzeitig zu erkennen.
3. Aus bekannten Gefährdungen und Gesundheitsschädigungen ist eine Einflußnahme und Impulsgebung auf die neuen technischen Entwicklungen, Wirkprinzipien, Werkstoffe aus der Sicht des Gesundheitsschutzes notwendig, um bisher ungelöste Arbeitssicherheitsprobleme zu lösen.

Unsere gesellschaftliche Entwicklung erweitert die Möglichkeiten für die Beseitigung traditioneller Gesundheitsgefährdungen. Zugleich werden mit der Produktion und Anwendung der Mikroelektronik, der breiten Nutzung von Informationsverarbeitungstechnik, der Einrichtung von CAD/CAM-Arbeitsstationen zur Vorbereitung und Steuerung der Produktion, dem Ausbau flexibler automatischer Fertigungssysteme, dem Einsatz und die Verarbeitung neuer Werkstoffe sowie der breiten Einführung moderner Biotechnologien neue Fragen in bezug auf praktische Lösungen für die Gewährleistung des Gesundheitsschutzes aufgeworfen.

Aber auch die rechnergestützte Verknüpfung personen- und arbeitsplatzbezogener medizinischer und hygienischer Daten bietet effektivere Wege der prophylaktischen Einflußnahme auf den Gesundheitsschutz.

Das in den Jahren 1981 bis 1985 aufgebaute System der zentralen Erfassung und Auswertung arbeitshygienischer Daten in Form des Arbeitshygienischen Berichtes, der Daten aus den arbeitsmedizinischen Tauglichkeits- und Überwachungsuntersuchungen sowie zur BK- und Arbeitsunfallstatistik hat mit den daraus abgeleiteten Schlußfolgerungen sowohl für die Betreuung der Werktätigen als auch für die schwerpunktmäßige Sanierung von Arbeitsbedingungen hohe gesundheitspolitische und volkswirtschaftliche Bedeutung erlangt. Die DDR nimmt damit international eine führende Position ein. Bis 1990 wird diese zentrale Erfassung und Auswertung beibehalten und erweitert werden. Mit der arbeitsplatzgebundenen Rechentechnik wird nun die Möglichkeit geschaffen, diesen Prozeß wesentlich zu rationalisieren und den Zugriff auf Erfassungs- und Arbeitsebene flexibler und umfangreicher zu gestalten.

Die Aufbereitung arbeitshygienischer und arbeitsschutztechnischer Normen, Grenzwerte und Regeln zur direkten Nutzung in der rechnergestützten Konstruktion, also als module Software, ist eine dringend zu lösende Aufgabe. Zur Zeit werden Softwarebeispiele für die Vorausberechnung der Lärm- und Beleuchtungssituation in Arbeitsräumen geschaffen, die als Modelle für weitere Faktoren und zur Rationalisierung der arbeitshygienischen Projektberatung dienen. Im Aufbau befindliche Datenbanken, wie Schadstoffverzeichnisse, unterstützen den rationellen Einsatz und die maximale Nutzung des gesellschaftlichen Arbeitsvermögens.

Das abgestimmte Zusammenwirken zwischen Betriebsleitungen, Gewerkschaftsorganisationen, Betriebsgesundheitseinrichtungen und staatlichen Kontrollorganen hat maßgeblich dazu beigetragen, die Einheit von Wirtschafts- und Sozialpolitik nicht nur im Maßstab unserer Gesellschaft, sondern bis hin zum einzelnen Arbeitsplatz unmittelbar sichtbar zu machen. An den spürbaren Verbesserungen in der arbeitshygienischen Situation in der Volkswirtschaft, der rückläufigen Inzidenz anerkannter Berufskrankheiten, dem Rückgang der Arbeitsunfälle, der abnehmenden Quote invalidisierter Werktätiger, der verstärkten Einbeziehung von Rehabilitanden in den Arbeitsprozeß sowie der steigenden betriebsärztlichen Betreuungsquote zeigt sich der hohe Stellenwert und die Wirksamkeit des Gesundheitsschutzes der Werktätigen.

So stehen zum Beispiel für die arbeitshygienische Beratung und Kontrolle den Betrieben und Kombinaten rund 250 kompetente Arbeitshygieneinspektionen auf Bezirks- und Kreisebene zur Verfügung, die jährlich in mehr als 5000 Betrieben komplexe Analysen durchführen. In interdisziplinärer Arbeit erfolgt die arbeitshygienische Begutachtung von Investitions- und Rekonstruktionsprojekten, wodurch unmittelbar Einfluß auf die hygienische Gestaltung künftiger Arbeitsbedingungen genommen wird.

Komplexe Investitions-, Rekonstruktions- und Sanierungsmaßnahmen in allen Volkswirtschaftsbereichen haben insgesamt zu verbesserten Arbeitsbedingungen und zur Reduzierung der massiven Gesundheitsgefährdungen geführt. Bei den noch vorhandenen Expositionen stehen gehörschädigender Lärm, Ganzkörpervibration, chemische Schadstoffe, nichttoxische Stäube, Hitzebelastung und Teilkörpervibration im Blickpunkt. Diese Bedingungen führen auf Dauer zu Schmälerungen des gesellschaftlichen Arbeitsvermögens, deren Indikator im schlimmsten Falle Berufskrankheiten sind.

Die Schwerpunkte für die arbeitsbedingten Unfallgefährdungen bilden Transport mit 29,6% und Instandhaltung mit 9,1% aller Unfälle des Produktionspersonals. Betrachtet man die Einflußfaktoren, die zu Arbeitsunfällen führen, dann ergibt sich folgende Reihenfolge:

- sich lösende, fallende, einstürzende, kippende, rollende und gleitende Teile
- Ecken, Kanten, Spitzen, Schneiden
- ungenügende Trittsicherheit sowie andere Faktoren, die zum Sturz auf der Ebene führten
- bewegte Teile an Maschinen und Anlagen
- ungenügende Trittsicherheit sowie andere Faktoren, die zum Sturz aus der Höhe führten
- lebende Tiere

Über 50% der Arbeitsunfälle ereigneten sich 1986 bei manuellen Tätigkeiten.

Die Folgen von nicht menschengerecht gestalteten Arbeitsbedingungen sind nicht nur ablesbar an der Anzahl der Arbeitsunfälle und Berufskrankheiten, sondern gehen auch in die allgemeine Morbidität ein.

Den Anstrengungen der Betriebe und Kombinate ist es zu verdanken, daß im zurückliegenden Fünfjahrplan die Neuzugänge an Berufskrankheiten um 21% und die Arbeitsunfälle um 14,5% zurückgingen, in den letzten zehn Jahren sogar die Berufskrankheiten um ca. 40% und die Arbeitsunfälle um 23,6%. Jene Arbeitsprozesse, die in hohem Maße lebendige Arbeit erfordern, die mit körperlich schwerer und monotoner Arbeit verbunden sind, die Gesundheitsgefährdungen und Erschwernisse in sich bergen, fordern vorrangig eine zielstrebige Umgestaltung und Rationalisierung.

Alle Schritte der Mechanisierung und Automatisierung müssen zu einem höheren Niveau der Organisation der Arbeit und zur Einsparung von lebendiger Arbeitskraft führen, d.h. jedes Rationalisierungsmittel muß neuesten wissenschaftlichen Anforderungen entsprechen und insgesamt die Arbeitsbedingungen verbessern.

Die bewährten Prinzipien und Erfahrungen des Gesundheitsschutzes sind immer wirksamer bei der Entwicklung und Projektierung von Arbeitsmitteln, Arbeitsstätten und Erzeugnissen zu berücksichtigen. In den Bereichen der Produktionsvorbereitung fallen die Entscheidungen darüber, unter welchen Bedingungen künftig die Arbeit zu vollziehen ist. Die gefährdungs- und erschwernisfreie Gestaltung der Arbeitsprozesse und Arbeitsbedingungen ist und bleibt der Hauptweg zur vollständigen Erhaltung des eingesetzten Arbeitsvermögens.

Wir haben auch der Tatsache Rechnung zu tragen, daß wegen der konkret historischen technischen und ökonomischen Limitierungen von Maßnahmen der primären Prophylaxe die sekundäre Prävention mit ihren Elementen Früherkennung, Frühbehandlung und frühe Rehabilitation im Gesundheitsschutz der Werktätigen auch weiterhin eine große Rolle spielt. Arbeitsmedizinische Tauglichkeits- und Überwachungsuntersuchungen sind das wichtigste Instrument des Gesundheitswesens zur Früherkennung arbeitsbedingter Gesundheitsstörungen. Nicht erst bei der Beurteilung der Tauglichkeit für einen konkreten Arbeitseinsatz oder ihrer wiederholten Überprüfung, sondern schon bei der Berufswahl Jugendlicher nimmt der Betriebsarzt mit hoher Verantwortung und erheblichen sozialen Konsequenzen Einfluß auf das gesellschaftliche Arbeitsvermögen.

Der Betriebsarzt hat bei der Tauglichkeitsuntersuchung im Einzelfall die Frage zu beantworten, ob angeborene oder chronische Krankheiten durch am Arbeitsplatz vorhandene Schad- und Belastungsfaktoren negativ beeinflußt werden und sich dadurch die Gesundheit und Leistungsfähigkeit ungünstig entwickelt. Unmittelbare Zielstellungen dieses umfassenden Dispensairesystems, dessen Indikationsstellungen auf dem arbeitsplatzbezogenen Belastungs- und Anforderungsprofil basieren, sind

- der gesundheitsadäquate Arbeitseinsatz der Werktätigen,
- die Früherkennung und Verhütung arbeitsbedingter Erkrankungen sowie
- die Prävention allgemeinverbreiteter chronischer Krankheiten.

Diese engmaschige arbeitsmedizinische Betreuung aller Werktätigen mit körperlicher Schwerarbeit, mit Gesundheitsgefährdungen durch Lärm, Vibration, Staub, Klima, chemische Stoffe und biologische Faktoren, mit bestimmten Arbeitsanforderungen, wie Hebezeugführer, Maschinisten, Schaltberechtigte u. a. oder aus anderen Indikationen, wie Schichtarbeiter, Jugendliche und Vorrentner sind ein wirksames Instrument in der komplexen Aufgabe zur Erhaltung und Nutzung des gesellschaftlichen Arbeitsvermögens. Diese Maßnahmen finden ihre sinnvolle Ergänzung in den Kontrollen und Überprüfungen der Arbeitsmittel, Arbeitsstätten und Arbeitsverfahren im Rahmen der Technischen Überwachung, des Giftschutzes, des Strahlenschutzes und des Brandschutzes.

Die neuen Möglichkeiten und Anforderungen an den Gesundheits- und Arbeitsschutz, wie die sozialistische Rationalisierung überhaupt, erfordern, über das bisher bewährte Maß hinaus, die umfassende Teilnahme der Werktätigen an der Planung und Leitung, ständige zielgerechte Information und Qualifizierung sowie gesundheitsbewußte Haltungen und Handlungen. Sozialistische Einstellung zur Arbeit widerspiegelt sich nicht zuletzt im arbeitsschutzgerechten Verhalten. Die Anforderungen an das arbeitsschutzgerechte Verhalten bleiben auch bei fortschreitender Automatisierung bestehen, sie werden nicht geringer, sondern unterliegen einem inhaltlichen Wandel. Für die Bemühungen zur Verhütung von gesundheitlichen Schädigungen bei der Arbeit, zur Verhinderung von Bränden und Havarien gewinnt unter den sich verändernden Arbeitsanforderungen und -bedingungen sicheres Handeln zunehmend an Bedeutung. Die Folgen von Fehlhandlungen können größere Dimensionen annehmen.

Der gesellschaftliche Auftrag an den Leiter, rechtlich formuliert in der Verfassung, im Arbeitsgesetzbuch und in der Arbeitsschutzverordnung, besteht darin, die Voraussetzungen zu schaffen und zu erhalten, die fehlerhaftes Verhalten möglichst ausschließen. Die Frage ist, wie können diese Bedingungen gewährleistet werden?

Die wirksamste Methode ist die konsequente Durchsetzung der Rangfolge der Maßnahmen zur Gewährleistung der Arbeitssicherheit nach §3 der Arbeitsschutzverordnung (ASVO). Darin sind folgende Niveaustufen rechtlich gefordert:

1. sichere und erschwernisfreie Arbeitsbedingungen ohne die Anwendung zusätzlicher Schutzmaßnahmen;
2. technische Mittel zur Gewährleistung der Arbeitssicherheit mit möglichst umfassender und zwangsläufiger Wirkung;
3. Weitere Schutzmaßnahmen, wie Körperschutzmittel und spezielle Verhaltensregeln.

Das arbeitsschutzgerechte Verhalten der Werktätigen ohne Leitungsfunktion ist deshalb besonders auf die Verwirklichung dieser Rangfolge als prophylaktisches Verhalten zu richten. Diese fundamentale Orientierung lag dem Aufbau des sozialistischen Arbeitsschutzes in der DDR seit 1945 zugrunde und hat sich bewährt.

In der täglichen politischen und organisatorischen Arbeit des sozialistischen Leiters ist zu berücksichtigen, daß die Ausprägung des arbeitsschutzgerechten Verhaltens – auch seines persönlichen – zur Erfüllung der „speziellen Verhaltensregeln“ erfordert, ebenfalls im Sinne der Rangfolge nach §3 ASVO vorzugehen. Das bedeutet:

- Sicherung eines reibungslosen störungsfreien Produktionsablaufes durch gewissenhafte Arbeitsvorbereitung, saubere Arbeitsräume und gute soziale und hygienische Einrichtungen;
- Einsatz von technischen und organisatorischen Mitteln, die die Erfüllung von Verhaltensanforderungen ermöglichen bzw. erleichtern, wie z. B. zur Gefahrenerkennung und -abwehr, Arbeitserleichterungen, optimalen Gestaltung der Arbeitsumweltbedingungen;
- ausreichende und konkrete Information, Qualifizierung, Training, gute kameradschaftliche Zusammenarbeit, sozialistisches Betriebsklima, eindeutige und klare Weisungen, regelmäßige Kontrolle, reagieren auf Verstöße gegen Ordnung und Disziplin.

Als Klammer dieser internen Rangfolge für die Schaffung von Bedingungen zur Ausprägung des arbeitsschutzgerechten Verhaltens gilt: Durch zielgerichtete politisch-ideologische Arbeit ist die Bedeutung des aktiven gesellschaftlichen Handelns für das Kollektiv und den einzelnen spürbar und bewußtzumachen. Das schließt die leitungsmäßige Aktivierung und Nutzung der Leistungsbereitschaft der Werktätigen, hohes Staatsbewußtsein, die Initiativen zur Planerfüllung und zur Erfüllung der gesellschaftlichen Aufgaben ein. Dabei werden auch die gesellschaftliche Unduldsamkeit, Kritik an ungenügenden Arbeitsbedingungen, an Mängeln in der Organisation sowie an unsozialistischen Verhaltensweisen immer stärker ausgeprägt.

Es ist eine alte Erfahrung, daß über das Niveau der Arbeitssicherheit maßgeblich in Forschung und Entwicklung entschieden wird. Unter den Bedingungen der Vorbereitung der Nutzung von Schlüsseltechnologien sind die Erfordernisse des Arbeitsschutzes verstärkt bereits in die Grundlagenforschung zu integrieren, weil

Basisinnovationen Auswirkungen auf die Breite der Volkswirtschaft haben und in dieser frühen Phase eine rationelle, den Intensivierungsansprüchen genügende Durchsetzung des Arbeitsschutzes möglich ist. Im Vordergrund steht dabei die prozeßbezogene komplexe Betrachtung und Herangehensweise bei der Gewährleistung der Arbeitssicherheit im Zusammenhang mit der Modernisierung der Grundfonds durch die organische Einheit von Instandhaltung, Rekonstruktion und Investition. Verstärkt ist von punktuellen Sicherheitslösungen zur Integration des Arbeitsschutzes in die Rationalisierung geschlossener Produktionsabschnitte und Fertigungslinien überzugehen. Die Maßnahmen des Gesundheits- und Arbeitsschutzes sind in größerem Umfang als bisher im Rahmen der WAO durchzusetzen.

Langfristig ist die sozialistische Gemeinschaftsarbeit zwischen wissenschaftlichen Einrichtungen, Ingenieurbüros, Projektierungseinrichtungen, den Forschungs- und Entwicklungskapazitäten der Kombinate u. a. mehr zu entwickeln. Das muß in Phasen erfolgen, wo das Projekt oder die Technologie noch nicht materiell-technisch voll erfaßt werden kann. Hier sind auch noch wirksame Weichenstellungen bezüglich der Arbeitssicherheit machbar. So ist es auch möglich, dem Widerspruch zu begegnen, der zwischen geforderten kurzen Innovationszeiten von Produktion und Technologien einerseits und möglichen Spät- oder Langzeitwirkungen von Prozessen und Stoffen auf die Gesundheit der Menschen andererseits existiert. Die Zeitspanne zur Erforschung möglicher Gesundheitsrisiken verkürzt sich objektiv. Dem müssen unsere Forschungsmethoden adäquater werden.

Ursula Gabler

Ansprüche an die Qualifikation der Werktätigen aus der durchgängigen rechnergestützten Planung und Bilanzierung

Die Beschlüsse des XI. Parteitages der SED zur Schaffung hochleistungsfähiger CAD/CAM-Arbeitsstationen und zur beschleunigten Einführung flexibler Automatisierungslösungen umfassen auch Aufgaben zur Automatisierung der **Informationsverarbeitung durch die rechnergestützte Planung und Bilanzierung.** Über ein hierarchisch, entsprechend den Leitungsebenen aufzubauendes System der rechnergestützten Planung und Bilanzierung werden die liefer- und verbraucherseitigen Verflechtungen der Kombinate, Betriebe und anderen Einrichtungen besser beherrscht. Mit den wertmäßigen werden zugleich die gebrauchswertmäßigen Verflechtungen erfaßt.

Das ermöglicht die gründliche Vorbereitung der Planung grundlegender Proportionen der Volkswirtschaft in kurzer Frist. Die vielfältigen Abstimmungs- und Entscheidungsprozesse zwischen den Leitungsebenen und Leitungsorganen verlaufen beschleunigt. Die Zusammenarbeit wird raditonalisiert. Mit Hilfe der rechnergestützten Planung und Bilanzierung können die Leiter der Kombinate und zentraler Staatsorgane schneller auf Veränderungen während der Planung und der Plandurchführung reagieren. In kurzfristigen Entscheidungssituationen sind Rückfragen im Dialogbetrieb möglich, die die Qualität der Entscheidungen verbessern und Konsequenzen aus beabsichtigten Handlungen sichtbar machen.

Das bestätigen die Erfahrungen mit den Bilanzierarbeitsplätzen in der Chemischen Industrie, der Metallurgie und mit anderen rechnergestützten Planungslösungen in den verschiedenen Kombinaten. Die Vorzüge einer rechnergestützten Planung erschöpfen sich nicht in der Anwendung von mehr und besseren Planungsmethoden oder Algorithmen und einer rationelleren Planungsarbeit. Entscheidend ist, daß die Planung auf diese Weise die ihr angemessene und innewohnende Komplexität erreicht. Planungsrechnungen, vor allem zur durchgängigen Bilanzierung des Planes, müssen nicht mehr bei hochgradiger Arbeitsteilung und Spezialisierung der Kollektive neben- und nacheinander durchgeführt werden. Das war stets mit einem hohen Koordinierungsaufwand und mit Fehlerquellen verbunden. Es ist vielmehr möglich, eine Planaufgabe von vornherein komplex zu bearbeiten.

Damit verändern sich die traditionelle Arbeitsteilung und die Arbeitsabläufe in der Planung.

- Bisher arbeitsteilig, von mehreren Mitarbeitern verschiedener Abteilungen gelöste Aufgaben werden mittels Rechnerprogrammen integriert bearbeitet. Sie werden von einem Bediener beherrscht und können im Mensch-Maschine- und Mitarbeiter-Leiter-Dialog bis zu einer optimalen Planentscheidung geführt werden.
- Volkswirtschaftliche Plankennziffern einschließlich der Vorgaben aus der MAK-Bilanzierung werden mit den betrieblichen Aufwands- und Fondsgrößen gemeinsam bilanziert.
- Die rechnergestützte Planung kann im Dialogbetrieb so organisiert werden, daß mit jeder Entscheidung die ökonomischen Konsequenzen für die Erfüllung wichtiger Plankennziffern ermittelt und ausgewiesen werden.

Im Rückgriff auf leistungsfähige Datenbanken können Informationen gemeinsam verarbeitet werden, die aus unterschiedlichen Quellen stammen und jetzt auch voneinander abhängig aufbereitet werden. Das betrifft vor allem die gemeinsame Verarbeitung der aktuellen lieferseitigen Informationen aus der MAK-Bilanzierung, aus zentralen Entscheidungen, aus dem Vertrags- und Angebotsstand mit den aktuellen verbrauchsseitigen Informationen zu Bilanzanteilen, Limiten und Kontingenten, zur Bestandserhaltung und zur vertraglichen Sicherung der Zulieferungen.

Diese Arbeitsweise fördert das Schöpfertum leitender Kader und der Planungsspezialisten im Dialog mit arbeitsplatznahen Büro- und Personalcomputern. Diese Kader werden von Routinearbeit entlastet. Sie können sich stärker auf die Lösung inhaltlicher Aufgaben konzentrieren, analytisch oder konzeptionell tätig sein und dafür den Rechner als „Denkzeug" nutzen. Die breite Anwendung der arbeitsplatznahen Rechentechnik fordert von vielen Werktätigen eine höhere Qualifikation. Es handelt sich dabei um eine im wahrsten Sinne des Wortes Hochqualifizierung für viele. Sie wird in den Kombinaten und Betrieben mit entsprechenden Qualifizierungsplänen organisiert und läßt sich konkrekt am Objekt, an einer im Verantwortungsbereich zu lösenden Aufgabe durchführen. In unserem Lande ist diese Hochqualifizierung für die Werktätigen kostenlos. Sie erfordert aber die Motivation und den Willen, sich zu qualifizieren, die neuen Technologien schnell zu beherrschen und im Kombinat durchzusetzen.

Die Chance zum Erwerb neuer Fertigkeiten und Fähigkeiten erhalten bei uns nicht nur die Spezialisten, sondern ganze Arbeitskollektive. Dadurch entwickelt sich eine Atmosphäre des gegenseitigen Voneinander-Lernens und Wetteiferns. Im Umgang mit dem Computer und bei der Suche nach effektiven Softwarelösungen prägen die Kader ihre Leistungsfähigkeit aber auch ihre Kommunikations- und Reaktionsbereitschaft weiter aus.

Moderne Informationstechnologien und der Dialogbetrieb funktionieren mit Hilfe leistungsfähiger Datenbanken. Solange es noch keine Echtdatenerfassung und -verarbeitung direkt im technologischen Prozeß gibt, sind die Daten von Originalbelegen durch den Bediener einzulesen. Von seiner Akribie hängt es ab, ob die Datenbestände unverfälscht und fehlerfrei gespeichert werden. Der Ordnungsmäßigkeit im Belegwesen und äußerster Gewissenhaftigkeit bedarf es bei der Speicherung und Aktualisierung der Informationen. Damit steigt die Verantwortung des einzelnen Kaders am Computerarbeitsplatz erheblich. Um den Datenbestand ständig auf dem neuesten Stand zu halten, beispielsweise für Weltstands- und Konkurrenzvergleiche in Vorbereitung des Erneuerungspasses und Pflichtenheftes, ist der Kreis von Kollegen zu benennen, der die Informationen aktualisiert. Zurecht verlangen Kollegen, die die Datenbasis speisen, auch Hilfeleistungen für die Lösung ihrer unmittelbaren Arbeitsaufgabe. Dort, wo das heute bereits gelingt, motiviert das die Kader stärker als traditionelle Leistungseinschätzungen es konnten. Datenbank- und Auskunftssysteme in den Außenhandelbetrieben müssen beispielsweise einen Standard erreichen, wo ein Verkäufer zurückruft, um sich bestimmte Konditionen bestätigen zu lassen. Die Bestätigung einer Anfrage in weniger als 24 Stunden aus dem AHB muß den Verkäufer durch Vergleichsdaten mit den Hauptkonkurrenten in seiner Absicht bestärken oder abhalten. Wenn die Informationssysteme, die wir aufbauen, solche praktischen Hilfen sind, wird kein Mangel an Mitwirkung in den Arbeitskollektiven bestehen.

Zur Beschleunigung der rechnergestützten Leitungs- und Planungsarbeit müssen die Kombinate und ihre Betriebe an der Mehrfachnutzung von Software und an der Anwendung standardisierter Lösungen interessiert sein. Dies geschieht nicht zuletzt über die Höhe des Preises nachnutzbarer Software.

Zusammen mit der Rechnernutzung sind einheitliche Organisationslösungen für eine erzeugnisbezogene und prozeßnahe Leitung der Betriebe zu erarbeiten, in den Kollektiven zu diskutieren und mit ihrer breiten Hilfe durchzusetzen.

Entsprechende lohnpolitische Maßnahmen, leistungsorientierte Gehaltszuschläge und Ziel- oder Objektprämien sollten an die Durchsetzung eines durchgängig neu gestalteten Belegwesens und der Einhaltung neuer betriebsorganisatorischer Regelungen gebunden werden. Es muß allen Beschäftigten deutlich werden, daß höhere Niveaustufen der Automatisierung und des arbeitsplatznahen Computereinsatzes nur dann zu den beabsichtigten Produktivitätsschüben führen, wenn alle mehr Disziplin üben und das neue Arbeitsregime einhalten. Leiter, die sich persönlich für die neuen Informationstechnologien engagieren, finden sehr bald Mitstreiter für klar definierte Aufgaben. Die gesamte Neuerertätigkeit erhält eine qualitativ weiterentwickelte Basis durch den Computereinsatz in allen Reproduktionsphasen. Ihr Kreativitätstraining wird durch die Rechner getestet, kann simuliert werden. Derartige Erfolge werden immer mehr Werktätige für den Rechnereinsatz im eigenen Arbeitsgebiet interessieren.

Die rechnergestützte Planung und Bilanzierung, verbunden mit CAD/CAM-Arbeitsstationen und flexiblen Automatisierungslösungen, wird auch neue Haltungen zur Ausnutzung der Arbeitszeit erzeugen. Je stärker die Arbeitsprozesse miteinander verflochten sind, um so mehr muß die Auslastung von Arbeitszeit mit der vollständigen, qualitätsgerechten Erfüllung der Arbeitsaufgabe identisch sein. Die Erfüllung der täglichen Planaufgabe in höchster Qualität muß zum Maßstab der Planerfüllung an jedem Arbeitsplatz werden. Sie sichert die reibungslose Fortsetzung der Schichtleistung. Für die flexiblen Fertigungsabschnitte, flexiblen Bearbeitungssysteme und zukünftigen automatisierten Betriebe ist auch über eine flexible, die Produktivität steigernde Arbeitszeitregelung nachzudenken. Der Mißbrauch flexibler Arbeitszeiten durch kapitalistische Konzerne zur verdeckten und verstärkten Ausbeutung der Werktätigen und für verbesserte Verwertungsbedingungen des Kapitals darf nicht dazu führen, daß wir solche Lösungen außer acht lassen.

Der Übergang zur flexiblen Automatisierung führt zu einer Entkoppelung von Arbeitszeit und Betriebszeit. Die Arbeitsteilung verändert sich in den Produktionsbereichen, der Produktionsvorbereitung und in den Leitungs- und Planungsbereichen. Die Beziehungen zwischen der Person und ihrer Funktion werden disponibler. Die flexible Automatisierung, aber auch schon der Rechnereinsatz in Leitung und Planung gestatten neue Schichtregime. Sie werden unter unseren Bedingungen den Bedürfnissen der Werktätigen nach Qualifizierung, individueller Erholung und Freizeit noch besser gerecht.

Es ist abzusehen, daß sich die technisch-technologische Entwicklung mit der breiten Nutzung von Schlüsseltechnologien so schnell und tiefgreifend vollzieht, daß die Qualifizierung am Arbeitsplatz ergänzt und erweitert werden muß. Deshalb fordert unsere Partei- und Staatsführung neue postgraduale Weiterbildungsmaßnahmen. Die Beherrschung neuer Technologien und Techniken wird für viele Beschäftigte geblockte Qualifikationszeiträume erforderlich machen. Je mehr mit der Beherrschung von Schlüsseltechnologien das Bedürfnis nach vertiefenden Kenntnissen wächst, um so besser lassen sich Arbeitszeiten und Qualifizierungszeiten aufeinander abstimmen.

Aktuelle und anwenderfreundliche Informationssysteme und eine stabile, belastbare Infrastruktur der Städte und Gemeinden unterstützten diesen Prozeß. Als der entscheidende Erfolgsfaktor bewähren sich die Motivation und Leistungsbereitschaft der Kader, ihre Fähigkeit, an jedem Arbeitsplatz die neuen Technologien selbst mit einzuführen und kurzfristig zu beherrschen.

Rolf Feig/Hans-Eberhard Plath/Hannelore Pflicht/
Dieter Torke

Arbeitswissenschaftliche Gestaltungslösungen in flexiblen automatisierten Fertigungssystemen

Für die auf die weitere Verwirklichung der ökonomischen Strategie mit dem Blick auf das Jahr 2000 gerichtete Wirtschafts- und Sozialpolitik erweist sich die organische Verbindung der Vorzüge des Sozialismus mit der wissenschaftlich-technischen Revolution immer nachhaltiger als Kernfrage.[1] Die umfassende Bewältigung dieser Aufgabe ist entscheidend dafür, den Herausforderungen der achtziger und neunziger Jahre erfolgreich zu begegnen. Ausgehend von der sich international vollziehenden stürmischen Entwicklung der Produktivkräfte und den Anforderungen einer hochentwickelten materiell-technischen Basis ist für den Fünfjahrplan 1986–1990 die Aufgabe gestellt, alle Maßnahmen zur Meisterung der wissenschaftlich-technischen Revolution darauf auszurichten, das ökonomische Wachstum durch die umfassende Intensivierung auf Dauer zu sichern.

Für ein rasches Wachstum der Produktivkräfte und der Effektivität kommt der schnelleren und breiten Anwendung der Schlüsseltechnologien bei gleichzeitiger Verbesserung der Arbeits- und Lebensbedingungen der Werktätigen entscheidende Bedeutung zu. „Durch die rasche Entwicklung und umfassende Anwendung der Schlüsseltechnologien, insbesondere der Mikroelektronik und der Automatisierung ganzer technologischer Prozesse und Fertigungsabschnitte, ist ein höheres technologisches Niveau zu erreichen und die durchgängige Rationalisierung bei gleichzeitiger Verbesserung der Arbeits- und Lebensbedingungen zu vollziehen... Mit der Anwendung der Schlüsseltechnologien ist zu sichern, daß den Werktätigen inhaltsreichere, interessantere und schöpferische Aufgaben übertragen und ihre Arbeitsbedingungen immer günstiger gestaltet werden.“[2]

Unter den in der metallverarbeitenden Industrie vorherrschenden Bedingungen der Serienfertigung ist die flexible Automatisierung in Verbindung mit der CAD/CAM-Technologie die entscheidende strategische Entwicklungsrichtung. Sie ist ein erster Schritt zum automatisierten Betrieb. Der Fünfjahrplan 1986 bis 1990 sieht vor, daß 40 bis 50% der Produktion des Werkzeugmaschinenbaues Systemlösungen sein sollen. Ein wichtiger Markstein auf diesem Wege sind die bis 1990 aufzubauenden 60 komplexen Automatisierungsvorhaben in der metallverarbeitenden Industrie und die 35 Vorhaben in anderen Zweigen der Volkswirtschaft.[3]

Flexible Maschinensysteme werden zunehmend als Standardsysteme konzipiert und angeboten. Derartige Standardsysteme existieren entsprechend den zu lösenden Fertigungsaufgaben in verschiedenen Konfigurationen, z. B. FMS 400, 630, 800, 1000, 1600, 2000 und FMS Kurzrota und FMS Rota/Prisma.

Mit dem zunehmenden Einsatz von automatisierten Fertigungssystemen als einer bedeutsamen Schlüsseltechnologie in der metallverarbeitenden Industrie entstehen tiefgreifende Veränderungen hinsichtlich des effektiven Einsatzes des Arbeitsvermögens und bezüglich der Anforderungen an die Werktätigen. Erfahrungen aus bisher realisierten Automatisierungsvorhaben bestätigen allerdings eindeutig, daß die mit der flexiblen Automatisierung verbundenen Problemstellungen auf dem Gebiet der Arbeit und des Lohnes sich nicht im Selbstlauf lösen.

Es gilt hier, was im Gesetz zum Fünfjahrplan 1986 bis 1990 gefordert wird, in dem es heißt: „Durch die Verbindung der wissenschaftlichen Neuerungsprozesse mit der breiten Anwendung der wissenschaftlichen Arbeitsorganisation sind Qualität und Effektivität der gesellschaftlichen Arbeit in hohem Tempo zu entwickeln und der Aufwand an lebendiger Arbeit zu senken.“[4]

In den technisch-technologischen Konzepten zum Einsatz automatisierter Fertigungssysteme gilt es deshalb, arbeitswissenschaftliche Anforderungen so durchzusetzen, daß eine Einheit von technisch-technologischen, ökonomischen und sozialen Effekten erreicht wird. Die Anwendung der WAO bei der Projektierung und Produktionseinführung der flexiblen Automatisierung in Verbindung mit der CAD/CAM-Technologie muß vor allem dazu beitragen, den Werktätigen interessante und schöpferische Arbeitsaufgaben zu übertragen, die besonders das geistige Leistungsvermögen fordern und fördern und ihre Arbeitsbedingungen immer günstiger gestalten.

Im Ergebnis arbeitswissenschaftlicher Forschung am Zentralen Forschungsinstitut für Arbeit wurden für zwei Standardsysteme flexibler Fertigungen (FMS 800, FMS 630) verallgemeinerungsfähige komplexe arbeitswissenschaftliche Referenzlösungen erarbeitet, die kompatibel zum technisch-technologischen und zum Organisationsprojekt sind. Damit wurde ein arbeitswissenschaftliches Instrumentarium entwickelt, das dem Anwender ermöglicht, ohne eigenen hohen Aufwand die vorliegenden Lösungen unmittelbar praxiswirksam anzuwenden.[5]

Dem Nutzer werden komplexe, aufeinander abgestimmte Gestaltungslösungen mit folgenden Bausteinen bereitgestellt:

1. Gestaltung der Arbeitsaufgabe,
2. Organisationslösung,
3. Arbeitskräftebestimmung,
4. Qualifikation der Systembediener,
5. Klassifizierung der Arbeitsaufgabe der Systembediener,
6. Gestaltung von Leistungskennziffern und Lohnformen,

7. Arbeitsplatzgestaltung im Rahmen der Lay-out-Gestaltung,
8. Schwerpunkte der leitungsseitigen Umsetzung der arbeitswissenschaftlichen Referenzlösungen.

1. Zur Gestaltung der Arbeitsaufgabe der Systembediener

Die Untersuchungen ergaben, daß bei der Vorbereitung und beim Einsatz von flexiblen Maschinensystemen der Gestaltung der Arbeitsaufgaben als einer entscheidenden Quelle der effektiven Nutzung des gesellschaftlichen Arbeitsvermögens eine besondere Bedeutung zukommt, weil
- sie festlegen, ob und in welchem Umfang produktionsdurchführende mit vorbereitenden – also anspruchsvollen und interessanten – Teiltätigkeiten verbunden sind,
- mit ihnen auch die Größe des Handlungsspielraumes, den die Werktätigen in ihrer Arbeit eingeräumt erhalten, bestimmt wird und
- sie damit letztlich maßgeblich über den Inhalt der Arbeit der Werktätigen entscheiden.

Eine Strukturierung der Arbeitsaufgaben in frühen Projektierungsstadien ermöglicht eine rechtzeitige Einflußnahme auf das Vorhaben im Sinne einer prospektiven Arbeitsgestaltung und zur Sicherung der Einheit eines hohen technischen und sozialen Lösungsniveaus.

Für die Gestaltung der Arbeitsaufgaben in flexiblen Fertigungen sind vor allem die Arbeitsfunktionen im unmittelbaren Systembetrieb von Bedeutung. Ausgangspunkt sind dabei sowohl die Anforderungsstruktur als auch die Qualifikation der Werktätigen.

Für den Einsatz in flexiblen Fertigungssystemen werden aufgrund der hohen Verantwortung bei der Arbeit mit den hochproduktiven, einen hohen Anlagenwert verkörpernden Grundfonds, in der Regel qualifizierte Facharbeiter eingesetzt, deren Arbeitsaufgaben in der bisherigen Fertigung interessant und anspruchsvoll waren. Dieser vorhandene und genutzte hohe Stand an Kenntnissen, Fähigkeiten und Fertigkeiten bestimmt auch die Erwartungshaltung, die Ansprüche dieser Werktätigen an die neuen Arbeitsaufgaben.

Die hierzu durchgeführten Analysen zeigten[6], daß z. B. die Bedienfunktion als alleinige Arbeitsaufgabe für den Systembediener sowohl hinsichtlich des Anforderungsniveaus der bisherigen Arbeitsaufgabe als auch hinsichtlich der Erwartungen der Werktätigen an ihre neue Tätigkeit nicht geeignet ist. Bei der Gestaltung der Arbeitsaufgabe war deshalb prinzipiell davon auszugehen, daß sämtliche, im unmittelbaren Systembetrieb zu realisierenden Grundfunktionen (das sind: Bedien-, Überwachungs-, Gewährleistungs- und Einrichte-/Umrüstfunktionen) zu einer komplexen Arbeitsaufgabe zusammenzuführen sind.[7] Damit wurden folgende arbeitswissenschaftliche Gestaltungsziele erreicht:

1. Durch die Kombination von Grundfunktionen mit unterschiedlichem Anforderungsniveau wurden interessante, anforderungsreiche Arbeitsaufgaben geschaffen;
2. durch Zusammenführung sämtlicher, im Systembetrieb zu realisierender Arbeitsfunktionen in eine Arbeitsaufgabe konnten Erfordernisse zur Gewährleistung von Kontinuität, Stabilität und Qualität der Fertigung vom Systembediener verantwortungsvoll und effektiv realisiert werden.

Von besonderer Bedeutung ist die Einbindung der Gewährleistungsfunktion in die Arbeitsaufgabe des Systembedieners im Hinblick auf die Sicherung eines stabilen Systembetriebes sowie ihres anspruchsvollen Anforderungsniveaus. Die Gestaltung einer komplexen Arbeitsaufgabe gewährleistete ein der Facharbeiterqualifizierung entsprechendes Anforderungsniveau und erfüllte die Erwartungen der Werktätigen an ihre neuen Arbeitsaufgaben. Sie förderte damit Arbeitszufriedenheit und sicherte eine normale Beanspruchung der Werktätigen.[8]

2. Zur Gestaltung effektiver Organisationsformen der Arbeit und zur Bestimmung des rationellen Arbeitskräfteeinsatzes

Aus den Ergebnissen der arbeitswissenschaftlichen Projektbegleitung bei der Vorbereitung und dem Einsatz flexibler Fertigungssysteme wurde deutlich, daß die praxiswirksame Umsetzung komplexer Arbeitsaufgaben nur durch die Anwendung neuer Formen von Organisationslösungen möglich ist.[9] Die Zeitcharakteristiken der einzelnen Grundfunktionen im Rahmen der Arbeitsaufgabe als entscheidende Grundlage der Gestaltung der Organisationslösung verdeutlichten, daß eine individuelle Aufgabengestaltung keine Lösung bringt.

Die prinzipielle Schlußfolgerung bestand darin, daß die konzipierte komplexe Arbeitsaufgabe nicht in Einzelbedienung effektiv realisiert werden kann, sondern daß im Rahmen der notwendigen prozeßbezogenen Aufgabengestaltung die Durchsetzung flexibler kollektiver Bedienformen erforderlich ist. Mit derartig kollektiven Formen der Arbeit konnten neben der Berücksichtigung der Erfordernisse des Systembetriebes hinsichtlich Kontinuität, Stabilität und Effektivität zugleich kooperative Arbeitsweisen sowie soziale Kommunikation gewährleistet und damit wesentliche Merkmale sozialistischer Arbeitsweisen weiter ausgeprägt werden.

Durch Ermittlung der Zeitaufwände für alle zu realisierenden Eingriffserfordernisse sämtlicher Grundfunktionen konnte die effektivste Organisationslösung und damit auch die einzusetzende Arbeitskräftezahl bestimmt werden. Damit wurde aber auch deutlich, daß die exakte Bestimmung der Anzahl der einzusetzenden Arbeitskräfte mit der Erarbeitung der Grundsatzentscheidung nicht abgeschlossen ist, sondern daß in den einzelnen Projektierungsschritten bis hin zum Probebetrieb des Maschinensystems eine laufende Anpassung notwendig ist.

3. Zur Qualifizierung der Arbeitskräfte

Eine hohe Wirksamkeit komplexer Arbeitsaufgaben ist an bestimmte Voraussetzungen hinsichtlich der Qualifizierung der Werktätigen, die derartige Arbeitsaufgaben realisieren, gebunden.

Zur qualitätsgerechten Bewältigung der komplexen Arbeitsaufgabe benötigt der Systembediener neben Kenntnissen der Grundqualifikation eine aufgabenbezogene Zusatzqualifikation, vor allem für Störungssuche und -behebung.[10]

Die Grundqualifikation ist in der Regel bei den eingesetzten Arbeitskräften vorhanden. Für die aufgabenbezogene Zusatzqualifikationen existieren z.Z. noch keine Unterlagen von den Herstellern der Ausrüstungen bzw. entsprechend ausreichende Lehrgangsangebote. Die praktizierte mündliche Anleitung durch Fachpersonal der Hersteller über wenige Tage reicht für die Vermittlung des notwendigen Wissens nicht aus und führt zu langen Einarbeitungsphasen, besonders hinsichtlich der Kenntnisse zur Störungsbehebung. Aus diesem Grunde wurden die wichtigsten erforderlichen Kenntnisse zum Systembetrieb sowie für die Realisierung der Arbeitsfunktionen Bedienen, Umrüsten und Gewährleistung des Systembetriebes ermittelt. Besondere Bedeutung kommt dabei der Gewährleistungsfunktion zu, die komplizierte und komplexe Abläufe beinhaltet. Sie schließt die komplizierten Abfolgen des Umrüstens mit ein, so daß sie für die Qualifikation der Werktätigen eine zentrale Stellung einnimmt. Mit den erforderlichen Referenzlösungen werden Handlungsprogramme angeboten, die Merkmale zur Störungserkennung, mögliche Störungsursachen sowie das Vorgehen zur Behebung enthalten. Diese Programme sollen die Ausbildung wirksam unterstützen und den Einarbeitungsprozeß der Systembediener verkürzen.

4. Zur Gestaltung von Leistungskennziffern und Lohnformen

Für alle Werktätigen, die in das Fertigungssystem integriert sind und damit Verantwortung für dessen Wirksamkeit tragen, ist eine durchgängige, endproduktorientierte Leistungsbewertung und Stimulierung erforderlich.[11] Das schließt die Produktionsarbeiter (Systembediener, Transportpersonal, Werkzeugvoreinsteller, Fertigungskontrolleure, Instandhalter) und die im Fertigungssystem operativ tätigen HF-Kader ein (Schichtleiter, Technologen, Bereichsökonomen). Es ist selbstverständlich, daß diese Form der einheitlichen Leistungsbewertung ein gemeinsames Unterstellungsverhältnis (z.B. Bereichsleiter) für das Kollektiv der Produktionsarbeiter und HF-Kader erfordert.

Für die Kennziffern- und Lohnformgestaltung für Produktionsarbeiter in flexiblen automatisierten Fertigungssystemen wurden im Vergleich zu herkömmlichen Fertigungsprozessen folgende Aspekte besonders berücksichtigt:

- ein sehr hoher Anteil der Durchlauf- und Bearbeitungszeiten ist durch die Werktätigen nicht mehr unmittelbar beeinflußbar, sondern wird durch das Maschinensystem bestimmt;
- die quantitativen und qualitativen Arbeitsergebnisse können in der Regel nicht mehr einem bestimmten Werktätigen zugeordnet werden und damit auch nicht Maßstab seiner individuellen Arbeitsleistung sein;
- die Arbeitsleistung ist nur als Kollektivleistung am Endergebnis des Fertigungssystems meßbar, dementsprechend sind geeignete Kriterien zur Bewertung des individuellen Leistungsanteils festzulegen;
- das Arbeitsergebnis wird wesentlich bestimmt von der Kontinuität des Prozeßablaufes innerhalb des Fertigungssystems und damit vom kollektiven Zusammenwirken des Arbeitskollektivs;
- die Arbeit im Fertigungssystem erfordert eine hohe Disponibilität und gegenseitige Ersetzbarkeit der Werktätigen.

Mit Hilfe von Leistungskennziffern wurde die hohe Auslastung der Anlage, verbunden mit einer entsprechenden Erzeugnisqualität sowie die Erfüllung individueller Arbeitspflichten in Abhängigkeit von der konkreten Arbeitsaufgabe (z.B. Systembediener, Instandhalter) des Kollektivmitgliedes, stimuliert.

Die Erfüllung der Kennziffer „Auslastung der Anlage“, die den Anteil der Programmzeit am verfügbaren Maschinenzeitfonds zum Ausdruck bringt, ist gleichzeitig Grundlage einer mengen- und sortimentsgerechten Realisierung des Planes. Durch die im Fertigungssystem zu erfüllenden Anforderungen ist sie als kollektive Leistungskennziffer durch jedes Kollektivmitglied beeinflußbar. Der Grad der Beeinflußbarkeit ist abhängig von den mit der konkreten Arbeitsaufgabe verbundenen Anforderungen an Qualifikation und Verantwortung.

Die Kennziffer „Qualität der Erzeugnisse“, die auf die Fertigung qualitätsgerechter Erzeugnisse orientiert, widerspiegelt den Anteil „Gutstück“ an der insegesamt produzierten Stückzahl. Im Rahmen der im flexiblen Fertigungssystem gestellten Anforderungen an alle Kollektivmitglieder ist auch sie über verschiedene Grund- und Teilfunktionen der jeweils spezifischen Arbeitsaufgabe beeinflußbar.

Die Kennziffer „Individuelles Arbeitsverhalten“ trägt der Forderung Rechnung, daß bei Anwendung kollektiver Kennzahlen der Arbeitsleistung die Lohnhöhe der Mitglieder des Kollektivs nach ihrem persönlichen Anteil an der kollektiven Leistung festgelegt wird.

Die Stimulierung der im Fertigungssystem operativ tätigen HF-Kader (Schichtleiter, Technologe, Bereichsökonom, Fertigungskontrolle) erfolgt in gleicher Richtung wie bei den Produktionsarbeitern. Diese Leistungskennziffern wurden dem Kollektiv bereits in der Erprobungs- und Einlaufphase vorgegeben und über Einlaufkurven an die sich verändernden Bedingungen angepaßt.

5. Schwerpunkte der leitungsseitigen Umsetzung der erarbeiteten arbeitswissenschaftlichen Referenzlösungen

Folgende Schwerpunkte zur leitungsmäßigen Umsetzung dieser arbeitswissenschaftlichen Referenzlösungen stehen im Mittelpunkt:[12]

1. Einbeziehung arbeitswissenschaftlicher Anforderungen in den gleitenden Projektierungsprozeß

Es ist erforderlich, daß die vorliegenden Gestaltungslösungen der Bestandteile der arbeitswissenschaftlichen Referenzlösungen beim Einsatz von FMS 800 und

FMS 630 bereits in die Aufgabenstellung und die Grundsatzentscheidung eingeordnet werden. Ihre Durchsetzung im Prozeß der gleitenden Projektierung ist leitungsseitig zu überwachen.

Auf folgende Schwerpunkte ist dabei Einfluß zu nehmen:

- Ermittlung günstiger Varianten des Werkstückdurchlaufs im Abgleich mit der Bewältigung der komplexen Arbeitsaufgabe;
- Lay-out-Gestaltung hinsichtlich der Systemaufstellung unter Berücksichtigung möglicher Mehrsystembedienung (parallel anzuordnende Spannarbeitsplätze, Übersichtlichkeit des Systembetriebes hinsichtlich Ausfallanzeige am einzelnen BAZ, Beachtung lokaler Faktoren/Wegestrecken, Überschaubarkeit/beim notwendigen Einsatz von Springern, die teilweise noch Aufgaben in anderen Fertigungen zu erfüllen haben);
- Überprüfung der festgelegten Organisationslösung und der AK-Anzahl im Probebetrieb entsprechend den im gleitenden Projektierungsprozeß präzisierten Ausführungsbedingungen.

2. *Ideologische Vorbereitung beim Systemeinsatz*

- Mit Bestätigung der Grundsatzentscheidung sind kontinuierlich Beratungen mit den für das neue System vorgesehenen Werktätigen über
  - den Aufbau des FMS und den technologisch-organisatorischen Ablauf,
  - die neuen Arbeitsaufgaben,
  - die zu realisierenden neuen Organisationsformen,
  - die einzuführenden Leistungskennziffern,
  - die Eingruppierung der neuen Arbeitsaufgaben in die entsprechende Lohngruppe

  zu führen.
- Über die Zusammensetzung künftiger Arbeitskollektive ist gemeinsam mit den Leitern und den vorgesehenen Systembedienern unter dem Gesichtspunkt individueller und kollektiver Erwartungen und Leistungsansprüche, Interessen der Systembediener sowie technisch-technologischer und ökonomischer Erfordernisse zu beraten.
- Leitungsseitig ist der Einarbeitungsprozeß der Systembediener bis zur Beherrschung der komplexen Arbeitsaufgabe zu unterstützten.
- Die Herausbildung von Kollektivbeziehungen bis hin zur Formierung stabiler Arbeitskollektive sind entscheidend zu fördern und zu festigen.

3. *Qualifizierung der Werktätigen für die konzipierten Arbeitsaufgaben*

Mit der Bestätigung der Grundsatzentscheidung für den Einsatz des FMS ist für die vorgesehenen Systembediener ein Qualifizierungsprogramm zu erarbeiten und kontinuierlich durchzusetzen. Das betrifft insbesondere Lehrgänge, Schulungen, Betriebseinsätze beim Maschinenhersteller u. ä.

Die Tragfähigkeit der für die FMS 800 und FMS 630 erarbeiteten arbeitswissenschaftlichen Lösungen wurde in einem Automatisierungsvorhaben nachgewiesen.

Damit ist zugleich der Nachweis erbracht, daß bei gezielter arbeitswissenschaftlicher Einflußnahme unter den Bedingungen der flexiblen Automatisierung keine unattraktiven Arbeitsaufgaben entstehen müssen. Einfache und komplizierte Arbeit ist durchaus sinnvoll miteinander verknüpfbar. Es wurden komplexe Aufgaben projektiert und in die Praxis eingeführt, die sowohl technologisch als auch arbeitswissenschaftlich vorteilhaft sind. Die erarbeiteten Referenzlösungen gilt es deshalb bei der Vorbereitung und beim Einsatz ähnlicher Systeme zu nutzen.

Durch die Erarbeitung von arbeitswissenschaftlichen Referenzlösungen für weitere Standardsysteme und die Bereitstellung für die Praxis soll dazu beigetragen werden, daß mit dem Übergang zur flexiblen Automatisierung zugleich anspruchsvolle Arbeitsaufgaben entstehen und die Arbeitsbedingungen immer günstiger gestaltet werden.

Anmerkungen

[1] Vgl. Bericht des Zentralkomitees der Sozialistischen Einheitspartei Deutschlands an den XI. Parteitag der SED, Berichterstatter: Genosse Erich Honecker, Berlin 1986, S. 40.

[2] Gesetz über den Fünfjahrplan für die Erhöhung der Volkswirtschaft der DDR 1986 bis 1990, vom 27.11.86, GBl. I, Nr. 36, S. 451.

[3] Vgl. Die Aufgaben der Parteiorganisationen bei der weiteren Verwirklichung der Beschlüsse des XI. Parteitages der SED. Aus dem Referat des Generalsekretärs des Zentralkomitees der SED und Vorsitzenden des Staatsrates der DDR, Erich Honecker, auf der Beratung des Sekretariats des ZK der SED mit den 1. Sekretären der Kreisleitungen, Berlin 1987, S. 34.

[4] Ebenda, S. 451.

[5] Vgl. Autorenkollektiv: Anleitungsmaterial – Arbeitswissenschaftliche Gestaltungslösungen für den Einsatz unterschiedlicher flexibler Maschinensysteme, ZFA Dresden 1986.

[6] Vgl. M.-E. Plath/D. Torke, Zur Gestaltung von Arbeitsaufgaben bei der Projektierung integrierter Fertigungssysteme – Untersuchungsergebnisse aus konkreten Objektbereichen –, Sozialistische Arbeitswissenschaft 5/1985, S. 340–350.

[7] Vgl. H.-E. Plath/H. Plicht u. D. Torke, Zur Realisierbarkeit komplexer Arbeitsaufgaben bei integrierten Fertigungssystemen. Sozialistische Arbeitswissenschaft, 5/1986, S. 355–365.

[8] Vgl. H.-E. Plath/H. Plicht und D. Torke, Zur Bewährungskontrolle arbeitswissenschaftlicher Gestaltungslösungen bei flexiblen Maschinensystemen. Sozialistische Arbeitswissenschaft, 2/1987, S. 96–104.

[9] Vgl. H.-E. Plath/H. Plicht/D. Torke, sozialistische Arbeitswissenschaft, 5/1986, S. 355–365.

[10] Vgl. Autorenkollektiv, Anleitungsmaterial, 1986.

[11] Vgl. Autorenkollektiv, a. a. O.

[12] Vgl. Autorenkollektiv, a. a. O.

Andreas Winkler

Arbeitsökonomische Aspekte bei der Einführung und Nutzung von CAD-Lösungen in der Projektierung

Ausgehend von der neuen Entwicklungsetappe der DDR in den achtziger Jahren stehen die Gesellschaftswissenschaften und somit auch die Arbeitswissenschaften vor der Aufgabe, sozialismusadäquate Lösungen des wissenschaftlich-technischen Fortschritts zu finden, um der sich verändernden Stellung des Menschen als Produzent und kollektiver Produktionsmitteleigentümer noch besser gerecht werden zu können.

Das erfordert Anstrengungen in zwei Richtungen:

1. Der wissenschaftlich-technische Fortschritt ist mit dem sozialen Fortschritt zu verbinden, d. h. auf die Arbeitswissenschaften bezogen, daß bei Maßnahmen der sozialistischen Rationalisierung persönlichkeitsförderliche Arbeitsinhalte projektiert und gestaltet werden, um dem Menschen die gesellschaftlich notwendige höhere soziale Aktivität in und durch die Arbeit zu ermöglichen. Die Arbeitsinhalte müssen eine solche Qualität bezüglich der Persönlichkeitsentwicklung besitzen, daß sie als innerer Stimulus der menschlichen Tätigkeit wirken und äußere Stimuli (z. B. Fragen der Entlohnung) stärker als bisher ergänzen.[1]

2. Die Produktionsverhältnisse sind derart zu vervollkommnen, daß sie die Menschen anregen, einen wachsenden Beitrag für die Entwicklung der Gesellschaft (und damit ihrer eigenen Entwicklung) zu leisten.

„Wie es gelingt, die Interessen der Gesellschaft mit den individuellen Interessen in Übereinstimmung zu bringen und so objektiv die Vorzüge des Sozialismus für die Bewältigung der Errungenschaften der wissenschaftlich-technischen Revolution zu nutzen, davon hängt letztlich auch unsere Überlegenheit gegenüber der kapitalistischen Produktionsweise ab.“[2]

Ein wesentliches Element der gegenwärtigen Entwicklungsstufe der Produktivkräfte ist der Ausbau der mikroelektronischen Industrie und die weite Verbreitung ihrer Produkte. Arbeitsbereiche, die für die Automatisierung bisher als verschlossen galten, sind mit der qualitativen Vervollkommnung der Mikroelektronik und ihrer ökonomischen Anwendbarkeit in das Blickfeld der Rationalisierung gerückt. Volkswirtschaftlich sehr bedeutsam sind dabei CAD/CAM-Systeme. Mit der Einführung der dezentralen Rechentechnik vollziehen sich Veränderungen auch in der technischen Produktionsvorbereitung und in den Arbeitsaufgaben der Hoch- und Fachschulkader.

Für die arbeitswissenschaftliche Gestaltung der Arbeitsprozesse entstehen dabei neue Aufgaben bezüglich der Analyse, Bewertung und Gestaltung:

- der Arbeitsaufgaben (Arbeitsteilung, Funktionsteilung Mensch–Computer
- der Arbeitsbedingungen (Arbeitszeit, Arbeitsplatz, Arbeitsumwelt)
- der Arbeitsorganisation (Ablauf- und Aufbauorganisation, Zugriff zur Computertechnik)

mit dem Ziel, das gesellschaftliche Arbeitsvermögen effektiv einzusetzen, um somit eine wesentliche Voraussetzung für den notwendigen Leistungsanstieg und die Entfaltung der menschlichen Persönlichkeit in der Arbeit zu schaffen.

Auf der Grundlage umfangreicher Analyseergebnisse im Anlagen- und Maschinenbau der DDR sollen im folgenden arbeitswissenschaftlichen relevante Aspekte der Arbeit von Hoch- und Fachschulkadern mit rechnergestützten Systemen diskutiert werden.[3]

Die informationsverarbeitende Technik als „Katalysator“[4] effektivitätssteigernd einzusetzen, erfordert bereits in der Phase der Projektierung rechnergestützter Systeme solche Arbeitsaufgaben zu entwerfen, die durch eine ausgewogene Tätigkeits- und Anforderungsstruktur persönlichkeitsförderlich, beanspruchungsoptimierend und leistungssteigernd wirken.

Dabei kann bei den Ingenieuren und Ökonomen in den Projektierungsbereichen von guten Positionen ausgegangen werden, denn es konnte festgestellt werden, daß sie in der Regel sequentiell (Einheit von planenden, vorbereitenden, durchführenden und kontrollierenden Tätigkeiten) und hierarchisch (Einheit von informationsübertragenden, informationsverarbeitenden, informationsbearbeitenden und informationserarbeitenden Tätigkeiten) vollständige Arbeitsaufgaben ausführen.[5]

Die konventionelle Projektierungstätigkeit, also die Arbeit ohne Computer, bietet den Hoch- und Fachschulkadern eine Kombination von vorwiegend schöpferischen und nichtschöpferischen Tätigkeitsteilen (z. B. Entwerfen und Zeichnen).

Die Bearbeitung der Projektierungsaufgaben ermöglicht die Verwirklichung verschiedener, individueller Handlungsstrategien, da sie konventionell ohne Restriktionen seitens eingesetzter Arbeitsmittel als auch organisatorischer Zwänge ausführbar sind. Bei allen untersuchten Arbeitsaufgaben sind große zeitliche Freiheitsgrade zu verzeichnen.

Die über mehrere Jahre durchgeführten Analysen im Sinne einer Längsschnittuntersuchung verdeutlichen, daß bei den Arbeitsaufgaben der Hoch- und Fachschulkader in den untersuchten Projektierungsbereichen des Anlagenbaus große potentielle Einsatzgebiete für die Anwendung der dezentralen informationsverarbeitenden Technik existieren. Mit der Erarbeitung von Projektdokumentationen, Zusammenstellungen, Übersichten und dem Schriftverkehr ist der Projektierungsingenieur zwischen 40 und 60 % seiner Arbeitszeit befaßt. Für das Zeichnen wird etwa ein Viertel der Arbeitszeit benötigt. Aber auch Informationssysteme, die auf umfangreichen Datenbanken basieren, führen zu positiven ökonomischen Effekten, denn etwa 10% der Arbeitszeit verwendet der Ingenieur, um über die notwendigen Informationen zu verfügen.

Eine günstige Beeinflussung der Tätigkeitsstruktur ist zu erwarten, wenn es gelingt, Arbeiten mit relativ hohem Anteil an geistiger Routine auf den Rechner zu übertragen.

Bei der Entwicklung von rechnergestützten Systemen und ihrer Integration in die Arbeitsprozesse ist die Frage zu stellen, welche Teiltätigkeiten aus der Sicht
- der technisch realisierbaren,
- ökonomisch vertretbaren und
- arbeitswissenschaftlich progressiven Lösung

der rechnergestützten Bearbeitung zuzuführen sind.

Es ist dabei sehr gewissenhaft zu prüfen und zu entscheiden, welche Aufgabenteile rechnergestützt ausgeführt werden und welche Aufgabenteile weiterhin beim Menschen verbleiben. Stark routinemäßig ausführbare Tätigkeiten (z.B. Listen erstellen, Karteien führen usw.) sind bevorzugt dem Computer zur Bearbeitung zu übertragen, während der Mensch Aufgaben bekommen sollte, die ihm schöpferische Denkleistungen im Sinne der Erweiterung des „inneren Modells“ abverlangen.[6]

Das gegenwärtige Niveau der Anwendung der dezentralen Rechentechnik durch die Hoch- und Fachschulkader im o.g. Untersuchungsbereich läßt sich wie folgt charakterisieren:

1. Der Anteil der rechnergestützten Arbeit an der Gesamtarbeitszeit ist noch relativ gering und beträgt im Durchschnitt zwischen 10–15%. Der Großteil der Nutzer arbeitet erst seit ein bis zwei Jahren mit dieser Technik. Die Arbeit mit dem Computer ist noch nicht durchgängig tätigkeitsbestimmend, wenngleich er seinen Platz bereits bei der Ausführung vielfältiger Aufgaben der Projektierung gefunden hat. Über 40% aller befragten Ingenieure und Ökonomen sind zur Erfüllung ihrer Aufgaben mehr oder weniger auf die Arbeit mit dem Rechner angewiesen.

2. Für die derzeitige Phase der Anwendung der dezentralen informationsverarbeitenden Technik ist typisch, daß eine Teiltätigkeit nicht vollkommen rechnergestützt ausgeführt wird, sondern meist nur bestimmte Abschnitte davon. Ein Wechsel von traditioneller und rechnergestützter Arbeitsweise ist somit für die überwiegende Mehrzahl der Hoch- und Fachschulkader gegeben und wird auch von diesen so empfunden. Die sequentiell und hierarchisch vollständigen Arbeitsaufgaben bleiben erhalten. Genutzt werden überwiegend isolierte Programme zu wissenschaftlich-technischen bzw. ökonomischen Berechnungsproblemen, zur Informationsrecherche oder zur Textverarbeitung. Die Computerunterstützung bezieht sich damit hauptsächlich auf vorwiegend geistig-schematische Arbeiten, so daß die vorwiegend schöpferischen Anteile der Arbeitsaufgaben beim Menschen verbleiben.

Damit bestehen die Voraussetzungen dafür, daß der Ingenieur zunehmend Aufgaben der Strategienbildung und Entscheidungsfindung ausführt und somit weiterhin den Ablauf des Projektierungsprozesses bestimmt.

Systeme der künstlichen Intelligenz werden die Hoch- und Fachschulkader dabei zunehmend unterstützen können. Inwieweit sie die Struktur und das Niveau der Arbeitsaufgaben verändern werden, kann heute noch nicht mit Sicherheit gesagt werden, aber auf der Grundlage von gespeichertem Ingenieurwissen und der Verarbeitung von großen Informationsmengen werden sie jedoch zu einer neuen Qualität der interaktiven Arbeit des Menschen mit dem Computer beitragen.

Mit der Arbeit an der dezentralen Computertechnik entsteht erstmals bei den untersuchten Arbeitsaufgaben eine Mensch-Maschine-Funktionsteilung, die in zweifacher Hinsicht geprägt wird:
- Arbeiten, die bisher der Mensch ausgeführt hat, werden zur rechentechnischen Bearbeitung an den Computer übergeben. Oftmals wird diese Entscheidung noch ausschließlich durch die kapazitativen oder funktionellen Möglichkeiten des Computers bestimmt.
- Die Software weist dem Menschen seinen Platz im System Mensch–Rechner zu und determiniert das Zusammenwirken. Entscheidend für den Arbeitsinhalt ist es aber, auf welche Art und Weise der Nutzer mit dem Computer arbeiten kann. Wie die fachlichen Probleme rechnerintern verarbeitet werden, interessiert die Nutzer nur sekundär, da für sie die Schnittstelle mit dem Computer wesentlich ist. Auf Grund dessen gilt die besondere Aufmerksamkeit vor allem dem Mensch-Maschine-Dialog, also der spezifischen Form der Kommunikation zwischen dem Menschen und dem Computer.

Notwendig ist eine menschorientierte Einsatzstrategie, die gleichsam mit der Planung des EDV-Projekts verwirklicht wird, um von vornherein Bedingungen zu schaffen, die eine optimale Verbindung der menschlichen Fähigkeiten mit den Vorzügen der dezentralen informationsverarbeitenden Technik gestatten.

3. Im Zusammenhang mit der Einführung und Nutzung der dezentralen Rechentechnik entstehen und entwickeln sich drei Gruppen von Hoch- und Fachschulkadern:
- eine noch große Gruppe, die konventionell, d.h. ohne Rechner ihre Aufgaben löst;
- eine ständig (auf Kosten der ersten) zunehmende Gruppe, die ihre Arbeitsaufgaben in wachsendem Maße mit der Computertechnik bearbeitet;
- eine kleine Gruppe, die sich neben ihrem fachlichen Wissen umfangreiche Kenntnisse der Programmierung angeeignet hat und im Rahmen von Projektgruppen, Einsatzvorbereitungskollektiven oder Anwenderzentren an der Entwicklung anwenderspezifischer Software arbeitet.

Dieser Fakt ist bei der Bewertung der aus der Arbeit mit dem Computer resultierenden Anforderungen an die Qualifikation und Verantwortung zu beachten, zumal die rechnergestützte Arbeit nur einen bestimmten Teil der Gesamtaufgabe umfaßt, so daß von ihr nicht auf die gesamte Arbeitsaufgabe geschlossen werden kann. Es ist prinzipiell zwischen
- Nutzern vorhandener Anwenderprogramme und
- Anwenderprogrammierern zu unterscheiden.

Die Arbeit mit der dezentralen Rechentechnik hat für die Nutzer derzeit nur geringe Veränderungen der Anforderungen an Qualifikation und Verantwortung zur Folge.

Nur in der Anforderungsart 7 „Anforderungen an die technischen Kenntnisse und die Verantwortung aus dem Umgang mit Arbeitsmitteln" ist eine Erhöhung feststellbar.

Ob die Eigenprogrammierung durch jeden Hoch- und Fachschulkader anzustreben ist, wird konträr diskutiert. Dieser Weg ist jedoch nur dann gerechtfertigt, wenn die Kenntnisse und Fähigkeiten in der täglichen Arbeit abgefordert werden. Das Optimum besteht in einem ausgewogenen Verhältnis von fachspezifischen und Informatik-Kenntnissen, das den Ingenieur in die Lage versetzt, seine fachlichen Aufgaben mit Hilfe der elektronischen Datenverarbeitung schneller und in noch höherer Qualität zu lösen. Grundlegende Kenntnisse und Fertigkeiten der EDV-gerechten Problemaufbereitung und ihrer rechentechnischen Bearbeitung werden deshalb zunehmend zum Berufsbild der Hoch- und Fachschulkader gehören.

Für die Übertragung von Programmieraufgaben als Mittel zur Anreicherung der Arbeitsinhalte besteht bei den analysierten Arbeitsaufgaben zur Zeit keine Notwendigkeit.

Die Anwenderprogrammierer aus den Fachabteilungen bzw. Anwenderzentren erfüllen andere Arbeitsaufgaben, die deutlicher durch die rechnergestützte Ingenieurarbeit geprägt werden. Für diese Personengruppe wurden erste Qualifikationsmerkmale erarbeitet.[7]

Mit der qualitativen und quantitativen Vervollkommnung der CAD/CAM-Technologien wird sich die rechnergestützte Ingenieurarbeit zur allgemein üblichen Arbeitsweise vieler Hoch- und Fachschulkader in Forschung und Entwicklung sowie der technischen Produktionsvorbereitung entwickeln.

Auswirkungen auf die Arbeitsinhalte sind damit in stärkerem Maße als bisher zu erwarten, da

- die Anzahl der Nutzer sich ständig erhöht (und nicht nur – wie hier betrachtet — bei den Hoch- und Fachschulkadern),
- die rechnergestützte Bearbeitung von immer größeren Bestandteilen der Arbeitsaufgaben im Mensch-Maschine-Dialog oder gar automatisiert üblich sein wird.

Damit sind auch Wirkungen auf die innerbetriebliche Arbeitsteilung verbunden. Deutlich ist schon heute die Tendenz der Erhöhung der innerzyklischen Parallelität der Prozesse in der technischen Produktionsvorbereitung sichtbar sowie die noch theoretische Möglichkeit der Verschmelzung von Aufgaben der Projektierung und der Technologie. Aber auch die Arbeitsteilung zwischen Hoch- und Fachschulkadern und den technisch-ökonomischen Fachkadern (z. B. technische Zeichner, Sachbearbeiter) gerät in Bewegung.

Diese Entwicklung erfordert auch künftig sozialismusadäquate Lösungen, um den Wertauffassungen vom sozialistischen Arbeitsprozeß als der Einheit von Rationalität und Humanität immer besser gerecht werden zu können. Dies schließt Aktivitäten der sozialistischen Arbeitswissenschaften zur Gestaltung progressiver Arbeitsinhalte ebenso ein, wie Maßnahmen zur Gestaltung der Arbeitsorganisation, der zeitlichen und materiellen Arbeitsbedingungen, der Leistungsbewertung und Stimulierung sowie der Aus- und Weiterbildung.

Dabei sind die Werktätigen als Erfahrungsträger und kollektive Produktionsmitteleigentümer stärker in alle Phasen der Vorbereitung und Einführung moderner Informationstechnologien einzubeziehen, um die sozialen und ökonomischen Potenzen der sozialistischen Produktionsweise noch besser zu nutzen.

Anmerkungen

[1] Vgl. Winkler, D. Wolf, Zur Dialektik von Produktivkräften und Produktionsverhältnissen bei flexibler Automatisierung, Dresden, Technische Universität, 1987 (unveröffentlicht)

[2] H. Koziolek, Unsere ökonomische Strategie mit dem Blick auf das Jahr 2000 – hoher Anspruch an die Wirtschaftswissenschaften, in: Einheit, Berlin **41** (1986) 8, S. 707.

[3] Vgl. A. Winkler, Arbeitswissenschaftliche Probleme der Einführung und Nutzung der dezentralen informationsverarbeitenden Technik in produktions- und investitionsvorbereitende Bereiche, dargestellt am Beispiel des Projektierungsprozesses von Kraftwerken Dresden, Technische Universität, Diss. A, 1987.

[4] Vgl. G. Mittag, Mit qualitativ neuen Schritten zu höchsten Leistungen, Berlin 1986, S. 44.

[5] Vgl. W. Hacker, Zur Funktionsteilung zwischen Mensch und Technik in automatisierten Informationstechnologien, in: TU Dresden (Hrsg.) 11. Gesellschaftswissenschaftliches Kollquium Dresdense der Hochschulen im Bezirk Dresden, Dresden 1984, S. 37.

[6] Vgl. K. Fuchs-Kittowski, Informatik und Automatisierung, Band 1, Berlin 1976, S. 284ff.

[7] Vgl. Staatssekretariat für Arbeit und Löhne der DDR Hinweise zur Stimulierung hoher Arbeitsleistungen der Werktätigen an CAD/CAM-Arbeitsstationen, Berlin 1986.

Ekkehard Sachse

Erfordernisse aus der Intensivierung für die planmäßige Gestaltung der Beziehungen zwischen wissenschaftlich-technischem Fortschritt und Arbeitsvermögen

In meinem Beitrag möchte ich auf weiterführende Erfordernisse, die sich aus der gegenwärtigen Etappe der Intensivierung in bezug auf die planmäßige Gestaltung der Beziehungen zwischen wissenschaftlich-technischem Fortschritt und Arbeitsvermögen ergeben, eingehen.

Für 1986 konnte der Bericht der Zentralverwaltung für Statistik erstmalig ein schnelleres Wachstum der Arbeitsproduktivität gegenüber der Produktion in der Industrie und im Bauwesen konstatieren.[1] Damit wird ein weiteres entscheidendes Intensivierungskriterium, dessen Erfüllung wir schon seit längerer Zeit unter der bekannten Losung „Weniger produzieren mehr" verfolgten, in volkswirtschaftlichen Dimensionen durchgesetzt.[2] Unsere Intensivierungsstrategie, die längerfristig im Rahmen der Steigerung der Arbeitsproduktivität zunächst mit einer betonten Senkung des Produktionsverbrauchs verbunden war und ist, wird damit durch eine wesentliche Komponente ergänzt. Das signalisiert einen qualitativen Umschlag im Einsatz des Arbeitsvermögens im produzierenden Bereich, tendenziell mit gleicher und auch sinkender Arbeitskräftezahl die wachsenden Aufgaben – allein – auf der Grundlage der Steigerung der Arbeitsproduktivität zu bewältigen.

Damit treten wir in eine neue Situation ein, die vorrangig durch die intensiv erweiterte Reproduktion bestimmt ist, jedoch nur den künftig zu erwartenden Rückgang an Arbeitskräften (der schon in verschiedenen Ballungsgebieten spürbar ist) eine besondere Ausprägung erfährt.

Damit wird ganz klar, daß es im besagten Bereich im Prinzip keine Lösungen durch zusätzliche Arbeitskräfteanforderungen geben kann. Der Ausweg liegt vielmehr, bezogen auf das Arbeitsvermögen, einerseits in einer Erhöhung der Arbeitszeiteinsparung (AZE) in der Produktion und im Bereich des sonstigen Personals auf der Grundlage des wissenschaftlich-technischen Fortschritts bzw. der Rationalisierung, so wie das in unserer ökonomischen Strategie mit dem Blick auf das Jahr 2000 festgelegt ist.

Andererseits bzw. gleichzeitig kommt es darauf an, sich voll auf die noch effektivere Arbeit mit dem gegebenen Arbeitsvermögen, repräsentiert durch Stammbelegschaften, zu konzentrieren und die Reproduktion zu gestalten und zu sichern. In einer wachsenden Anzahl von Betrieben wird das eine weitgehend neue Aufgabe einschließen, unter den Bedingungen einer personell rückläufigen Reproduktion des Arbeitsvermögens mit allen damit verbundenen Problemen (z. B. Sicherung einer möglichst ausgeglichenen Altersstruktur) zu arbeiten. Hierzu wären auch neue wissenschaftliche Arbeiten erforderlich.

Fortgeschrittene Kombinate und Betriebe haben diese herangereifte Situation erkannt, und es wächst die Erkenntnis, längerfristige Arbeiten auf dem Gebiet der Arbeitskräfteentwicklung, unbeschadet vieler schwieriger Probleme bei der Voraussicht bzw. Dynamik der Prozesse, zu aktivieren, so wie das mit den entsprechenden Beschlüssen und staatlichen Regelungen auch vorgesehen war. 1990 reicht da schon nicht mehr aus; es werden – insbesondere bei Erkenntnis der neuen Situation – realistische und stabile Lösungen für die Zukunft gesucht (operative Einsätze, Delegierungen usw. könnten damit eingeschränkt werden).

Welche neuen Einstellungen und Ansätze sind nun in dieser Beziehung erkennbar? – Es kann hier auf zwei Richtungen eingegangen werden.

Zur ersten Richtung

Es muß auf der Grundlage der perspektivischen Entwicklung der Produktion (nach Umfang, Struktur und Erneuerungsgrad) einschließlich Absatz bzw. Export eine feste, organische sowie leitungs- und planmäßig gesicherte Verbindung zwischen dem wissenschaftlich-technischem Fortschritt einschließlich Rationalisierung mit konkreten AZE und dem verfügbaren Arbeitsvermögen (gleichbleibend oder sinkend) gewährleistet werden.

Das ist der Ausgangspunkt, der natürlich in allgemeiner Weise schon immer unseren Überlegungen und auch Versuchen zur Sicherung der Arbeitsproduktivität nach Faktoren zu Grunde lag. Die Aufgabe ist heute jedoch viel zwingender und verlangt, sich auch mit einer Reihe von Problemen auseinanderzusetzen.

Das *erste* Problem besteht darin, daß in den Bereichen Forschung und Entwicklung im allgemeinen und auch in beachtlichem Umfang neue Erzeugnisse oder Lösungen hervorgebracht werden, die Umsetzung in hochproduktive technologische Lösungen erweist sich jedoch oft als Engpaß. Wirksam wird nur, was möglichst schnell in der Produktion, in AZE in den Arbeitsplanstammkarten ankommt. Diejenigen Betriebe lösen das am besten, die über einen leistungsfähigen Rationalisierungsmittelbau verfügen.

Das *zweite* Problem liegt im Bereich der Proportionen, in denen – auf unser Nettoproduktionsbasis berechnet – lebendige und/oder vergegenständlichte Arbeit eingespart wird. Es deutet sehr viel darauf hin, daß dabei der überwiegende Teil über die Einsparung von Produktionsverbrauch erbracht wurde. Das ist einerseits sehr wichtig; andererseits ist die arbeitsplatz- bzw. arbeitskraftsparende Wirkung des wissenschaftlich-technischen Fortschritts bei weitem noch nicht ausreichend. Es ginge also um eine Beschleunigung der Wirksamkeit auf dieser Seite, wobei uns unsere künftige Arbeitskräftelage auch gar keine andere Wahl läßt.

15/4550

Ein *drittes* Problem besteht schließlich darin, daß die AZE aus dem wissenschaftlichen Fortschritt nicht so zeitvorlaufend und strukturkonkret mit der Arbeitskräfteplanung verbunden sind, wie das erforderlich wäre. Es gibt auch manchmal Wirkungen, die wir an anderer Stelle viel dringlicher gebraucht hätten.

Wenn man daraus grundsätzliche *Schlußfolgerungen* ziehen will, so geht es aus der Sicht der weiteren Beschleunigung der Steigerung der Arbeitsproduktivität und der gegebenen Arbeitskräftelage darum, konkrete ökonomische Anforderungen an die AZE, die von Wissenschaft und Technik zu erbringen sind, zu stellen. Dabei müssen einerseits solche Anforderungen strukturkonkret (nach Hauptproduktionslinien) und mit genügendem zeitlichen Vorlauf gestellt werden. Andererseits müssen natürlich die technischen Möglichkeiten und ökonomischen Bedingungen in diesem iterativen Prozeß genügend in Rechnung gestellt werden. Damit sind beträchtliche theoretische und praktische Aufgaben bei der gesicherten Verzahnung der Prozesse zu lösen.

Es sei hier am Rande vermerkt, daß dabei neben der bekannten volkswirtschaftlichen Methodik zur AZE der konkrete Bedarf an Produktion bzw. Leistungen und die konkrete Einsparung an Stunden die entscheidende Arbeitsgrundlage für die Betriebe bildet.

Hinsichtlich weiterer verallgemeinerungsfähiger Herangehensweisen sei hier nochmals auf die Erfahrung aus dem PCK Schwedt verwiesen. Bei der Sicherung der AZE bzw. der Einsparung von Arbeitsplätzen werden dort zwei Wege beschritten:

- die Ausarbeitung von aufgabenbezogenen Rationalisierungskonzeptionen (Nutzung des Einsatzes neuer Technik, Industrieroboter, CAD-CAM-Technik, WAO u. a.);
- die Ausarbeitung von bereichsbezogenen Rationalisierungskonzeptionen (nach Direktionsbereichen bzw. komplexe Rationalisierung nach Struktureinheiten).

Es sei hier auch auf die Arbeitsweise im Bereich des Ministeriums für Erzbergbau, Metallurgie und Kali verwiesen: Hier wird bei wesentlichen Projekten des wissenschaftlich-technischen Fortschritts mit arbeitskräfterelevanten Vorgaben gearbeitet. (Minimierung des Arbeitskräftebedarfs bei neuen Projekten, Einsparung von Arbeitsplätzen und Arbeitskräften durch Rationalisierung, Verbesserung der Arbeits- und Lebensbedingungen u. a.)[3]

Im Leuna-Kombinat hat sich beim Aufbau und bei der Inbetriebnahme einer großen Veredlungsinvestition der komplexe Aufbau des Betreiberkollektivs – beginnend mit der Aufbauleitung und der damit verbundenen Einbeziehung der künftigen Leiter der Produktion bis hin zur schrittweisen Einbeziehung des Produktions- und Instandhaltungspersonals – als sehr effektiv für den Arbeitskräfteeinsatz erwiesen. Methodisch wurde diese Verflechtung zwischen dem wachsenden technischen Projekt und dem Arbeitskräfteeinsatz in Form eines Flußbildes für die Leitung und Planung erfaßt.[4]

Zur zweiten Richtung

Unter den gegebenen Bedingungen erhalten die Arbeit mit der Stammbelegschaft und die Gewinnung von Arbeitskräften vor allem für die Sicherung der Aufgaben im eigenen Bereich einen wachsenden Stellenwert.

Die Stammbelegschaft und die entsprechenden Leitungskonsequenzen stehen nach meiner Meinung noch zu stark im Schatten der Fluktuation. Auf diesem Gebiet gibt es jedoch viele verallgemeinerungsfähige Erfahrungen aus Kombinaten und Betrieben, die wir in unsere Öffentlichkeitsarbeit einfließen lassen sollten. Für das Kombinat Carl Zeiss JENA wird, ohne hier gewisse Besonderheiten übersehen zu wollen, ein – ich würde es nennen – „Reproduktionsprogramm für die Heranbildung und Entwicklung der Jugend" erfolgreich praktiziert. Von Spezialklassen an EOS über die systematische Gewinnung des Facharbeiternachwuchses, die Delegierung von Mitarbeitern zum Studium, die Zirkulation von Mitarbeitern zwischen Wissenschaft und Produktion, die Nutzung eines attraktiven Systems von Preisen für schöpferische Leistungen wurde hier die Einbindung des Nachwuchses im Sinne einer echten Reproduktion des Arbeitsvermögens organisiert.

Für die Gewinnung von Arbeitskräften wurde in den Dokumenten des XI. Parteitages der SED eine klare Orientierung gegeben.[5]

Im Prinzip geht es um den Hauptweg zur Lösung der eigenen Arbeitskräfteversorgung, da rasche strukturbestimmende Veränderungen mit den wenigen Prozenten des Berufsnachwuchses (bezogen auf das gesamte eingesetzte Arbeitsvermögen) nicht möglich sind.

Ich möchte in Ergänzung der bereits vermittelten Erfahrungen auf einen weiteren Aspekt hinweisen: Untersuchungen in den Betrieben deuten auf die wachsende Rolle der innerbetrieblichen Arbeitskräftebewegungen hin, die wir in der Vergangenheit kaum beachtet oder ausgewertet haben. Die Prozesse der Arbeitskräftegewinnung bilden hier einen wesentlichen Kern. Darüber hinaus gibt es aber in vielen Betrieben solche Bewegungen im Sinne der Veränderung von Arbeitsaufgaben, der Lohn- und Gehaltsgruppen als Ausdruck der Qualifikationserhöhung, im Beruf, nach Leitungsfunktionen und Arbeitsbereichen u. a., die mit und ohne Arbeitsplatzwechsel vonstatten gehen können. Dabei geht es nicht nur um objektive Erfordernisse der Produktion und des wissenschaftlich-technischen Fortschritts; es wirken auch persönliche Gründe, die dann auch bei der Arbeitskräftegewinnung für neue Aufgaben genutzt werden. Die Größenordnungen dieser inneren Arbeitskräftebewegungen sind beachtlich, wenn ich mich hier auch nur auf repräsentative Beispiele stützen kann: Im Bereich der Elektroindustrie konnten 5 bis 6 % ermittelt werden; in Bereichen mit besonders starkem technischen Fortschritt lag dieser Prozentsatz noch bedeutend höher. Im Berliner Bauwesen wurden – ohne Vollständigkeit zu erreichen – eine innere Arbeitskräftebewegung von 8,2 % (einschließlich Arbeitskräftegewinnung) ermittelt. Ursachen und Wege zur effektiven Bewältigung dieser Bewegungen müssen erforscht werden, insbesondere die Frage nach gesetzmäßigen Tendenzen und Zusammenhängen.

Schließlich muß unter den dargelegten Bedingungen darauf hingewiesen werden, daß die Zeit, in der das – wenn auch stark vereinfachte, doch praktikable – Planungsregulativ „Arbeitskräfteabgänge werden im allgemeinen durch Arbeitskräftezugänge abgedeckt" galt, vorüber ist; das gilt nicht nur quantitativ, sondern auch strukturell. Insofern verdient das Anliegen der „Reproduktionsrechnungen für das Arbeitsvermögen" eine besondere Hervorhebung. Prinzipiell geht es um die zu erwartenden, sehr differenzierten Abgangs- und Zugangswahrscheinlichkeiten entsprechend den objektiven Bedingungen. Dafür wurde z. B. ein rechentechnisch handbares Modell im Berliner Bauwesen, das durchaus verallgemeinerungsfähig ist, erarbeitet.[6]

Mit meinen Ausführungen wollte ich auf neue Erfordernisse, aber auch auf Lösungsansätze aus der Sicht der Intensivierung und des Arbeitsvermögens aufmerksam machen.

Anmerkungen

[1] In der Industrie betrug das Wachstum der Arbeitsproduktivität 8,8%, das der Nettoproduktion 8,5% (Bauwesen 7,4% bzw. 6,5%); damit war ein gewisser Rückgang der Arbeitskräfte verbunden. Vgl. Bericht der Staatlichen Zentralverwaltung für Statistik über die Durchführung des Volkswirtschaftsplans 1986, in: Neues Deutschland, 19. 1. 1987, S. 3.

[2] Der Einfluß auf das Arbeitsvermögen – im Sinne der Intensivierung – ist jedoch schon früher nachweisbar. Bei noch leicht ansteigender Zahl der Berufstätigen in Personen in den produzierenden Bereichen sank der Arbeitszeitfonds und damit das eingesetzte Arbeitsvermögen bereits Jahre vor 1986.

[3] Vgl. dazu: B. Kleinert/E. Sachse, Arbeitswissenschaftliche Aufgaben im Prozeß des wissenschaftlich-technischen Fortschritts, in: Sozialistische Arbeitswissenschaft, 4/1986, S. 261 ff.

[4] Vgl. A. Mischke, Beherrschung sozial-ökonomischer Wirkungen des wissenschaftlich-technischen Fortschritts im Arbeitsprozeß, dargestellt am Beispiel der Realisierung des Investitionsvorhabens Komplex zur vollständigen Verwertung der Erdölrückstände Leuna, Diplomarbeit an der Hochschule für Ökonomie, Berlin 1986.

[5] Vgl. Direktive des XI. Parteitages der SED zum Fünfjahrplan für die Entwicklung der Volkswirtschaft der DDR in den Jahren 1986 bis 1990, Berlin 1986, S. 28.

[6] Vgl. G. Stechert, Die Reproduktion des Arbeitsvermögens im Berliner Bauwesen, Forschungsarbeit am WB Arbeitsökonomie an der Hochschule für Ökonomie Berlin, Berlin 1987.

Harry Matthes

Faktorenbegründete Steigerung der Arbeitsproduktivität und Nutzung des Arbeitsvermögens

Ich komme vom Zentralen Forschungsinstitut für Arbeit und bin Mitglied einer überbetrieblichen sozialistischen Arbeitsgemeinschaft (ÜSAG) von Wissenschaftlern und Praktikern. Diese ÜSAG unter dem Namen „Wissenschaftliche Arbeitsorganisation (WAO)" besteht seit über 20 Jahren und ist in der Autoindustrie – heute im VEB IFA-Kombinat Personenkraftwagen – tätig. Zur Arbeitsgemeinschaft zählen etwa 18 wissenschaftliche Einrichtungen. Sie vertreten rd. 20 Wissenschaften bzw. Wissenschaftsdisziplinen. Ein Kennzeichen der ÜSAG ist von Anfang an interdisziplinäre und interstrukturelle Forschung sowie wachsende Komplexität in den Vorhaben.

In den zwei Jahrzehnten ihres Bestehens ist die ÜSAG „WAO" in 20 Betrieben mehrjährig eingesetzt gewesen bzw. noch in Aktion. Dazu zählen u. a. die VEB Roburwerke Zittau, Automobilwerke Zwickau und Ludwigsfelde, Stoßdämpferwerk Hartha und Schmiedewerk Roßwein. Die Aufgabe unserer Arbeitsgemeinschaft besteht darin, Wissenschaft und Produktion enger zu verbinden, den Umsetzungsgrad wissenschaftlicher Erkenntnisse zu erhöhen sowie neue zu gewinnen und vor allem wissenschaftlichen Vorlauf zur Lösung anstehender Schwerpunktaufgaben zu schaffen.

Im Auftrage des Ministers für Allgemeinen-, Landmaschinen- und Fahrzeugbau sowie der Generaldirektoren der VVB Automobilbau bzw. des PKW-Kombinats[1] arbeitete bzw. arbeitet die ÜSAG an folgenden Rahmenthemen:
- Komplexe Rationalisierung und verstärkte Anwendung der WAO in einem Industriebetrieb,
- Übertragung von Prozeßanalyse und Prozeßgestaltung aus der Chemischen Industrie auf den Maschinenbau,
- Anwendung der Schwedter Initiative im Maschinenbaubetrieb,
- Vorbereitung und Realisierung von langfristigen „Programmen zur komplexen Leistungssteigerung" auf dem Wege der umfassenden Intensivierung, komplexen Rationalisierung, durchgängigen Gestaltung des gesamten Reproduktionsprozesses, Vervollkommnung der WAO und Gestaltung der Arbeits- und Lebensbedingungen.

So komplexe Vorhaben stellen hohe Anforderungen an die wirtschaftsleitenden Kader, an alle Funktionäre unserer Partei und den gesellschaftlichen Organisationen und letztlich an alle Werktätigen der Betriebe. Sie verlangen noch engeren Zusammenschluß von Wissenschaft und Produktion. An den großen Intensivierungs- und Rationalisierungsmaßnahmen mit verstärkter und vervollkommneter Anwendung der WAO in Betrieben des PKW-Kombinats wirken z.B. 10 bis 18 Arbeitsgruppen in sozialistischer Gemeinschaftsarbeit. Das setzt ein klares umfassendes „Programm der komplexen Leistungssteigerung" voraus. Es enthält die wichtigsten ökonomischen und technisch-organisatorischen Zielstellungen einschließlich der Verbesserung der Arbeits- und Lebensbedingungen der Werktätigen, die Schwerpunktaufgaben und spezifizierte Orientierungen für alle Arbeitsgruppen zur Vorbereitung und Realisierung kurz-, mittel- und langfristiger, aufeinander abgestimmter Maßnahmen.

Gemeinschaftsarbeit in solchen Dimensionen erfordert neue Formen der Organisation der Arbeit in den Betrieben wie in wissenschaftlichen Einrichtungen. Das betrifft insbesondere die kollektive Erarbeitung der dafür erforderlichen Konzeptionen, die für alle gültigen Aufgabenstellungen sowie die Leitung, Koordinierung und Kontrolle solcher Vorhaben. Das einheitliche Handeln aller Arbeitsgruppen ist die wichtigste Voraussetzung für Leistungssteigerungen auf allen Gebieten.

Im Mittelpunkt unserer Arbeiten stand und steht seit Anbeginn die Steigerung der Produktivität, Effektivität und Qualität der Arbeit und der Produktion. Das ist der „rote Faden" für die Leitgruppe sowie für alle Arbeitsgruppen bzw. Struktureinheiten der verschiedenen Sachgebiete bzw. Fachbereiche. Innerhalb der Maßnahmen zur Produktivitätserhöhung hat die Entwicklung, Sicherung, Förderung und Nutzung des Arbeitsvermögens einen exponierten Platz. Das gilt für die Einsparung aller Kategorien der Arbeitszeit, insbesondere der Grundarbeitszeit, die Gewinnung von Arbeitskräften aus allen Berufs- und Beschäftigtengruppen und nicht zuletzt für die wohl effektivste Maßnahme, die Einsparung von Arbeitsplätzen. Das wesentlichste Mittel zur Steigerung der Produktivität und Effektivität der Arbeit, auch unter dem Vorzeichen der besseren Entwicklung und Nutzung des Arbeitsvermögens, ist der systematische und immer weitergehende Einsatz der ursächlichen Faktoren für die Produktivitäts- und Effektivitätsentwicklung. Der Ausgangspunkt unserer langjährigen Gemeinschaftsarbeit ist die bekannte Passage von Marx im „Kapital", Band I über die 5 wichtigsten Produktivitätsfaktoren.[2]

Für uns war ganz besonders der Hinweis von Marx wichtig, daß die Erhöhung der Produktivkraft der Arbeit durch mannigfaltige Umstände bewirkt wird. Er läßt es also nicht bei den 5 erwähnten Faktoren bewenden. Tatsächlich weist Marx in seinen Arbeiten auf eine Vielzahl von ursächlichen, die Produktivitätssteigerung bewirkenden Faktoren hin. Gleichzeitig gibt Marx eine Fülle von Hinweisen auf wirksame Methoden zur umfassenden Leistungsentwicklung.

Zweifellos geben uns die Theorien von Marx bei noch gründlicherer Auswertung zusätzliche Möglichkeiten zur Erschließung weiterer Leistungsreserven auch im Bereich der Kategorien der lebendigen Arbeit.

Eine weitere wichtige Grundlage für unsere praxisbezogene Forschungsarbeit zur faktorenbegründeten Steigerung der Arbeitsproduktivität waren die hierzu in konzentrierter Form gegebenen Hinweise Lenins zur wissenschaftlichen Arbeitsorganisation.[3] Neben der Vielzahl von Lenin genannter Produktivitätsfaktoren im Bereich der Technik und Organisation sind seine Hinweise auf subjektive und sozialökonomische Faktoren einschließlich des Wettbewerbs, der Arbeitsintensität und Arbeitsdisziplin hervorzuheben.

Ausgehend von diesem soliden, von den Klassikern des Marxismus-Leninismus gegebenem Fundament zu den Wegen und Faktoren der Steigerung der Arbeitsproduktivität als der wichtigsten ökonomischen Kategorie, haben wir 1965–1967 im VEB Roburwerke Zittau Betrieb 2 mit der systematischen Nutzung der Produktivitätsfaktoren begonnen. Zunächst waren es 7 umfassende Faktoren – wie die Technologie, der Transport oder die Stimulierung – die wir ganz gezielt und in ihrer spezifischen Wirkung zur Leistungssteigerung eingesetzt haben.

Das war von Anfang an verbunden mit entsprechenden Maßnahmen zur Verbesserung der Arbeits- und Lebensbedingungen der Werktätigen. Damit schufen wir gleichzeitig bessere Leistungsvoraussetzungen für die Menschen und günstigere Wirkungsbedingungen für sachliche Produktivitätsfaktoren, beispielsweise durch die Erhöhung des Arbeitsschutzes, physiologische Arbeitshaltungen, bessere Gestaltung der Arbeitsumweltfaktoren, den Ausbau der Arbeiterversorgung usw.

Diese zunächst einfache Faktorenbegründung der Steigerung der Arbeitsproduktivität sowie Verbesserung der Arbeits- und Lebensbedingungen waren eingebunden in umfassende Maßnahmen auf den Gebieten Leitung, Planung, Abrechnung, Technologie, Produktionsorganisation, WAO, Wettbewerb und Neuererwesen sowie komplexer materieller und ideeller sowie kollektiver und individueller Stimulierung. Alle diese umfangreichen Arbeiten waren letzten Endes auf die Produktivitätssteigerung konzentriert und hatten dadurch eine kooperative, potenzierte Wirkung. Das brachte sehr gute ökonomische und soziale Ergebnisse. Beispielsweise erreichten wir eine Wachstumsrelation von Arbeitsproduktivität zu Durchschnittslohn von 4,8:1 bei spürbar besseren Arbeits- und Lebensbedingungen. Diese guten Resultate haben uns zusätzlich bewogen, den Weg der systematischen faktorenbegründeten Erhöhung von Produktivität und Effektivität der Arbeit bei Beachtung der spezifischen Wirkung der einzelnen Faktoren zielstrebig weiterzugehen.

In den folgenden Jahren entwickelten wir eine Systematik mit 21 Produktivitätsfaktoren und 12 komplexen Maßnahmen zur Verbesserung der Arbeits- und Lebensbedingungen als Grundlage für umfassende Rationalisierung im Rollerrahmenbau des VEB Fahrzeug- und Jagdwaffenwerk Suhl. Die ökonomischen und sozialen Ergebnisse waren ebenfalls sehr gut. Da die gleiche Methode bei der Übertragung auf den Getriebebau des VEB Automobilwerke Zwickau noch bessere Resultate brachte, bauten wir die Unterlagen zur faktorenbegründeten Steigerung der Produktivität, Effektivität und Qualität der Arbeit und zur systematischen Verbesserung der Arbeits- und Lebensbedingungen gemeinsam mit Praktikern mehrerer Maschinenbaubetriebe wesentlich weiter aus. Wir sahen und sehen darin auch neue Wege zur Erhöhung der Produktivitäts- und Effektivitätswirksamkeit der WAO insbesondere durch Erweiterung der Analysenverfahren des Arbeitsstudiums und wirksamere Arbeitsgestaltung.

Waren es im VEB Automobilwerke Ludwigsfelde rd. 125 Produktivitätsfaktoren, von denen bei der komplexen Rationalisierung des Werkes gezielt ausgegangen wurde, so liegen heute z. B. für die umfassende Intensivierung des gesamten Reproduktionsprozesses im VEB Schmiedewerke Roßwein, im VEB Stoßdämpferwerk Hartha, VEB Karosseriewerke Dresden/Radeberg und VEB Fahrzeugwerke Gotha Systematiken mit rd. 670 Produktivitätsfaktoren vor.

Diese Größe wirft mehrere Fragen auf und stellt neue Aufgaben für die weitere Arbeit. Ein ganz wichtiger Aspekt ist dabei die Entwicklung praktikabler Methoden. Wissenschaftlich exakte Vorgehensweisen sind oft zeitaufwendig und werden von den Praktikern mit Vorbehalten angenommen. Wir sehen es deshalb zur Beschleunigung des Annäherungs- und Verschmelzungsprozesses von Wissenschaft und Produktion als vordringliche Aufgabe an, die Rationalisierung selbst mit rationellen Mitteln zu betreiben. Das ist ohne enge Zusammenarbeit mit den Leitern, Fachkadern und Arbeitern der Betriebe gerade auf dem Gebiet der Arbeitsproduktivität und der Arbeits- und Lebensbedingungen nicht möglich. Wir haben deshalb zwei miteinander verflochtene Grundrichtungen in unserer Arbeit:

- die Erweiterung und Konkretisierung der Produktivitäts- und Effektivitätsfaktoren nach dem Vollständigkeitsprinzip als wissenschaftliche Grundsatzarbeit und
- die gezielte Auswahl und Auflistung der Faktoren zur praktikablen Anwendung bei der Lösung bestimmter Aufgaben im Kombinat oder Betrieb.

Beim Ausbau der Faktorenschemata ist zu beachten, daß die Umstände zur Steigerung der Arbeitsproduktivität tatsächlich mannigfaltig sind, wie Marx sagt. Je gründlicher nach den Faktoren geforscht wird, desto mehr werden erkannt; und je konkreter die Faktoren angesprochen werden, z.B. in der Reihenfolge Stimulierung–materielle Stimulierung–Lohn–Lohnform–Prämienstücklohnform–kombinierte Prämienstücklohnform mit den Kennziffern Menge und Qualität – usw., desto größer wird die Zahl der ganz konkreten, maßgerechten und damit tatsächlich produktivsten Faktoren. So gesehen gibt es z. B. für einen Maschinenbaubetrieb einige Tausend Faktoren. Das wirft eine Vielzahl theoretischer und praktischer Fragen in bezug auf den Produktivitätssteigerungsprozeß auf. Was ist zu beachten? Zunächst sind die Faktoren objektiv vorhanden und nach bestimmten Verfahren und Systemen erkenn- und einordenbar. Die Faktoren sind allesamt dynamisch. Die Bewegung eines Faktors löst die Bewegung anderer Faktoren aus. Es bestehen vielfältige, sich ständig ändernde Wechselbeziehungen und -wirkungen. Wirkungsstärke und -dauer der Faktoren hängen weitgehend von den Wirkungsbedingungen einschließlich der subjektiven Leistungsvoraussetzungen ab usw. usf.

Die Beherrschung dieser Prozesse verlangt noch viel theoretische Grundsatzarbeit. Das trifft auch auf die prinzipiellen Zusammenhänge und Wechselwirkungen zwischen Produktivität und Effektivität zu. Beide Kategorien stehen sich z. B. in den verschiedenen Ebenen eines Betriebes nicht ohne weiteres paßgerecht gegenüber.

Für die praktische faktorenbegründete Steigerung der Arbeitsproduktivität ist es jedoch notwendig, relativ einfache, übersichtliche Arbeitsunterlagen zu schaffen. Zur praktikablen Nutzung der Vielzahl von Faktoren haben wir zunächst eine Grundsystematik in Matrixform entwickelt.[4] Sie enthält im Ansatz viele Hundert Faktoren und ist Ausgangspunkt für gezielt angelegte Systematiken mit Faktoren für ganz bestimmte Zwecke, z. B. für die Leistungssteigerung im

- gesamten Reproduktionsprozeß des Betriebes mit ca. 670 Faktoren,
- Fertigungsbereich bzw. Produktionsprozeß mit ca. 250 Faktoren,
- Meisterbereich und am Arbeitsplatz mit ca. 250 Faktoren.

Ausgehend von der Grundsystematik der Faktoren werden also Auswahlsystematiken für bestimmte Objekte erarbeitet und angewendet. Sie dienen in der Praxis in erster Linie als Denkhilfe und Anregung. Sie geben Hinweise auf die vielen Möglichkeiten der umfassenden Intensivierung, komplexen Rationalisierung und verstärkten Anwendung der WAO. Nach der konkreten Aufgabe, z. B. bei Prozeßanalysen, werden die Faktoren in den objektbezogenen Auswahlsystematiken überprüft, die jeweils wichtigsten ausgewählt und mit Maßnahmen untersetzt. Das führt nach unseren bisherigen Erfahrungen dazu, daß mindestens ein Drittel mehr an Produktivitätsfaktoren erkannt und durch entsprechende Maßnahmen genutzt werden kann. Das zeigt, daß die Unterlagen zur gezielten faktorenbegründeten Steigerung der Produktivität und Effektivität der Arbeit wirksame Mittel zur Reservesuche im Produktionsbetrieb sind.

Ebenso wie nach Teilabschnitten der Produktion haben bzw. entwickeln wir auch Systematiken von Produktivitätsfaktoren nach bestimmten Themen, z. B. für die „Entwicklung, Sicherung und effektivere Nutzung des betrieblichen Arbeitsvermögens". Unser Ziel ist es, zunächst für etwa 50–70 besonders wichtige komplexe Produktivitätsfaktoren wie „Kontinuität", „Qualität", „Arbeit der Meister", „WAO", „Ratiomittelbau", „Nutzung der Grundfonds", die bei keiner Analyse und keinem Vorhaben zur Leistungssteigerung außer acht gelassen werden dürfen, gut handhabbare Zusammenstellungen von Produktivitätsfaktoren in Matrixform zu entwickeln.

Zur rationellen und wirksamen Anwendung dieser Faktorenschemata wählen wir die bewährte Form der „Leitertafel". Davon gibt es zwei Typen:

- eine Grundform der Leitertafel für eine bestimmte Aufgabe wie „Entwicklung, Sicherung und Nutzung des Arbeitsvermögens"; sie enthält mehrere Hundert wichtiger Produktivitätsfaktoren, die für die spezifische Aufgabe zutreffen und dient als Grundlage und Anregung für alle Betriebe;
- eine Leitertafel, die der Betrieb sich nach seinen Zielstellungen, Bedingungen und Möglichkeiten auf der Basis der vorgenannten Grundform kollektiv erarbeitet; sie enthält nach unserer bisherigen Praxis zwischen 40 bis 100 Faktoren, die meist mit etwa 3 bis 5 Maßnahmen in Kurzform untersetzt sind.

Die Leitertafeln sollen auf komplexe Möglichkeiten zur Produktivitätsentwicklung hinweisen und gewährleisten, daß auf diesem so exponierten Gebiet besser geleitet werden kann und nichts vergessen wird. Wichtig ist z. B., daß in der Leitertafel alle Faktoren im Bereich der Grundelemente des Reproduktionsprozesses „Arbeitskraft", „Arbeitsmittel" und „Arbeitsgegenstand" in Betracht gezogen werden. Das schließt Punktlösungen und enge Ressortarbeit weitgehend aus. Umfassende Vorhaben wie die Gestaltung ganzer Produktionsprozesse führen dazu, daß die Aufgaben und Anforderungen auch auf allen Teilgebieten – wie dem Arbeitsvermögen – anwachsen. Mir hat deshalb gefallen, daß im Kombinat „Mansfeld" eine umfassende Konzeption mit 8 Teilabschnitten zur Nutzung des Arbeitsvermögens entwickelt worden ist. Wir stützen uns auf ähnliche weitgefaßte Programme. Ihrer Komplexität muß die Auflistung der Produktivitätsfaktoren voll und ganz entsprechen.

Die Informationen auf der Leitertafel sind kurz gehalten. Dadurch genügt in der Regel ein Blatt zur Auflistung der Faktoren und Maßnahmen mit Angaben über Verantwortlichkeit, Zusammenarbeit, Termine, Einordnung in Pläne etc. Die Leitertafeln sind deshalb, trotz der komplexen Anlage, „mit einem Blick" überschaubar, dienen den Führungskadern als solide Unterlage bei der Leitung und Organisierung der Produktivitätssteigerungsprozesse, geben Sicherheit und sind für alle Beteiligten hochinformativ.

Die als Ausgangsmaterial dienenden Faktorenschemata und die Leitertafeln entstehen in enger Zusammenarbeit von wissenschaftlichen Einrichtungen und mehreren Betrieben. In die Basis-Leitertafel „Arbeitsvermögen" sind beispielsweise die Erfahrungen und Vorstellungen von rd. 10 Betrieben eingeflossen. Diese Tafel enthält eine Vielzahl für Maschinenbaubetriebe wesentliche Faktoren und Einflüsse zur Entwicklung und effektiveren Nutzung des Arbeitsvermögens. Dabei ist zu beachten, daß eine Reihe von Faktoren für fast alle Betriebe und Umstände Gültigkeit haben, z. B. Qualifizierung, produktivere Nutzung der Arbeitszeit, Stammbelegschaft, Mehrmaschinenbedienung, Einsparung von Arbeitsoperationen, Reduzierung von Ausfall- und Nacharbeitszeiten, Verbesserung des Berufsverkehrs, etc. Diese allgemeingültigen und andere spezifischen Faktoren stellen die zuständigen Kader in einer Leitertafel „Arbeitsvermögen" für den Gesamtbetrieb oder einen Fertigungsbereich zusammen und setzen sie als Führungsdokument ein. Auch hier gilt, daß auf diesem Wege etwa ein Drittel mehr an Faktoren erkannt und durch entsprechende Maßnahmen wirksam gemacht werden kann. Durch die immer breitere Anwendung in weiteren Betrieben können die Leitertafeln zur „Entwicklung, Sicherung und Nutzung des Arbeitsvermögens", wie alle anderen, von Jahr zu Jahr vervollkommnet und in ihrem Wirkungsgrad erhöht werden.

Die tiefergehende Erforschung der Produktivitäts- und Effektivitätsfaktoren führt zu einer Reihe wesentlicher Erkenntnisse zur Beschleunigung und Stabilisierung des Prozesses der Leistungssteigerung überhaupt. Aus unseren Erfahrungen ist hierfür hervorzuheben:

1. Durch systematische Forschungsarbeit werden immer wieder neue Faktoren und Einflüsse erkannt bzw. bekannte Faktoren effektiver genutzt. Dadurch werden in wachsendem Maße Produktivitätsreserven erschlossen.

2. Die stetige Erhöhung der Produktivkraft der Arbeit ist ein gesamtgesellschaftlicher Prozeß. Er ist nicht nur Sache einzelner Spezialisten wie der Technologen oder WAO-Kader; er geht den gesellschaftlichen und betrieblichen Gesamtarbeiter an. Demzufolge sind im Prinzip alle Struktureinheiten sowie Berufs- und Beschäftigtengruppen mit den entsprechenden Partnern aus den wissenschaftlichen Einrichtungen einzubeziehen. Bei den von mir genannten komplexen Vorhaben sind das in der Regel 12 große mit ca. 60 kleineren Struktureinheiten, die mit mehr oder minder großen Anteilen am Prozeß der Steigerung der Arbeitsproduktivität und Effektivität beteiligt sind.

3. Die umfassende Intensivierung und komplexe Rationalisierung bei verstärkter Anwendung und Vervollkommnung der WAO verlangt ein immer tieferes Eindringen in die Komplexität des Leistungssteigerungsprozesses. Das erfordert wesentliche Vertiefungen in Theorie und Methodologie. Aus unseren Arbeiten möchten wir auf folgendes hinweisen:

- Bei so komplexen Vorhaben an der Basis der Produktion sind praktisch alle ökonomischen Gesetze des Sozialismus in ihrer Gesamtheit und in der Summe ihrer Wechselbeziehungen in ganz konkreter Form wirksam. Je tiefer und detaillierter wir in die Systemwirkung der ökonomischen Gesetze eindringen, um so bessere Wirkungsvoraussetzungen können wir allen Produktivitäts- und Effektivitätsfaktoren schaffen.
- Aus der Fülle der Beziehungen der ökonomischen Gesetze untereinander ist insbesondere auf die konkreten Wechselwirkungen zwischen den ökonomischen Gesetzen „Stetige Steigerung der Arbeitsproduktivität", „Ökonomie der Zeit" und „Planmäßige proportionale Entwicklung" hinzuweisen. Hierbei müssen wir – auch unter dem Aspekt der produktiveren und effektiveren Nutzung des Arbeitsvermögens – auf „Proportionalität" im weitesten Sinne achten. Das gilt insbesondere für die aufeinander abgestimmten Strukturen und Proportionen von Arbeitskräften, Arbeitsmitteln und Arbeitsgegenständen. Die, wie Marx sagt, richtige organische Zusammensetzung der Grundelemente des Reproduktionsprozesses stellt einen fundamentalen Produktivitäts- und Effektivitätsfaktor dar, der eine Vielzahl weiterer Faktoren in starkem Maße fördern oder auch hemmen kann.

4. Komplexe Vorhaben der Leistungssteigerung verlangen in zunehmendem Maße adäquate Methoden, die den Erfordernissen der umfassenden Intensivierung, komplexen Rationalisierung und vollkommneren Anwendung der WAO entsprechen. Das setzt bei der Vielzahl von Faktoren, Sachbezügen und Wechselwirkungen, bei immer größeren Dimensionen und weiterer Sicht in hohem Maße den Einsatz moderner Rechentechnik voraus. Dazu zählen aber auch andere bewährte bzw. neu zu entwickelnde Mittel, teils als Vorstufe für den Einsatz von Computern. Wir verwenden überwiegend Anschauungsmaterial in Form von Matrix- und Blockschaltbildnern, Netzplänen, Systematiken, Leitfäden, Leitertafeln etc. Sie sind durchweg schnell erfaßbar und zeigen komplexe Zusammenhänge deutlicher als rein verbale Ausführungen. Außerdem eignen sie sich gut für die Übertragung von Beispiellösungen auf andere Kombinate und Betriebe.

5. Eine ganz besonders geeignete Methode zur Vorbereitung und Durchführung großer Vorhaben ist die komplexe dreidimensionale Modellprojektierung. Durch sie können insbesondere in rationeller Variantendarstellung die produktivsten und effektivsten aufeinander abgestimmten Strukturen von Arbeitskräften, Arbeitsmitteln und Arbeitsgegenständen gefunden werden. Ein ganz großer Vorteil besteht darin, daß bei diesem Verfahren vom ersten Gedanken an, also bereits in der frühen Phase der Projektierung, das Grundelement Arbeitskraft unter vielen Aspekten wie „geringster Aufwand an Arbeitsvermögen", „Berufs-, Qualifikations- und Beschäftigtenstruktur", „Inhalt der Arbeit", „Arbeitshaltungen", „Belastungen" usw. mit einbezogen werden kann und muß.

Wir haben zur Demonstration der großen Möglichkeiten, insbesondere zur effektiveren Nutzung des Arbeitsvermögens, ein dreidimensionales Modell am Eingang unserer heutigen Tagungsstätte aufgebaut. Es stellt die Anwendung auf den Übergang von der Zwei- zur Dreischichtarbeit mit gleicher Arbeitskräftezahl dar. Durch die vielfältigen Möglichkeiten der Darstellung wird erkennbar, welche technisch-organisatorischen Maßnahmen dazu vor allem erforderlich sind, wie sich die Arbeitskräftestrukturen nach Berufs- und Qualifikationsgruppen ändern, wie die Arbeits- und Lebensbedingungen z. B. durch günstigere Arbeitshaltung, bessere Betreuung usw. angenehmer gestaltet werden können. Alles in allem eine zukunftsträchtige Methode, wenn man die Möglichkeiten der Modelle zur präzisen Entscheidungsfindung, als Koordinierungs- und Verständigungsmittel zwischen vielen Arbeitsgruppen mit in Betracht zieht. Nicht zuletzt ist es durch die große Anschaulichkeit möglich, eine viel größere Zahl von Werktätigen und Wissenschaftlern als bisher in Vorbereitungsprozesse einzubeziehen.

6. Bei der tiefergehenden Erforschung der Produktivitätsfaktoren erkennt man besser als zuvor größere Reservefelder. Dazu zählen nach unseren Kenntnissen:

- das gesamte Gebiet der Betriebs-, Produktions- und Fertigungsorganisation. Hier gibt es rein zahlenmäßig mit Abstand die meisten Produktivitätsfaktoren, die zu einem guten Teil noch nicht oder nur unzureichend erschlossen sind. Viele dieser Faktoren haben großen Einfluß auf die komplexe Leistungssteigerung, z. B. die organisatorische Vorbereitung von CAD/CAM-Systemen, der Leitungsprozeß, die organische Zusammensetzung, die Kontinuität oder die Organisation der Produktion an den Arbeitsplätzen;
- die innerbetrieblichen und außerbetrieblichen Transport-, Umschlag- und Lagerprozesse einschließlich der Versorgung und Entsorgung sowie der Bereitstellung von Material und Werkzeugen an den Arbeitsplätzen;
- die Sicherung und Erhöhung der Qualität der Erzeugnisse einschließlich der Einhaltung der ASMW-Bestimmungen auch unter dem Aspekt der Reduzierung

des Aufwandes an Arbeitszeit und Arbeitsvermögen für Nacharbeiten;
- die Vielzahl subjektiver Faktoren, angefangen beim politischen Bewußtsein, den sozialistischen Verhaltensweisen in der Produktion, der Masseninitiative, der Bereitschaft zur Schichtarbeit bis hin zur erforderlichen Arbeitsintensität und Arbeitsdisziplin.

7. Durch künftige grundlegende Forschungsarbeiten können Voraussetzungen für die weitere Erschließung großer Produktivitätsreserven auf teils neuen Wegen geschaffen werden. Dazu zählen wir
- die möglichst vollständige Erfassung aller Produktivitätsfaktoren im gesellschaftlichen und betrieblichen Leistungssteigerungsprozeß bei gleichzeitiger Herausarbeitung der spezifischen Eigenschaften und Wirkungsbedingungen der Faktoren;
- die rechnergestützte Behandlung der faktorenbegründeten Steigerung der Produktivität und Effektivität mit dem Ziel, über den Rechner aus einem weitaus größeren Bestand an Faktoren als bisher die jeweils ökonomischsten Kombinationen von Faktoren für die Lösung der differenzierten Aufgaben zu finden.
Erste Schritte hierfür können sein:
  • die Eingabe der Grundsystematik und spezieller Systematiken von Faktoren sowie der geeigneten Leitertafeln in den Rechner
  • die Definierung und Quantifizierung der Nutzeffekte, die dieser oder jener Faktor bringt, z. B. Einsparung an Grundarbeitszeit, Erhöhung der Qualität, höhere Auslastung der Grundfonds usw.. Hierfür eignet sich bereits vorhandene Software für Intensivierungsprozesse wie das System REDABAS.

Alle in allem ergeben sich auch aus unseren Arbeiten viele Ansatzpunkte für die beschleunigte und sichere Erhöhung der Arbeitsproduktivität. Sie ist letztlich das entscheidende Mittel auch zur Lösung der großen Aufgaben zum effektiveren Einsatz von Arbeitszeit, Arbeitskräften und Arbeitsplätzen.

Anmerkungen

[1] Für die Arbeiten zur Übertragung der „Schwedter Initiative" auf den Maschinenbau ist der Generaldirektor des Kombinats für Zweiradfahrzeuge, Suhl, zuständig.

[2] Vgl. Karl Marx, Das Kapital, Erster Bd., in: Marx/Engels, Werke, Bd. 23, Berlin 1974, S. 54.

[3] Vgl. W. I. Lenin, Über wissenschaftliche Arbeitsorganisation, Berlin 1971.

[4] Eine solche Grundsystematik besteht auch für die gezielte Verbesserung der Arbeits- und Lebensbedingungen der Werktätigen im Betrieb.

Wilma Podewin/Klaus Rennewald

Jugendforscherkollektive der FDJ – Stoßtrupps der Verbindung von Wissenschaft und Produktion

Für die Entwicklung und den effektiven Einsatz des gesellschaftlichen Arbeitsvermögens – den Gegenstand der heutigen Tagung des Rates für die wirtschaftswissenschaftliche Forschung – spielen auch die Jugendforscherkollektive der FDJ eine wichtige Rolle. Sie gewinnen seit Beginn der 80er Jahre in allen Bereichen unserer Volkswirtschaft immer mehr an Bedeutung.

Auf dem XI. Parteitag der SED wurden sie als „Bahnbrecher der Schlüsseltechnologien"[1] und als „Stoßtrupps der Verbindung von Wissenschaft und Produktion"[2] gekennzeichnet.

Das drückt sowohl die hohe Wertschätzung der bisherigen Arbeit und Erfolge als auch wachsende Erwartungen an Qualität und Quantität künftiger Leistungen aus.

In den letzten beiden Jahren hat sich die Anzahl der Jugendforscherkollektive bei gleichzeitiger Erhöhung des Anspruchsniveaus der übertragenen Aufgaben wie folgt entwickelt:
- Mai 1985 ca. 3000 Kollektive,
- April 1986 ca. 4000 Kollektive,
- Nov. 1986 ca. 4900 Kollektive.

Um einen Beitrag zur Förderung dieser wichtigen gesellschaftlichen Kraft zu leisten, soll im folgenden untersucht werden, was die Jugendforscherkollektive prädestiniert, zu den Stoßtrupps der Verbindung von Wissenschaft und Produktion zu gehören, auch, was sie dabei besonders fördert oder noch hemmt.

Zur Beantwortung dieser Fragen werden neben Aussagen der Broschüre „Jugendforscherkollektive der FDJ"[3] Ergebnisse aus vielen Erfahrungsaustauschen mit Jugendforscherkollektiven berücksichtigt, insbesondere des Zentralen Erfahrungsaustausches mit Leitern von Jugendforscherkollektiven der FDJ"[4] Ende 1986 in Leipzig, sowie Ergebnisse eigener vertiefender Untersuchungen zur Thematik herangezogen.

Was läßt Jugendforscherkollektive zu den Stoßtrupps der Verbindung von Wissenschaft und Produktion werden? Welche bereits heute erkennbaren Reserven und Probleme gibt es hierbei?

1. Gehen wir bei unseren Überlegungen zunächst von der persönlichen Situation der jungen Menschen aus: Jugendforscherkollektive bestehen zu einem hohen Teil aus jungen Absolventen der Hoch- und Fachschulen, insbesondere natur- u. technikwissenschaftlicher, auch agrarwissenschaftlicher, ökonomischer, medizinischer Fachrichtungen.

Wodurch ist ihr Wissen und Können, wodurch sind ihre Haltungen und Erwartungen besonders gekennzeichnet?

Die jungen Absolventen verfügen über ein breites naturwissenschaftlich-technisches Grundlagenwissen, über Kenntnisse, Fähigkeiten und auch bestimmte Fertigkeiten auf dem Fachgebiet, zunehmend über geprüfte Kenntnis zweier Fremdsprachen sowie – und nicht zuletzt – über eine solide Ausbildung in den Grundlagen des Marxismus-Leninismus und ihrer Anwendung beim Aufbau der entwickelten sozialistischen Gesellschaft. Sie wollen nunmehr, nach vieljähriger Ausbildung, sich und anderen „zeigen, was in ihnen steckt".

Junge Menschen zu Beginn ihrer Berufstätigkeit befinden sich manchmal in einer in doppelter Hinsicht komplizierten Situation: Zum einen ist durch sie der Prozeß der Einarbeitung (Phase der beruflichen und sozialen Eingliederung, die mit der wesentlich selbständigen Erfüllung der Arbeitsanforderungen und der sozialen Integration beendet ist[5]) zu bewältigen, gleichzeitig müssen sie die Grundlagen für eine eigene Familie, einen Freundes- und Bekanntenkreis legen bzw. weiter ausbauen.

In welchem Umfang junge Leute in dieser Entscheidungssituation ihre Kräfte vorwiegend privaten Aufgaben widmen bzw. ein ausgewogenes Maß zur Lösung beider Schwerpunkte finden, hängt u. E. in nicht geringem Maße von der „Startunterstützung" und „Startanforderung" sowie den „Startergebnissen" im Betrieb ab.

Allein der qualifikationsgerechte Einsatz, welcher die breite Anwendung und Weiterentwicklung ihres noch überwiegend theoretischen Wissens ermöglicht, ist bereits ein wesentlicher Faktor auf dem Wege zur effektiven Nutzung von Wissenschaft für die Praxis.

2. Entscheidende Voraussetzungen dafür, ihre potentiellen Fähigkeiten zum Tragen zu bringen und weiterzuentwickeln, sind eine Aufgabenstellung, die Bedeutsames anvisiert und hart fordert; ein Arbeitskollektiv mit hohem Niveau und viel Elan, erfahrene Helfer und Förderer im Kollektiv und im weiteren Umfeld. Diese Bedingungen sind in guten Jugendforscherkollektiven der FDJ gegeben. Damit bestehen bereits gute Möglichkeiten für die jungen Absolventen zum Erbringen von Spitzenleistungen in Spitzenzeiten, zur Entwicklung von Schlüsseltechnologien.

Jugendforscherkollektive sind Kaderschmieden. Mit dem konzentrierten Einsatz junger Absolventen zur Lösung anspruchsvoller Praxisaufgaben wird nicht nur aktuellstes Wissen der Produktion direkt zugeleitet, sondern können sich zugleich Haltungen und Verhaltensweisen junger HF-Kader bewähren.

Obwohl die Übertragung anspruchsvoller Aufgabenstellungen an die Jugendforscherkollektive eine logische und allgemein akzeptierte Voraussetzung für ihr Wirksamwerden überhaupt ist, verläuft dieser Prozeß keinesfalls konfliktlos – trotz intensiver Unterstützung der gesellschaftlichen Kräfte. Das ist partiell verständlich, handelt es sich doch dabei um einen durchaus komplizierten Prozeß. Man trifft noch auf solche Meinungen: Da werden also einige der anspruchsvollsten Aufgaben, die nicht nur hohe Anstrengung und viel Risiko beinhalten, sondern zugleich einen interessanteren Arbeitsinhalt, eine raschere Qualifikation, oft erhöhte Gehaltszuschläge oder Prämien, potentiell auch Patente, wissenschaftliche Veröffentlichungen u.a., nunmehr anders als bisher verteilt! Ist das nicht ungerecht gegenüber älteren Kadern, die sich zur Übernahme von anspruchsvollen Aufgaben erst „hochdienen" mußten? Dieses Problem,– ausgesprochen oder nicht – erfordert Antwort, und zwar aktive, nachhaltige.

Es ist offensichtlich, daß es sich kein Staat, keine Wirtschaft, keine Gesellschaft in der neuen Etappe der wissenschaftlich-technischen Revolution erlauben kann, aktuellstes Bildungspotential nicht allseitig voll zu nutzen und weiterzuentwickeln. Gleichzeitig sind natürlich alle anderen Potentiale (eingespielte, erfahrene Arbeitskollektive etc.) zu erhalten und zu fördern.

Hieraus ergibt sich ein neuer Anspruch insbesondere an die Leitungs- und arbeitswissenschaftliche, an die betriebswirtschaftliche, soziologische und psychologische Forschung. Damit sind wir direkt im Zentrum der Thematik unserer heutigen Tagung. An eine solche Diskussion schließt sich eine weitere an: Sind denn die Jugendforscherkollektive der FDJ der Weg oder nicht vielmehr nur einer der Wege zum Erreichen der – allgemein nicht strittigen – höheren Ziele? Ist nicht der Effekt sogar höher, wenn einem erfahrenen Kader ein junger, befähigter Absolvent sofort und direkt an die Seite gestellt wird? Ergeben sich nicht Strukturverzerrungen des Forschungspotentials hinsichtlich der Altersstruktur, hinsichtlich der fehlenden „Auffüllung" bestehender Kollektive durch neue Kollegen?

Diese Fragen erfordern wissenschaftlich fundierte Antworten. Es wird auch das Problem der „optimalen Relation" zwischen Absolventeneinsatz in Jugendforscherkollektiven und in der früher üblichen Form gestellt. Obwohl hierzu bereits einige Teilantworten möglich sind, bedarf das Problem insgesamt einer weiteren intensiven wissenschaftlichen Durchdringung.

3. Zu einer engen Verbindung von Wissenschaft und Produktion trägt die Mehrzahl der Jugendforscherkollektive der FDJ auch durch ihre Struktur bei. Facharbeiter, insbesondere jüngere aus der Produktion, dem Versuchsfeld, dem Labor, sind – in Abhängigkeit von der Aufgabenstellung – wichtiger Bestandteil vieler Kollektive. Begabte Lehrlinge sind als Kollektivmitglieder noch selten zu finden, sollten aber, wegen der eigenen Entwicklung und der Ausstrahlung auf andere Lehrlinge, häufiger in Jugendforscherkollektive berufen werden. Zur Struktur mancher Jugendforscherkollektive gehören auch Studenten. Diese Verbindung aus der Produktion in die Wissenschaft ist besonders hoch zu werten. Sie wirkt in der Regel stark motivationsfördernd für das weitere Studium dieser Studenten. Gleichzeitig vermittelt sie vielen anderen Studenten konkretere Vorstellungen von den Anforderungen, die die anspruchsvolle Praxis stellt. Nicht zuletzt stellt sie auch für die betreuenden Mitglieder des Lehrkörpers sowohl eine konkrete Verbindung zu dieser neuen Form der Forschungsorganisation als auch zu unmittelbar anwendungsorientierten Forschungsinhalten dar.

Als Problem muß hervorgehoben werden, daß gemeinsame Jugendforscherkollektive der FDJ zwischen Hochschulen und Kombinaten noch zu selten sind.

Eine Ursache hierfür sehen wir in der vorrangigen Bearbeitung von Themen der Grundlagenforschung in Hochschulen, eine weitere in dem durch das Studium geprägten Arbeitsrhythmus der Studenten. Trotz dieser weitgehend objektiven Bedingungen bietet die nunmehr bestehende größere Flexibilität des Studiums durchaus Möglichkeiten der effektiven Arbeit gemeinsamer Jugendforscherkollektive, wie dies im Erfahrungsaustausch (siehe Anm. 4) auch näher dargestellt wurde. Als außerordentlich positives, aber noch fast einmaliges Beispiel kann in diesem Zusammenhang die gemeinsame Forschungsabteilung des VEB Werk für Fernsehelektronik mit den Sektionen Physik, Elektronik und Chemie der Humboldt-Universität genannt werden, in der ein Höchstmaß an Parallelität von Grundlagenforschung, angewandter Forschung, Verfahrensentwicklung und Konstruktion unter hoher Einbeziehung von Studenten und jungen Wissenschaftlern realisiert wird.

4. Das Aufspüren und Erwerben weiteren Wissens und Könnens im Prozeß der Arbeit der Jugendforscherkollektive beinhaltet ebenfalls besondere Möglichkeiten einer engen Verbindung von Produktion und Wissenschaft. Diese resultiert zum einen daraus, daß die jungen Absolventen aktuelle Forschungsrichtungen an ihrer Bildungsstätte kennen und zum anderen häufig persönlichen Kontakt zu Mitgliedern des Lehrkörpers haben, also wissen, wo „etwas zu holen" sein könnte – als Rat oder als angearbeitetes oder fertiges Ergebnis.

Auch terminologische Schwierigkeiten, insbesondere bei interdisziplinären Forschungsaufgaben, sind bei ihnen im Kontakt mit Hochschulangehörigen weit geringer als bei älteren Forschungskollegen aus der Praxis.

Als problematisch müssen z. Z. noch folgende wichtige Seiten des notwendigen raschen Kenntniserwerbs bzw. sogar des Wirksamwerdens junger Absolventen in Jugendforscherkollektiven angesehen werden:

- Die Nutzung einer der erlernten Fremdsprachen aktiv für die mündliche oder lesende Gewinnung von Fachinformationen. Der sprachlichen Vorbereitung während des Studiums, zumindest für sprachbefähigte Studenten, sollte mehr Gewicht verliehen werden (z. B. Sprachintensivkurse mit höheren Abschlüssen, Auslandsaufenthalt während des Studiums, stärkere Nutzung des Vorpraktikums für die Sprachausbildung).
- Die methodische Befähigung zu erfinderischem Können wird während des Studiums noch zu wenig gelehrt und trainiert, von wenigen Ausnahmen abgesehen. Es scheint dringend an der Zeit, zumindest das in den KDT-Erfinderschulen vermittelte theoretische Wissen zum obligatorischen Bestandteil der Ausbildung von Technik-Studenten zu machen. Die Weiterbildung in KDT-Erfinderschulen kann dann anhand konkreter, betriebsbezogener Beispiele als echte Weiterbildung durchgeführt und so wirksamer werden.
- Absolventen sind u. a. unzureichend befähigt, um als Leiter kleinerer Kollektive oder als Stellvertreter von Leitern eingesetzt werden zu können. Die Bereit-

schaft zur Übernahme von Leiterfunktionen ist teils deshalb, teils aus weiteren Gründen zu gering entwikkelt. Deshalb sollte das Beispiel der Hochschule für Ökonomie, befähigte Studenten als Nachwuchskader bereits in der Ausbildung vorzubereiten und im Verlauf ihrer Absolventenzeit weiterzubilden, breiter und besonders auch an technischen Hochschulen angewandt werden.

- Zur Sicherung einer auf hohem Niveau befindlichen Weiterbildung, insbesondere von HF-Kadern, wird der Vorschlag unterbreitet, im Sinne einer territorialen Bildungskooperation zwischen Kombinaten, Bildungseinrichtungen und der KDT oder auch zwischen Kombinaten, Bildungseinrichtungen und der KDT ein flexibles, auch aufgabenbegleitendes Weiterbildungsangebot zu entwickeln. Ein rasches Wirksamwerden junger Absolventen und ganzer Jugendforscherkollektive ist bei der Bearbeitung solcher Aufgaben zu verzeichnen, die Kenntnisse und Fähigkeiten der modernen Informationsverarbeitungstechnik erfordern.

5. Die Rückkopplung zwischen Produktion und Wissenschaft sollte nicht nur im Prozeß des Entstehens von Forschungsergebnissen der Jugendforscherkollektive, sondern auch in Folgeprozessen stark gefördert werden.

Das bezieht sich z. B. auf

- das Auftreten von Mitgliedern aus Jugendforscherkollektiven in hochspezialisierten Lehrveranstaltungen, z. B. in Oberseminaren, ihrer oder einer anderen „Alma Mater", oder auf das wesentlich stärkere Auftreten junger Kader in Tagungen und Kolloquien;
- den Kontakt zur FDJ-Organisation einer Bildungseinrichtung, um dort über die Arbeit der Jugendforscherkollektive zu berichten;
- das mögliche Erhalten einer fachlichen Zusatzaufgabe in der eigenen Arbeitsstelle, z. B. als Verantwortlicher für die Wissenschaftskooperation mit einer bestimmten Einrichtung oder auch für ein bestimmtes Fachgebiet.

Gesondert genannt, da für den Betreffenden voll und langjährig wirksam, stehen hier für Aspiranturen, Kaderaustausch, Verträge über die Aufnahme in den wissenschaftlichen Nachwuchs der Bildungseinrichtung.

Mit der Realisierung dieses „Paketes" wird ein langjähriges Problem des Hochschulwesens und der AdW, aber auch der forschungsintensiven Praxis einer Lösung nähergebracht: „A"- und „B"-Promoventen und Berufungskader – kurz: den wissenschaftlichen und wissenschaftlich-technischen Nachwuchs – wesentlich zu verjüngen und so ein hochqualifiziertes Potential zu einem früheren Zeitpunkt zur Wirkung zu bringen.

Mit diesen Ausführungen sollte dazu beigetragen werden, Anregungen zu vermitteln, wie die Wirtschaftswissenschaft und die Wirtschaftspraxis weiterhin effektiv zur Förderung der spezifischen Produktivkraft „Jugendforscherkollektive der FDJ", die gleichzeitig eine spezifische Form der Ausgestaltung unserer sozialistischen Produktionsverhältnisse in diesem Wirkungsbereich darstellt, wirksam werden können.

Anmerkungen

[1] Bericht des ZK der SED an den XI. Parteitag der SED. Berichterstatter Erich Honecker, Berlin 1986, S. 88.

[2] E. Aurich, Diskussionsbeitrag auf dem XI. Parteitag der SED, in: ND vom 20. 4. 1986, S. 6.

[3] Vgl. Dokumente des Zentralen Erfahrungsaustausches mit Leitern von Jugendforscherkollektiven der FDJ, Leipzig, 8. 11. 1986, Berlin, 1986.

[5] Vgl. A. Klingbiel, Rasche und hohe Wirksamkeit junger Hoch- und Fachschulkader in Forschung und Entwicklung – Jugendforscherkollektive. Diplomarbeit 1986 an der Sektion WTO der Humboldt-Universität zu Berlin, Berlin 1986.

[6] Vgl. Wissenschaftswissenschaftliche Beiträge der Sektion Wissenschaftstheorie und -organisation der Humboldt-Universität zu Berlin, 52 und 53/1987.

[7] Vgl. A. Klöpping, Zur Entwicklung des Leistungsverhaltens der jungen wissenschaftlich-technischen Intelligenz in Jugendforscherkollektiven der FDJ – Erfahrungen und Probleme. Dissertation A an der Akademie für Gesellschaftswissenschaften beim ZK der SED, Institut für Wissenschaftlichen Kommunismus, Berlin 1986.

Norbert Balke

Zu einigen Erfahrungen bei der Verbindung von Forschung und Lehre auf dem Gebiet der sozialistischen Arbeitswissenschaften aus der Sicht des wissenschaftlichen Nachwuchses

Die Diskussion von Problemen bei der Nutzung des gesellschaftlichen Arbeitsvermögens bei der umfassenden Intensivierung erfordert m. E. auch, daß wir über die immer bessere Nutzung unseres eigenen Arbeitsvermögens nachdenken. Vor allem wie wir es verstehen, innerhalb der neuen Etappe der Entwicklung der modernen Produktivkräfte das qualitative Arbeitsvermögen zu erhöhen und schnell in abrechenbare Leistungen umzusetzen. Von diesen Grundgedanken ausgehend, möchte ich kurz darstellen, welchen Entwicklungsweg ich vom Studenten zum Nachwuchswissenschaftler genommen habe, der es ermöglichte, meine Aufgaben in Lehre und Forschung qualitätsgerecht zu erfüllen.

Neben der Forschungsarbeit gehört zu den Aufgaben eines befristeten wissenschaftlichen Assistenten an einer Hochschule auch die Lehrtätigkeit. Diese Feststellung ist schnell getroffen, bringt jedoch einige wichtige Fragestellungen mit sich. Das erste Problem ist die Auswahl der Kader für die Besetzung der befristeten Stellen.

Welche Kriterien ziehen wir dafür heran? Auf einen einfachen Nenner gebracht, werden diejenigen Studenten bzw. Diplomanden als zukünftige Nachwuchswissenschaftler ausgewählt, die einen guten Leistungsstand, eine positive Persönlichkeitsentwicklung und aktive gesellschaftliche Arbeit nachweisen können. Diese Kriterien sind aber keine Garantie dafür, daß der entsprechende Kandidat tatsächlich in der Lage ist, selbständig wissenschaftlich zu arbeiten und die Lehraufgaben zu erfüllen. Deshalb besteht die Notwendigkeit, die Studenten frühzeitig an die wissenschaftliche Arbeit heranzuführen und schon im zweiten Studienjahr die befähigsten Kommilitonen systematisch in die Forschungsarbeit einzubeziehen, um deren Neigungen und Fähigkeiten zu entdecken und zu entwickeln. Es fällt dann leichter, die geeigneten Kader herauszufinden und mit ihnen ihre weitere Entwicklung abzustecken. Zu einem zweiten Problem. Geeignete Studenten gibt es erfahrungsgemäß in jeder Matrikel. Das heißt jedoch nicht, daß diese auch bereit sind, nach dem Studium eine befristete Assistenz bzw. ein Forschungsstudium aufzunehmen. Für die Lösung dieses Problems ist es m. E. notwendig, die Attraktivität der Weiterbildungsmöglichkeiten direkt nach dem Hochschulstudium zu erhöhen. Eng damit verbunden ist die Notwendigkeit der Schaffung geeigneter Bedingungen für die Forschungsarbeit und die Versorgung mit Wohnraum. Ein großer Teil der potentiellen Nachwuchskader gibt als Hauptgrund für die Absage an die wissenschaftliche Arbeit das Wohnungsproblem und andere familiäre Probleme an, so daß nur noch eine begrenzte Kaderauswahl möglich ist. Diese Problematik wollte ich nicht unerwähnt lassen, um zu Überlegungen anzuregen, wie zukünftig die Nachwuchssicherung gewährleistet werden kann.

Einige Bemerkungen zur Lehrtätigkeit. Für mich wie auch sicher für die meisten anderen Nachwuchswissenschaftler fand der Übergang vom Studenten zum Assistenten nicht problemlos statt. Das heißt einerseits, daß der noch vor einigen Wochen selbst im Seminar sitzende Student nun die Verantwortung für die Gestaltung und Durchführung von Lehrveranstaltungen hatte, und andererseits, daß der Übergang von der vorwiegend durchgeführten Lernarbeit während des Studiums zur systematischen Forschungsarbeit schnell erreicht werden mußte, um jeden Tag effektiv zu nutzen.

Besondere Aufmerksamkeit widmete ich der Vorbereitung und Durchführung von Seminaren zur WAO, die bereits im zweiten Semester beginnen. Besonders in diesen Seminaren wird bei den Studenten das Interesse für das Fachstudium geweckt. Deshalb hängt von der Qualität dieser Lehrveranstaltungen, in denen das Einmaleins der WAO vermittelt wird, viel für das Verständnis des weiteren Fachstudiums ab. Sehr wichtig und anregend war in diesem Zusammenhang für mich die Vorbereitung der ersten Seminare gemeinsam mit dem diese Problematik lesenden Professor. Durch diese Anleitungen und die Auswertung von Hospitationen konnte ich recht schnell das geforderte Qualitätsniveau in den Lehrveranstaltungen erreichen.

Diese Fakten sind natürlich nur einige Komponenten, die zu einer effektiven Lehr- und Forschungsarbeit führten. Ausschlaggebend für meinen Start in das „Wissenschaftlerleben“ war die intensive Zusammenarbeit mit meinem wissenschaftlichen Betreuer schon während des Studiums. Am Ende des zweiten Studienjahres entschloß ich mich zur Mitarbeit in einem wissenschaftlichen Studentenzirkel zu Fragen der WAO unter den Bedingungen des Einsatzes von Industrierobotertechnik. Dieser Zirkel wurde durch einen erfahrenen Hochschullehrer geleitet, der es verstand, uns Studenten für diese Thematik zu begeistern. Von diesem Zeitpunkt an beschäftigte ich mich intensiv mit diesem Problemkreis. Über Literaturstudium, Oberseminare und Diskussionen im Studentenzirkel bereitete ich das dreimonatige Berufspraktikum vor. Während dieses Praktikums in einem Betrieb der metallverarbeitenden Industrie war ich Mitglied eines Studentenkollektivs, welches im Auftrag des Rat des Bezirkes Leipzig Analysen zum IRT-Einsatz in neun Kombinaten durchführte.

In Auswertung unserer Untersuchungen entstand unter Leitung des Wissenschaftsbereiches Sozialistische Arbeitswissenschaften eine Studie zum IR-Einsatz mit wichtigen Schlußfolgerungen für die weitere Arbeit auf dem Gebiet der sozialistischen Arbeitswissenschaften unter diesen neuen Bedingungen.

Im Mai 1983 hatte ich dann die Möglichkeit, auf der zentralen FDJ-Studentenkonferenz im Karl-Marx-Jahr mit einem Diskussionsbeitrag aufzutreten, in welchem unsere Hauptergebnisse vorgestellt wurden.

Damit war die wissenschaftliche Arbeit natürlich nicht beendet. Mit den Erfahrungen, Hinweisen und Kritiken, die ich während der bisherigen Arbeit gesammelt bzw. gemacht hatte, ging ich an die Erarbeitung der Diplomarbeit. Dabei konnte die bisher gute Zusammenarbeit mit dem wissenschaftlichen Betreuer des Studentenzirkels fortgesetzt werden, da er meine Betreuung während der Diplomphase übernahm. Gleichzeitig verstärkte sich der Kontakt zur Lehr- und Forschungsgruppe WAO, der ich als zukünftiger Assistent angehören sollte. Durch diese Zusammenarbeit, Anleitung und Betreuung wurde mir der Übergang vom Studenten zum Mitarbeiter sehr erleichtert. Ich begann also meine befristete wissenschaftliche Assistenz am 1. September 1983 nicht unvorbereitet. In unserer Lehr- und Forschungsgruppe wurde die Konzeption zur Erarbeitung meiner Dissertation diskutiert und beraten sowie die Thematik in das ZP-Thema unseres Wissenschaftsbereiches eingeordnet. Mit meinem Dissertationsthema, bei dessen Bearbeitung neue Anforderungen an die WAO unter den Bedingungen der zunehmenden Mechanisierung und Automatisierung industrieller Produktionsprozesse herausgearbeitet wurden, konnte ich meine Forschungsarbeit kontinuierlich fortsetzen. Theoretisch hätte nun die intensive Forschungsarbeit beginnen müssen, jedoch muß im ersten Assistenzjahr neben der Lehre ein großer Teil der Kraft und Zeit für die gesellschaftliche Arbeit aufgewendet werden. So wurde ich zum Sekretär unserer FDJ-Abteilungsorganisation gewählt und leitete reichlich ein Jahr die FDJ-Arbeit von 12 Seminargruppen mit ca. 250 Studenten. In jenem Jahr bin ich in bezug auf die Forschungsarbeit über das Literaturstudium und einige Studien zum ersten Kapitel der Dissertation nicht hinausgekommen. Dabei darf nicht unerwähnt bleiben, daß sich im ersten Jahr die Vor- und Nachbereitung der Seminare als sehr aufwendig erweist. Diese Fakten erforderten natürlich doppelte Anstrengungen bei der Forschungsarbeit in den folgenden Jahren. Durch die gute Zusammenarbeit mit meinen Praxispartnern, insbesondere im VEB Uhrenwerke Ruhla, dem Leitbetrieb für Zeitmeßgeräte im VEB Kombinat Mikroelektronik Erfurt, konnte ich meine praktischen Untersuchungen sehr effektiv durchführen und relativ schnell zu Analyseergebnissen gelangen. Der Erkenntniszuwachs, welcher durch die theoretischen und praktischen Untersuchungen im Rahmen der Erarbeitung der Dissertation erreicht wurde, wirkte sich positiv auf die inhaltliche Gestaltung der Lehrveranstaltungen aus. Die Erkenntnisse wurden in die Seminardiskussionen einbezogen, wodurch diese interessanter wurden und zum logischen Denken anregten. An praktischen Beispielen konnten Übungen zu bestimmten Lehrbausteinen durchgeführt werden, wodurch die Anschaulichkeit erhöht und Anwendbarkeit bestimmter arbeitswissenschaftlicher Methoden und Verfahren dokumentiert werden konnte.

Andererseits brachten diese Diskussionen auch Anregungen zu neuen Überlegungen in bezug auf die Forschung.

Ich kann heute einschätzen, daß Forschung und Lehre eine gute Kombination der Arbeit – auch für einen befristeten Assistenten – darstellt. Die Durchführung meiner Arbeit in dieser Kombination und unter den genannten Betreuungsbedingungen hat gewährleistet, daß ich meine Dissertation vorfristig fertigstellen konnte und in wenigen Wochen verteidigen werde.

Den immer höheren Anforderungen gerecht zu werden erfordert davon auszugehen, daß das Erreichte noch nicht das Erreichbare darstellt. Von dieser These ausgehend möchte ich folgendes Problem ansprechen. In meinem Beitrag habe ich dargestellt, auf welchen Wegen die Befähigung zur Lehrtätigkeit erreicht werden kann. Insgesamt wird der Entwicklung eines Nachwuchswissenschaftlers zum Lehrer große Aufmerksamkeit geschenkt. Über Anleitungen, Hospitationen, pädagogische Weiterbildung und andere Maßnahmen gibt es ein bewährtes System der Qualifizierung. Ich bin der Meinung, daß man ernsthaft darüber nachdenken sollte, ob die Befähigung eines Nachwuchswissenschaftlers zur Forschung nicht auch eines ähnlichen Qualifizierungssystemes bedarf. Meines Erachtens ist es notwendig, auch das Forschen zu erlernen. Es wäre falsch davon auszugehen, daß die Fähigkeit zur Leistung von Forschungsarbeit angeboren ist oder sich im Selbstlauf entwickelt. Um den hohen Ansprüchen unserer gesellschaftlichen Entwicklung gerecht werden zu können, müssen wir von der vielfach angewendeten autodidaktischen Methode zu einer organisierten, systematischen Methode der Befähigung zur Forschung übergehen. Über die Nutzung der Erfahrungen unserer bewährten Forschungskapazitäten müßte es möglich sein, Forschungsmethoden, vielleicht sogar eine Technologie der Forschungsarbeit zu erarbeiten, um damit die Effektivität der Arbeit der Nachwuchswissenschaftler zu erhöhen.

Klaus Schmidt

Grundfragen beschleunigter Steigerung der Arbeitsproduktivität, der effektiven Nutzung des gesellschaftlichen Arbeitsvermögens und seiner Reproduktion in der sozialistischen Landwirtschaft

Die stabile Sicherung der Ernährung auf quantitativ und qualitativ hohem Niveau und auf der eigenen Rohstoffbasis ist ein gesamtgesellschaftliches Anliegen ersten Ranges. In unserer Volkswirtschaft ist die Landwirtschaft der größte Rohstoffproduzent. Vom primären Rohstoffaufkommen entfallen rd. 68 % auf die Produktion von biogenen Rohstoffen. Die Erfahrungen in allen sozialistischen Ländern zeigen, daß zwischen dem Übergang zur umfassenden Intensivierung der gesamten Volkswirtschaft und der weiteren Entwicklung der biogenen Rohstoff- und Nahrungsmittelproduktion immer engere Wechselbeziehungen entstehen.

Daraus leiten sich für die Beherrschung der Dialektik von quantitativer und qualitativer Entwicklung neue Erfordernisse und Problemstellungen ab, von deren Lösung das Leistungswachstum in unserer sozialistischen Landwirtschaft maßgeblich beeinflußt wird. Es gilt drei grundlegende Prozesse in ihrer Einheit noch wirksamer zu gestalten. Es geht sowohl um beschleunigte Steigerung der Arbeitsproduktivität als auch um die gleichzeitige Beherrschung der vielfältigen quantitativen und qualitativen Reproduktionenserfordernisse des Arbeitsvermögens und seiner effektiveren Nutzung.

Bei dem heute erreichten Produktions- und Effektivitätsniveau werden für die landwirtschaftliche Produktion und ihre Verarbeitung sowie für die dazu erforderliche Produktion von Produktionsmitteln rd. 26 % der Grundfonds und 31 % der in den produzierenden Bereichen der Volkswirtschaft fungierenden Arbeitskräfte eingesetzt.

Die immer bessere Nutzung sowohl der Quellen für steigende landwirtschaftliche Produktion als auch der rationelle Einsatz der dafür notwendigen umfangreichen Ressourcen bestimmen maßgeblich die Effektivität und Proportionalität des volkswirtschaftlichen Reproduktionsprozesses. Weiter wachsende und sich verändernde Bedürfnisentwicklung sowie der Ressourcenbedingungen erfordern auch in unserer Landwirtschaft eine neue Qualität des ökonomischen Wachstums. Das heißt, in erster Linie Produktions- und Effektivitätssteigerung durch:

- Beschleunigung und umfassendere Anwendung des wissenschaftlich-technischen Forschritts, so die bessere Nutzung der Schöpferkraft der Genossenschaftsbauern und Arbeiter, als der letztlich einzigen, dauerhaften und ständig reproduzierbaren Quelle für ökonomisches Wachstum,
- noch effektivere Nutzung der natürlichen insbesondere der biologischen Wachstumsfaktoren,
- Fortführung und Vertiefung fondssparender Intensivierung bei zunehmender Verknüpfung mit arbeitssparenden Prozessen,
- Ökonomisierung des einmaligen Aufwandes und
- Verlustsenkung in der ganzen Kette von der Primärproduktion bis zum Verbraucher.

Volkswirtschaftliche Erfordernisse bedingen langfristig stabile Zuwachsraten der Produktion von etwa 1,5 %/a und des Nettoproduktes von annähernd 2 %/a.

Das ergibt sich auch daraus, weil die landwirtschaftliche Produktion über einen längeren Zeitraum schneller steigen muß als der Inlandbedarf an Agrarerzeugnissen, um Agrarimporte schrittweise weiter abzubauen. Dabei bleibt die intensiv erweiterte Reproduktion in der Landwirtschaft stets darauf gerichtet, den Boden und alle anderen natürlichen Produktionspotentiale effektiv zu nutzen. Das behält auch weiterhin Priorität vor der Nutzung und Effektivität anderer, dafür notwendiger Ressourcen.

Kernstück der Intensivierung bleibt die Erhöhung der Erträge je Einheit landwirtschaftlicher Nutzfläche und die Steigerung der Leistungen je Tier. Mit den Beschlüssen des XI. Parteitages der SED und des Beschlußentwurfes zum XIII. Bauernkongreß steht die anspruchsvolle Aufgabe fonds- und arbeitszeitsparende Intensivierungsmaßnahmen zu verbinden und so langfristig stabile Wachstumsbedingungen für umfassende Intensivierung zu schaffen. Bei aller Notwendigkeit, in den nächsten Jahren das Arbeitsvermögen noch gezielt zu stabilisieren, teilweise auch zu erhöhen, gehen wir in der wissenschaftlich-konzeptionellen Arbeit davon aus, daß langfristig das erforderliche Produktions- und Effektivitätswachstum bei relativ konstantem, in der Tendenz jedoch wieder sinkendem Arbeitsvermögen bewältigt werden muß. Eine prinzipiell neue Seite der Intensivierung besteht darin, daß künftig quantitative Erweiterung des gesellschaftlichen Arbeitsvermögens im Volkswirtschaftszweig insgesamt keine Quelle des Leistungswachstums mehr sein kann.

Auch unter dieser Voraussetzung ist das notwendige Wachstum der Produktion zu verbinden mit

- einer Weiterentwicklung der Produktionsstruktur, indem arbeitsintensive Zweige (Obst, Gemüse, Schlachtrind, technische Kulturen) vorrangig entwikkelt und wissenschaftliche Erkenntnisse einfließen müssen.
- der Sicherung weiter ansteigender Leistungen insbesondere für Instandhaltung, des eigenen Rationalisierungsmittelbaues, für Lagerung, Aufbereitung, Be- und Verarbeitung.

Es gilt, auch in Übereinstimmung mit unseren sozialistischen Zielsetzungen zunehmend für alle Berufsgruppen die teilweise noch hohe arbeitszeitliche Belastung weiter abzubauen. Besonders die Mechanisatoren und Tierpfleger leisten noch eine über der gesellschaftlichen Norm liegende Jahresarbeitszeit. Sie liegt z. B. in der Tierproduktion bei 251 Mehrarbeitsstunden, in der

Pflanzenproduktion bei 181. Der noch relativ hohe Anteil an teilweise auch körperlich schwerer Handarbeit, insbesondere in der Tierproduktion, muß zielstrebig verringert werden.

Die Realisierung dieser Zielsetzungen erfordert ein Wachstum der Arbeitsproduktivität, daß im Durchschnitt der Landwirtschaft zwischen 2 und 3% pro Jahr liegen muß. Das kommt einer annähernden Verdopplung bisheriger Wachstumsraten gleich. In der Tierproduktion (Hauptproduktionsbereich) wird es notwendig, in den nächsten 10–15 Jahren das Niveau der Arbeitsproduktivität um rd. 60% zu erhöhen. Das ist notwendig, um das erforderliche Produktionswachstum und die unerläßliche Verbesserung der arbeitszeitlichen Bedingungen zu erreichen.

Daraus ergibt sich, daß in den 90er Jahren von der Landwirtschaft die Aufgabe zu bewältigen ist, die Arbeitsproduktivität schneller zu steigern als das Nettoprodukt.

Der im Durchschnitt der Jahre 1981/85 erreichte Anteil der Arbeitsproduktivitätssteigerung an der Erhöhung des Nettoprodukts mit annähernd 70% reicht nicht aus, um dauerhaft den notwendigen Leistungsanstieg in der Landwirtschaft zu gewährleisten.

In der Anwendung von Erkenntnissen der Wissenschaft, insbesondere im Hinblick auf die Erhöhung der Bodenfruchtbarkeit, die intensivere Bodennutzung, die bessere Ausschöpfung des Potentials der Pflanzen und Tiere, der rationellen Futterverwertung usw. bestehen noch erhebliche Reserven zur Steigerung der Arbeitsproduktivität. Das gilt auch für die Anwendung vervollkommneter Verfahren. Dabei zeigt die Entwicklung, daß der Einfluß qualitativ hochwertigerer, auf neuen Wirkprinzipien beruhenden Produktionsmitteln auf das Entwicklungstempo der Arbeitsproduktivität in der Landwirtschaft wesentlich erhöht werden muß. Beschleunigtes Wachstum der Arbeitsproduktivität in der Landwirtschaft muß in erster Linie durch Erhöhung des technischen und des technologischen Niveaus der landwirtschaftlichen Produktion durch beschleunigte Erneuerung der materiell-technischen Basis auf der Grundlage zunehmender Nutzung der Schlüsseltechnologien getragen werden. Auf diesem Wege wird es möglich sein, den absoluten Aufwand je Flächeneinheit und je Tier zu senken, ohne daß die notwendige Betreuungsintensität und Einhaltung der agrotechnischen Bedingungen, die teilweise erhöhten Arbeitsbedarf mit sich bringen, beeinträchtigt werden.

Die entscheidenden Wege dazu können nur eine wesentliche Erhöhung des eigenen Rationalisierungsmittelbaues um 20% bis 1990 und die Erhöhung der Bereitstellung qualitativ wirksamerer Produktionsmittel durch die Industrie entsprechend den Beschlüssen des XI. Parteitages sein.

Obwohl die arbeitssparende Intensivierung zur grundlegenden Wachstumstendenz werden muß, bleibt im Interesse umfassender Intensivierung die Notwendigkeit bestehen, noch größere Sicherheiten zur Dekkung des notwendigen Arbeitsbedarfes zu schaffen. Bekanntlich beschloß der X. Parteitag der SED, die AK nicht weiter zurückgehen zu lassen und die Absicherung des Arbeitsbedarfes als wesentliche Bedingung für die Nutzung der natürlichen Produktionsfaktoren zu gewährleisten. Von 1980 bis 1986 stieg demzufolge die Anzahl der ständigen Beschäftigten in den sozialistischen Landwirtschaftsbetrieben um rd. 45000 Personen (5%). Die dadurch erreichte bessere technologisch begründete Arbeitskräftebedarfsdeckung hat wesentlich zu den bedeutsamen Ergebnissen des ökonomischen Wachstums in der Landwirtschaft beigetragen. Trotzdem bleibt die Situation, daß große territoriale und betriebliche Unterschiede bestehen und daß der in starkem Maße an biologisch rhythmengebundene Arbeitskräftebedarf nicht optimal gedeckt werden kann. Das Problem ist nicht mehr von allgemeiner Gültigkeit für unsere Landwirtschaftsbetriebe, sondern es zeichnen sich bei grundsätzlicher Änderung der Tendenz des Wachstums des gesellschaftlichen Arbeitsvermögens der letzten Jahre absolute Schwerpunkte in ca. 43 Kreisen = 27% der LN, vor allem im Norden der Republik, ab.

Das resultiert aus einer Vielzahl von Faktoren. Erfahrungen und Berechnungen bestätigen, daß für die Bewältigung der notwendigen Arbeiten in solchen Betrieben Probleme entstehen, die einen Besatz von weniger als 5 ständig Berufstätigen/100h LN in der Pflanzenproduktion und weniger als 7–8Ak/100 Großvieheinheiten (fGV) in der Tierproduktion haben. Besonders problematisch ist die Situation in solchen Kreisen wie Kyritz, Hagenow, Ludwigslust, Perleberg, Königs Wusterhausen u.a., in denen der AK-Besatz unter 4 AK/100ha LN = der Pflanzenproduktion liegt. Unter solchen Bedingungen entsteht die Gefahr, daß effektive Bodennutzung nicht gewährleistet und der vorhandene Maschinenbesatz nicht entsprechend den Möglichkeiten genutzt werden kann. In diesen Fällen bleibt die bessere Deckung des Arbeitskräftebedarfs der wichtigste Intensivierungs- und Wachstumsfaktor.

Bei der Reproduktion des gesellschaftlichen Arbeitsvermögens kommt der Verbesserung der Altersstruktur besonderes Gewicht zu. Im Mittel beträgt das Durchschnittsalter der Berufstätigen in der Landwirtschaft 41,6 Jahre, in der Industrie 39,3 Jahre. Der Anteil der über 50jährigen beträgt 32,9% gegenüber 23,1% in der Industrie. In einigen Kreisen spitzt sich das daraus resultierende Problem der Reproduktion dadurch zu, daß der Anteil über 50 Jahre mehr als 40% beträgt. Der Einsatz der in den nächsten Jahren aus Altersgründen ausscheidenden Genossenschaftsbauern und Arbeiter erfordert deshalb hohe Anstrengungen zur Gewinnung von Schulabgängern für landwirtschaftliche Berufe.

Über Lehrlingszuführung werden gegenwärtig nur 77% der natürlichen Abgänge reproduziert. In den LPG Tierproduktion z.B. wird der altersbedingte Abgang an Berufstätigen nur zu 59% durch Berufsausbildung ersetzt.

Noch besser beherrscht werden muß die Sicherung von geeigneten Frauenarbeitsplätzen. Seit 1980 zeichnet sich ein absoluter Rückgang der berufstätigen Frauen in der Landwirtschaft, insbesondere im Bereich der Pflanzenproduktion, vor allem auf Grund nicht ausreichend gelöster ergonometrischer Gestaltung der Mechanisierungsmittel ab.

Das alles verlangt in der Führung des Intensivierungsprozesses die ganze Vielfalt rationeller Nutzung und erforderlicher Reproduktion des Arbeitsvermögens noch besser zu beherrschen.

Das betrifft insbesondere größere Fortschritte bei der Anwendung der Prinzipien der sozialistischen Betriebswirtschaft, der WAO, der Wirtschaftsorganisation, Vertiefung der territorialen Kooperation im weitesten Sinne, erweiterte Reproduktion vorrangig durch planmäßige Lehrlingszuführung, Verbesserung der sozialen und technischen Infrastruktur, insbesondere aber der Arbeitsbedingungen zur Verminderung der Fluktuation. Das schließt qualifikationsgerechten Einsatz der Genossenschaftsbauern und Arbeiter zur Nutzung des erreichten hohen Bildungspotentials und der bäuerlichen Erfahrungen sowie zielgerichtete Aus- und Weiterbildung; aber auch wirtschaftsorganisatorische Maßnahmen ein, wie z. B. bessere Anpassung der Produktionsstruktur, gezielte Investitionsmaßnahmen, Zuführung erfahrener Kader usw.

Mit der Weiterentwicklung der Produktivkräfte erhöhen sich die Anforderungen an das Qualifikationsniveau der Genossenschaftsbauern und Arbeiter. Heute verantwortet jeder Berufstätige in der sozialistischen Landwirtschaft ein Grundfondspotential von rd. 125 TM. Zunehmend wird sich industriemäßige Produktion entfalten. Komplexe Modernisierung in Verbindung mit der Einführung neuer Mechanisierungs- und Automatisierungslösungen zur Prozeßsteuerung und Kontrolle werden den Charakter der Arbeit bestimmen und größere Möglichkeiten zur Steigerung der Effektivität der lebendigen Arbeit in der landwirtschaftlichen Produktion erschließen helfen.

Wilhelm Riesner

Zu Beziehungen zwischen Energieeinsparung und gesellschaftlichem Arbeitsvermögen

Die Erhöhung der Effektivität des Einsatzes des gesellschaftlichen Arbeitsvermögens und die weitere Verbesserung der Bedingungen seiner Reproduktion erfordern mit Notwendigkeit den verstärkten Einsatz von Energie, genauer: Nutzenergie. Das ist mechanische Energie z. B. für Roboter oder für Transportmittel, Licht für Innen- und Außenbeleuchtung, Wärme für technologische Prozesse und für die Raumheizung.

Diese einzelnen Nutzenergieformen beanspruchen sehr unterschiedliche Anteile am Gebrauchsenergiebedarf, so die technologische Wärme etwa 39 % und die Raumwärme 38 %, die mechanische Energie 20 %, das Licht etwa 2 % und die Elektrolyse 1 %. Die Nutzenergieform Wärme bildet mit 77 % Anteil am Gebrauchsenergiebedarf damit den eindeutigen Schwerpunkt.

Ist nun diese notwendige Erhöhung der Bereitstellung von Nutzenergie automatisch verbunden mit einer äquivalenten Erhöhung an Gebrauchsenergieträgern, aus denen sie erzeugt wird, also an Elektroenergie, festen, flüssigen und gasförmigen Brenn- und Treibstoffen und ist für deren Erzeugung wiederum eine steigende Bereitstellung von Primärenergieträgern, also Braun- und Steinkohle, Erdöl, Erdgas oder Kernenergie erforderlich?

Untersuchen wir die Zusammenhänge[1].

Tabelle 1 zeigt das Energieflußbild unseres Landes. Wie erkennbar, werden von der eingesetzten Primärenergie nur etwa 30 % als Nutzenergie wirksam. 60 % dienen der Deckung von überwiegend Verfahrens- und wirkprinzipbedingten Verlusten. Aus diesem Zusammenhang leiten sich zwei prinzipiell unterschiedliche Wege ab, den steigenden Nutzenergiebedarf der Gesellschaft zu decken:

- über die Bereitstellung von mehr Primär- und Gebrauchsenergieträgern bei gleichbleibenden Verlustanteilen und
- über die Reduzierung der Verluste.

Zu welchen Konsequenzen führt die Beanspruchung dieser zwei Wege zur Deckung des steigenden Nutzenergiebedarfes?

Tab. 1: Energieflußbild der DDR

Bilanzposition	Prozent
Primärenergieaufkommen	100
dav. Rohbraunkohle	(70,2)
Einsatz in Stoffwirtschaft	5
Bestandveränderung/Export	5
Umwandlungsverluste	34
Anwendungsverluste	27
Nutzenergie	29

1. *Bereitstellung von mehr Primär- und Gebrauchsenergieträgern*

Bekanntlich ist die Fondsausstattung je Berufstätiger in der Energie- und Brennstoffindustrie sehr hoch. Tabelle 2 zeigt einen Vergleich mit der Industrie insgesamt[2]. Absolut ist sie etwa dreimal so hoch – und vor allem: sie steigt nach wie vor schneller, wie die Betrachtung für den Zeitraum 1980–1985 zeigt. Es ist nun zu erwarten, daß der Anteil lebendiger Arbeit am Produktionsergebnis merkbar sinken muß, daß also die Brennstoff- und Energieindustrie im Verhältnis zum ökonomischen Ergebnis ein anteilmäßig geringes gesellschaftliches Arbeitsvermögen beansprucht.

Tabelle 3 zeigt auch diesen Vergleich[3].

Tendenziell bestätigt sich die Erwartung aber:

a) Der mehrfach höheren Fondsausstattung steht z. Z. eine noch relativ bescheidene Reduzierung des Anteils an lebendiger Arbeit gegenüber.
b) Trotz schneller gestiegener Fondsausstattung in der Brennstoff- und Energiewirtschaft gegenüber der der Industrie sinkt der absolute Bedarf an lebendiger Arbeit langsamer als in der Industrie.
c) Bezieht man nicht nur die Arbeitsstunden, sondern auch den durchschnittlichen Stundenlohn in den Vergleich ein (Klammerwerte), dann benötigt die Brennstoff- und Energiewirtschaft inzwischen – bezogen auf die Werteinheit industrieller Bruttoproduktion – ein genau so hohes gesellschaftliches Arbeitsvermögen wie die Industrie insgesamt.

Die realen Konsequenzen auf das gesellschaftliche Arbeitsvermögen sind noch größer als aus der Statistik ableitbar. Das ist vor allem bedingt durch:

- den dort nicht erfaßten Einsatz von Hilfskräften im Winter,

Tab. 2: Durchschnittlicher Grundmittelbestand je Berufstätiger (Basis 1980)

Jahr	Industrie	Energie- und Brennstoffind.
1980	100	100
1985	126	133

Tab. 3: Arbeitsstunden eines Produktionsarbeiters je 1000 Mark industrieller Bruttoproduktion

Jahr	Industrie (1)	Energie- und Brennstoffind. (2)	Verhältnis absolut	(2):(1)
1980	100	100	0,82	(0,91)
1985	83	93	0,91	(1,00)

- nicht enthaltene Aufwendungen für Folgewirkungen vor allem der Tagebauerschließung (z. B. Verlegung von Straßen, Schienen, Wasserwegen, Wohngebieten),
- durch Folgewirkungen von Verbrennungsprozessen, vor allem durch die Entstehung von SO_2 und NO_x, aber auch von Schwermetallen auf die Umwelt (Land- und Forstwirtschaft, Bauwerke, Gesundheitswesen usw.).

Untersuchen wir nun die Möglichkeiten der Beanspruchung und die Konsequenzen der Realisierung des 2. Weges, der Verringerung der Verluste bei der Umwandlung von Primär- und Gebrauchsenergieträger und von diesen in die letztendlich benötigten Nutzenergieformen Wärme, Kraft und Licht, also die rationellere Nutzung der Energie.

2. *Reduzierung der energetischen Verluste*

Nachdem in der DDR vor allem seit den siebziger Jahren die rationelle Energieanwendung zum entscheidenden Kettenglied unserer Energiepolitik erklärt wurde und mit relativ geringen Steigerungsraten des Primärenergieverbrauches das Wirtschaftswachstum und das sozialistische Programm realisierten – wir haben seit 1975 das Nationaleinkommen um 52%, den Primärenergieverbrauch um nur 14% gesteigert –, ist sicherlich die Frage berechtigt, ob auf diesem Gebiet noch ausreichende Reserven vorhanden sind.

Tabelle 4 zeigt dazu einen internationalen Vergleich des Pro-Kopf-Primärenergieverbrauchs sozialistischer und kapitalistischer Industriestaaten[4]. Es läßt das die Schlußfolgerung zu : Energetische Reserven sind noch ausreichend vorhanden.

4: Pro-Kopf-Primärenergieverbrauch 1981 (DDR = 1)

Land	Verbrauch	Land	Verbrauch
DDR	1,0	Italien	0,44
ČSSR	0,86	BRD	0,76
UVR	0,51	Frankreich	0,55
VRP	0,61	GB	0,63
SRR	0,60	USA	1,38
UdSSR	0,77	Kanada	1,36
VRB	0,76	Japan	0,48
		Österreich	0,54

Eine zweite wichtige Frage ist die nach dem für die Erschließung erforderlichen Aufwand, denn auch Maßnahmen zur rationellern Anwendung der Energie werden zunehmend aufwendiger.

Dazu wurden von der Arbeitsgruppe rationelle Energieanwendung beim Ministerrat auch wieder für den derzeitigen Fünfjahrplan für die einzelnen Energieträger Grenzaufwendungen vorgegeben, die sichern, daß der Freisetzungsaufswand den zusätzlichen Bereitstellungsaufwand nicht übersteigt. Ermittelt man daraus Rückflußdauern, so liegen sie im Verhältnis zu denen, die für energetische Rationalisierungsinvestitionen in der Industrie im Zeitraum 1983 bis 1985 erreicht wurden, um den Faktor 4 höher. Damit befinden sie sich noch weit unter den zulässigen. Nicht berücksichtigt werden bisher bei all diesen Rechnungen z. B. die Umweltwirkungen. Damit sind die gesamtgesellschaftlichen Effekte noch höher als hier ersichtlich. Daraus leitet sich ab: Maßnahmen zur rationellen Energieanwendung sind nach wie vor in hohem Maße ökonomisch.

Wo sind nun die Reserven zu suchen, auf welche Schwerpunkte sollten wir uns konzentrieren? Ich möchte in gebotener Kürze dazu einige Gedanken äußern.

Ein erster Schwerpunkt muß die Senkung des spezifischen Energieverbrauchs für die Erzeugung und für den energetischen Betriebsverbrauch der Produkte sein.

Wege dazu sind:

1. Entwicklung von Verfahren mit weniger Prozeß- bzw. Verarbeitungsstufen

Ein Beispiel dafür ist das Stranggießen an Stelle des Walzens mit mehrfachen Zwischenerwärmungen. Gleiches Ausgangsprodukt – flüssiger Stahl- und gleiches Endprodukt-Profilstahl, aber: etwa 80% Energieeinsparung. In Japan hat das in kürzester Zeit zur totalen Umstellung der Stahlerzeugung auf dieses Verfahren geführt, wie Tabelle 5 zeigt.

Tab. 5: Anteil des Stranggießens an der Strahlerzeugung Japans (in Prozent)

Jahr	Anteil	Jahr	Anteil
1974	19	1980	53
1976	23	1982	75
1978	39	1984	96

Ein weiteres aktuelles Beispiel ist die erst kürzlich vorgestellte „Norafin"-Technologie zur Herstellung von Vliesstoffen: Statt 8 nur noch 4 Prozeßstufen, verbunden mit der Einsparung von 75% der Arbeitskräfte, 50% des Materials und von 15% Energie[5].

Wir müssen deshalb die vorhandenen Technologien kritisch untersuchen, um durch neue wissenschaftliche Erkenntnisse vor allem energieintensive Prozeßstufen zu eliminieren.

2. Verwendung energetisch effektiver Wirkprinzipien

Oftmals ist es möglich, auf der Basis unterschiedlicher Wirkprinzipien das gleiche Ziel zu erreichen. Tabelle 6 zeigt den spezifischen Energiebedarf unterschiedlicher Metallbearbeitungsverfahren.[6] Wer also hobelt, wo er fräsen könnte, verbraucht 11mal mehr Energie, wer eine Kreissäge verwendet, wo eine Bandsäge einsetzbar ist, verschwendet Energie und – bedingt durch die breitere Schnittfläche – gleichzeitig Material. Aber auch die Wahl des Wirkprinzips für Roboterantriebe hat wesentlichen Einfluß auf den von ihnen benötigten Energieverbrauch, wie Tabelle 7 für vergleichbare Typen zeigt.[7] Ein hydraulischer Antrieb hat demnach einen 4 bis 13fachen spezifischen energetischen Grundverbrauch. Das muß unbedingt bei dem nunmehr massenweisen Einsatz von Robotern Berücksichtigung finden.

Tab. 6: Spezifischer Energiebedarf für ausgewählte Metallbearbeitungsverfahren

Fräsen: Hobeln	= 1:11
Feinfräsen: Flachschleifen	= 1:6
Bandsägen: Kreissägen	= 1:5

Tab. 7: Grundverbrauch vergleichbarer Roboterantriebe

Elektroantrieb	Hydraul. Antrieb
ZIM 10:	WMR 01 = 1:5,3
ZIM 10:	TR 10 = 1:13,3
IR 60 E:	IR ZS 1 = 1:4,1

3. Beeinflussung des energetischen Betriebsverbrauchs von Produkten

Bei allen Produkten, die einen energetischen Betriebsverbrauch besitzen, z. B. Kraftfahrzeuge, Kühlschränke, Waschmaschinen, aber auch zu beheizende Bauwerke, ist dessen Beeinflussung das entscheidende Kettenglied in der volkswirtschaftlichen Energiebilanz. Tabelle 8 zeigt dazu beispielhaft den gesellschaftlichen Energiebedarf eines Kälteschrankes innerhalb von 20 Jahren Nutzungszeit. Wie ersichtlich, sind 97 % Betriebsverbrauch und nur 0,2 % werden als technologischer Bedarf (Direktenergieeinsatz) benötigt. An diesen 0,2 % messen wir heute vor allem die energiewirtschaftliche Arbeit des Herstellers, weil dieser Bedarf bei ihm selbst entsteht. Sollten wir das nicht ändern und ihn entscheidend, vielleicht nur an den 97 % messen, auch wenn sie nicht bei ihm selbst entstehen? Gleiches gilt vor allem auch für Bauwerke hinsichtlich Wärmedämmung und Bauqualität. Fehler in diesem Bereich belasten unsere Gesellschaft nicht nur 20 Jahre, sondern mindestens 50.

Tab. 8: Gesellschaftlicher Energiebedarf eines Kälteschrankes H 115 K innerhalb von 20 Jahren

Verbrauchsposition	Energieverbrauch in GJ	Anteil in %
Vergegenständlichte Energie	4,3	2,0
Technologischer Verbrauch	0,5	0,2
Transportenergieverbrauch	0,07	0,03
Nebenverbrauch	0,8	0,4
Betriebsverbrauch	195	97

Ein zweiter Schwerpunkt ist die verstärkte Nutzung sekundärer Energiequellen, vor allem von Abwärme. Oftmals fallen in energieintensiven Betrieben große Mengen Abwärme an, die von ihnen selbst nicht genutzt werden können. Gleiches gilt für Kondensationskraftwerke, für die es durchaus technische Lösungen gibt, Wärme auszukoppeln. Aber – wir bauen oftmals in Entfernungen, die durch Fernwärmeleitungen auf ökonomische Weise überbrückt werden könnten, Heizwerke, oftmals mit Gliederkesseln, dicht nebeneinander. Analysen haben gezeigt, daß sie einen niedrigeren Wirkungsgrad und einen vielfach höheren Bedienungsaufwand haben. Ihre Anzahl ist aber von 1974–1984 nicht etwa gesunken, sondern um 6600 auf auf nunmehr 54600 gestiegen[8]. Gleichzeitig belasten sie die Umwelt. Hier sind – so meine ich – geänderte administrative und vor allem ökonomische Regelungen erforderlich, die die diesbezüglich nahezu idealen Möglichkeiten des Sozialismus voll zur Wirkung bringen. Wenn z. B. in Dänemark im Zeitraum von 1976 bis 1985 der Anteil der durch Wärme-Kraft-Kopplungsanlagen beheizten Wohnungen von 34 auf 49 % gestiegen ist und sich vor allem auch dadurch gemäß Tabelle 9 trotz gestiegenem Wohnungsbestand und höherem Heizkomfort der Energiebedarf für die Raumheizung um 25 % verringert hat, so ist das kennzeichnend für das hier noch schlummernde Potential.[9]

Tab. 9: Raumheizungsenergieverbrauch in Dänemark (1976 = 100)

Jahr	Verbrauch
1972	107
1976	100
1979	100
1982	77
1985	75

In diesem Zusammenhang muß auch auf folgendes hingewiesen werden: Auf dem XI. Parteitag der SED wurde festgestellt, daß der Nutzungsgrad des technisch-ökonomisch erschließbaren Potentials an Sekundärenergie etwa 85 % beträgt und bis 1990 auf nahezu 100 % zu steigern ist. Das heißt nicht, daß nach 1990 diese Frage schon endgültig gelöst ist und auf diesem Gebiet nicht noch intensive Forschungs- und Entwicklungsarbeit geleistet werden muß.

Hier muß deutlich gemacht werden, daß letztendlich jeder Energieeinsatz in der Gesellschaft als Abwärme in Erscheinung tritt. Bisher gewinnen wir etwa 8 % des Primärenergieeinsatzes aus der Abwärme zurück. Es ist ein vorrangiges Ziel der Wissenschaft, den technisch-ökonomisch erschließbaren Anteil ständig zu vergrößern. Gleichzeitig muß es ein Ziel der ökonomischen Forschung sein, die volkswirtschaftliche Gesamtwirkung der Abwärmenutzung, einschließlich der positiven Wirkungen auf die Umwelt, zu bewerten und in der Praxis umzusetzen. Das könnte nach überschlägigen Rechnungen schon heute das ökonomisch nutzbare Potential um nahezu weitere 50 % vergrößern.[10]

Ein dritter Schwerpunkt ist die Nutzung der Intensivierungsstrategie als Ganzes zur Beeinflussung des gesellschaftlichen Energiebedarfes, denn es gibt bemerkenswerte Zusammenhänge, die an der Ingenieurhochschule Zittau gegenwärtig vertieft untersucht werden.

Wege dazu sind:

1. Beachtung des Zusammenhanges zwischen Material- und Energiebedarf

Jedes Material enthält eine zu seiner Herstellung erforderliche, vergegenständlichte Energie, die, wie Tabelle 10 zeigt, bemerkenswert hoch sein kann.[11] Ausgedrückt in Rohbraunkohle-Äquivalenten sind es z. B. 6 kg je Walzstahl und 60 kg je kg Aluminium. Die Einsparung des jeweiligen Materials spart gleichzeitig die entsprechende Menge an Energie ein. Damit ermöglicht die Erfüllung der für den Zeitraum 1986–1990 vorgegebenen Einsparungsziele für Walzstahl, Aluminium, Kupfer und Zement gemäß Tabelle 11 die gleichzeitige Freisetzung eines energetischen Äquivalents von etwa 20 Mill. t Rohbraunkohle.[12] Das sind 25 % des energetischen Einsparungsziels von 80 Mill. t in diesem Fünfjahrplan. Es gilt deshalb, die Materialeinsparung vor allem auf solche Stoffe zu konzentrieren, die gleichzeitig hohe Energiesparpotentiale freisetzen.

Tab. 10: Vergegenständlichter Energieverbrauch ausgewählter Produkte (in kg Rohbraunkohle-Äquivalent pro kg Produkt)

Produkt	Energieäquivalent
Walzstahl	6
Kupfer	23
Aluminium	60
Papier	13
Autoreifen	36

Tab. 11: Einsparungsziele für ausgewählte Materialien im Zeitraum 1986–1990 und deren Wirkungen auf die Energiebilanz

Materialart	Einsparungsziel in 10^3 t	Energetisches Einsparungsäquivalent in 10^3 t Rohbraunkohle
Walzstahl	2 600	15 600
Aluminium	44	2 640
Kupfer	13	300
Zement	1 800	1 800
Gesamt		20 340

2. Beachtung des Zusammenhanges zwischen Sekundärrohstoffwirtschaft und Energiebedarf

Der Energiebedarf der Gesellschaft wird wesentlich dadurch beeinflußt, ob die benötigten Werkstoffe aus primären oder aus sekundären Rohstoffen gewonnen werden, denn letztere sind schon Träger vergegenständlichter Energie. So erfordert, wie Tabelle 12 zeigt, die Stahlerzeugung auf Schrottbasis nur 40 %, die Aluminiumerzeugung sogar nur 5 % des äquivalenten Energiebedarfes auf Eisenerz- bzw. Bauxitbasis. Deshalb dient die Strategie der verstärkten Nutzung von Sekundärrohstoffen auch der Entlastung der Energiebilanz und sollte deshalb auch aus dieser Sicht bestimmt werden.

Tab. 12: Relativer Primärenergiebedarf zur Produktherstellung auf der Basis von sekundären gegenüber primären Rohstoffen

Produkt	Basis: primärer Rohstoff	Basis: sekundärer Rohstoff
Stahl	1	0,4
Kupfer	1	0,1
Aluminium	1	0,05
Papier	1	0,4
Autoreifen	1	0,3

3. Beachtung des Zusammenhanges zwischen Modernisierung und Energiebedarf

Die Modernisierung der vorhandenen Grundmittel einschließlich der Bauwerke an Stelle ihrer Aussonderung und Neuherstellung ist ein weiterer Schwerpunkt der Intensivierungsstrategie. Auch dieser Weg hat markante Auswirkungen auf den Energiebedarf der Gesellschaft, wie Tabelle 13 für einzelne untersuchte Fälle zeigt. Für eine Werkzeugmaschine erfordert die Modernisierung demnach nur 10 % des äquivalenten Energiebedarfes gegenüber deren Verschrottung und dem Neuaufbau, denn die Masseteile als Träger vergegenständlichter Energie bleiben weitgehend erhalten. Gleiches gilt für die Modernisierung von Wohnungen, wo im untersuchten Fall weniger als die Hälfte des gesellschaftlichen Energiebedarfes gegenüber dem Neubau erforderlich sind. Gleiche Qualitätsparameter, im letzten Fall für die Wärmedämmung und das Heizsystem, wurden vorausgesetzt. Auch hier kann also die Schwerpunktbildung bei der Modernisierung wesentlichen Einfluß auf den Energiebedarf der Gesellschaft ausüben.

Tab. 13: Relativer Primärenergiebedarf für die Modernisierung gegenüber dem Neubau (Fallbeispiele)

Untersuchungsobjekt	Aussonderung und Neubau	Generalreparatur mit Modernisierung
Zerspanende Werkzeugmaschine	1	0,1
Hydrauliche Einständerpresse	1	0,2
Wohnungseinheit ($60 m^2$)	1	0,4

4. Beachtung des Zusammenhanges zwischen der zeitlichen Ausnutzung der Produktionsausrüstungen und dem Energiebedarf

Der Energieverbrauch eines Betriebes unterteilt sich in den technologischen Verbrauch und den Nebenverbrauch. Letzterer dient der Schaffung der Arbeitsbedingungen für den Menschen, also für Licht, Raumwärme, soziale und kulturelle Zwecke. Wie Tabelle 14 zeigt, ist sein Anteil im Durchschnitt der Industrie 24 %, er kann aber in einzelnen Ministerienbereichen über die Hälfte des Gesamtverbrauches betragen.

Zwischen 70 und 80 % dieses Nebenverbrauches dienen der Raumheizung, die in ihrer Höhe nahezu unabhängig von der Produktionszeit ist.[13] Deshalb führt insbesondere in der verarbeitenden Industrie die Erhöhung der zeitlichen Ausnutzung der Produktionsausrüstungen im Verhältnis zur Mehrproduktion zu einem nur gering steigenden zusätzlichen Energiebedarf.

Tab. 14: Anteil des Nebenverbrauchs am Gesamtenergieverbrauch (Angaben in Prozent)

Bereich	Anteil Nebenverbrauch	davon: Raumheizung
Metallurgie	11	69
Chemische Industrie	14	62
Elektrotechnik/Elektronik	54	76
Schwermasch.- u. Anlagenbau	48	78
Verarbeitungsmaschinen- u. Fahrzeugbau	51	78
Leichtindustrie	45	68
Industrie gesamt	24	72

5. Beachtung des Zusammenhanges zwischen Wirtschaftsorganisation und gesellschaftlichem Energiebedarf

Hierzu möchte ich den Bereich der territorialen Wärmeversorgung zählen, auf den schon hingewiesen wurde. Die hier erschließbaren Potentiale sind noch sehr hoch.

Ein weiterer, wesentlich erfolgreicher bewältigter Bereich ist der Gütertransport. Hier ist es durch Optimierung und Transportmittelauslastung gelungen, 1983 die Gütertransportleistung auf eine Höhe zu begrenzen, die etwa der von 1970 entspricht, was – wie Tabelle 15 zeigt – auch im RGW-Vergleich beispielgebend ist.[14] Energetisch ist es aber insbesondere bedeutsam, auf welchen Wegen diese Transporte erfolgen, wie Tabelle 16 zeigt. Die Verlagerung von der Straße auf die Eisenbahn spart demnach nahezu 80 % Transportenergiebedarf, die auf die Binnenwasserstraße sogar noch mehr. Deshalb war dieser Prozeß, der sich gemäß Tabelle 17 auch im internationalen Vergleich mit hohem Tempo vollzog, in besonderem Maße energieeffizient, bei gleichzeitiger Ablösung von Erdölprodukten.[15]

Zusammenfassend kann man feststellen, daß die Intensivierungsstrategie nicht nur hinsichtlich ihrer Forderungen nach höchster Energieökonomie bei der Herstellung und dem Betrieb von Produkten auf den Energiebedarf der Gesellschaft Einfluß nimmt. Die Gesamtstrategie ist energiesparungsfreundlich. Die genannten und weiteren Wirkungen gezielt zu nutzen, verlangt, wie im Bericht an den XI. Parteitag der SED betont wird, „... ein ganzes volkswirtschaftliches Programm“[16]. Dieses in hoher Qualität unter Nutzung aller unserer Vorzüge auszuarbeiten und die erforderlichen Bedingungen zu seiner praktischen Umsetzung zu schaffen, ist eine Aufgabe, der wir uns alle gemeinsam zu stellen haben. Wir erhalten damit einmalige, wertvolle energetische Ressourcen, entlasten uns von Importen, senken die erforderlichen Investitionen im Versorgungsbereich, entlasten unsere Umwelt von Schadstoffen und tragen damit nicht zuletzt zur produktiven Nutzung des gesellschaftlichen Arbeitsvermögens bei.

Tab. 15: Entwicklung der Gütertransportleistung (1970 = 100)

Land	1970	1975	1980	1985
DDR	100	118	118	112
ČSSR	100	111	129	132
UVR	100	132	157	156
UdSSR	100	135	160	173

Tab. 16: Spezifischer Energiebedarf für den Gütertransport (Eisenbahn = 1)

Transport	Relativer Energiebedarf
Eisenbahn	1,0
Lastkraftwagen	4,6
Flußschiff	0,7
Flugzeug	41,0
Rohrleitung	0,2

Tab. 17: Entwicklung der Straßengütertransportleistung (1970 = 100)

Land	1970	1975	1980	1985
DDR	100	130	157	121
ČSSR	100	149	220	241
UVR	100	151	209	234
UdSSR	100	151	207	223

Anmerkungen

1 Siehe auch: W. Riesner, Rationelle Energieanwendung, 3. Auflage, Leipzig 1984.

2 Nach: Statistisches Jahrbuch der DDR 1986, Berlin 1986.

3 Ebenda.

4 Nach: Statistik der Energiewirtschaft. Herausgeber: Vereinigung Industrielle Kraftwirtschaft, Essen 1984.

5 Aus: Neues Deutschland vom 21./22. Februar 1987.

6 Siehe: F. Wolfram, Aspekte der energetischen Bewertung von Produkten und Prozessen der Abtrenntechnik nach dem Prinzip der vergegenständlichten Energie. Dissertation A an der TH Karl-Marx-Stadt 1986.

7 Ebenda.

8 Vgl. K. Rasche, Wissenschaftlich-technische Lösungen mit hohen energetischen Effekten. Kolloquium anläßlich des 10jährigen Bestehens der Zentralstelle für rationelle Energieanwendung am 11. April 1986 in Leipzig.

9 Aus: Objektives and Results in Danish Heat Supply Planning during the Decade 1976 – 1985 – a Survey. Von L. Josephsen und N. R. Paulsen. Bericht Nr. 1.2.2.–4 zur 13. Weltenergiekonferenz 1986 in Cannes.

10 Abgeschätzt nach Untersuchungsergebnissen von Anserow/Durnew in: Industrie und Umweltschutz. Moskau/Leipzig 1984, S. 194.

11 Siehe auch: K. Richter, Zur Problematik des Komplexenergieeinsatzes und seiner Bestimmung – ausgewählte Beispiele von Beeinflussungsmöglichkeiten. Dissertation B an der Ingenieurhochschule Zittau 1985.

12 Vgl. Direktive des XI. Parteitages der SED zum Fünfjahrplan für die Entwicklung der Volkswirtschaft der DDR in den Jahren 1986–1990, Berlin 1986.

13 Siehe auch: W. Riesner, Rationelle Energieanwendung, 3. Auflage, Leipzig 1984.

14 Vgl. Statistisches Jahrbuch der Länder des RGW 1986, Moskau 1986.

15 Ebenda.

16 Aus: Bericht des Zentralkomitees der SED an den XI. Parteitag der SED. Berichterstatter Erich Honecker. Berlin 1986.

4. SCHLUSSWORT

Helmut Koziolek

Wenige Wochen nach der bedeutsamen Beratung des Sekretariats des ZK der SED mit den 1. Sekretären der Kreisleitungen erwies es sich von außerordentlicher und aktueller Bedeutung, theoretische und praktische Probleme der Nutzung des gesellschaftlichen Arbeitsvermögens bei der umfassenden Intensivierung auf die Tagesordnung einer gemeinsamen Tagung des Rates für die wirtschaftswissenschaftliche Forschung mit seinem Hauptgebietsrat für Fragen der Ökonomie und Organisation der Arbeit zu setzen. Geht es doch um kein geringeres Anliegen, als die Entwicklung des Menschen als Hauptproduktivkraft und die weitere Vervollkommnung der Produktionsverhältnisse.

Engels Voraussage, daß die Menschen „die Gesetze ihres eigenen gesellschaftlichen Tuns" als „sie beherrschende Naturgesetze" überwinden und diese im Sozialismus von den Menschen „mit voller Sachkenntnis angewandt und damit beherrscht" werden, erfüllt sich vor allem als fortwährender Prozeß des Wachstums der Produktivkräfte und der immer bewußteren Gestaltung der Produktionsbedingungen durch die Menschen.[1]

In dem Maße, wie die Menschen aktiv in die Lösung neuer Aufgaben einbezogen werden, identifizieren sie sich mit ihnen und vervollkommnen sie ihre Kenntnisse über wissenschaftlich-technische, ökonomische und soziale Prozesse, ordnen sie ihre persönliche Tätigkeit in gesellschaftliche Ziele ein. Dies wurde gerade hier im Mansfeld Kombinat sowohl während der Beratung als auch bei den Exkursionen in einige Betriebe und die dabei geführten Gespräche mit den Werktätigen anschaulich demonstriert.

Diese gemeinsame Ratstagung hat die Aktualität und den hohen Stellenwert all jener Fragen unterstrichen, die mit der Rolle des subjektiven Faktors und der Wirksamkeit der qualifizierten, lebendigen Arbeit bei der Verwirklichung der ökonomischen Strategie mit dem Blick auf das Jahr 2000 zusammenhängen.

Parteilichkeit und Praxisbezogenheit, theoretische Vertiefung und interdisziplinäres Herangehen kennzeichneten den Charakter der Diskussion und gaben wertvolle Anregungen für die weitere enge kooperative Zusammenarbeit von Theorie und Praxis, insbesondere für die noch wirksamere Verbindung der Arbeitswissenschaften mit der Organisation des gesamten Kreislaufs der intensiv erweiterten Reproduktion in den Kombinaten. Unmittelbare Anschlüsse wurden zur sozialistischen Betriebswirtschaft gefunden. Es gibt keinen Zweifel daran, daß Reduzierung des Aufwandes an lebendiger Arbeit, wissenschaftliche Organisation der Arbeit, wissenschaftlich begründete Kennziffern und Normen, Erhöhung des Inhalts der Arbeit und ständige Verbesserung der Arbeitsbedingungen der Werktätigen grundlegenden Einfluß auf Produktivität und Effektivität und damit auf die gesamte Ökonomie der Kombinate und ihrer Betriebe besitzen. Wir erlebten eindrucksvoll die hohe Verantwortung, die von den leitenden Kadern des Kombinates und ganz persönlich vom Generaldirektor Professor Karlheinz Jentsch für die „Ganzheit" des Menschen seit vielen Jahren wahrgenommen wird.

Gerade der durchgängige Bezug zu den Schlüsseltechnologien, ihrer breite Anwendung in der Volkswirtschaft verdeutlicht: Je revolutionärer die Wandlungen im Inhalt und in der Organisation der Arbeit sind, desto zwingender ist es in der Leitungstätigkeit, den sozialen Bedingungen und Wirkungen des wissenschaftlich-technischen Fortschritts erhöhte Aufmerksamkeit zu schenken.[2]

Eine wichtige Grundlage für den Erfolg der Beratung schufen die beiden Einführungsreferate, wofür ich Professor Hanspach und Professor Jentsch meinen herzlichen Dank sage. Einbeziehen möchte ich ausdrücklich auch die Autoren der vorliegenden Broschüre zu Erfahrungen des VEB Mansfeld Kombinat „Wilhelm Pieck" über „Gesellschaftliches Arbeitsvermögen und wissenschaftliche Arbeitsorganisation", welche eine Vielzahl wertvoller Anregungen für die Leitung dieser Prozesse vermittelt.

Schließlich soll die gesamte aufmerksame Betreuung hervorgehoben werden, die die Teilnehmer der Beratung während der vergangenen zwei Tage hier erfahren haben.

Mein besonderer Dank gilt darüber hinaus den Mitgliedern des Zentralkomitees, des Ministerrates und des Bundesvorstandes des FDGB, die mit ihrem Auftreten das Anliegen der Ratstagung wesentlich bereicherten. Ich möchte ausdrücklich auch auf den interdisziplinären Charakter der Beratung verweisen, waren an ihr doch auch aktiv Soziologen, Arbeitsmediziner und Techniker beteiligt. Aus der Fülle der dargelegten Analysen und Leitungserfahrungen ebenso wie den theoretischen Überlegungen möchte ich abschließend noch einmal die Aufmerksamkeit auf einige ausgewählte Probleme lenken, und bitte, sie als Anregung für die weitere Arbeit zu verstehen:

1. Die Bedeutung der Arbeitswissenschaften liegt – mit einem Satz gesagt – in der Rolle des Menschen als Hauptproduktivkraft und der Bedeutung der lebendigen Arbeit als einziger Quelle der Wertschöpfung und der Verwirklichung der wissenschaftlich-technischen Revolution. Sie stellen in der Umsetzung von Wissenschaft und Technik in soziale Effekte einen Knotenpunkt dar und sind damit von enormer Bedeutung für die Verwirklichung der Einheit von Wirtschafts- und Sozialpolitik als Hauptkampffeld unserer Partei.

Die Entwicklung des Menschen als Hauptproduktivkraft ist vor allem Resultat der planmäßigen engen

Wechselbeziehungen zwischen sozialistischem Bildungssystem – welches die subjektiven Voraussetzungen für die Bewältigung der wissenschaftlich-technischen Revolution schafft – und dem Arbeits- und Produktionsprozeß, d.h. dem Einsatz der Arbeitsmittel und neuer Formen der Organisation der Produktion. Daraus erwachsen immer wieder neue Anforderungen an den Menschen und die Arbeitswissenschaften.

Eine Kernfrage, woran die Wirksamkeit der Arbeitswissenschaften gemessen werden muß, ist die Senkung des Aufwandes an lebendiger Arbeit. Das ist das A und O der Ökonomie der lebendigen Arbeit, das Kernstück des Gesetzes der Ökonomie der Zeit. Es ist entscheidend für das bedeutende politische und ökonomische Ziel des Sozialismus, den Kapitalismus in der Arbeitsproduktivität zu überholen und eine entscheidende Voraussetzung, um eine Sozialpolitik zu schaffen, die nur dem Sozialismus eigen ist, die volle Übereinstimmung von persönlichen, kollektiven und gesellschaftlichen Interessen gewährleistet und die Bedürfnisse der Menschen auf wachsender Stufenleiter befriedigen kann. Nur durch wachsende Produktivität ist es möglich, Arbeitskräfte für neue Aufgaben zu gewinnen, neue Potentiale an kreativem Leistungsvermögen zu erschließen, umfassend die Bedingungen der Arbeit zu verbessern. Neue Arbeitsmittel werden durch die Menschen entwickelt und die durch sie ermöglichte Steigerung der Produktivität ist neue Quelle für die allseitige Entwicklung der Produktivkraft des Menschen und seiner Persönlichkeit. Diese Dialektik objektiver Prozesse auf höchstem Niveau und mit zunehmender Beschleunigung bewußt zu gestalten, ist unser Anliegen.

Nur auf diesem Wege erstarkt der Sozialismus ökonomisch und politisch, entfaltet sich die sozialistische Demokratie umfassend, gestalten sich die sozialen Beziehungen der Menschen in den Arbeitskollektiven beispielhaft, gewinnt der Sozialismus weiter an Überzeugungs- und Anziehungskraft. Genosse Mittag ging auf die demokratische Mitwirkung der Werktätigen nach der Losung „Plane mit, arbeite mit, regiere mit" ein.[3]

Letztendlich ist es die entscheidende Bedingung dafür, Effektivität der Arbeit und Verbesserung der Arbeits- und Lebensbedingungen, Inhalt der Arbeit und seine ökonomische Ergiebigkeit gleichermaßen zu entwickeln und als Vorzug und Triebkraft für die Produktion und die Persönlichkeitsentwicklung bewußt zu fördern und zu nutzen.

2. Die Arbeitswissenschaftler und alle Wirtschaftswissenschaftler stehen künftig vor einer noch größeren Dynamik und Komplexität technischer, ökonomischer und sozialer Prozesse. Sie tragen eine hohe Verantwortung für die Verwirklichung der Einheit von Leistungsprinzip und Sozialpolitik. Das erfordert, die Kombination materiell-technischer, subjektiver und organisatorischer Bedingungen für hohe Arbeitsleistungen zu sichern, das Niveau der Organisation der Arbeit zu erhöhen, Qualifikationsanforderungen zu bestimmen, Leistungsmaßstäbe zu setzen, Leistungen exakt zu messen, sie zu bewerten und höhere Leistungen zu stimulieren. Es bedeutet auch, die Persönlichkeitsentwicklung durch Anreicherung des Inhalts der Arbeit über die Gestaltung der Arbeitsmittel und Arbeitsprozesse bewußt zu beeinflussen, Kommunikationsbeziehungen zu beherrschen, das Arbeitszeitregime nach menschlichen Aspekten zu gestalten und die Umwelteinflüsse zu beachten. Leistungsprinzip und sozialistischer Humanismus in der Arbeit sind eine Einheit.

Die Beispiele rechnergestützter Arbeitsplätze in Produktionsvorbereitung, Steuerung, Planung und Bilanzierung bestätigen, daß neue Forderungen an die Gestaltung von Arbeitsinhalten und Arbeitsbedingungen entstehen, die sowohl durch die Gerätehersteller berücksichtigt werden müssen, als auch sorgfältige arbeitswissenschaftliche Untersuchungen vor ihrem Einsatz erfordern und denen in der konkreten Arbeitsorganisation Rechnung getragen werden muß.
Mit veränderten Arbeitsinhalten, Arbeitsbedingungen und der Arbeitsorganisation entstehen neue Anforderungen an Qualifikation und Struktur der Beschäftigten. Aus- und Weiterbildung auf der Bezugsebene der neuen Technik erhalten zunehmendes Gewicht. Es steigt der Bedarf an bestimmten Fachkräften, die für den Einsatz, das Betreiben und die Wartung der Informationsverarbeitungstechnik typisch sind.

So vielfältig die Veränderungen durch neue Technologien und neue Erzeugnisse sind, so vielfältig unterschiedlich ist das Anspruchsniveau der Produktionsmittel an den Menschen. Neben herkömmlichen Arbeitsplätzen mit überwiegend körperlicher Arbeit nehmen Arbeitsplätze an Steuerungen und Leitständen zu, die hohe Anforderungen an Aufmerksamkeit, Konzentration und Verantwortung stellen, die vom Arbeitsinhalt her vor allem durch Informationsverarbeitungs- und Problemlösungsvorgänge gekennzeichnet sind und Entscheidungen erfordern. Das erfordert wiederum bei den betreffenden Werktätigen eine entsprechende Entscheidungsbereitschaft.

Viele Veränderungen sind mit der Ausdehnung des Produktionsfeldes und insofern mit der Einschränkung bzw. völligen Aufhebung der unmittelbaren Kommunikation der Werktätigen eines Kollektivs verbunden.

Mit Stolz können wir den Unterschied der sozialistischen Rationalisierung zur Rationalisierung im Kapitalismus hervorheben. Grundwerte, wie soziale Sicherheit und Geborgenheit, sind im Sozialismus garantiert und werden durch den Grundsatz der Schaffung persönlichkeitsfördernder Arbeits- und Lebensbedingungen erzeugt. Das ist aber nur möglich, wenn jeder Entwicklungsfortschritt im Reproduktionsprozeß auf der Höhe der arbeitswissenschaftlichen Erkenntnisse vollzogen wird, arbeitswissenschaftliches Denken zur Norm bei jedem Leiter und aller technischen und ökonomischen Kader wird und die Arbeit mit den Menschen als Herzstück der Leitungstätigkeit wissenschaftlich fundiert ist.

Um sich dem gesamten Kreislauf des Reproduktionsprozesses zu widmen, ist es erforderlich, sich neben der Organisation und Gestaltung des Arbeitsplatzes auch zunehmend der Arbeitsorganisation ganzer Abschnitte sowie der Betriebsorganisation zuzuwenden. Neue Aspekte der Kooperation und Arbeitsteilung entstehen bei der Verwirklichung der Schlüsseltechnologien und der Rationalisierung generell. Ziel ist die Beschleunigung des Gesamtkreislaufs der Reproduktion und die Erhöhung der Ökonomie sowohl im Detail der einzelnen Arbeit wie des Gesamtarbeiters. Es ist Aufgabe der Wissenschaft, die neuen Entwicklungstendenzen herauszuarbeiten, die Praxis vorausschauend darauf einzustellen, unterschiedliche Wirkungsbedingungen zu analysieren, Beispiele der Praxisanwendung zu unterstützen sowie die sich daraus ergebenden Schlußfolgerungen erneut theoretisch zu verallgemeinern.

Die Ausarbeitung und praktische Anwendung arbeitswissenschaftlicher Erkenntnisse verlagert sich zunehmend auf neue, nicht „traditionelle" Bereiche. Dazu gehört die Organisation der Arbeit und die Formierung der Arbeitskräfte sowie die Stimulierung der Arbeit in Wissenschaft und Technik, speziell der Produktionsvorbereitung, in neuen Bereichen wie Rationalisierungsmittelbau und der Konsumgüterproduktion in Betrieben des Maschinenbaus, in der Logistik zur Produktionssicherung, in der Neuorganisation der Arbeit in der Verwaltung, bei der Vorbereitung und Durchführung von Modernisierung und Rekonstruktion, bei Vorbereitung und Inbetriebnahme flexibler Automatisierungsabschnitte.

3. Die wissenschaftlich-technische Revolution mit den Vorzügen des Sozialismus zu verbinden, das heißt für die Arbeitswissenschaften, sich konsequent den Anforderungen der Schlüsseltechnologien zu stellen und zugleich die ständige Rationalisierung aller Arbeitsprozesse zum Inhalt der Tätigkeit der Kader auf diesem Gebiet zu machen, so wie es Erich Honecker in seiner Rede vor den 1. Sekretären der Kreisleitungen im Februar 1987 forderte. Ausgangspunkt ist immer, den Menschen als Hauptproduktivkraft in den Mittelpunkt zu stellen. Das heißt auch, soziale Ziele innerhalb technischer und arbeitsorganisatorischer Lösungen zu stellen. Die Wirkung sozialistischer Produktionsverhältnisse zeigt sich auch in der Art der Organisation der Produktion und der Struktur der Arbeitsanforderungen. Nach wie vor gilt die Erkenntnis – und deren Bedeutung für die Praxis wächst mit der beschleunigten Dynamik technischer Entwicklung –, daß über den Inhalt der Arbeit und damit ihren persönlichkeitsfördernden Charakter nicht die Technik allein entscheidet, sondern immer die Art der Kombination von Technik, Technologie und Arbeitsorganisation. Deshalb gilt es, hohes Qualifikationsniveau, soziale Sicherheit, Leistungsbereitschaft und Disponibilität der Werktätigen auch für die produktivitätserhöhende Veränderung der Arbeitsorganisation einzusetzen.

Mit der Optimierung der Mensch-Maschine-Beziehungen in Automatisierungs- und Informationsverarbeitungstechnologien schaffen die Arbeitswissenschaften, insbesondere die Arbeits- und Ingenieurpsychologie, wichtige Voraussetzungen für höhere ökonomische und soziale Effekte.

Bisherige Erfahrungen aus den Parteitagsobjekten zur flexiblen Automatisierung und anderen Vorhaben zur Anwendung von Schlüsseltechnologien zeigen, daß sich ihr Referenzcharakter nicht nur auf die wissenschaftlich-technischen und ökonomischen Parameter erstreckt, sondern auch die sozialen Kriterien einschließen muß. Indem systematisch und planmäßig Arbeitserschwernisse abgebaut, beanspruchungsoptimale Tätigkeitsinhalte projektiert, die Kader zielgerichtet ausgebildet und trainiert werden, sind wesentliche Voraussetzungen für die termingerechte Inbetriebnahme und die Erreichung der geplanten Leistungsziele im stabilen Dauerbetrieb dieser Hochtechnologien zu schaffen.

Produktionszuwachs ist so auf vielfältige Art und Weise mit sozialen Voraussetzungen, Bedingungen und Prozessen verknüpft. Gerade in der arbeitswissenschaftlich fundierten Einflußnahme auf die Gestaltung dieser Zusammenhänge liegen wichtige Reserven für die Reduzierung des Aufwandes an lebendiger Arbeit, der besseren Nutzung des qualitativen Arbeitsvermögens, des geistigen Potentials und der Verbesserung von Arbeits- und Lebensbedingungen. Differenzen in den hier erreichten Ergebnissen müssen und können, das belegen die während der Beratung dargestellten guten Erfahrungen und Beispiele, durch weiteren wissenschaftlichen Vorlauf einerseits und die Schaffung der leitungsseitigen Voraussetzungen für den effektiven Einsatz sowie die weitere Qualifizierung des arbeitswissenschaftlichen Kaderpotentials andererseits überwunden werden. Es entstehen neue Verhaltensanforderungen an die technologische Disziplin, an die geistige Reaktionsfähigkeit, an den Wechsel von intensiven kreativen Tätigkeitsphasen mit Routineaufgaben, an die exakte Arbeitszeitplanung und -kontrolle auch in Bereichen von Forschung/Entwicklung.

Wichtig ist die frühestmögliche Integration arbeitswissenschaftlicher Erkenntnisse in die Entwicklung, Projektierung und Einsatzvorbereitung, denn nur das, was als soziale Zielkriterien anvisiert und durch technische, technologische, organisatorische und kaderpolitische Maßnahmen untersetzt wurde, kann auch planmäßig realisiert werden. Erforderlich ist eine direkte Mitarbeit von Arbeits- und Sozialwissenschaftlern, die rechtzeitige Einbeziehung der Anwenderkollektive sowie die Nutzung des vorhandenen methodischen Instrumentariums in größerer Breite. Das schließt auch einen neuen Typ der Forschung und der Verbindlichkeit ihrer Ergebnisse ein, das heißt den verstärkten Übergang zur projektbegleitenden und prozeßgestaltenden Forschung, damit im direkten Dialog mit der Praxis von vornherein alle Möglichkeiten einer effektivitäts- und persönlichkeitsfördernden Gestaltungslösung voll ausgeschöpft werden.

Auch die differenzierte Vorbereitung der Kader unter Berücksichtigung ihrer individuellen Leistungsmöglichkeiten muß in höherem Maße dazu beitragen, das vorhandene geistige Potential wirkungsvoller zu erschließen. Neben der Beurteilung von Qualifikation, Berufserfahrung, Fähigkeiten und Fertigkeiten gewinnt die Erarbeitung von speziellen Trainingsprogrammen eine wachsende Bedeutung, wenn hunderttausende Anwender effektiv auf neue Anforderungen vorbereitet werden sollen.

4. Indem wir uns verstärkt dem Gesamtprozeß der Arbeit in den Kombinaten zuwenden, dem Kreislauf der Produktion, der Verflechtung der Phasen des Reproduktionsprozesses, so heißt das praktisch: den Gesamtarbeiter in der Dynamik seiner Entwicklung, in der Struktur, Organisation und Disponibilität seiner Teile und deren Kooperation und seiner Wirksamkeit einen höheren Stellenwert beizumessen. Jeder Schritt bei der weiteren Gestaltung der entwickelten sozialistischen Gesellschaft in der DDR, jeder Fortschritt in der Einheit von Wirtschafts- und Sozialpolitik hängt direkt mit der Profilierung des gesellschaftlichen Gesamtarbeiters, der Sicherung volkswirtschaftlich effektiver Einsatzproportionen und planmäßiger Mobilität unter Beachtung von Gegenwarts- und Zukunftserfordernissen, von zweiglicher und territorialer Proportionalität zusammen.

Wichtiges Feld der Arbeitswissenschaften ist nach wie vor die Schwedter Initiative, die Rationalisierung der lebendigen Arbeit. Schwerpunkt werden dabei mehr und mehr neben der Einsparung von Arbeitsplätzen und Arbeitskräften die Disponibilität und Mobilität des Arbeitsvermögens und ihr effektiver Wiedereinsatz mit allen Anforderungen an Motivation und Organisation der Arbeit. Die notwendigen Verkürzungen des Reproduktionszyklusses Wissenschaft–Produktion–Absatz haben neue Formen der sozialistischen Gemeinschaftsarbeit zwischen den verschiedenen Bereichen, eine planmäßige und inhaltlich abgestimmte Parallelität der Arbeiten, flexible projektbezogene Organisationsstrukturen der kollektiven Arbeit u. a. m. zur Voraussetzung.

Die Beschleunigung, beständige Erneuerung und hohe Flexibilität der Produktion setzen vor allem eine hohe Disponibilität im Gesamtarbeiter, die Übereinstimmung von Neuerungsprozessen mit den Berufs- und Qualifikationsstrukturen voraus. Leistungsfähige Stammbelegschaften und umfassende Rationalisierung sind wesentlich für eine planmäßige Arbeitskräftegewinnung nach den Schwedter Erfahrungen. Wissenschaftliche Organisation der Arbeit, Einsatz moderner Technologien und hochproduktive Maschinen und Geräte sowie Durchsetzung des sozialistischen Leistungsprinzips werden vor allem durch ihr kombiniertes Zusammenwirken zur Hauptquelle für die Gewinnung von Arbeitskräften.

Die verbesserte zeitliche Auslastung der Grundfonds durch den Übergang zu veränderten Arbeitszeit- und Schichtregimen erfaßt mit den modernen Informationstechnologien auch Berufsgruppen, die vor Jahren bei der Berufswahl damit nicht konfrontiert waren. Damit verbunden sind Wirkungen bis in die Lebensgewohnheiten dieser Werktätigen. Sie bedürfen einer einfühlsamen Überzeugungsarbeit, der vorausschauenden Klärung wichtiger sozialer Belange.

Gerade bei diesen, jeden Menschen vielfältig bewegenden Veränderungen bewährt sich unsere sozialistische Demokratie, die unmittelbare, direkte und persönliche Einbeziehung der Werktätigen in die Vorbereitung, Planung und Durchführung der Maßnahmen des wissenschaftlich-technischen Fortschritts.

Die mit dem wissenschaftlich-technischen Fortschritt zunehmende Ausbreitung des Gesetzes des Wechsels der Arbeit, der Disponibilität des Arbeitsvermögens erfordert, daß die objektiven ökonomischen Effektivitätsanforderungen, der materiell-technische Reproduktionsprozeß stets als dialektische Einheit mit seiner subjektiven Komponente, das heißt der aktiven Rolle der Werktätigen als Gestalter ihrer Kooperations- und Produktionsbeziehungen verwirklicht werden.

5. Enge Beziehungen bestehen zwischen Arbeitswissenschaften und demokratischer Teilnahme der Werktätigen. Das resultiert ganz naturgemäß daraus, daß der Gegenstand der Arbeitswissenschaften wie WAO, Arbeitskräfte-, Lohnpolitik und Gestaltung der Arbeitsbedingungen ihrerseits auch wichtiger Gegenstand der demokratischen Teilnahme der Werktätigen sind.

Die Gestaltung der entwickelten sozialistischen Gesellschaft erfordert, zunehmend die gesamte Arbeiterklasse und alle Werktätigen unmittelbar an der Machtausübung zu beteiligen, in die staatliche Verantwortung einzubeziehen. „Die in vielfältigen Formen erfolgende Mitwirkung der Bürger an der Leitung des Staates und der Wirtschaft wird immer mehr zum bestimmenden Merkmal des Lebens im Sozialismus.“[4]

Die Werktätigen verwirklichen durch ihre Arbeitstätigkeit die ihren eigenen Interessen entsprechenden Bedürfnisse. Es entwickeln sich grundlegende neue Persönlichkeitseigenschaften, die auf der Mitverantwortung am gesellschaftlichen Eigentum beruhen und letztlich aus dem neuen Eigentümerbewußtsein resultieren. Lenin betonte, daß es „die Bewußtheit der Massen“ ist, „die den Staat stark macht. Er ist dann stark, wenn die Massen alles wissen, über alles urteilen können und alles bewußt tun.“[5]

Dieses politische Bewußtsein der Werktätigen äußert sich letztlich in ihrer Haltung zu den Schlüsseltechnologien, ihren Einstellungen zur Qualifizierung, zur Disponibilität, zur Kooperation, zur höheren Verantwortung, zur strikten Einhaltung der technologischen Disziplin und ist unvermeidlich auch verbunden mit einem höheren Niveau ihrer unmittelbaren demokratischen Teilnahme an Leitung und Planung. Dabei entfaltet sich die sozialistische Demokratie in dem Maße immer besser als reale gesellschaftsgestaltende Kraft, wie sie unter Führung der Partei, und getragen von den demokratischen Massenorganisationen, wie dem FDGB, der FDJ und der KDT vor allem im Produktionsprozeß, in der aktiven Tätigkeit der Menschen zur Wirkung gelangt.

Möglichkeiten zur Entfaltung der Masseninitiative der Werktätigen im Bereich bietet die aktive Mitwirkung an der Planausarbeitung, vor allem über die Plandiskussion, der sozialistische Wettbewerb und die Neuererbewegung, die Teilnahme an der Arbeit von WAO-Kollektiven bzw. der Jugendlichen im Rahmen von MMM, Jugendbrigaden und Jugendforscherkollektiven.

So nahmen 1986 über 86% der Gewerkschaftsmitglieder an der Ausarbeitung des Fünfjahrplanes und des Volkswirtschaftsplanes 1987 teil. Jeder vierte Werktätige trat aktiv in der Diskussion auf, wodurch insgesamt 777240 Vorschläge unterbreitet wurden, die sich inhaltlich sowohl auf die weitere Leistungssteigerung als auch auf die Verbesserung der Arbeits- und Lebensbedingungen bezogen. Durch eine vorbildliche Arbeit trugen die rund 26000 WAO-Kollektive mit dazu bei, daß 1986 275500 Arbeitsplätze um- bzw. neugestaltet werden konnten und sich somit für 87000 Werktätige die Arbeitserschwernisse verringerten. Verbunden damit war auch eine Verringerung der Arbeitsunfälle: Während sich das produzierte Nationaleinkommen seit 1970 verdoppelte, sank die Zahl der meldepflichtigen Arbeitsunfälle um rd. ein Drittel.

Auch über die Neuererbewegung nahmen 1986 rd. 2 Mill. Werktätige an der sozialistischen Rationalisierung teil, sei es bei der Lösung technisch-technologischer, arbeitsorganisatorischer und gestalterischer Probleme oder bei der Eigenentwicklung und -herstellung von Rationalisierungsmitteln. Sie erzielten dabei einen gesellschaftlichen Nutzen von 6,1 Mrd. Mark.

Neue Betätigungsfelder erschließen sich für die Neuerer mit der breiteren Anwendung der Schlüsseltechnologien. Veränderte Arbeitsbedingungen und -inhalte, Qualifizierungsinhalte, Kommunikations- und Kooperationsbeziehungen werden somit ihrerseits zu wichtigen Grundlagen und Motiven der Initiative, der Leistungsbereitschaft und der Entfaltung des Leistungsvermögens. Die Entwicklung und rationelle Nutzung des gesellschaftlichen Arbeitsvermögens ist in dieser Weise untrennbar mit der wachsenden Rolle der Gewerkschaften verbunden, von denen Lenin einmal sagte, daß „mit der größten Umwälzung, die in der Geschichte begonnen hat, als das Proletariat die Staatsmacht in seine Hände nahm, ... die Gewerkschaften in ihrer ganzen Tätigkeit eine gewaltige Wendung" vollzogen. „Sie werden die wichtigsten Baumeister der neuen Gesellschaft, denn Schöpfer dieser neuen Gesellschaft können nur die Millionenmassen sein."[6]

6. Die Erhöhung der Wirksamkeit des gesellschaftlichen Arbeitsvermögens schließt außerordentlich komplexe Wechselbeziehungen des Menschen als wichtigster Produktivkraft mit den Produktionsmitteln, den Produktionsverhältnissen und dem gesellschaftlichen Überbau, insbesondere der politischen Organisation der Gesellschaft ein. Es sind politische, ökonomische, soziale, technische, psychologische, psycho-physiologische, biologische, sozialhygienische und arbeitsrechtliche Beziehungen, die ausgehend vom Menschen als Subjekt aller Seiten der gesellschaftlichen Entwicklung optimal zu gestalten sind. Das erfordert die Kooperation und Gemeinschaftsarbeit der Vertreter dieser Fachdisziplinen in der wissenschaftlichen Arbeitsorganisation auf der Grundlage der arbeitswissenschaftlich ausgerichteten Forschung. Es verlangt zugleich, daß jeder Kader auf technischem und ökonomischem Gebiet über eine arbeitswissenschaftliche Ausbildung verfügt, diese vervollkommnet und in seinem Verantwortungsbereich systematisch anwendet. Das betrifft vor allem die Arbeitsökonomie, die sozialistische Betriebswirtschaft, die Fertigungs- und Verfahrenstechnik, die Arbeitsmedizin, die Arbeits- und Ingenieurpsychologie sowie die Sozialpsychologie, das Arbeitsingenieurwesen, die Arbeitssoziologie, die Arbeitspädagogik und das Arbeitsrecht. Es ist völlig klar, daß das Zusammenführen der Erkenntnisse dieser Fachgebiete eine außerordentlich komplizierte Aufgabe ist. Dabei ist immer stärker erkennbar, daß auf diesem breiten Feld der Gemeinschaftsarbeit psychologische Vorgänge immer stärker zum Dreh- und Angelpunkt zuverlässiger und effektiver Arbeit werden, denn an die Stelle der vorwiegenden Verausgabung von Muskelkraft tritt unter modernen Produktionsbedingungen der Informationsaustausch zwischen Mensch und Maschine. Die Denkprozesse nehmen zu.

Auch eine diesbezügliche Belastungsdauer ist begrenzt und von der individuellen Konstitution, dem Konzentrationsvermögen, der Aufmerksamkeitsleistung und dem Leistungsvermögen der Sinnesorgane stark abhängig. Die eignungsdiagnostische Untersuchung der Werktätigen wird immer stärker ein objektives Erfordernis. Die Anwendung von „Suchstrategien" verkürzt erheblich die Zeitverluste bei Havarien und Störungen.

Die systematische Einbeziehung von Arbeits- und Ingenieurpsychologen bereits in die Projektierungsphase von Automatisierungslösungen und Vorbereitungskollektiven von CAD/CAM-Stationen ist ein zwingendes Effektivitätserfordernis sowohl in ökonomischer als auch sozialer Sicht. Gleichermaßen erhöhen sich damit Verantwortung und Anspruchsniveau an die Konkretheit der Ergebnisse, die Erarbeitung praktikabler Instrumentarien sowie an die Verbindlichkeit der Umsetzung wissenschaftlicher Erkenntnisse.

Wachsende Bedeutung erlangen die Entwicklung der Leistungsmotivation und die Entlastung des schöpferischen Potentials auf der Grundlage der Entwicklung leistungsstarker Kollektive. Es ist dem Sozialismus wesenseigen, sagte Erich Honecker in seinem Referat vor den 1. Sekretären der Kreisleitungen, „daß er alle schöpferischen Fähigkeiten und Begabungen entfaltet, daß er massenhaft allseitig gebildete, talentierte Persönlichkeiten braucht und hervorbringt"[7].

All das unterstreicht, daß die komplexen menschlichen Problemstellungen in der wissenschaftlichen Arbeitsorganisation mit der Entwicklung insbesondere der Schlüsseltechnologien einen herausragenden Platz einnehmen. Vieles hängt dabei von der Wirksamkeit arbeitswissenschaftlicher Kader, ihrer Ausbildung und ständigen Qualifizierung, ihrer Unterstützung durch die Leiter und Wissenschaftler, von ihrer Berufsstabilität und Kooperationsbereitschaft ab.

Wenn wir verstärkt die Vorzüge des Sozialismus in der Mobilisierung des menschlichen Faktors zum Tragen bringen wollen, dann geht das natürlich nicht auf halbherzige Art, ohne gutausgebildete und stabile Kader. Hier sind fachliches und politisches Leistungsvermögen von Spezialisten in enger Verbindung mit einer breiten Unterstützung durch die Werktätigen unverzichtbare Voraussetzung für weiteres Vorankommen. Hierfür Kader zu entwickeln und als Stamm zu erhalten, sollte Anliegen der Kombinate wie der Universitäten und Hochschulen in enger Gemeinschaftsarbeit sein. Aber auch die Möglichkeiten der KDT sind hierfür weiter zu nutzen. Bisher wurden durch die KDT und andere Einrichtungen etwa 2000 Werktätige jährlich auf arbeitswissenschaftlichem Gebiet weitergebildet. Nach überschlägigen Berechnungen ergibt sich jedoch in den Kombinaten ein Bedarf von 15000 bis 20000 Kadern, der gegenwärtig nicht abgedeckt werden kann. Die arbeitswissenschaftliche Weiterbildung muß daher künftig gründlicher vorbereitet und ausgerichtet am Bedarf geplant werden, um die notwendigen Kapazitäten und eine differenzierte Qualifizierung für Leiter, Mitarbeiter und Spezialisten zu gewährleisten. Zugleich ist darauf zu achten, daß die jährlich mehr als 100 Absolventen arbeitswissenschaftlicher Fachrichtungen der Universitäten und Hochschulen als wertvoller Fonds an Nachwuchskadern mit hoher Effektivität zum Einsatz kommen, so wie das im Ingenieurbüro des Mansfeld Kombinates und seinen betrieblichen Fachabteilungen beispielhaft unter Beweis gestellt wurde.

Anmerkungen

[1] F. Engels, Herrn Eugen Dührings Umwälzung der Wissenschaft (Anti-Dühring), in: Marx/Engels: Werke, Bd. 20, S. 264.

[2] Vgl. Erich Honecker, Die Aufgaben der Parteiorganisationen bei der weiteren Verwirklichung der Beschlüsse des XI. Parteitages der SED, Berlin 1987, S. 71.

[3] Vgl. Aus dem Referat Günter Mittags auf dem Seminar des ZK der SED mit den Generaldirektoren und Parteiorganisatoren, in: ND vom 13. 3. 1987.

[4] Programm der SED, Berlin 1976, S. 41.

[5] W. I. Lenin, Schlußwort zur Rede über den Frieden, in: Werke, Bd. 26, S. 246.

[6] W. I. Lenin, Referat auf dem II. Gesamtrussischen Gewerkschaftskongreß, in: Werke, Bd. 28, S. 440.

[7] Erich Honecker, Die Aufgaben der Parteiorganisationen bei der weiteren Verwirklichung der Beschlüsse des XI. Parteitages der SED, Berlin 1987, S. 71.

FSC
www.fsc.org
MIX
Papier | Fördert gute Waldnutzung
FSC® C083411

Kolibri 360 GmbH
Ferdinand-Jühlke-Straße 7
99095 Erfurt, Deutschland
produktsicherheit@kolibri360.de